국제관광쇼핑론

International Tourism Shopping Management

서태양 · 고종원 · 부숙진 저

KIMOONSA 기문사

Prefaces

세계관광시장은 세계화, 국제화시대를 맞이하여 치열해지는 국가의 경쟁력을 제고하기위해국민소득의 향상과 함께 양질의 삶을 영위할 수 있는 관광산업의 중요성을 인지하고, 개발, 육성시키기 위해 부단히 노력하고 있다.

관광산업이 경제적, 정치적, 사회적 파급효과가 매우 크다는 것은 이미 많은 사람들이 동의를 하고 있는 사실이다. 그리고 그 중에서도 간과할 수 없는 중요한 요소 중 하나가 관광활동과 함께 이루어지는 쇼핑활동이다.

실제로 우리나라를 방문하는 외래 관광객의 증가와 함께 쇼핑활동도 지속적으로 증가하여 관광수입에 있어 쇼핑수입이 차지하는 비율이 점점 커지고 있다.

한국관광공사의 2004년도 외래방문객 실태조사에 따르면, 개별관광객의 경우 2004년 쇼핑비 지출이 $325이였으며, 패키지를 이용한 관광객의 경우 쇼핑비로 $439을 사용한 것으로 나타났다.

또한, 문화관광시장의 급속한 발전으로 문화관광상품 및 쇼핑에 대한 비중과 관심도 점차적으로 증대되고 있는 추세를 보이고 있다. 가까운 일본의 경우, 각 지방의 특색에 맞는 관광공예품을 집중, 지원하여 개발하고 그 지방에서만 판매할 수 있게 규제하여, 특색 있는 관광공예품 개발에 주력하고 있음을 살펴볼 수 있다. 그러므로 우리나라도 관광기념품을 단순한 쇼핑상품의 의미로써 뿐만 아니라 우리민족을 상징하는 상품으로 연구, 개발할 필요가 있는 것이다.

또한 관광쇼핑은 기념품구매뿐만 아니라 관광지를 방문하는 관광객들이 그 지역 또는 다른 관광지를 둘러보고 돌아갈 때까지 이루어지는 무수한 관광활동 중 가장 큰 비율을 차지하는 것 중 하나이다.

특히, 관광비용 중 큰 부분을 차지하면서도 유동변수가 많은 관광쇼핑비를 감안해서 쇼핑과 연계한 관광상품개발은 보다 높은 부가가치의 창출을 기대할 수 있을 것이다.

따라서 변화하는 관광시장과 환경에 부응하여 세분화되고 전문화되고 있는 관광쇼핑은 해당하는 관광지에서의 기념품 구매는 물론, 필요한 생활용품이나 의류, 각종 상품을 구매하는 상당히 넓은 범위의 활동이므로 관광쇼핑에 대한 연구와 증대방안이 제고되어야 할 것이다.

그러나 관광분야의 많은 서적들이 출간되고 있는 현재, 쇼핑산업에 대한 연구는 거의 전무한 실정이다.

따라서, 관광사업 분야에 종사하고 있거나 관련 분야를 공부하고 있는 학생들에게 있어 관광쇼핑경영은 기초지식임과 동시에 절실한 분야로써, 다른 분야보다도 더욱 중요하며 반드시 이해하고 있어야할 것이다.

본서는 이러한 현실을 감안하여 관광분야 종사자들과 관련분야 전공 학생들의 관광쇼핑에 대한 더욱 쉬운 이해를 도모하고자 하였으며, 특히 각국의 쇼핑실태와 흐름을 이해하기 쉽도록 사례 및 보도 자료를 함께 수록하였다.

본서의 내용구성은 다음과 같다.

제 1장은 관광쇼핑의 개요로 관광쇼핑 및 관광기념품의 개념과 의의를 설명하였다.

제 2장은 관광기념품 산업으로 국내외의 관광기념품 산업의 현황 및 각국의 쇼핑지역 및 정보를 사례와 함께 살펴보았다.

제 3장은 국내 관광기념품 소비자현황으로 외래 방문객의 국내쇼핑실태를 한국관광공사의 보고서에 근거하여 다루었다.

제 4장은 우리나라의 지역 대표 쇼핑품목으로 지역별 특산품을 사진과 함께 실었다.

제 5장은 우리나라의 관광쇼핑지역 고찰로 동대문, 남대문, 이태원을 중심으로 한 대표적인 쇼핑지역을 정리해 놓았다.

제 6장은 관광쇼핑 마케팅지원으로 국내외의 주요 문화관광상품전 및 한류관광상품개발과 국내 주요 관광상품권에 대한 내용을 수록했다.

마지막으로 부록에서는 최근 중앙정부 및 지자체에서 육성하고 있는 공예산업에 대한 내용과 사례 및 세계 주요국가의 관광사이트를 실어 학습자들의 이해를 돕고자 했다.

아울러 본서는 아래와 같은 내용에 초점을 두고 이해하기 쉽도록 구성되었다.

첫째, 중요한 관광산업의 하나인 쇼핑산업에 관한 서적이 전무하여 본 교재가 관광쇼핑관련 이론과 사례를 접할 수 있는 발판이 될 수 있도록 하였다.

둘째, 국내 및 국외의 최신 관광쇼핑정보 및 동향을 사진과 함께 실어 각국의 대표적인 관광쇼핑목록과 유명 기념품을 알기 쉽게 정리했다.

향후 계속되는 관광쇼핑관련 정보 및 사례는 지속적으로 보완할 것이며, 끝으로 본서의 집필과정에서 많은 도움을 주신 기문사 한 인환사장님과 한 재성부장님, 송 인숙 실장님 외 임직원 여러분들께 감사를 드린다.

2006년 2월

저자일동

Contents

제 1 장 관광쇼핑의 개요

부 록

제 1 장

관광쇼핑의 개요

제1절 관광쇼핑의 개념과 의의

제2절 관광기념품의 개념

Chapter 1

제1절 관광쇼핑의 개념과 의의

International Tourism Shopping Management

1 관광쇼핑의 일반적 개념

관광쇼핑이란 국내·외 관광객들이 관광지에서 행하는 무수한 관광활동 중 하나로 의류나 신발, 술, 담배 등 일반적인 재화에서부터 그 지역을 기억할 수 있는 기념품 및 토산품, 특산물에 이르기까지 다양한 상품을 구매하는 활동을 말한다.

한편, 관광쇼핑업은 이러한 관광쇼핑활동과 관계되는 모든 산업으로 관광쇼핑의 대상이 되는 상품을 생산하고, 유통, 판매하는 데 이르기까지의 모든 과정과 관련된 산업분야를 의미한다고 할 수 있다. 즉, 관광쇼핑업이란 협의에서는 관광지를 중심으로 공간적 범위를 한정하여 판매하는 1차적 관광사업을 의미하지만 광의로 살펴보면 관광활동이외의 장소까지를 포함(일상생활권에서의 판매업 등을 포함)하는 사업이라고 할 수 있다.

2 관광상품으로써의 관광쇼핑의 개념

(1) 관광상품의 일반적 개념

관광상품이란 일반적으로 관광소비자의 욕구를 충족시키며 관광행동을 유발시키고, 만족시킬 수 있는 유·무형의 다양한 매력물이라고 정의 할 수 있다.

최승이·이미혜(2001)는 저서 「관광상품론」에서 관광상품이란 관광기업이 관광자의 욕구를 유발시키고 충족시켜줄 관광대상을 바탕으로 각종 서비스를 제공하여 생산한 유·무형의 상품, 즉 관광기업이 제공하는 재화·서비스·정보를 관광객(고객, 소비자)에게 판매하는 것으로 정의했다.

또한, 윤대순(1996)의 분류를 인용하여 관광상품을 여행상품, 관광호텔상품, 관광교통상품, 관광음식상품, 관광쇼핑상품의 대부분이 속해있는 관광구매상품(기념품, 토산품, 특산물, 저렴한 가격제품, 질 좋은 상품)과 기타 관광상품으로 구분했다.

김천중·임화순(1999)은 저서 「관광상품론」에서 관광상품은 관광객의 욕구충족의 대상이 되며, 관광행동을 만족시킬 수 있는 유형·무형의 모든 시설 및 대상과 각종 서비스 등이 복합적으로 결합되고, 시간적·공간적·기능적으로 적절히 구성되어 판매 가능한 일체의 재화 및 서비스로서, 관광산업과 관련되는 모든 경제적 활동이라고 했다. 아울러 관광상품을 자원상품, 시설상품, 서비스상품, 특수상품의 4가지로 구분하였으며, 그 중 자원상품의 세분류 안에 자연경관, 문화유물과 유적, 관광농원, 관광화원, 과수원과 보양형 상품, 활동형 상품, 스포츠 상품, 학술상품 이외에 관광쇼핑상품으로 명명할 수 있는 토산상품(전통공예상품)과 민속상품(무형문화재) 및 고유 식음료상품을 포함시켰다.

한편, 이태희(2000)는 저서 「관광상품기획론」에서 관광상품이 갖추어야 할 조건으로 다음 7가지를 제시했다.

① 구매가치를 창출
② 방문의 동기를 부여
③ 질적인 가치창출
④ 시장 침투력
⑤ 다양한 수요발생 시기
⑥ 체류기간의 연장
⑦ 독특한 매력의 보유

또한 Victor T. Middleton(1998)은 CTTP(Components of the Total Tourism Product)의 구성요소로 아래의 5가지를 제시한 바 있다(박시사, 2003에서 인용).

① Images & Perceptions(이미지와 인지적 요소)
② Facilities & Services(관광시설 및 관광서비스 요소)
③ Attraction(관광매력 요소)
④ Accessibility(접근성 요소)
⑤ Price(가격 요소)

(2) 관광쇼핑상품의 새로운 개념

세계화, 개방화가 일반화된 21세기는 각 국가들마다 또 지자체들마다 지역의 고유한 역사와 문화, 예술, 그리고 진일보한 산업적 매력물을 대상으로 국내·외 관광객들을 유인하려는 노력이 점점 더 치열해지고 있다.

한 나라가 관광국으로 얼마나 성공하였는가를 측정하는 방법 중의 하나가 쇼핑부문 및 유흥·오락 부문의 지출규모나 비중을 살펴보는 것이라고 했다(한국관광공사, 1998, 서철현 외, 2002에서 재인용). 이에 우리나라도 최근 아시아뿐만 아니라 세계적으로도 경쟁력 있는 쇼핑대국으로 인식되고 있다.

세계적인 추세에 부응하고, 나아가 국제관광산업이 가져오는 경제적, 사회적, 문화적 영향의 중요성이 더욱 더 부각됨에 따라 관광상품 중에서도 특히, 경제적 가치가 높은 관광쇼핑상품의 새로운 개념정립이 필요하다고 할 수 있다.

즉 관광쇼핑상품은 단순히 관광 목적지의 경제에 기여한다는 일면만을 보지 않아야 한다는 것이다. 또한 관광지에서 물건을 구매하거나 판매하는 행위만이 아니라 관광객들의 다양한 욕구를 충족시킬 수 있는 관광상품으로 정의하다는 것이 옳을 것이다.

그러므로 관광쇼핑상품은 모든 관광관련 구매활동과 연계할 수 있는 종합적인 상품으로 이해해야할 것이다.

3 국제 무역상품으로써의 관광쇼핑상품의 개념

(1) 관광무역상품의 개념

관광무역은 국제수지분류상 무역외 수지에 속하며, 무형무역거래로 분류되고 있다. 한국은행이 작성하여 발표하고 있는 산업연관표에도 관광산업은 분류되어 있지 않은데, 이는 관광산업이 제조업 등과는 달리 수요측면에서 정의되어 왔기 때문이다(손태환, 1997).

반면, 일반상품은 국제수지 상으로 무역수지를 구성하며 유형무역거래로 분류된다. 이처럼 관광상품 무역과 일반재화의 무역은 무역이라는 점에서는 동일하지만 일반적인 인식에서는 뚜렷한 차이점이 존재하고 있는데, 이는 관광무역을 기존의 관광개념에서 보여주는 서비스산업이라는 측면만 강조하여 이에 대한 이론적 분석과 적용의 노력이 부족하기 때문이다(김한식, 2005).

그러나 앞서 언급한 바와 같이 관광상품에는 무형적인 서비스 외에도 유형적인 상품, 특히 쇼핑상품의 대상이 될 수 있는 다양한 유형적 상품(일반재화를 포함한)이 무역상품의 성격을 가지고 있는 점을 간과해서는 안 될 것이다.

그러므로 관광무역상품은 외래 관광소비자들이 현지에서 구매 · 소비하는 모든 유형 · 무형의 상품을 의미하며 공간적으로 국내의 범위를 넘어서는 국제관광 분야의 인바운드(inbound) 측면을 중심으로 한 것이라 할 수 있다. 즉, 기존의 관광 서비스는 물론이고 외래관광 소비자들이 구매하여 소비하는 모든 유형의 재화도 관광상품이라 할 수 있는 것이다(김한식, 2005).

(2) 관광무역상품의 분류

<표 -1> 관광무역상품의 분류

상품 분류	세 분 류
자연 관광상품	1) 관상적 관광무역상품 · 지형 : 산천, 계곡, 폭포, 해안, 도서 등 · 생물 : 야생동물, 어류, 조류, 수목, 꽃 등 2) 체재적 관광무역상품 · 날씨 : 햇빛, 온도, 하늘, 바람 등 · 광천 : 온천, 냉천 등 · 지형 : 산악, 하천, 구릉, 해안 등
인문 관광상품	· 문화유산 : 유형문화재, 무형문화재, 민속자료, 기념물 등 · 사회형태 : 촌락, 사회적 제도, 국민성, 민족성 등 · 생활형태 : 풍속, 습관, 생활양식, 음식, 의복, 주거 등
산업 관광상품	· 농산품 : 각종 농산물, 농장, 농원, 목장, 생산기술, 재배법, 농산가공시설 · 임업상품 : 각종 임산물, 식수, 기타 · 수산품 : 각종 수산물, 어패류, 양식법, 양식시설, 해산물 가공시설, 기타 · 공산품 : 각종 제조상품, 공장, 기계설비, 생산공정 기술, 기타 · 유통상품 : 각종 시장, 상점가, 쇼핑, 유통기구, 기타
기존 관광상품	1) 운송시설 · 외부교통시설 : 공항, 항공기, 고속철도, 지하철, 기차, 항만, 여객선, 도로, 자동차 · 내부교통시설 : 케이블카, 유람선, 관광버스, 택시, 기타 2) 숙박, 휴게시설 : 호텔, 여관, 콘도미니엄, 휴게소 등 3) 식음료시설 : 레스토랑, 바 등 4) 정보관리시설 · 안내시설 : 관광. 여행안내소, 쇼핑안내소 등 5) 위락관계시설 · 매점시설 : 쇼핑센터 · 오락, 체육시설 : 카지노, 골프, 스키, 볼링, 테니스 등 6) 교육문화시설 : 동물원, 식물원, 수족관, 박물관, 각종 전시장 등

자료 : 김철, 관광무역론, 1999(김한식, 2005에서 재인용)

주 : 산업관광상품은 관광무역의 주요대상이 되는 산업으로 관광소비자들이 한국방문목적의 다양화와 이로 인한 소비형태의 다양화를 보여주는 구체적인 사례업종이며, 이에 대한 적극적인 상품의 개발과 기존 관광상품에 대한 개념 확장이 적극적으로 필요하다.

관광무역상품은 자연관광, 인문관광, 관광시설 등 일반적으로 3가지 분류를 하고 있는 관광상품과는 달리 외래관광 소비자들의 관광목적과 동기의 다양화, 이를 통한 소비형태의 복잡화 등으로 그 분류가 상이할 수 있겠으나(김한식, 2005) 김철의 분류를 살펴보면 다음과 같다.

4 관광쇼핑객의 개념

(1) 관광소비자의 일반적 개념

과거에는 관광 또는 관광소비자들의 분류기준으로서 국적과 국경기준을 사용하여 관광소비자들을 분류했다.

관광소비자의 국적기준을 통한 분류란 관광주체인 관광소비자의 소속국적에 따라 관광을 자국인관광과 외국인관광으로 나누는 것을 말한다. 이 때 관광소비자는 다만 그 국적이 자국인가 아닌가 만이 분류기준이 될 뿐, 그가 현재 자국에 거주하는 가 아닌가는 문제가 되지 않는다.

그러므로 자국인 관광은 일반적으로 사용하는 국민관광과 같은 개념이라 볼 수 있다(박명찬, 2002).

여러 국제기구 및 학자들의 관광소비자에 대한 정의를 살펴보면 다음과 같다.

1) WTO(세계관광기구)의 정의

위안이나 건강상의 이유로 해외여행을 하는 자, 회의참석 혹은 경제, 예술, 문화, 종교, 과학 등 기타 국제행사의 참가 및 수행원의 자격으로 외국을 일시 방문하는 자, 상용 또는 견학을 목적으로 외국에 입국하는 자로 국제관광소비자를 분류하여 정의하고 있다.

2) OECD(경제협력개발기구)의 정의

체재기간과 목적에 따라 24시간 이상 6개월 이하의 체류자를 국제관광소비자라고 하고, 3개월 이하의 체류자를 일시방문객으로 구분하여 정의하고 있다.

3) 코헨(Cohen, 1974)의 정의

코헨은 그의 저서 "Who is Tourist? A Conceptional Clarification"에서 "비교적 길고도 비순환적인 왕복여행(non-recurrent round trip)에서 겪는 변화와 신기함으로부터 연유하는 즐거움을 기대하며 여행하는 자발적, 일시적 여행자(a voluntary, temporary traveler)"라 정의했다.

4) 박명찬(2002)의 정의

박명찬은 그의 논문 '관광무역의 개념고찰'에서 관광소비자를 수출효과를 중시하는 관광무역의 개념에서 외국인의 국내관광, 즉 인바운드(inbound)측면을 중요하게 생각하는 소비자의 개념으로 간주했다.

한편, 그는 동 논문에서 관광소비자를 다음과 같이 분류했다.

첫째, 내국인으로 국내관광을 하는 관광소비자집단, 둘째, 역시 내국인이나 해외관광을 하는 관광소비자집단, 셋째, 외국인이 자국이 아닌 해외여행을 하는 관광소비자집단, 넷째, 외국인이 자국을 여행하는 관광소비자집단 등이다.

(2) 관광쇼핑객의 새로운 개념

관광쇼핑객이란 단어 그대로 관광 중 쇼핑활동을 하는 사람을 말한다. 관광활동에서의 쇼핑은 가장 자연스럽고 대중적이며, 즐겁고 중요한 심리적 동기기 때문이다.

쇼핑대국이라고 하는 홍콩과 같은 나라는 내·외국인들의 쇼핑활동으로 국가경제가 큰 영향을 받을 정도이다. 그러므로 홍콩에서의 관광쇼핑객의 역할은 상당히 중요하다 할 것이다.

하지만 관광활동 중 부가적으로 쇼핑을 즐기는 것이 아니라 관광의 목적이 쇼핑 그 자체인 사람들도 많다. 이러한 경우, 물건을 구매하는 사람들은 단순한 관광쇼핑객 그 이상의 의미가 있다고 할 수 있다. 즉, 쇼핑관광객이라고 지칭하는 것이 더 나을 것이다. 왜냐하면, 이들은 쇼핑을 하기 위해 어떤 지역 혹은 국가를 방문하여, 쇼핑을 즐기면서 다양한 관광활동 및 체험활동에 참여할 수 있기 때문이다.

5 관광쇼핑의 속성

관광쇼핑이 가지고 있는 속성은 다음과 같다.

(1) 기본적 속성

① 관광쇼핑상품은 주원료가 일정 지역이나 국가에 한정되어 산출된다.
② 관광쇼핑상품은 관광활동의 증거물로서 관광의 경험을 상기시키는 역할을 한다.
③ 관광쇼핑상품은 생산지의 고유성과 지역성을 반영한다.
④ 관광쇼핑상품은 범위가 기념품, 공예품, 일상품 및 농수산물 등 광범위하다.

(2) 지역특유상품으로서의 속성

① 실용성과 소비성에 충족한다.
② 가격이 저렴한 편이다.
③ 운송이 용이한 포장형태를 가진다.
④ 미적 디자인을 고려한다.
⑤ 관광객의 다양한 기호를 충족시킨다.
⑥ 국민적 색채가 풍부하게 담겨있고 민족문화를 배경으로 한 예술적 가치를 지닌다.
⑦ 견고하고 부피가 작으며 휴대하기 편리하다.

(3) 업종상의 속성

① 계절성을 가진다.
② 관광활동의 하위서비스로 인식, 타 업종과의 경쟁관계는 낮은 편이다.
③ 타 업종에 비해 업체간의 과잉경쟁구조를 지닌다.
④ 경영구조나 생산기술이 영세하다.
⑤ 경영의 과학화, 업무의 효율화가 활발하지 못하다.
⑥ 관광쇼핑상품의 기능과 개념의 다양화로 전문 업종화 할 수 있다.
⑦ 관광쇼핑상품의 생산·유통·판매과정이 전국적으로 확산, 판매장의 상품가격이 크다.
⑧ 외화가득율과 경제적 부가가치성이 높다.
⑨ 유휴노동력을 활용할 수 있다.

6 관광쇼핑의 의의

세계관광시장은 2010년까지 연평균 4.2% 이상씩의 성장이 예상되고 있고, 특히 우리나라를 비롯한 아시아권의 관광시장은 7.2%이상의 높은 성장이 기대되고 있다(정삼철, 1999).

한편, 우리나라를 방문하는 외래 관광객의 증가와 함께 쇼핑활동도 지속적으로 증가하여 관광수입에 있어 쇼핑수입이 차지하는 비율이 점점 커지고 있다.

한국관광공사의 2004년도 외래방문객 실태조사에 따르면, 개별관광객의 경우 2004년 쇼핑비 지출이 $325이였으며, 패키지를 이용한 관광객의 경우 쇼핑비로 $439을 사용한 것으로 나타났다.

우리나라의 경우는 1961년에 생겨난 관광산업에 관광 토산품 판매업이 포함되면서, 관광에 있어서의 쇼핑의 중요성과 의의가 본격적으로 인식되기 시작하였고, 쇼핑이 관광산업에 미치는 영향력 또한 증대 되었다. 이러한 점은 관광산업의 개발 중에서 관광객의 쇼핑이 관광지 지역주민의 경제활동이나 나라 경제 전반에 큰 몫을 담당한다는 것을 말해준다.

특히, 관광객들이 관광지에서 구입하는 기념품(특산품, 공예품, 민예품 등)은 우리나라 각 지역의 고유한 문화와 향토성을 지니는 것으로, 관광객들에게 우리나라 또는 그 지역을 알리고 이해시키는 데 큰 도움을 준다. 문화적 또는 사회적 교류를 증대시키는 관광쇼핑은 관광의 동기 중 큰 비율을 차지하게 되고, 실질적인 지역경제 활성화, 국제수지 개선, 수출과 고용증대 등 국가경제에 일익을 담당한다(원일안·김성민, 1999).

또한, 문화관광시장의 급속한 발전으로 문화관광상품 및 쇼핑에 대한 비중과 관심도 점차적으로 증대되고 있는 추세를 보이고 있다. 가까운 일본의 경우, 각 지방의 특색에 맞는 관광공예품을 집중, 지원하여 개발하고 그 지방에서만 판매할 수 있게 규제하여, 특색 있는 관광공예품 개발에 주력하고 있음을 살펴볼 수 있다. 우리나라도 관광기념품을 단순한 상품의 의미로써 뿐만 아니라 우리민족을 상징하는 상품으로 연구, 개발할 필요가 있다.

또한 관광쇼핑은 앞에서 언급한 기념품구매뿐만 아니라 관광지를 방문하는 관광객들이 그 지역 또는 다른 관광지를 둘러보고 돌아갈 때까지 이루어지는 무수한 관광활동 중 가장 큰 비율을 차지하는 것 중 하나일 것이다.

즉, 쇼핑은 관광대상과 범위를 확대시키고 현대의 관광쇼핑활동은 일반적인 역사적· 문화적 관광자원 외에 추가됨으로써 관광객의 욕구를 충족시키고, 관광활동을 활성화하는 하나의 독립된 영역의 관광사업으로 인식되고 있다는 데 그 의의가 있다.

특히, 관광비용 중 큰 부분을 차지하면서도 유동변수가 많은 관광쇼핑비를 감안해서 쇼핑과 연계한 관광상품개발은 보다 높은 부가가치의 창출을 기대할 수 있을 것이다. 이 점은 정부차원에서 외래관광객의 쇼핑 촉진을 위해 1972년부터 실시한 토산품 지정제도부터 최근의 외국인 전용 관광기념품 판매제도 등을 도입한 것을 보아도 그 가치와 중요성을 알 수 있다(이상언·임범종, 2002).

따라서 변화하는 관광시장과 환경에 부응하여 세분화되고 전문화되고 있는 관광쇼핑은 해당하는 관광지에서의 기념품 구매는 물론, 필요한 생활용품이나 의류, 각종 상품을 구매하는 상당히 넓은 범위의 활동이므로 관광쇼핑에 대한 연구와 증대방안이 제고되어야 할 것이다.

7 관광쇼핑상품의 종류

관광쇼핑상품의 유형은 크게 생산단계, 상품특성 그리고 상품의 종류에 따라 일반적으로 다음과 같이 분류할 수 있다.

(1) 생산단계에 따른 분류

① 지역적 수요형
② 공예품형
③ 아마추어형
④ 지역산업형
⑤ 유입가공형
⑥ 팬시형
⑦ 전국수요형

(2) 상품특성에 따른 분류

① 상징성 또는 대표성 있는 상품
② 전시성 또는 지위상징적인 상품
③ 진기 · 진미성 있는 유명상품
④ 지명도가 높은 상품
⑤ 관광경험을 상기시키는 상품

(3) 상품의 종류에 따른 분류

① 공예품

② 기념품

③ 토산품

④ 특산품

⑤ 민예품

⑥ 기호품

⑦ 일반 공산품

⑧ 정밀기계공업품

Chapter 1

제2절 관광기념품의 개념

International Tourism Shopping Management

1 관광기념품의 어원과 의미

관광기념품은 일반적으로 'gift'혹은 'souvenir' 등으로 표현되고 있는데, 'gift'는 광범위한 선물을 뜻하므로, 기념품은 'gift'보다는 'souvenir' 라는 용어로 사용되고 있다(허갑중, 1997). 또한 그 어원은 라틴어 "Subenir"에서 유래된 것으로 마음을 일으키다 또는 생각해내다 라는 뜻을 담고 있는 것으로서 '여행의 유형적 증거물(tangible evidences)이자 추억을 상기시키기 위해 구매하는 상품이다'라는 정의를 내릴 수 있다(Valene L. Smith, ed., Host and Guest Philadelphia: the Free Press, 1978).

한편 Souvenir라는 용어는 프랑스어로 영어에서도 사용되고 있지만 그 어원은 생각해내다 라는 뜻이며 여행의 추억으로서 구입하는 기념품을 의미하게 되었다. 본래는 자기 자신의 여행 기념으로 보존하는 것이기도 하겠지만 동시에 그 추억을 가족이나 친구에게 선물하는 것이기도 하였다고 정의하고 있다(재단법인 국제관람기념행사협력회, 1967).

관광기념품은 사회 문화적 측면에서 다른 사람들과의 관계를 따지는 수단으로 이동되며 고든(1986)에 따르면 관람객들은 종종 누구를 위한 선물 없이는 집에 들어가지 못한다고 느끼며 기념품이란 것이 대부분 그 문화에 의해 요구되는 입국 혹은 재입국 비용으로 간주하고 있다. 그래서 관광기념품은 그 지역 고유의 특산물이라는 의미보다는 여행지를 상징화하고 그 지역에 대한 여행 기념과 가족이나 친지에게 선물할 수 있는 그러한 것이 관광기념품임을 강조하고 있다 하겠다(김경호, "제주지역 관광토산품업의 과제", 「논문집」제11집 인문사회과학편, 제주대학, 1979).

한 나라의 관광기념품은 그 나라의 문화와 정신세계를 상징하는 매개체로서 나아가 그 사회·문화의 가치 체계와 이데올로기를 제시하는 역할을 한다. 쉘리(Shelly)는 관광기념품을 상징단위(symbolic unit)로 인식하였으며 자국의 사회·문화를 조망하는 렌즈(lense)의 역할을 수행한다고 보았다(Shelly shenhav-keller, 1993). 관광기념품의 성질상 관광여행을 하고 온 것을 상징 할 수 있는 것이라야 하고, 특징이 있는 또는 자랑할 수 있는 것이라야 하며. 다른 관광지에서는 전혀 볼 수 없는 진기 또는 진미한 것이어야 한다고 설명하고 있다.

현대의 일본인과 한국인들의 기념품과 관련된 구매물량을 이해하기 위해서는 "오미야지"와"선물"의 역사와 어원이 반드시 비교되어야 한다. 일본어 "오미야지"와 한국어 "선물"에는 상당한 유사점이 있다.

첫째, 두 단어 모두 원래는 제단 위에 준비된 제물이란 의미를 갖고 있다.

오미야지라는 단어의 기원에 대해 가장 보편적으로 사용되는 이론은 미야께 이론이다. 미야께의 원래 의미는 신에게 바치는 음식을 담는 그릇이다. 신에게 바치는 음식은 그 지역의 가장 신선한 생산물로 이뤄진다고 한다. 이러한 음식들은 적당한 때에 치우고 그 후에 다른 사람들과 함께 먹게 된다. 제단에 마련된 그 제공품들은 참석하지 않았던 사람들에게 함께 나눠먹고, 그 다음 참석하지 않았던 사람들이 가져가게 되는 신에게 드리는 제공품이 오미야지 기념품이 된 것이다(구리타, 1984).

한편, 한국에서는 "선물"의미는 그 자체가 제단에 마련되는 음식이다. 사람들은 그들의 가족이나 친척의 조상들을 위한 종교적 의식을 행할 때 모두 함께 준비된 음식을 먹고, 마시는데 이는 그 축제에 참가한 모든 사람들에게 있어 하나의 의식이기 때문이다.

J. Metelka는 관광기념품을 여행경험을 상기하게끔 하는 대상이며, 효용성 자체가 중요한 고려대상은 아니다 라고 하였다(Charles J. Metelka,1981).

2 관광기념품의 정의

관광기념품의 개념에 대해 안종윤(1985)은 "상품이건 사진이건 간에 지나간 여행을 회상하도록 하는 물건"이라고 정의하였고, 손대현(1996)은 "여행의 유형적 증거(tangible evidence)이며 여행의 기쁨과 감동을 상기하게 하는 이미지 제품"이라고 하였다.

또한, 유지윤(1996)은 "토산품, 민예품, 공예품뿐만 아니라 일반 공산품까지 포함하는 개념으로서 관광지의 문화와 전통을 상징하고 관광지에서의 추억을 상기시켜줄 수 있는 것으로 관광객이 취득 가능한 상품"이라고 정의했다.

한편, 일본 관광협회는 관광기념품을 종래에는 관광객이 여행지에서 구입하게 되는 그 지역 토지의 산물임이라 하였고 근래에는 통칭하여 '선물품' 이라 정의하고 있다. 또한 관광기념품은 관광여행자에게 필요 불가결한 상품으로서, 타지방에서는 구입하기가 용이하지 않은 매력을 지닌

<표 I-2> 관광기념품 유사개념의 정의 및 특징

분류		정의	특징
관광기념품	공예품	전통적 기술, 원료를 근간으로 옛것을 재현하거나 응용하여 생산되는 제품	정선된 원료와 세련된 기교를 바탕으로 오랜 기간 정성을 들여 제작, 장인정신이 요구됨
	민예품	지역적 전통과 산물을 바탕으로 일상생활에 필요한 물건을 만들어 내는 조형예술	수공예적 기법의 제품이라는 점에서는 공예품과 유사하나 단기간에 대량제조가 가능한 일상용품이 대부분으로 실용적 특징을 갖는다.
	토산품	지역 고유의 1차·2차 생산물로서 지역적 정취와 풍토성이 가미된 제품	농수산·임업 등 1차 생산물과 전통기법에 의한 2차 생산물이 포함됨

자료: 유지윤(1996); 김세리, 관광기념품 선택속성과 만족감의 상관성 분석(2002)에서 재인용

토착적 특산품(토산품)으로 정의되기도 한다.

한국의 관광사업상에는 관광토산품(판매업)을 '국내에서 생산되는 재료를 주원료로 하여 제조한 물품을 관광객에게 판매하는 업이다'라고 정의하고 있다(이장춘, 한국경제연구센터, 한국관광자원 개발의 현황과 과제, 1974).

박수미·이우태의 정의를 보면 관광기념품은 국내 혹은 지역 내에서 생산되는 재료를 원료로 한 제품으로서, 지역적인 향토색을 구비하고 있는 상품이며 민간에 의해 내려오는 공예기능에 의한 민예품 및 지역특산품인 토산품으로 총칭하고 있다

추원교의 정의에 의하면 관광기념품은 관광객을 대상으로 방문지의 풍물, 역사, 관습, 종교들을 바탕으로 지역 내에서 생산되는 재료를 지역적인 특색(regional color)을 갖고 만들어 지는 공예품으로 정의하고 있다(추원교, 올림픽 기념품으로서 관광민예품 개발에 관한 연구, 관광학연구, 1983).

한국관광공사에는 종래의 기념품이란 관광목적지에서 관광여행의 추억을 오래도록 간직하기 위하여, 또는 친지의 선물로서 구매하는 그 지방의 특산물을 말하였으나 최근에는 관광지에서 관광객에게 직접 판매하는 그 지방 특유의 산업생산물 또는 공업제품으로 정의하고 있다(한국관광공사, 국민관광 장기종합개발계획, 1983).

한국관광협회에서는 종래의 관광기념품을 관광객이 방문국, 또는 방문지의 고유한 전통성과 지역적 특성이 표출되는 민예품, 공예품 등의 토산품으로서 관광객이 취득한 상품으로 간주하였고 차후에는 일국의 고유한 전통성을 지닌 민예·공예품 등의 토산품과 일상용품 등 관광객이 방문지에서 구입 및 취득 할 수 있는 모든 상품을 포함하여 관광기념품으로 정의하고 있다(한국관광협회, 외국인의 한국기념품 선호도조사, 1986).

전통적으로 전래된 기술, 제한된 재료를 사용하는 관광기념품은 현대인의 다양하고 독특한 수요를 충분히 충족시킬 수 없기 때문에 최근에는 기념품의 범주에 가공식품, 향토재료, 건어물, 과

일, 주류, 과자류 등을 포함시키고 있는 추세이다. 그러므로 관광지에서 관광객들을 대상으로 판매되어지는 모든 기념품은 관광기념품이라 정의할 수 있다(김범국 · 고재건 · 김형길, 제주도 관광토산품개발과 농어가 소득증대와의 연계에 관한 연구, 관광학연구, 1989).

그러나 일반적인 기념품과 특산품, 토산품, 공예품에 대한 기본적인 개념을 구분하자면 다음과 같다.

먼저, 유지윤(1996)에 의하면 토산품(土産品)은 '지역 고유의 1차, 2차 생산물(농 · 수 · 축 · 임산원예물)로서 지역적 정취와 풍토성이 가미된 제품'으로 정의되었으며, 손대현(1998)에 의하면 토산품이란 '그 지방 특유의 물건' 또는 '여행에서 구매한 그 토지의 산물'이며, 그와 유사한 개념인 특산품(特産品)은 '그 지방에서 특수하게 생산되는 물건'이라 볼 수 있다.

한편 관광기념품 중 많은 비중을 차지하고 있는 공예품에 대해 살펴보면 다음과 같다.

먼저, 오늘날 공예라는 말은 미적 가치를 지니고 있는 조형물뿐만 아니라, 널리 사람들의 생활속에 사용되고 있는 여러 도구로서 사람의 창의나 예지를 거쳐서 만들어진 생활용구를 가리키게 되었다. 발달된 현대문명 속에 삶을 이어가는 우리들의 생활주변에는 수많은 공예품과 그 기능에 따른 공예미가 존재하고 있어 우리 주변에는 공예품이 없는 곳이 없다고 할 수 있다(이경성, 1994, 이미숙, 2002에서 재인용).

공예품은 종류가 다양하고 품목수가 많으며, 소자본과 기술로 생산이 가능한 바 제품생산에 있어 노동집약적이기 때문에 전형적인 중소기업형 업종이다. 이러한 특색으로 최근 제작공정에서 일부분을 기계에 의존하는 소수 업체를 제외하면 대부분 다품종 소량생산, 수가공생산 등의 형태를 벗어나지 못하고 있다.

이와 같은 공예품의 일반적인 특성을 살펴보면 다음과 같다(황문건, 2002).

① 지역적 특성과 민족 고유의 정신문화가 내포되어있다.
② 일반사회의 수요자 요구에 의해 창출되므로 사회성이 짙다.
③ 다품종 소량생산으로 실용성과 장식성이 뛰어나다.
④ 부가가치와 외화획득율이 높고 소자본으로 창업이 가능하다.
⑤ 현대인의 소득수준 및 문화생활에 수요가 비례하며, 대중과 쉽게 호흡하여 주류(主流) 형성이 가능하다.
⑥ 생산지, 생산품목 및 소비시장이 광범위하다.
⑦ 해외시장에서의 차별화 및 독창성을 가진다.
⑧ 수가공(手加工)에 의한 수제품적 특성으로 매니아 층을 형성한다.
⑨ 일품성(一品性)으로 소유욕을 증대시킨다.

또한 공예품은 그 정의가 나라마다 다양하다. 다음은 주요 국가별 공예품에 대한 정의다.

(1) 미국

미국의 경우, American Craft Council을 비롯한 공예전담기관에서도 공예품을 법적·제도적으로 명확하게 정의하고 있지는 않다. 다만 일반적으로 통용되는 공예품의 정의를 살펴보면, 예술적이고 숙련된 기술을 갖고 주로 손으로 만들어낸 것을 의미하며, 넓은 의미에서 공예품은 소재를 변형시키는 과정으로 생활에 필요한 예술적이고 생명력을 지닌 상품들을 생산하는 것과 연관이 있다고 정의되고 있다.

즉, 미국에서의 공예품이란 예술성, 기능성, 수공성이 상호 결합된 개념으로 사용되고 있음을 알 수 있다.

(2) 영국

영국에서의 공예란 넓은 의미의 '만드는 활동'으로 정의될 수 있으며, 공예품은 소재(유리, 도자기, 직물 의상, 장난감, 목공예, 보석류 등과 같은)를 이용해 만들어서 판매를 위해 재공급되는 상품을 의미한다.

소모품이거나 큰 부피의 예술작품들, 일회성인 작품이나 계속 존재하는 작품들, 오래 지속되어온 전통기술에 의해 만들어진 작품 및 전통기술을 더 발전시키고 장식한 작품 및 공예 제작과정과 공예소재를 연구하는 작업까지도 넓은 의미의 공예에 포함된다.

영국 공예는 그 질적인 수준의 우수성과 다양함에 있어 세계시장을 이끌어가는 것으로 인정되며, 이는 문화적 부흥뿐만 아니라 영국을 위한 경제적인 부의 실현에도 상당한 기여를 했다고 인정되고 있다.

(3) 프랑스

프랑스 공예품 분류체계는 공예품의 제조방식, 즉 독자적인 기술을 보유한 소상공인을 기준으로 분류하고 있다는 점이 특징적이며, 프랑스 공예품 관련 정책도 공예품이 아닌 공예업종을 중심으로 추진된다.

즉, 목각인형이라는 공예품에 대한 정책이 아니라 독자적인 기법으로 목각인형을 소규모로 제조하는 비즈니스에 관한 정책이라는 점을 이해하여야 한다.

공예산업에 해당하는 프랑스 단어로 'artisanat'가 사용되고 있는 것도 공예품 제조와 서비스가 모두 포함되는 것도 바로 이러한 사실에 기인한다. 이렇듯 프랑스에서의 공예는 예술보다는 기술의 개념이 매우 강하다.

숙련공이란 명칭을 달기 위해서는 특별한 기술(기법)이 있어야 하며, 적어도 6년 동안 상공인 명부에 등록되어 있어야 한다. 상공인 명부에 기록된 업체들의 특징을 보면, 820,000 여개의 업체들이 Répertoiredes Métiers에 기록되어 있으며, 이중 1/3이상이 법인의 형태이며, 400,000 명의 매니저가 숙련공의 자격을 지니고 있고, 20,000 명의 매니저가 장인(Artisan Master)이란 타이틀을 가지고 있다.

(4) 일본

일본은 [伝産法]에서 공예품에 대한 정의를 내리고 있는데, '전통적공예품(伝統的工芸品)'은 공예품의 특징인 원소재나 기술·기법의 주요한 부분이 오늘날까지 계승되어 있고, 더욱이 그것이 가진 아름다움을 유지하면서 산업 환경에 적합하도록 개량하던가, 시대의 수요에 적합한 제품으로 만들어진 공예품을 의미하는 것이다.

전통적 공예품은 법률상 다음과 같은 요건을 필요로 한다.

① 주로 일상생활에서 사용되는 것

② 제품과정의 주요부분이 수작업으로 이루어 질 것

③ 전통적 기술 또는 기법에 의해 제조될 것

④ 전통적으로 사용되어져 온 원 소재를 이용할 것

⑤ 일정의 지역에서 그 원산지를 형성할 것

2003년 3월 현재, 이상의 5가지 요건을 충족하는 경제산업장관이 지정한 전통적 공예품은 전국적으로 203품목이 이에 해당된다.

3 관광기념품의 속성과 의의

(1) 관광기념품의 속성과 역할

관광기념품의 대표적인 속성은 '상징성'(symbolic)과 '고유성'(authentic)이다. 쉘리(shelly, 1993)는 관광기념품을 상징단위로 인식하여 자국의 사회·문화를 조망하는 렌즈의 역할을 한다고 했다.

관광기념품은 즐거운 여행의 경험과 관련하여 상징적인 가치를 지니고 있기 때문에 현대의 관광객들은 관광기념품이나 사진 속에서 여행의 추억을 상기시키고 여행의 경험을 증명할 수 있는 물질적 상징물을 요구하게 된다.

한편 Litterrel(1993)은 미국 3개주의 관광객들을 대상으로 한 조사에서 관광기념품의 고유 속성 5가지, 즉 독특성, 창조성, 장인정신, 역사성 및 문화성, 심미성과 실용성을 제시하기도 했다.

그러므로 관광기념품이 갖추어야 할 요건은 국민색이 풍부할 것, 간편하여 휴대에 편리할 것, 견고하고 실용적인 것, 오랫동안 보존하기에 편리할 것, 가격이 합리적으로 적절할 것 등으로 요약할 수 있다(김운섭, 관광사업론, 동화문화사, 1975).

관광기념품으로 공통적 속성을 살펴보면 다음과 같다.

첫째, 원료가 지역적, 국가적인 산출물이라는 점이다.

기념품의 원료가 지방 특유의 원자재를 이용하여 제조 및 가공된다는 점에서 그러하다,

둘째, 관광기념품은 생산지의 고유한 특성과 지역적 특징이 반영된다는 점이다. 이점은 국제관광의 차원에서 보면 아주 당연시되어지며 그렇게 됨으로써 관광기념품의 가치가 주어진다.

이에 대해 국제관광의 차원에서는 국민적 특색(national color), 국내관광의 차원에서는 지역적 특색(regional color)을 강조하고 있음을 볼 수 있다. 이러한 특색에는 각 지역 및 국가의 고유한 풍습, 역사, 풍물, 종교, 인간미 등이 포함 된다고 하겠다(Rovert W. McIntoch and Charles R. Goeldner, Tourism : Principles, Practices, philosophies, 1986).

셋째, 사교를 돕고 사회적 관계에 있어서 윤활제의 역할을 하는 수단이라 할 수 있다.

기념품은 선물로서 사회적 관계에 있어 윤활제라고 하겠다.

넷째. 의사소통의 수단으로서 역할을 한다. 기념품은 선물자체에 대한 관심보다 선물을 줌으로써 일어나는 의사전달에 관심의 비중이 있기 때문에 결국 의사소통의 수단으로서의 역할을 하게 된다.

다섯째, 기념품이라는 선물은 휴가 중에 함께 오지 못할 사람들에 대한 심리적인 구속을 해결

하며 그 사람들과의 감정과 여건을 공유하게 큼 하는 매개체라 할 수 있다. 기념품은 선물로써 질이나 선호유무와는 관계없이 서로가 행복하게 하는 역할을 하게 된다.

여섯째, 기념품은 선물하는 사람의 사회적 이해와 예의를 반영하는 거울이다. 선물을 받음으로써 그 사람의 사회적 이해와 예의를 반영하는 거울이다. 선물을 받음으로써 그 사람의 자라온 문화적 교육에 관해 말 할 수 있다.

일곱째, 기념품은 어떤 지역이나 나라를 방문했다는 증거인 동시에 다른 사람들이 모르는 것을 알고 있다는 증거가 된다. 이점은 당연히 인정받아야 하고 다른 사람들과 다르다는 차별을 원하는 사람들의 심리로부터 유래된 것이라 하겠다.

여덟째, 기념품들은 자기 자신만 여행하여 즐긴다는 것에 대한 죄책감 때문에 구입하게 된다. 여행은 일상생활에서 벗어나 자신을 해방시키고 원하는 만큼 푹 쉬기 위한 것인데 예외적인 것으로 기념품이란 선물은 약간의 의무감이 내포되어 있는 것이라 하겠다. 이런 생각은 휴가활동에 방해가 될 수 있다. 그래서 여행과정에서의 기념품을 의식하는 것보다는 여행의 마지막 단계에서 선물로서 기념품을 구입하는 것이 바람직하다 하겠다.

아홉째, 여행 시 휴가비나 보조금을 지원한 사람에 대한 답례로서 기념품을 선물하게 된다(현대관광학의 전개, 대왕사, 1997). 상대방의 취향이나 기호를 모르면서 외국에서 사람들에게 줄 선물을 선택하는 것은 힘든 일이다. 선물을 통해 상대방에게 나름대로의 인상을 주고 환영을 받아야 하기 때문이기도 하다.

(2) 관광기념품의 의의

관광활동에서 기념품 구입은 전 세계적으로 일어나는 가장 대중적인 관광행위이자 관광여행의 가장 중요한 심리적 동기인데, 그 이유는 쇼핑자체가 즐거운 것이며 또한 관광 목적자의 경제(보이지 않는 수출)에도 크게 기여하기 때문이다(한국관광연구원, 관광토산품의 진흥정책의 방향 세미나 결과 보고서).

관광중의 쇼핑은 그 자체가 하나의 즐거운 경험인 동시에 레크레이션 활동의 연장으로서 유별하고도 저렴한 상품을 쇼핑할 기회 또는 관광의 자산(Touristic asset)이다(Salah wahab, Tourism Marketing , 1976).

관광진흥 10개년 계획에 의하면 관광객이 2000년에는 550만 명, 2005년에는 800만 명으로 관광총수입 200억불, 쇼핑비 80억불로 7조원에 달할 것으로 예측하고 있는바와 같이 외래 관광객이 쓰는 쇼핑비 총액이 증가되고 있고 쇼핑품목 가운데 관광기념품은 국산제품으로서 비중과

가치를 갖기 때문이라 하겠다.

이러한 경제적 중요성 (economic importances)은 국제 관광수지에 있어서 외국인 관광객이 소비한 관광기념품 추정금액 수입이 주요 관광객에 있어서 관광수입금액의 25%이상을 차지하고 있다는 점에 있다.

우리나라가 2000년대 관광 선진국으로의 도약을 추구하고 상대적으로 영세한 관광 토산품 분야가 국제 경쟁력을 확보하기 위해서는 그 어떤 분야보다는 생산과 유통 및 판촉과 관련한 종합적 연구가 필수적인 주제로 지적되고 있다는 점에서도 관광기념품의 중요성이 제기 되고 있다 하겠다(허갑중, 관광토산품 국제경쟁력 강화방안, 한국관광연구원, 1997).

유형적 상품의 수출에 있어서는 일반제품 수출은 상품이 이동함으로써만 수지가 발생하는데 비해 관광기념품의 경우에는 관광객이 이동 및 입국을 함으로써 수지가 발생한다는 점에서 차이점을 보이며 (Robert W. Mclntoch and Charles R. Goeldner. op. cit)국제 수지 향상에 기여하게 된다는 점에 주목할 필요가 있다.

관광객의 지출은 수용국가(host country)와 지역사회의 경제에 승수효과(multiplier effect)는 가져와 주는데 수입-소비주기에 의한 관광승수효과를 체키보고서에 따르면 3.27로 밝혀졌는데, 이 가운데 숙박비가 3.42로 가장 큰 승수효과를 가져오며, 쇼핑비도 3.15로 높게 나타난 바 있다 (Salah Waheb, Tourism Managemant, 1976).

또한 관광기념품 판매에 의한 외화획득률은 거의 100%에 이르고 있다는 정부시책 평가 교수단의 한국 관광사업 현황과 진흥책이라는 보고서를 통해서도 중요성이 입증되고 있다.

한편 경제적 측면에서 사회·문화적 중요성(Socio-cultural importance)을 제기 할 수 있다. 관광기념품은 한국이라는 관광목적지의 이미지를 전달하는 중요한 매개체 역할을 하기 때문에 관광기념품을 구입한다는 것은 그 행위 자체가 신뢰의 표시 내지 호의의 전달이라는 특별한 의미를 지니고 있다.

관광객은 관광기념품을 구매함으로써 자신의 센스를 표현하게 되며 화제를 제공하고 취미의 대상이 된다 하겠다(한국 관광기념품 산업의 진흥방안에 관한 연구, 박종연, 한양대학교 대학원 석사학위논문, 1987).

관광기념품은 전통적이며 조상대대로의 생활양식에 대한 인식을 제기시키며 소멸된 문화의 질을 되찾게 한다(Alister Mathieson and Heoffrey Wall, op. cit). 이것이 한국의 이미지와 지역적 독창성을 살려 우리 문화를 부각시키는 역할을 하게 되는 것이다.

또한, 관광에 의해 버려두었으면 사장되었을 공예품을 보존시키기도 한다(R. Cleverdon and A. Ehwards International Tourism to 1990 (Massachuesetts : EIU special Series4, 1982)는

점도 간과해서는 안 될 것이다. 아울러 관광객들이 지방예술과 공예품을 요구함으로써 예술인과 공예인의 이익을 확보시키게 하는 역할을 하게 한다(R. W. burtler, Social Implications of Tourism Development, Anuals of Tourism Research, Vol.2, No2, 1974).

관광적 측면에서 관광기념품은 관광적 중요성을 지니고 있다.

관광기념품은 한국을 방문하는 외래 관광객에게 기쁨과 만족을 안겨주는 관광자원일 뿐만 아니라, 그 나라를 방문하지 못한 외국인들에게는 선물도 됨으로 해서 가장 효과적인 관광선전의 역할을 하기도 한다고 할 수 있다.

4 관광기념품의 분류

관광기념품에는 토산품, 특산품, 공예품, 민예품 등이 포함되어 있고 현대에는 일반 공산품까지 범위가 확대되어 있는 상황이라 하겠다. 다음은 기념품에 대한 종류별 분류 내용이다.

(1) 한국관광연구원 분류

<표 I-3> 기념품들의 분류

종류	내용
기념품	기념하기 위한 제품
토산품	특정지역에서 생산한 제품
향토산품	특정 시골지방에서 생산한 제품
공예품	특정한 기교나 기술을 부려서 생산한 제품
전통 공예품	전통방법에 따라 생산한 공예품
민예품	민중 예술적 특성을 갖고 생산한 제품
특산품	지역에서 특별히 생산한 제품
향토특산품	시골 지방에서 특별히 생산한 제품
명품	잘 만들어진 상품
명산품	지역에서 대표적으로 생산되는 제품

자료 : 허갑중, 관광토산품 국제경쟁력 강화방안, 한국관광연구원, 1997.

(2) 문화관광부의 분류

<표 I-4> 관광기념품의 종류

	품종		종 류
1	공예품	산업공예품	모형틀(디자인원안)에 의한 대량 생산품
2	일상용품	수공예품	장인에 의한 생산품
		공산품	의류, 신발류, 피혁제품, 문구류, 보석류, 완구, 장신구, 생활용품, 신변 잡화
		식품	인삼, 민속주, 한과 등 과자류, 농수산물 가공품 등

자료 : 허갑중, 관광토산품 국제경쟁력 강화방안, 한국관광연구원, 1997.

(3) 한국공예협동조합 및 한국표준산업분류에 의한 분류

<표 I-5> 공예품 분류표

품 목	품 명
섬유공예품	인형, 수예품, 민속의상(한복, 궁중의상), 매듭, 노리개, 실크가방제품, 자수품, 나염제품, 수실제품, 기타 섬유제 장신구 및 장식품
목공예품	인물상, 동물상, 용기, 장신구, 탈, 가면, 액자, 벽걸이, 지팡이, 파이프, 스탠드, 고전가구, 민속악기(거문고, 가야금 등), 기타 장식용 소품 등
나전칠기 공예품	장, 문갑, 경대, 옷걸이, 화병, 보석함, 구절판, 서류함, 상, 쟁반, 식기류, 양념통, 수저, 젓가락 등 식탁용품 기타 칠기공예품
도자공예품	청자, 백자, 분청, 토기 등의 민속 도자기류, 찻잔, 식기, 노벨티 등의 공업도자기류, 옹기, 기와, 토령제품 등
석공예품	석각제품(화병, 용기, 석등, 동물상 등), 장신용구, 벼루 등 기타 석공예품
보석공예품	루비, 사파이어, 오팔, 산호, 진주, 비취 등의 귀석장신구 및 장신용품, 옥수정, 큐빅, 아케이트, 양식진주 등의 반귀석 장신구 및 장식용품
금속공예품	금, 은·동합금 등의 귀금속 장신구 및 장식품, 칠보제품, 모조 장신구류, 금속 및 비금속제의 사진틀, 생활용품 및 실내장식 용품, 기타 금속세공품
초자공예품	화병, 컵, 그릇 등 장식용 유리세공품, 크리스탈 세공품, 구슬가방, 인조진주 제품, 구슬 등 기타 도자세공품
죽세공예품	부채(합죽선, 태극선 등), 돗자리, 방석, 갓, 국궁 및 화살, 죽피 공예품, 바구니세공품, 기타 장식세공품
초경공예품	인초, 완초, 옥초, 수세미, 백간, 갈저, 갈포 등의 생활용품 및 장식용품, 벽지, 한산모시제품, 저마제품 등 기타 초경세공품
모피공예품	우피, 양피, 뱀피, 장어피 등의 동물 피혁제품(가방, 지갑, 핸드백, 벨트 등), 민속악기(북, 장구 등), 붓, 박제품, 인조피혁제품
종이공예품	함류(서류함, 단합, 쌍합, 삼합 등), 용기(반짇고리, 색실상자, 머릿장 등), 조화, 지등, 지우산, 벽걸이 장식, 지승공예품 등
기타공예품	휘장, 패각, 화각공예품, 부착화(보석, 콜크, 석화), 실크인쇄장식품, 그림, 판화, 수지 및 플라스틱 사출 장식품, 기타 재료의 장식용품

자료출처: 한국공예협동조합연합(공예산업의 현황, 1999)

<표Ⅰ-6> 한국표준산업분류에 의한 공예산업 분류(제조업)

공예부문	한국표준산업분류
섬유공예품	원단편조업 편조의복제조업 기타 편조제품 제조업 날염가공업 침구 및 관련제품 제조업 자수제품 및 자수용재료 제조업 한복제조업 장갑제조업(모피공예품 포함) 기타 의복액세서리제조업 인형제조업
모피공예품	천연모피제품 제조업 인조모피 및 인조모피제품 제조업
목공예품/죽세공예품	목제도구 및 가구제조업 주방용 및 식탁용 목제품 제조업 장식용 복제품 제조업(장식용 나전칠기제품 포함) 그외 기타 목제품 제조업
종이공예	종이가방 및 포대 제조업 포장용 판지상자 및 기타 종이용기 제조업
도자공예	가정용 및 장식용 도자기 제조업 기타 일반 도자기 제조업
석공예품	석재성형 가공품 제조업
금속공예품	금속압형제품 제조업 도금업 날붙이 제조업 그외 기타 조립 금속제품 귀금속 장신구 및 관련제품 제조업
나전칠기	장식용 목제품 제조업(장식용 나전칠기 제품 포함)
초경공예품	돗자리 및 기타 조물제품 제조업
초자공예품	가정용 유리제품 제조업 포장용 유리용기 제조업 그외 기타 유리제품 제조업
기타공예	국악기 제조업 모조 장신용품 제조업(귀금속 이외에 각종 재료) 조화 및 모조 장식품 제조업(각종재료)

자료출처: 통계청(한국표준산업분류, 2000)

<표 I -7> 공예산업의 가치사슬구조

구 분	창작기획	제조/생산	유통	주 소비층
전통공예품	도제제도	소규모집단 혹은 독립된 공방	전문유통상, 전시관	관광지, 지역사회
미술공예품	예술가(일품성)	독립된 공방 혹은 가계	전시관, 개인공방	고소득층
공예디자인제품	디자이너집단	소공장형태	다양한 유통 수단활용	중산층
기능성공예품	기계화진행	공장형(일관작업)	다양한 유통경로 활용	광범위
관광기념품	선물용기획	제약없음	제약없음	관광객(공항, 호텔)

자료출처: 통계청(한국표준산업분류, 2000)

(4) 중소기업청 및 중소기업진흥공단의 분류

<표 I -8> 민예품의 종류

항목	종류
섬유	인형, 수예품, 민속의상, 매듭, 실크 가방제품, 자수 등
목(나무)	목각(인물상, 동물상, 용기, 장신구), 가구(고전, 화각)등
칠기	나전칠기, 건칠(화병류, 함류, 상류, 쟁반류, 용기류)등
도자	토기, 토령, 민속도자기(청사, 분청, 백사), 공업도자기
석(돌)	석각제품(화병, 용기, 석등, 동물상, 장신용구),벼루 등
보석	금, 은, 동, 합금, 귀석, 칠보제품, 모조장신구, 금속 및 비금속류의 실내 장식
초자	유리세공품, 구슬빽. 인조진주
죽세	죽세공품, 부채(합죽선, 태극선 등),돗자리 등
초경	균초, 완초, 옥초, 수세미, 맥간 갈초, 갈포, 사초벽지, 저마제품 등
피혁	우피, 양피, 뱀피, 장어피, 인조피혁 등
종이	한지, 지공예품, 조화, 지우산 등
기타	휘장, 우모, 수각, 패각, 부착화(보석, 콜크, 석화), 수실 인쇄물 등

자료: 허갑중, 관광토산품 국제경쟁력 강화방안, 한국관광연구원, 1997.

(5) 한국관광공사의 분류

<표Ⅰ-9> 토산품 대상품목

대상	품목
1. 풍토 입지조건에 크게 영향을 받아 인위적으로 여건변화를 극복하기 어렵고 그 지방에서만 생산되는 산물	과일, 약초, 채소, 민속주, 인삼, 간장류, 민물고기 등
2. 장소를 이동하여 이식, 재배 또는 가공함으로써 그 산물의 특성, 성분, 품질, 색깔 형질, 맛에 변화를 가져옴으로써 현저히 상품 가치가 떨어지는 것	과일류, 인삼, 식품 등
3. 산물의 재료(식물, 광산물, 고령토, 해조류)가 그 지방에서만 제한 공급되어 현지 생산에 의존해야 하는 특수한 산물	김, 도자기, 모시, 곶감, 토종꿀, 죽세공품
4. 전래의 생산기술과 비법으로 현지 기능보유자가 생산하는 제품	갓, 유기(놋쇠제품), 민속음식, 민속주, 민속인형 등
5. 전래 생산기술이 타지방으로 이전되더라도 생산여건, 공급재로의 차이로 인하여 고유성이 상실될 수 있는 성질의 산물	음식, 요리, 술, 김치 등
6. 장소의 이동이 있더라도 전래의 기술과 비법이 완전한 상태로 보전되어 그 토산품의 성질과 원형의 변질을 사실상 찾아볼 수 없는 산물	자수정가공, 목각제품, 식품가공, 악기, 자수

자료: 한국관광공사, 「전국향토특산물 실태조사」, 1987.

(6) 농림부의 분류

<표Ⅰ-10> 농·특산품의 종류

	품목	세목
1	민속공예품(민예품)	죽제품, 목공예, 석공예, 도자기, 공예, 한지, 패각, 가공, 완초 가공 등
2	농수산자재	싸리제품, 비닐제품, 지분제품, 어망, 인삼발 등
3	섬유직물	모시, 삼베, 마포, 자수 등
4	석재품	경석, 숫돌, 돌 가공제품 등

자료: 허갑중, 관광토산품 국제경쟁력 강화방안, 한국관광연구원, 1997.

(7) 통계청 문화상품 분류

① 장식용 목제품 제조업 : 장식용 목재조각품, 장식용 상자, 그림틀 등의 목재 장식용품을 제조하는 산업 활동을 말한다.

예 시

- 상감세공 목재 패널 제조
- 장식용 목재칼집(은장도 등) 제조
- 목재 거울틀 제조
- 목재의 조상 및 장식품 제조
- 보석상자 제조

제 외

- 목재 모조신변장식품 제조

② 가정용 및 장식용 도자기 제조업 : 가정 및 음식점의 주방용, 식탁용, 화장실용 및 장식용 도기, 자기 및 토기를 제조하는 산업 활동을 말한다. 도자기 장식처리 활동도 여기에 포함된다.

예 시

- 가정용 토기제품 제조
- 도자기 화병 제조
- 도자기제 조상제조
- 장식용 도자기제품 제조

제 외

- 위생용 도자기제품 제조
- 도관 및 건축용의 도자기제품 제조

③ 나전칠기가구 제조업 : 장식용 패각 또는 옥돌 등의 장식용 재료를 세공하여 장식하거나 옻칠 등을 하여 각종 나전칠기가구를 제조하는 산업 활동을 말한다.

예 시

· 나전칠기가구 제조

제 외

· 보석함 등 가구의 성격을 갖지 않은 장식용 나전칠기제품 제조

④ 귀금속 장신구 및 관련제품 제조업 : 구입한 천연·인조귀금속, 준귀금속, 진주, 금, 은 및 기타 귀금속으로 장신구 및 세공품, 식기류, 예술 또는 경기용 메달 등을 제조 또는 세공하는 활동을 말한다. 귀금속여부를 불문한 법정주화 및 기타 주화를 제조하는 활동이 포함된다.

예 시

· 귀금속 신변장식용품 제조
· 메달리언 제조(경기용, 예술용)
· 귀금속 메달 제조
· 귀석 제품 제조(합성, 재생)

제 외

· 치과용 충전재와 살균한 봉합물 제조
· 연마재 제조
· 귀금속을 도금한 비철금속제품의 제조는 적합한 항목에 분류
· 장식용 메달, 상패 등의 비귀금속 제품 제조
· 귀금속제의 시계 및 시계부품 제조
· 모조 장식품 제조

⑤ 기타 상품 중개업 : 기타 각종 상품의 거래에 관련된 경매, 대리 또는 중개를 수행하는 산업 활동을 말한다.

예 시

·골동품 및 예술품 중개	·철강 및 기계중개
·섬유 및 의류 중개	·화장품 중개
·귀금속 중개	·화학제품 중개

⑥ 시계 및 귀금속제품 도매업

각종 귀금속 및 귀금속제품, 시계 등을 도매하는 산업 활동을 말한다.

예 시

·시계 및 부품 도매	·보석 도매
·귀금속제 장신구 도매	·귀석제품 도매
·루비, 진주 도매	·시계케이스 도매

제 외

·귀금속 광물 도매

⑦ 예술품 및 골동품 소매업 : 미술품, 공예품, 예술품 등 각종 창작예술품을 소매하는 산업 활동을 말한다. 가정용으로 사용되는 도자기 등과 같이 예술적 성격을 가지지 않는 상품은 제외된다.

예 시

·그림 소매	·조각품 소매
·장식용 도자기 소매	·미술품 소매(화랑)
·목조공예품 소매	·고려청자, 이조백자 등 소매
·고서적 소매(일반 중고서적 제외)	·조각품 소매

⑧ 관광 민예품 및 선물용품 소매업 : 장식성 관광민예품 및 선물용품을 소매하는 산업 활동을 말한다.

예 시

- 기념품 및 기념메달 소매
- 크리스마스장식품(전구 제외) 소매
- 조화 소매
- 액자(그림, 사진 등) 소매
- 모조장식품 소매
- 선물가게 소매
- 휘장(귀금속제 제외) 소매
- 박제(동물) 소매

5 관광기념품 관련 선행연구

(1) 국내 선행연구

<표 I -11> 국내 선행연구자와 연구내용

연구자	연구내용
서태양 · 주선희(2001)	경주지역 관광기념품 구매자의 선호도와 실용성, 고유성, 예술성 등 기념품 구매중요 속성요인을 파악함으로써 재 구매의사를 예측
김철 · 고종원(2001)	방한 국제관광객의 관광기념품 선호도연구에서 다양성과 예술성의 요인개발의 필요성 제시
장인정(1999)	Sheth의 소비가치이론을 적용하여 관광기념품 구매행동에 영향을 미치는 소비가치요인분석
윤상헌(1998)	주제공원 관광기념품으로서의 캐릭터상품이 소비자 구매에 미치는 영향요인 분석
김애숙(1997)	광주 비엔날레 기념품의 6개 항목에 대한 소비자 만족과 중요고려사항 분석
유지윤(1996)	관광기념품 구매행동을 측정하고 분석하여 구매행동 모델개발
손대현(1995)	일본 관광기념품산업의 분석을 통해 우리나라 관광기념품산업에 개선방향제시

표 구성 : 각종 자료를 토대로 저자구성

(2) 국외 선행연구

<표 I -12> 국외 선행연구자와 연구내용

연구자	연구내용
Littrell & Kim(2001)	기념품 구매의사에 대한 연구의 결과로 기념품의 색상과 디자인이 가지는 미적 가치에 대해 우호적인 태도를 가지는 사람들은 제품의 종류에 관계 없이 강한 구매의사를 보인다는 것을 검증
Moscardo & Pearce(1999)	기념품 소비자에게 초점을 두고 여행형태와 상품 선택 사이의 관계를 규명
Anderson & Littrell(1995)	관광기념품의 구입목적으로 관광경험의 회상, 전시, 사용, 선물 등이 주요 구입동기가 된다는 사실을 밝힘
Cohen(1993)	외지인에게 기념품을 판매하려는 노력이 본래의 기념품이 관광객에게 전달하려는 제품의 진실성을 왜곡시키는 결과를 초래하는 돌연변이적 제품을 만들어낼 수 있다는 사실을 파악

표 구성 : 각종 자료를 토대로 저자구성

제2장

관광기념품 산업

Chapter 2

제 1 절 국내 관광기념품 산업

International Tourism Shopping Management

1 국내 관광기념품 생산시스템

관광기념품의 생산과정은 생산지에서 소매점을 거쳐 직접 소비자에게로 공급되는 시스템이 있는가 하면 여러 단계를 거쳐 관광 소비자에게 공급되는 시스템이 있다.

한편, 우리나라의 관광기념품의 생산형태는 3가지 형태로 나타나 있다. 각 유형별 생산형태는 아래의 표와 같다.

<표 II-1> 관광기념품의 생산형태

유형	생산형태
제1형	원산지에서 생산하는 것
제2형	원료에 대한 가공기술의 부족으로 대도시에 의존하는 형
제3형	지역적인 산물은 아니지만 비치상품의 구색을 갖추기 위하여 원산지의 산물을 적정구입 하거나 또는 대도시의 도매상을 이용하여 구입하는 행위

표 자료 : 박종연, 한국 관광기념품 산업의 진흥방안에 관한 연구, 한양대학교 대학원 석사학위논문, 1987.

관광 기념품 생산은 생산지의 주민들이 관광객들에 대한 관광기념품 자체를 어떻게 지각하고 있는가를 이해하는 수단을 제공해 주기도 한다(James D. Nason, Tourism Handicrat and Ethnic Idenfity in Micronesia, Annals of Tourism Research, 1984).

최근에는 관광기념품 생산이 기존의 생산중심에서 판매중심으로 바뀌고 있는데 이는 생산 자동화 체제로 인해 생산력이 증대됨에 따라 판매문제가 심각해지고, 기업경영에 있어서 판매가 지배적 요인이 되고 시장의 성격도 완전히 구매권 중심으로 전환되고 있기 때문이라 할 수 있다(박종연, 1987).

기업가는 생산문제 보다는 오히려 과잉적인 생산력과 그에 따르지 못하는 소비자들의 구매력, 다양한 소비자의 기호 그리고 기술적, 사회적 진보에 따른 수요의 양적, 질적인 변화에 대하여 어떻게 대처할 것인가가 근본적인 과제가 되고, 생산우위에서 판매중심의 경영으로 옮기지 않으면 안 되게 된 점도 고려해야 할 것이다.

이러한 상황변화에 소비자들의 구매행동을 파악하여 생산에 적극 반영해야 할 것이다.

소비자에게 관광지 매력성이 함축된 기념품을 제공함으로서 구매동기와 욕구에 부합하는 기념품 생산이 되어야 할 것이다.

2 국내 공예품 업체현황

(1) 업체 일반현황

우리나라의 문화상품의 제작업체 현황에 대한 기 작성된 정확한 통계는 없다.

<표 II-2> 공예상품의 업종별, 지역별생산자수

시도	목공 예	칠공 예	도자 공예	초자 공예	금속 공예	보석 공예	섬유 공예	석공 예	죽세 공예	초경 공예	피혁 공예	종이 공예	기타	합계
서울	24	16	12	6	70	37	40	1	-	3	8	26	310	553
부산	43	38	19	1	8	5	3	3	1	1	3	9	41	175
대구	31	4	7	1	9	-	2	-	-	-	2	8	41	105
광주	19	30	23	1	18	-	16	6	6	2	3	2	42	168
인천	11	16	19	-	6	-	3	1	-	5	-	20	38	119
울산	4	3	35	-	4	1	3	-	-	-	-	12	5	67
대전	8	1	5	2	4	1	5	1	-	1	-	1	17	46
경기	123	23	834	3	45	11	21	23	5	-	1	11	82	1182
강원	39	5	3	-	-	5	1	3	-	-	2	-	52	110
충북	45	-	69	-	8	-	2	13	-	2	2	7	11	159
충남	39	3	65	2	6	2	4	10	-	3	-	2	45	181
경북	22	1	33	-	5	1	1	1	2	1	-	5	23	95
경남	69	36	230	1	13	5	6	2	12	11	2	26	44	457
전북	122	19	57	1	4	13	7	13	30	7	1	11	50	335
전남	32	7	59	-	7	3	8	11	160	9	-	2	156	454
제주	25	-	5	-	3	2	3	23	1	5	-	-	29	96
합계	656	202	1475	18	210	86	125	111	217	50	24	142	986	4302

자료 : 문화관광부(문화산업통계실태조사, 1999.)

다만, 제작과 관련된 단체의 회원현황으로 우리나라의 공예상품 제작업체 현황을 추산하고 있다.

<표 II-3> 공예품 생산업체의 종업원 수

종업원 수	빈 도 수	백분율(%)
5인 이하	45	75
6인~10인 이하	6	10
11인~15인 이하	4	7
16인 이상	5	8
합 계	60	100

주 : 단수응답으로 조사됨(한국공예협동조합연합회, 2002)

<표 II-4> 도자기 제조업체 현황

구 분	회 원	공예분야 전 업 자	비 고
합 계	5,623	2,217	
ㅇ 한국공예협동조합연합회	855	650	ㅇ 회원 중 광고, 명판 사업자들이 20%를 차지
ㅇ 한국공예예술가협회	175	160	ㅇ 유통관계자 등 제외
ㅇ 한국무형문화재기능보호협회	150	106	ㅇ 공예분야는 39종목 106명
ㅇ 한국자수문화협의회	105	50	ㅇ 전통자수 분야는 대부분 전업
ㅇ 한국도자기타일공업협동조합 (회원 58)	308	308	ㅇ 비회원도 포함된 도자기 전문 업체임
ㅇ 중소기업협동조합내 기타 공예 관련조합(9개)	427	427	ㅇ 죽염, 김치 등 식품관련 조합은 제외
ㅇ 농어촌 특산단지	739	436	ㅇ 농어촌특별조치법에 의거 시장·군수가 지정
ㅇ 대한민국명장회	230	80	ㅇ 무형문화재도 포함
ㅇ 한국공예가협회	1,033	-	
ㅇ 한국종이접기협회	202	-	ㅇ 취미단체
ㅇ 한국생활공예협회	68	-	ㅇ 취미단체
ㅇ 한국수공예협회	1,331	-	ㅇ 취미단체

('97통계) : 일반도자기 1,433개, 토기 97개 업체

<표 II-5> 판촉방법

항　목	빈 도 수	백분율(%)
각종 공모전 참가	46	36
업계 공동전시판매회 개최	31	24
자체 홍보물 제작	18	14
기　타	16	12
인적 판매(영업사원) 활동	10	8
대중매체 광고	8	6
합　계	129	100

자료 : 한국공예협동조합연합회조사, 2002(기타 자체 전시회의 개최, 해외 박람회의 참가, 인터넷 광고나 홈페이지 구축 등)

<표 II-6> 판매방법

항　목	빈 도 수	비율(%)
자사판매장 이용	32	33
판매점 직접 납품	31	32
중간유통업체 납품	18	18
기　타	17	17
합　계	98	100

자료 : 한국공예협동조합연합회조사, 2002
주 : 기타 우편이나 조합을 이용한 주문판매, 여행사를 통한 판매, 각종 모임이나 단체를 통한 직접 판매 등이 있다.

한편, 업종별 비율을 살펴보면 제작업이 66.7%, 유통업이 33.3%를 차지하고 있다.

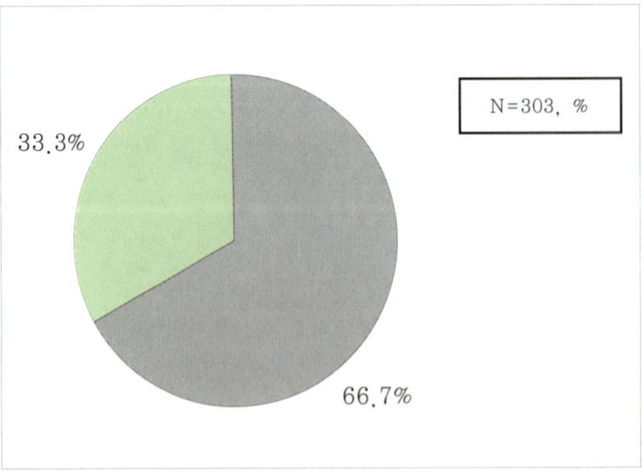

그림 II-1 업종별 비율

자료 : 한국공예협동조합연합회조사, 2002

유통형태로는 소매업이 49.5%로 많은 부분을 차지하고 다음으로 도・소매업으로 34.7%, 도매가 15.8%를 차지하는 것으로 나타나고 있다.

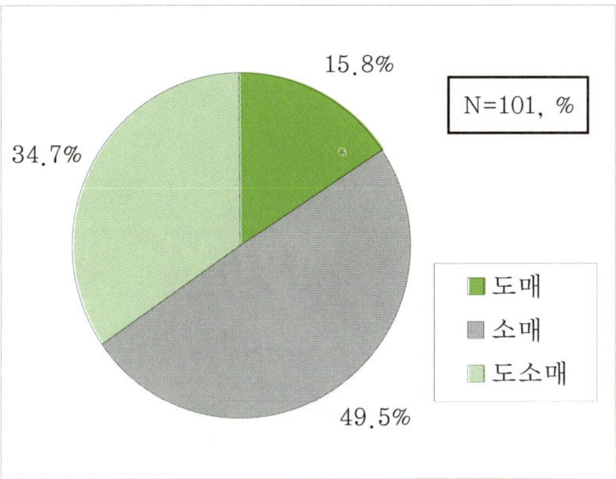

그림 Ⅱ-2 유통업체 업태별 비율

자료 : 한국공예협동조합연합회조사, 2002

지역별로는 서울(25.7%)과 경기/인천(30.7%)이 차지하여 56.4%가 수도 편중으로 나타나고 있으며 부산/울산/경남이 13.5%로 비교적 높다. 기타 강원도가 2.6%, 대구/경북이 5.9%로 지역적 편중을 보인다.

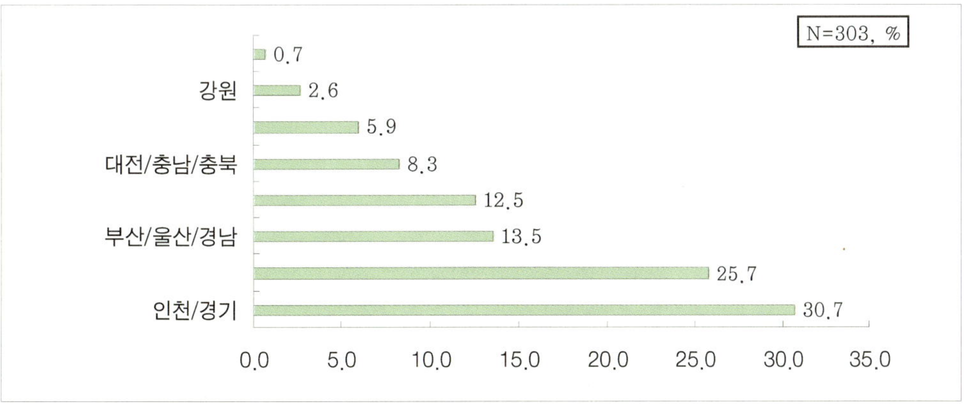

그림 Ⅱ-3 지역별 비율

자료 : 한국공예협동조합연합회조사, 2002

주요 소재별 취급형태를 살펴보면 도자가 36.1%로 가장 많은 부분을 차지하고 다음으로 목/죽세가 22.9%, 금속이 13.6%, 섬유가 8.0%, 종이가 5.6%, 유리/석공예가 0.7%, 기타가 10.3%를 차지하고 있다.

그림 II-4 소재별 취급 비율

자료 : 한국공예협동조합연합회조사, 2002

브랜드 보유형태를 살펴보면 자체브랜드가 58.8%로 많은 부분을 차지하고 있으며, 다음으로 브랜드 없이 판매하는 비율도 27.5%로 높게 나타나고 있다.

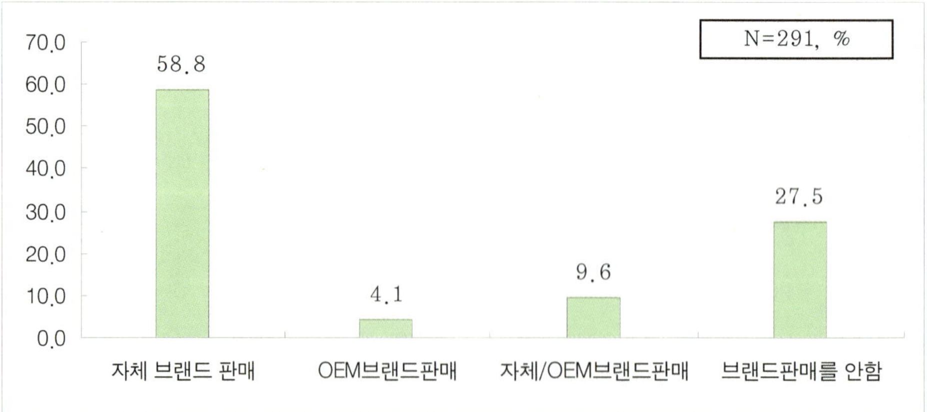

그림 II-5 브랜드 보유형태

자료 : 한국공예협동조합연합회조사, 2002

(2) 사업실적 현황

2002년 공예문화산업의 매출액 분포를 살펴보면, 2천만원 미만이 20.9%, 2~5천만원 미만이 33.7%, 5천~1억원 미만이 18.7%, 1억원 이상이 26.7%로 나타났다.

공예문화산업 업체의 매출액이 5,000만원 미만인 제작업체와 유통업체 비율은 각각 56.2%, 51.8%로 공예문화산업 업체들이 영세하다는 사실을 확인 할 수 있다.

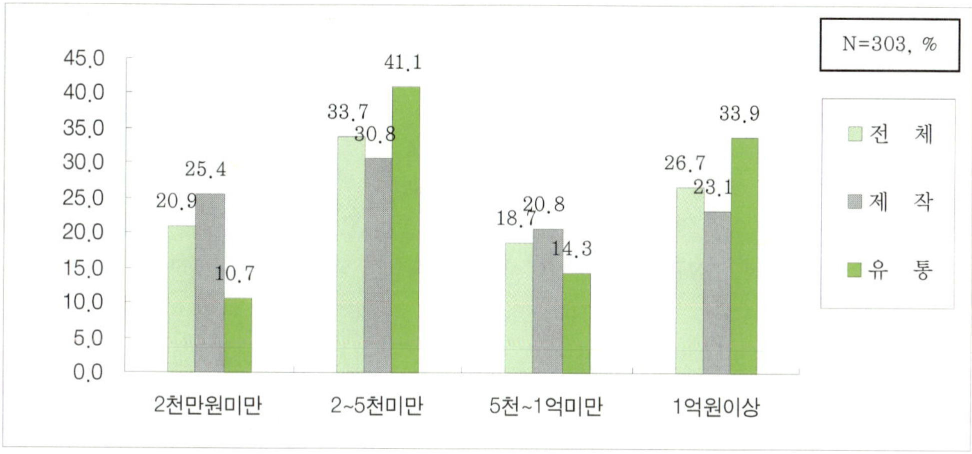

그림 II 6 매출액

자료 : 한국공예협동조합연합회조사, 2002

(3) 인력현황

한국공예협동조합연합회의 2002년 자료에 의하면 자영업주 및 무급가족 종사자 수는 평균 1.6명으로 전체 응답 업체의 43.9%를 차지하고, 임시직과 일용직 평균 종사자수가 각각 2.3명(11.1%), 2.2명(9.5%)으로 나타났으며, 정규직 종사자 수는 평균 3.4명으로 전체의 30.2%에 그치고 있다.

이 같은 종사자 현황은 매출액의 영세성 못지않게 공예문화산업 인력구조의 취약성을 나타내는 결과라 할 수 있다.

전체 공예문화 관광 상품업체의 종사자 수는 2명을 둔 업체가 가장 많은 비율(34.1%)을 차지하고 있으며, 다음으로는 1명을 둔 업체가 28.8%를 차지하고 있어, 약 63%에 해당하는 업체들이 1-2명의 종사자를 두고 사업을 하고 있는 것으로 나타났다.

이 같은 인력구조의 취약성은 공예문화산업 매출 하락과도 연관이 되며, 매출증가를 위해 가장 중점을 두고 있는 신상품 개발 분야 인력공급의 한계를 드러내는 결과이기도 하다.

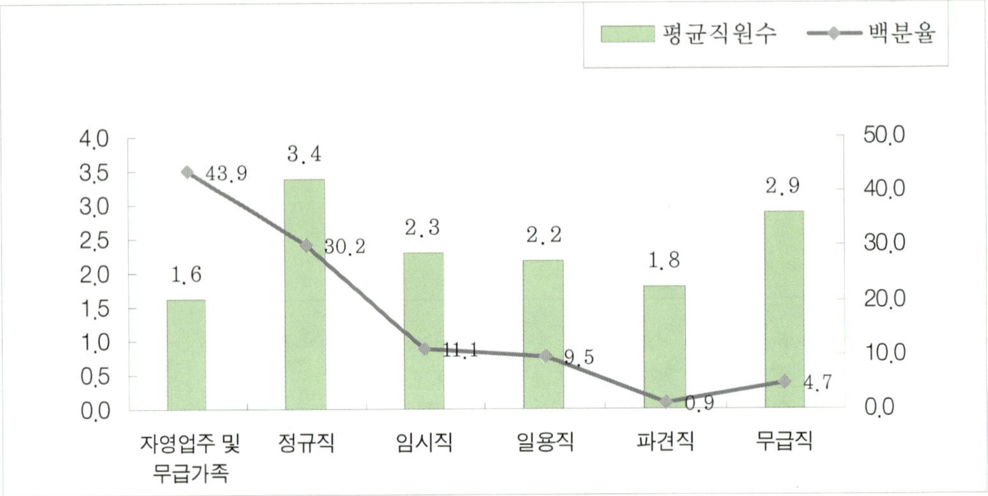

그림 II-7 공예산업 직종별 평균 종사자수 및 비율

자료 : 한국공예협동조합연합회조사, 2002

(4) 제작업체 현황

<표 II-7> 제작업체 소재별 설립비율

			1980 이전	1981~1985	1986~1990	1991~1995	1996~2000	2000이후
		업체 수	%	%	%	%	%	%
전 체		202	23.1	9.2	15.4	20.0	17.9	14.4
제작	도자	75	17.3	12.0	17.3	21.3	24.0	8.0
	금속	32	12.5	6.3	15.6	18.8	21.9	25.0
	유리/석	6	16.7	0.0	0.0	16.7	33.3	33.3
	목/죽세	47	43.5	10.9	15.2	17.4	8.7	4.4
	종이	9	0.0	11.1	11.1	33.3	11.1	33.3
	섬유	13	23.1	7.7	15.4	15.4	15.4	23.1
	가죽	1	0.0	0.0	100.0	0.0	0.0	0.0
	기타	13	33.3	0.0	8.3	16.7	8.3	33.3

자료 : 한국공예협동조합연합회조사, 2002

제작업체 소재별 설립 비율을 살펴보면 유리/석 공예업체가 1996~2000년 그리고 2000년 이후가 각각 33.3%로 최근에 들어서 매우 급격한 신장세를 보이고 있다. 전체적으로 개인사업체 비중이 높은 관계로 소재별 사업체 유형 비율의 분포비율에서도 개인사업체 비율이 가장 높게 나타나고 있다.

<표 II-8> 업종별 소재별 사업체 유형비율

			개인사업체	법인회사	회사이외단체	비법인
		업체 수	%	%	%	%
전 체		202	76.1	4.1	0.5	15.7
제작	도자	75	83.6	1.4	1.4	13.7
	금속	32	54.8	6.5	0.0	38.7
	유리/석	6	83.3	0.0	0.0	16.7
	목/죽세	47	95.4	0.0	0.0	4.6
	종이	9	66.7	11.1	0.0	22.2
	섬유	13	69.2	7.7	0.0	23.1
	가죽	1	100.0	0.0	0.0	0.0
	기타	13	66.7	25.0	0.0	8.3

자료 : 한국공예협동조합연합회조사, 2002

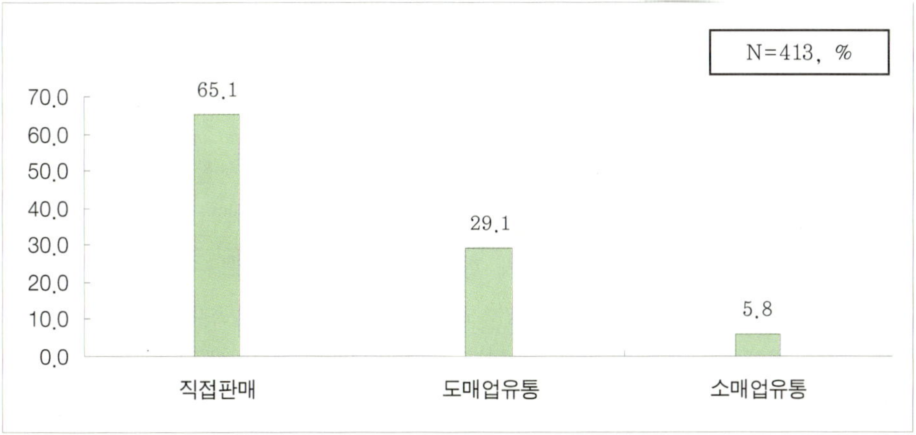

그림 II-8 판매 경로

자료 : 한국공예협동조합연합회조사, 2002

유통경로를 살펴보면, 직접 판매 비율이 65.1%로 가장 많았고, 도매유통 비율은 29.1%에 그치고 있는 것으로 나타나, 여전히 제작업체의 상당수가 제작과 판매를 겸하고 있으며, 전문적인 유통업체를 통한 판매는 미약하다는 사실을 알 수 있다.

(5) 유통업체 현황

<표 II-9> 소재별 설립년도 비율

		업체수	1980 이전	1981~1985	1986~1990	1991~1995	1996~2000	2000이후
전 체		101	14.0	14.0	15.0	17.0	17.0	23.0
유통	도자	32	12.9	9.7	19.4	12.9	19.4	25.8
	금속	9	11.1	22.2	22.2	33.3	0.0	11.1
	유리/석	1	0.0	0.0	0.0	0.0	100.0	0.0
	목/죽세	21	23.8	9.5	4.8	28.6	14.3	19.1
	종이	8	37.5	0.0	12.5	25.0	0.0	25.0
	섬유	11	9.1	27.3	9.1	0.0	27.3	27.3
	가죽	1	0.0	0.0	0.0	0.0	100.0	0.0
	기타	18	0.0	22.2	22.2	11.1	16.7	27.8

자료 : 한국공예협동조합연합회조사, 2002

유통업체 소재별 설립 비율을 살펴보면 종이 공예업체가 1980년 이전이 37.5%로 설립된 지 20년이 지난 업체비율이 다른 소재 업체에 비하여 다소 높게 나타나고 있다는 것을 알 수 있다.

한편, 전체적인 개인사업체 비중이 높은 관계로 소재별 사업체 유형 비율의 분포비율에서도 마찬가지로 개인사업체의 비율이 85.2%로 가장 높게 나타나고 있다는 사실을 알 수 있다.

공예품 시장의 유통량, 시장규모, 유통구조에 대한 기 작성된 통계는 없으며, 유통과 관련된 시장이나 조합판매장 등으로 현재의 유통업체 현황과 변화를 추산해 볼 수 있을 따름이다.

남대문 시장의 공예유통업자들이 실질적인 도매상 역할을 하고 있으며, 생산업체가 단독으로 혹은 조합의 전시판매장을 통하여 직접 판매하는 경우도 많은 실정이다. 또한, 통신판매, 전자상거래를 통한 거래형태도 확대되어 가고 있는 추세다.

<표 II-10> 소재별 사업체 유형 비율

			개인 사업체	법인회사	회사이외단체	비법인
		업체수	%	%	%	%
전 체		10	85.2	5.0	2.0	1.0
유통	도자	32	93.3	6.7	0.0	0.0
	금속	9	77.8	11.1	0.0	11.1
	유리/석	1	100.0	0.0	0.0	0.0
	목/죽세	21	100.0	0.0	0.0	0.0
	종이	8	100.0	0.0	0.0	0.0
	섬유	11	100.0	0.0	0.0	0.0
	가죽	1	0.0	0.0	100.0	0.0
	기타	18	82.4	11.8	5.9	0.0

자료 : 한국공예협동조합연합회조사, 2002

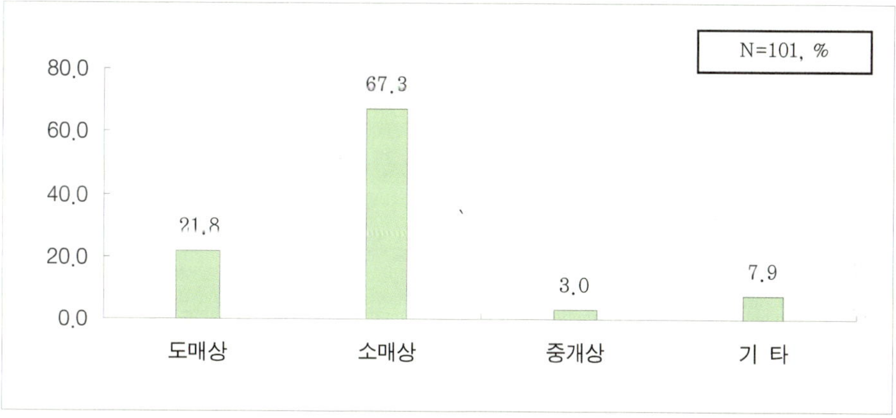

그림 II-9 판매 형태

자료 : 한국공예협동조합연합회조사, 2002

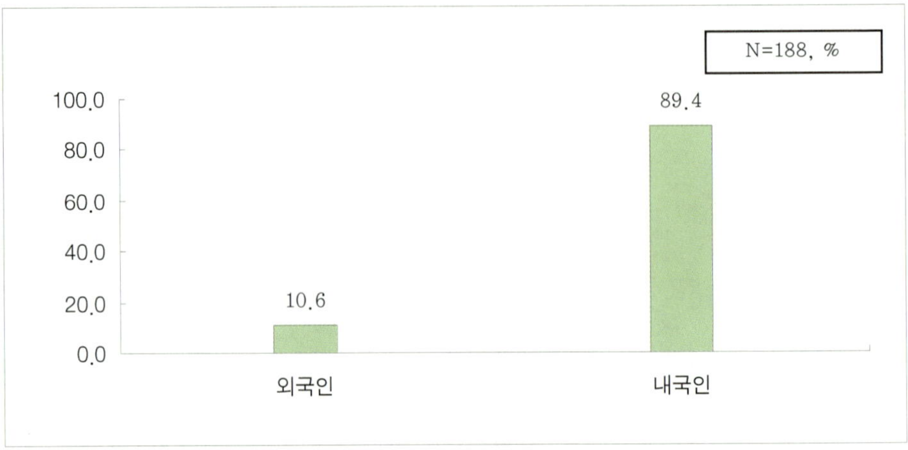

그림 II-10　주요 대상 고객

자료 : 한국공예협동조합연합회조사, 2002

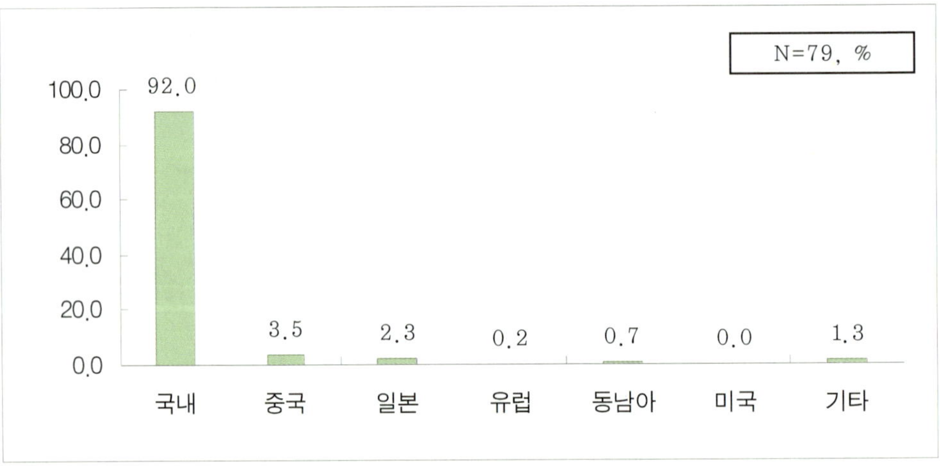

그림 II-11　국가별 매입비율

자료 : 한국공예협동조합연합회조사, 2002

국가별 매입비율을 살펴보면 대부분이 국내산으로 92.0%를 차지하고 다음으로 중국이 3.5%, 일본이 2.3%를 차지하고 있다.

(6) 문화관련상품 법인현황

<표Ⅱ-11> 문화관광부 법인현황

소속	법인체명	설립일	소재지(전화)	구성원				설립목적	주요사업
				대표자	임원수	직원수	회원수		
예술국(예술진흥과)	한국공예예술가협회	'94. 6.29	중구 장교동 1 (779-0886)	이칠용	27	-	209	o 한국전통공예의 발전과 보호육성,전통생활공예품의 현대화 및 문화상품화추진,공예인 지도·계몽·육성 지원을통한 우리공예의 저변 확대	o 생활공예품 보급을 위한 상설전시관 및 전국 우수 모범전시관 설치, 운영 o 공예품 제작 및 회원연수를 위한 전수교육소 및 공예단지 조성 o 생활공예의 세계화를 위한 전시, 워크샵, 세미나 개최
	한국공예가협회	'95. 7.18	마포구 성산1동 51-17 (324-5357)	최현칠	23	2	1,033	o 현대공예 발전 및 국민생활의 질적 향상에 기여함	o 공예가의 창작활동 진흥 o 공예에 관한 출판 및 홍보사업 o 공예에 관한 국제교류사업
	한국실내디자인학회	'93. 9. 2	강남구 역삼1동 635-4 (564-2598)	박 홍	27	3	658	o 실내디자인에 관한 학·예술·기술연마와 정보체제 육성으로 실내디자인분야 발전도모	o 실내디자인 연구활동 장려 지원 o 전문학술지, 회지, 연구보고서 등 도서간행 o 실내디자인 강연회, 전시회 등 개최
	한국디자이너협의회	'94. 7.26	경기도 성남시 분당구 야탑동 344-1 (031-788~7760)	장윤우	17	-	450	o 한국적 디자인의 개발보급, 디자인품질 고급화로 한국디자인의 우수성 해외홍보 및 디자인 상품의 해외진출	o 한국적 디자인 개발 o 산업체 디자인 개발 지원 o 회원작품전 및 디자인 공모전 개최 o 세미나 개최 o 디자인관련 자료 발간
(전통지역문화과)	한국자수문화협의회	'84. 5.23	종로구 낙원동 58-1 (744-5356)	박위자	15	1	105 (50명)	o 한국고유 자수문화의 전승, 발전	o 자수문화 계승, 보호, 육성을 위한 전문가 양성 o 자수문화의 조사연구 및 자수연구기관 사업 지원 o 홍보활동

소속	법인 체명	설립일	소재지 (전화)	구 성 원				설 립 목 적	주 요 사 업
				대표자	임원수	직원수	회원수		
(전통 지역문 화과)	한국도 자기문 화진흥 협회	'90. 6. 1	서대문구 대현동 53-20 (362-4591)	김기형	20	1	35	ㅇ한국전통도자기문화 및 관련분야의 발전과 국제간 교류를 통한 한국도자기의 우수성 선양	ㅇ도자기 문화의 연구·조사 ㅇ한일도업인간 친선 도모 ㅇ도예인 양성 및 육성 지원사업 ㅇ도자기발전유공자 현창사업
	한국종 이접기 협회	'89. 7.24	도봉구 창동 254-26 (992-9253)	정도헌	21	5	202	ㅇ종이접기의 연구, 개발, 보급을 통하여 국민정신을 고양하고 종이접기 조형예술로서 사회문화 선양발전에 기여함	ㅇ종이접기의 기술, 정보 전달을 통한 창조력 개발 ㅇ전람회, 접기강좌, 접기대회 등 개최 ㅇ종이접기의 역사적 연구 및 학술정보의 상호교환 ㅇ종이접기 관련 간행물 발간 등
	한국생 활공예 협회	'94. 3. 5	노원구 상계동 339-2 남도빌딩 4, 5층 (951-0168)	임기선	7	1	680	ㅇ공예창작활동을 통하여 국민의 건전한 여가및 취미생활의 향상을 기하고 국민정서 함양 및 공예문화발전에 기여	ㅇ건전여가활동 및 취미생활을 위한 생활공예 홍보 및 세미나 ㅇ회원작품 전시회 및 평가회 개최 ㅇ생활공예 자료모음집 및 공예도감 발간 ㅇ공예발전을 위한 연구발표회 개최
	한국수 공예협 회	'98. 2.23	중구 남창동 169-2 삼선빌딩 501호 (773-9646~7)	조정환	10	2	1,331	ㅇ우리나라의 수공예를 국민의 건전한 취미활동과생활문화로 정착시켜 국민정서의 순화와 사회문화의 발전에 이바지하고 한국 수공예의해외보급을 통한 우리문화의 세계화에 기여	ㅇ수공예의 기술 및 정보교환을 통한 창의력 개발 ㅇ수공예 전시회, 문화강좌, 작품공모전의 개최 ㅇ수공예 관련 출판물의 간행 및 수집 ㅇ한국수공예의 해외홍보 및 친선교류 ㅇ회원간의 친선도모와 권익옹호 ㅇ기타 본회 목적달성에 필요한 부대사업
	(재)광 주요도 자문화 연구소	'96. 5.30	강남구 삼선2동 (3445-8031)	조태권	13	2	-	ㅇ전통도자문화 및 다도문화의 연구·보존·계승을 통한 고유문화의 생활화 및 민속 문화 창달	ㅇ전통도자기 태토·유약·문양·형태·용도 연구 ㅇ전통도자기 산업의 현대 생활화 연구

소속	법인 체명	설립일	소재지 (전화)	구성원				설립목적	주요사업
				대표자	임원수	직원수	회원수		
문화산업국	대한복식디자이너협회	'61. 6.26	강남구 역삼1동 LG강남타워 (501-5964)	이영선	19	1	233	ㅇ의상연구발표 및 해외 각국간의 복식문화교류	ㅇ회원의 창의연구 및 기술향상 ㅇ의상발표회,강습회 개최 ㅇ복식문화산업 육성을 위한 연구 및 국내외 교류 ㅇ국민복식문화생활 개선사항
	한국모델협회	'76. 1.20	강남구 역삼1동 739-19, 5·6층 (555-9777)	박신국	9	3	570	ㅇ모델계의 건전한 발전도모 및 모델의 권익옹호	ㅇ국내외 정보교환 ㅇ모델양성 및 자질향상
문화산업국	한국의상협회	'81. 9. 2	부산광역시 연제구 연산2동 (051-863-6365)	이용주	14	1	96	ㅇ한국 고유의상의 조사연구로 복식문화 발전	ㅇ강습회 개최 ㅇ한복제작기술지도, 보급
	서울패션아티스트협의회	'95. 9.16	강남구 청담동 49-5 신한오피스텔 402호 (514-8667)	한혜자	8	2	21	ㅇ한국패션의 세계화를 위한 창작 및 유통구조 개선	ㅇ우리 패션의 세계화 산업 ㅇ패션디자인 발전과 유통구조 개선활동 ㅇ회원디자인에 의한 SFAA 컬렉션 개최 ㅇ국민복식 문화생활 개선사업 ㅇ국제경쟁력 있는 우수 디자인의 개발
	대한산업미술가협회	'96. 7.24	경기도 성남시 분당구 야탑동 344-1 (031-708-4991)	윤병규	18	2	468	ㅇ한국적인 디자인 연구와 문화상품 개발, 국제교류사업을 통해 우리나라 문화산업 진흥 및 한국 디자인의 세계화 추진에 기여	ㅇ문화상품 디자인 발굴을 위한 회원 작품전 및 공모전 개최 ㅇ산업체에 개발디자인 지원, 산업의 문화화 추진 ㅇ외국단체와 교류전 개최, 정보교환을 통한 해외진출 기반 조성
	한국패션문화협회	'97. 5.29	광진구 화양동 1 (457-0569)	배천범	12	2	74	ㅇ우리 패션문화의 세계화를 위한 연구,작품활동 및 산학 협력체제 구축	ㅇ패션문화 진흥 및 세계화 ㅇ정기 전시회, 기획전, 공연개최 ㅇ국제 예술의상전 개최 ㅇ패션 관련학과 학생 발전기반 마련 및 장학사업

<표Ⅱ-12> 타 부처 문화관련 상품 법인현황

소속	법인 체명	설립일	소재지 (전화)	구성원				설립목적	주요사업
				대표자	임원수	직원수	회원수		
문화재청 (유형문화재과)	한국문화재보호재단	'80. 4. 1	강남구 삼성동 112-2 (566-6313)	하진규	2	125	-	o 우리의 문화유산 계승, 보존 o 민족문화 선양, 보급에 기여	o 문화재 보호운동의 전개 o 문화재 학술조사 연구 o 문화재 선양자료의 제작 o 전승공예품 제작 지도 o 무형문화재 기·예능 보유자 활동 지원 o 향토문화행사 지도 o 문화재 보호구역내 편의시설 운영 o 문화재의 수탁관리 o 한국의 집 운영 o 전통생활문화의 보급 o 매장문화재 발굴·조사 o 전통혼례 등 전통의례 행사
서울시	한국무형문화재 기능보존협회	'74. 3.19	강남구 삼성동 112-2 무형문화재 전수회관내 (3453-1685~6)	정춘오	6	-	150 o 중요무형문화재 61명 o 기능보유자후보 3	o 전통공예 전승보존 및 공예문화 개발 육성·보급	o 전통공예문화의 전승발전과 기능보존 및 후계자 육성 o 전통공예문화에 관한 조사연구 및 연구사업 지원 o 전통공예 문화의 보급 및 육성을 위한 홍보활동 o 전통공예 문화재현 전시회 개최 o 문화재 및 기능보유자, 명장 지정발굴 및 추천 o 전통공예단지 조성과 상설전시관 설치
중소기업청	한국공예협동조합연합회	'62.10	강서구 화곡6동 1114-32 (2698-0003)	김진태	15	4	11개지부 820개업체	o 공예산업의 건전한 발전과 회원 상호간의 복지증진을 도모하며 자주적인 경제활동을 조장하고 국민경제의 균형 있는 발전을 도모	

일련번호	법인체명	설립일	소재지(전화)	구 성 원				설 립 목 적	주요사업
				대표자	임원수	직원수	회원수		
산업자원부	한국산업디자이너협회		경기도 성남시 분당구 야탑1동 344-1 3층 (031-703-2657)	부수언			194	ㅇ산업제품 디자인 개발 보급	
	한국패키지디자인협회		용산구 서계동 209 (주)농심디자인팀 (3270-1481)	임종웅			201	ㅇ패키지 디자인 개발 보급	
	공업산업디자인전문회사협회		중구 장충동1가 62-35 (3409-5581)	유명식			192	ㅇ·산업디자인 개발 및 디자인 정보 교류사업	
	한국시각정보디자인협회		경기도 성남시 분당구 야탑1동 344-1 213-1호 (031-785-4000)	조영제			139	ㅇ·광고, 인쇄물, CI 등 시각정보디자인 개발 보급	
	국제패션디자인연구원		중구 장충동 2가 186-28 (2275-6031~5)	최경자			23	ㅇ패션상품 디자인 개발 보급	
	한국텍스타일디자인협회		마포구 창전동 6-131 송암빌딩 (3337-1449)	정경연			323	ㅇ섬유산업 디자인 개발 보급	
	한국패션협회		강남구 대치3동 944-31 (528-4741~6)	공석봉			173	ㅇ의류패션산업의 발전 촉진을 통한 국가경제발전	

(7) 생산관련 단체 현황

<표 II-13> 중소기업협동조합 내 문화관련 상품조합

조 합 명	설립년도	이사장	주 소	전화번호
한국공예협동조합연합회	'62.10.25	김진태	강서구 화곡6동 114-32 썬무역빌딩 3층	2698-0003
서울공예공업협동조합	'62. 9. 3	이태영	영등포구 여의도동 16-2	780-7415
부산공예협동조합	'62. 9.18	최경학	부산시 동구 범일2동 586	051-740-7595
대구·경북공예협동조합	'82. 8.23	손세창	대구시 북구 노원1가 334	053-626-6131
광주전남공예협동조합	'84. 6. 8	김춘식	광주시 동구 궁동 7-11	062-223-7040
대전공예협동조합	'83. 2.23	정명수	대전시 중구 중촌동 102-1	042-863-7686
충남공예협동조합	'95. 6.14	유석근	충남 공주시 웅진동 438-1	041-856-9097
강원공예협동조합	'75. 2.17	김기만	강원 춘천시 퇴계동 770-3	033-254-4419
전북공예협동조합	'73. 6.14	소병진	전북 전주시 덕진구 팔복동 2가 121-7	063-211-0008
경남공예협동조합	'65. 7.28	장덕균	경남 통영시 도남동 642	055-284-4055
제주공예협동조합	'82. 5. 4	이동한	제주 제주시 연동 308	064-744-2168
서울나전칠기가구조합	'77. 7.27	최태화	동대문구 장안동 374-2	2249-2152
대한도자기타일조합	'62. 5. 9	문주남	서대문구 대현동 53-20 요업회관 502호	363-0361
한국죽염조합	'97. 4. 1	김윤세	종로구 경운동 88 수운회관	736-9585
한국김치절임식품조합	'79. 6.26	오춘균	송파구 방이동 51-11 대종빌딩 6층	2203-6567
경주민속공예촌사업조합	'84.11.23	박정호	경북 경주시 하동 201-18	054-746-7270
고양공예사업조합	'95. 3. 3	김기호	경기 고양시 덕양구 대장동 통일로 필리핀참전비 앞	031-977-1051
담양죽세공예사업조합	'92. 7. 3	김쌍일	전남 담양군 담양읍 천변리 401-1	0684-383-4390
성남공예사업조합	'85. 8. 5	김균배	경기 성남시 중원구 은행2동 82-1 남한산성내 민속공예관	031-734-6100
여주민속도자기사업조합	'85. 4. 2	안병린	경기 여주군 북내면 오학리 318-2	031-885-3937
이천민속도자기사업조합	'95. 6.21	이대영	경기 이천시 신둔면 수광리 406-4	031-633-5351
전주공예사업조합	'89. 4. 3	노덕원	전북 전주시 완산구 대성동 242	063-287-7975
전주특산품사업조합	'94. 7.18	허 훈	전북 전주시 덕진구 덕진2가 190-2	063-278-0295
제주제일민속공예사업조합	'86. 8. 9	임채기	제주 북제주군 구좌읍 월정리 1820	064-783-9584

<표 II-13> 한국공예협동조합연합회 회원현황

조 합 명	이 사 장	조합원수	연락처
서울시공예협동조합	원 종 남	168	(02) 2607-7415
부산시공예협동조합	정 영 화	78	(051) 740-7588
대구경북공예협동조합	김 재 천	127	(053) 626-6131
대전공예협동조합	배 정 길	40	(042) 863-7686
광주전남공예협동조합	김 옥 수	95	(062) 228-7040
전북공예협동조합	소 병 진	29	(063) 254-4713
경남공예협동조합	강 효 진	105	(055) 252-4044
충남공예협동조합	안 정 웅	44	(041) 856-9097
강원공예협동조합	김 기 만	80	(033) 254-4419
제주공예협동조합	이 동 한	32	(064) 713-7560
고양시공예사업협동조합	박 영 호	30	(031) 963-3660
인천공예협동조합	전 우 현		(032) 571-6667
11개 지방조합, 1개 사업조합		855	

3 국내 관광기념품 산업의 문제점

관광기념품 산업은 범위가 공예품, 민예품, 농가부업제품, 민속식품, 특산물 등을 포함하는 광범위한 산업으로 노동집약적이며 전형적인 중소기업 형태의 구조를 갖고 있다. 아울러 가내수공업적 생산형태로서 기술수준의 경쟁력이 약하다고 하겠다. 대부분 다품종 소량생산, 수가공생산 등의 형태로 세계적인 환경변화에 대체해 나가지 못하는 상황인 것이다.

또한 현대의 변화하는 소비자의 구매취향과 욕구에 부흥하지 못하며 전 근대적 생산방식과 경영으로 고부가가치 창출을 이룩하지 못하는 상태가 큰 문제점 중 하나이다.

기념품 산업이 당면하고 있는 문제점은 소비풍조와 가치관의 변화에 따른 수요 감소를 들 수 있다. 오늘날 소비자의 구매태도는 경제적, 사회적, 문화적 의식변화와 가치관의 변화에 따라 영향을 받는다. 이 같은 경향은 일상생활의 거의 전 분야에 걸쳐 나타나고 있으며 국민경제가 향상되고 정보의 대중화가 이루어지고 있는 현대사회에서 소비자의 구매태도 역시 급변하고 있다.

특히 편리한 생활용품, 다기능·다용도 제품, 세련되고 미적인 디자인, 견고하고 내구성이 큰 제품, 휴대가 간편한 소형제품, 값싸고 경제적이며 실용성 있는 제품에 대한 선호도가 높아지고 있다. 이러한 소비자들의 욕고충족을 위해서는 전통적 생산방식에 의한 공예품 보다는 기계화된 생산 공정을 통한 공산품의 개발이 요청 된다(유지윤, 1999)고 하겠다.

(1) 공예품 제작상의 문제점

① 공예품의 다종다양성에 따른 다양한 원자재 확보가 곤란하여 소량 구입으로 단가 상승, 원자재의 대량구입 비축의 어려움이 있다.

② 수공업 위주의 생산형태와 업체의 영세성으로 기업화가 곤란하며, 담보 부족으로 금융 대출 등에서 불리하다.

③ 수공작업의 과다로 인한 자동화 곤란으로 대량생산에 의한 가격경쟁이 어려우며, 저임금, 작업환경 불량으로 전수를 기피한다.

④ 개발제품에 대한 유통망 결여되어 지속적 개발의 어려움이 있다.

⑤ 개발상품에 대한 디자인 도용 등으로 개발의욕이 저하된다는 점이다.

(2) 공예품 유통상의 문제점

① 물류 시스템의 전근대화

전문 도매상 등의 물류시스템이 없고, 시장 상황에 대한 통계자료가 없어 시장 예측에 따른 상품개발, 생산물량 조정 등이 곤란하다.

② 국내시장의 협소로 생산과 유통의 전문화가 이루어지지 못하여 품질 및 가격경쟁 등 시장 경쟁 원리에 의한 시장 활성화 미흡하다.

③ 지역별, 관광지별 특색 있는 상품의 개발·유통 부진으로 관광객의 구매력이 저하된다.

④ 포장, 제품설명, 매장구성, 홍보 등의 머천다이징, 마케팅 기법이 낙후되어 있다.

따라서 한국의 관광기념품의 구체적인 문제점을 살펴보면 다음과 같이 요약 할 수 있다.

첫째, 마무리 처리가 제대로 되어 있지 않아 질이 조악해 보이는 경우가 많다. 예를 들어 자수정 제품들의 세팅이 정교하지 않고, 민속인형의 손발 등의 처리가 미숙한 점이 많이 발견된다.

둘째, 제품과 어울리지 않는 색상을 사용하였거나 단조롭다.

셋째, 제품 포장에 대한 개념이 약해 제품의 특징에 맞는 포장용기 제작이 부실해 제품의 질적 수준이 높아도 포장부실로 제품에 대한 이미지가 손상되는 경우가 많다.

넷째, 기념품에 대한 설명서, 팜플렛 등이 없는 경우가 많으며 일본어, 영어, 중국어 등의 외국어 설명서는 더욱 찾아보기가 어려워 막상 외국인에 대한 홍보는 제대로 이루어지지 못하며, 마지막으로 가내 수공업 형태로 인해 대량생산을 할 수 없어 가격 경쟁력의 확보가 어렵다는 점이다(한국관광저널, 관광기념품 개발에 전문가 육성하자, 1999).

(3) 공예품 활성화에 대한 관련단체 의견

① 생산부문

구분	내용
정부와 자치단체	ㅇ관광기념품 전통생산기술 전승을 위한 후계자 제도를 실시(농촌후계자와 같은 제도) ㅇ관광기념품 생산수출업체에 대한 무역자금의 지원과 세제혜택 ㅇ관광기념품의 해외 수출에 대한 정보의 제공과 전담 공무원의 배치 ㅇ각종 정부 지원금의 현실화(많은 업체에 대해 소액으로 지원하기보다는 엄선된 업체에 다액 지원) ㅇ공모전 수상업체에 대한 집중적인 지원 ㅇ많은 공모전의 개최보다는 핵심적인 공모전으로 행정력의 집중과 공모전의 대내외적인 홍보 ㅇ공모전에 대한 해외무역관과 대사관을 통한 해외바이어들에게 정보전달 ㅇ금융지원 시 자치단체의 보증이나 투자의 개념으로 자금 지원 ㅇ관광기념품에 대한 중앙정부와 지방자치단체의 품질보증제도의 실시 ㅇ상설 전시판매장의 설립을 통한 안정적인 유통망의 확보(공항면세점에 대한 입점조건의 완화와 지원) ㅇ관광기념품 생산 재료를 생산하는 업체에 대한 관심과 지원
관계단체	ㅇ상품과 디자인 개발의 지원 ㅇ생산기술의 유지와 계승 지원 ㅇ새로운 생산기술의 개발지원(작업공정을 기계로 대체할 수 있는 기술의 개발)
업 체	ㅇ다양한 재료를 활용한 기념품의 생산 ㅇ기계를 이용한 기념품의 생산 ㅇ경쟁력이 있는 현대적 감각의 기념품의 개발과 생산

② 유통부문

구분	내용
정 부	ㅇ관광기념품이 유통부문진흥을 위한 법적(진흥법상의 법안개정), 행정적(중간상인의 배제), 재정적(판매업체의 세금감면 및 금융지원) 지원 ㅇ한국고유의 민예품·공예품에 대한 국가적 차원에서의 해외홍보 ㅇ여행사와 리베이트 문제를 해결할 수 있는 제도마련
자치단체	ㅇ지역고유상품의 고유영역확보를 위한 지역 한정 형 유통구조를 확립 ㅇ지역간 유통망 건설 ㅇ지역 유명관광지마다 종합판매·전시장을 설치하여 지역고유상품의 홍보촉진 ㅇ유명관광지의 난립된 기념품판매업체의 재정리
관계단체	ㅇ제품의 다양성 및 고유성 등을 개선할 수 있는 연구개발 지원 ㅇ생산자, 상품개발자, 판매자간의 상호연계성 구축을 위한 지원 ㅇ판매업체의 조직적 관리 ㅇ적정 판매가격제도실시를 위한 지원 ㅇ품질보증제도 및 불량 생산업체의 규제를 통하여 제품의 신뢰성 확보 ㅇ판매업체의 종사원에 대한 정기적인 서비스 교육 실시
업 체	ㅇ질 높은 서비스 제공을 위한 각 업체별 종사원 관리 ㅇ불량제품 및 모조품의 판매금지 ㅇ택배제도(지역 한정형인 경우) 및 주문판매와 같은 다양한 서비스의 실시 ㅇ관광기념품 및 유통부문과 관련된 법규의 준수

(4) 공예품 시장의 활성화를 위한 정책방향

① 공예품의 생산과 유통에 관련된 각종 통계자료의 구축과 시장구조 및 유통시스템에 대한 실태파악 등 개선방안 모색을 위한 연구가 기본적으로 선행되어야 함

② 공예품의 생산과 육성에 관련된 각 부처 및 지방자치단체의 제도·법령 등을 파악, 이를 종합하여 정책을 제안하고 조정하는 제도 마련 필요

③ 문화상품의 생산·유통 진흥 관련 법률 제정을 통한 문화상품 육성을 위한 기본적 토대 마련

④ 공예품 등 문화상품의 관련정보를 조사·수집·정리하여 관련업체에 제공하고, 상품개발, 유통, 수출, 제도개선 등을 종합 지원하는 전문기구의 설립·운영 필요

- 지원 기구의 조직, 업무의 범위, 법률적 지위, 운영방안 등에 대한 조사 필요

4 외국인전용 관광기념품 판매점업

(1) 외국인전용 관광기념품 판매점업의 법적정의

관광진흥법에 따르면 외국인전용 관광기념품 판매점업은 외국인 관광객에게 물품을 판매하기에 적합한 시설을 갖추어 국내에서 생산되는 주원료를 이용하여 제조 또는 가공된 물품을 판매하는 업으로 정의하고 있다. 2005년 6월 현재우리나라 전국에 걸쳐 105개소가 등록 되어 있다.

(2) 등록정보

1) 등록 기준

① 판매물품 : 국내에서 생산되는 재료를 주원료로 하여 제조 또는 가공한 물품일 것

② 주차시설 : 주차시설을 갖추고 있을 것

③ 종 사 원 : 외국어 구사능력이 있는 종사원을 고용할 것

2) 등록 관청

시·도지사

3) 구비 서류

① 사업계획서

② 신청인(법인의 경우에는 대표자)의 성명 주민등록번호 본적 호주성명 및 호주와의 관계를 기재한 서류(외국인의 경우에는 법 제7조제1항 각호에 해당하지 아니함을 증명하는 당해 국가의 정부 기타 권한 있는 기관 이 발행한 서류 또는 공증인이 공증한 신청인의 진술서로서 재외공관 공증법에 의하여 당해 국가에 주재하는 대한민국공관의 영사관이 확인한 서류)

③ 법인등기부등본(법인의 경우에 한 한다.)

④ 부동산의 소유권 또는 사용권을 증명할 수 있는 서류(휴양콘도미니엄업의 경우에는 신청인 소유의 부동산등기부등본을 제출하되, 각 부동산에 저당권이 설정되어 있는 경우에는 영제23조제1호 가목 단서의 규정에 준하는 보험가입 증명서류를 함께 제출하여야 한다)

⑤ 외국인투자촉진법에 의한 외국인투자를 증명할 수 있는 서류(외국인투자기업의 경우에 한한다)

⑥ 법 제17조제1항의 규정에 의하여 허가 · 면허 · 인가 · 승인 · 지정 또는 인정(이하 "인 · 허가 등"이라 한다)을 받은 것으로 보게 되는 경우에는 각각 그 신청서 또는 신고서와 그 첨부서류

⑦ 법 제17조제1항의 규정에 의하여 인 · 허가 등을 받은 경우에는 각각 이를 증명하는 서류

⑧ 제14조의 규정에 의하여 승인을 얻은 사업계획(이하 "사업계획"이라 한다)에 포함된 부대영업을 하기 위하여 다른 법령의 규정에 의하여 소관관청으로부터 인 · 허가 등을 받은 경우에는 각각 이를 증명하는 서류(가목 또는 나목의 서류에 의하여 증명되는 경우에는 이를 제외 한다)

⑨ 시설의 평면도 및 배치도

⑩ 별지 제2호 서식의 시설별 일람표

4) 처리 기간

7일

5) 수수료

30,000원(숙박시설이 있는 경우에는 매실 당 700원을 가산한 금액)

6) 신청 서류

관광사업등록신청서

(3) 변경등록(지정)

1) 변경등록(지정)사항

① 사업계획변경승인을 얻은 사항(사업계획승인을 얻은 관광사업에 한 한다)

② 대표자의 변경

③ 관광숙박업 시설의 건축 연면적 증가를 가져오지 아니하는 객실 수의 증가(휴양콘도미니엄업을 제외한 관광숙박업에 한한다)

④ 부대시설의 위치 · 면적 및 일반음식점업 종류의 변경(관광숙박업에 한 한다)

2) 변경등록(지정) 제외사항

경미한 사항

① 임원의 변경

② 관광숙박업 시설의 건축연면적 증가를 가져오지 아니하는 객실 수의 증가(휴양콘도미니엄업을 제외한 관광숙박업에 한 한다)

③ 부대시설의 위치·면적 및 일반음식점업 종류의 변경(관광숙박업에 한 한다)

④ 사업계획승인을 얻은 부지 또는 대지면적의 100분의 10이하의

3) 변경 변경등록(지정)관청

등록관청과 동일

4) 변경등록(지정)시한

변경사유가 발생한 날로부터 30일 이내

5) 처리기간

4일

6) 구비서류

변경사실을 증명할 수 있는 서류(여행업의 경우 법제14조에서 정한 보증보험 등 증권사본을 포함한다.)

7) 수수료

15,000원(숙박시설 중 객실변경등록의 경우에는 매실 당 600원을 가산한 금액)

8) 신청양식

관광사업변경등록신청서

(4) 휴(폐)업

1) 구비서류

신청서 1부.

2) 수수료

없음

3) 처리기간

1일

4) 신고양식

휴업통보서

(5) 양도 · 양수(지위승계)

1) 구비서류

① 지위를 승계한자(법인의 경우에는 대표자 및 임원)의 성명 · 주민등록번호 · 본적을 기재한 서류(외국인의 경우에는 법 제7조제1항 각호에 해당 하지 아니함을 증명하는 당해 국가의 정부 기타 권한 있는 기관이 발행한 서류 또는 공증인이 공증한 신청인의 진술서로서 재외

공관 공증법에 의하여 당해국가에 주재하는 대한민국공관의 영사관이 확인한 서류) 1부

② 양도·양수 등 지위승계(시설인수명세를 포함한다)를 증명할 수 있는 서류 1부

③ 지위를 승계한자의 법인등기부등본(법인의 경우에 한 한다) 1부

2) 수수료

20,000원

3) 처리기간

5일

4) 신고양식

관광사업양수신고서

(6) 등록증재교부

1) 구비서류

① 분실사유서(등록증 등을 분실한 경우에 한 한다) 1부

② 등록증·허가증 또는 지정증(등록증 등이 헐어 못쓰게 된 경우에 한 한다)

2) 수수료

3,000원

Chapter 2

제2절 국외 관광기념품 산업

International Tourism Shopping Management

1 국외 관광기념품 생산시스템 및 업체현황

(1) 미국 공예상품 분류체계

미국 연방정부의 통계 관련 전문기관인 U.S. Census Bureau는 공예산업 분류에 이용될 수 있는 데이터를 수집, 분석하는데 있어 NAICS (North American Industry Classification System, www.census.gov/epcd/naics02/)의 기준을 사용한다.

NAICS는 고용규모, 주, 카운티, 매출액, 급여규모 등으로 분류되는 사업체의 종류 및 기타 데이터를 포함하고, 상품과 서비스를 창출하는 1명 이상의 모든 사업체에 대한 통계를 포함하고 있다.

NAICS의 경제통계 (Economic Census)는 미국의 비즈니스 관련 통계 중 가장 효용성이 있는 것으로 평가되고 있다.

경제통계조사는 매 5년마다 수행되고 있으며, NAICS에서 발표한 미국 공예산업과 관련된 통계는 아래<표Ⅱ-15>와 같다. 이 조사결과를 보면 미국 통계기관에서 분류하는 공예품 분류는 매우 제한적임을 알 수 있다.

<표Ⅱ-15> NAICS 공예 관련 통계분류표

NAICS	NAICS Description	Number of Establishments	Sales ($1,000)	Annual Payroll ($1,000)	Paid Employees
327212	Pressed & Hand Blown Glass	513	6,094,602	1,228,719	35,383
327117	Pottery Products including China and Earthenware	1,048	1,666,927	23,290	504,789
314129	Quilts made from purchased materials	765	6,965,251	49,165	982,851

자료 : U.S. Economic Census, 1997.

한편, American Craft Council에 따르면 미국 공예 관련 협회 및 기관에서 NAICS 분류체계를 실질적으로 사용하고 있지 않고, 무역 및 관세 상의 목적으로 세계 표준인 HS code가 수출입 통계조사 시 활용되고 있으며, 일반적으로 공예품에 사용된 주 소재(Medium 혹은 Media)를 기준으로 공예품을 분류하고 있다고 한다.

<표Ⅱ-16> 미국의 공예품 분류

일반적인 공예품분류	Basketry
	Beads
	Ceramics
	Decorative Paintings
	Dolls
	Fiber (Weavings)
	Glass
	Jewelry
	Metals
	Paper / Book Art
	Polymer Clay
	Precious Metal Clay
	Textiles
	Quilts
	Enamel
	Leather
	Stone
	Wood
	Mixed Media

자료 : U.S. Economic Census, 1997.

미국의 공예관련 기관을 지원하는 대표적인 기관인 CODA(The Craft Organization Development Association)에서 실시한 공예품 실태조사 보고서(The CODA National Survey: The Impact of Crafts on the National Economy,2001)에서도 소재를 기준으로 공예품을 분류하여 실태조사를 실시하였다.

공예관련 기관들이 구축한 공예작가 DB도 지역별 및 소재별로 분류하여 관리하고 있다. American Craft Council의 경우에도 공예작가 DB인 Craft Artist Database를 구축하여 리서치와 교육 목적으로 활용하고 있으며, Show Exhibitor Database는 American Craft Council이 주최하는 전시회에 참가한 공예작가 정보를 담고 있으며, 매년 최신자료로 구성된다.

American Craft Council은 관련 데이터베이스와 카탈로그 관리를 위해 InMagic (DBtext works)라고 하는 프로그램을 이용하고 있으며, 공식 웹사이트(www.craftcouncil.org)를 통해 정보를 제공한다.

(2) 미국 공예산업 현황

1) 공예산업의 경제적 효과

<표Ⅱ-17> 산업별 시장 규모 비교

Comparison	Sales($1,000)
Shoe Industry*	41.6
Magazine*	31.9
Airline Tickets*	29.5
Funeral/Burial Expenses*	16.0
Vegetable and Melons**	15.0
Craft Industry	13.8
Fuel Oil and Coal*	13.2
Fruits and Tree Nuts**	12.3
Taxicabs*	3.7
Potatoes**	2.7
Tobacco**	2.4
Peanuts**	1.0

* U.S Census Personal Consumption Expenditures, 1998.

** USDA Crop Value, 1999.

자료 : The CODA Survey: The Impact of Crafts on the National Economy, 2001

현재까지 미국의 공예산업에 대해 이루어진 가장 광범위한 실태조사는 2001년에 대표적인 공예지원기관인 CODA의 주관아래, CODA의 지원을 받은 노스캐롤라이나의 Appalachian State University의 The Center for Business Research가 실시하였다.

공예산업 실태조사는 83,200개 CODA 회원의 메일리스트와 The Craft Report구독자 16,606명의 리스트를 모집단으로 하여 대략 100,000명을 대상으로 조사가 실시되었으며, 최종적으로 설문에 응답한 응답자는 8,342명으로 이들 응답을 대상으로 미국 공예산업 실태를 분석하였다.

CODA는 미국 공예산업이 미국 경제에 얼마나 영향을 미치는 지를 분석하였다. 이는 여러 주에서 미국의 각 주와 지역 경제에 공예산업이 엄청난 경제적 효과를 창출한다는 연구결과들[1]이 발표되면서, 미국 전역을 대상으로 공예산업의 경제적 효과를 파악하기 위한 첫 번째 조사라 할 수 있다. 이 보고서에 따르면 미국의 순수 공예품 시장규모는 138억 달러에 달하며 시장규모로 비교했을 때, 장난감 산업 300억 달러의 절반에 해당하고, 자연식품 (organic food) 시장 40억 달러의 3배 이상의 시장규모를 가지고 있는 것으로 파악됐다.

또한 공예산업의 미국 경제에 대한 직접적인 경제효과는 공예산업에 종사하는 인력을 통해 창출된 매출액을 통해서 알 수 있는데, 이 규모는 약 84억 달러에 달하는 것으로 나타났다(이는 공예학교, 출판물 등의 간접적인 경제효과에 따른 매출액은 포함되지 않은 규모임).

<표 Ⅱ-17>를 보면, 1999년 기준으로 공예산업 시장규모 138억은 신발산업의 1/3수준, 그리고 잡지 산업의 약 절반수준에 해당하는 수준이며, 대부분의 농업분야(담배, 감자, 땅콩 등)에 비해 큰 규모를 차지하고 있어, 미국 경제에 미치는 공예산업의 효과가 매우 크다는 사실을 확인할 수 있다.

2) 공예산업 매출액 및 종사인력 현황

미국 공예 종사인력의 규모는 106,000명에서 127,000명에 달하며, 공예인 한 명 당 평균 매출액은 $76,025에 달하고 있다. 소재별 공예산업 평균 매출액을 살펴보면 그림Ⅱ-12와 같다.

유리공예의 매출액이 가장 높은 $111,051이며, 특히 "Art Glass"라고 칭해지는 hand blown decorative glass 부문이 구매자와 수집가 양측에서 많은 인기를 끌고 있기 때문으로 해석된다. 다음으로 금속공예의 평균 매출액도 $108,133에 달하고 있다. 가장 낮은 평균 매출액을 보이는 분야는 종이공예로 $37,529로 가장 높은 유리공예의 약 1/3에 해당하는 수준이다.

공예산업 종사 인력의 가구당 평균 소득은 $65,208로서 미국 전체 가구당 평균 소득 $70,712보다 낮은 것으로 나타났으며, 평균 소득은 $65,208 중 $32,624만이 순수하게 공예와 관련해서 획득한 소득인 것으로 나타났다. 이는 공예에 의한 소득은 부수적인 소득원임을 시사하는 결과이다.

1) 예를 들어, 비영리 공예 진흥 기관인 Handmade in America가 실시한 지역별 연구에 따르면 공예산업이 노스캐롤라이나 주 경제에 1억2천2백만 달러의 경제효과를 창출한 것으로 나타났는데, 이는 노스캐롤라이나 주력 산업 중의 하나인 담배산업 경제효과의 4배에 달하는 것으로 파악되었다.

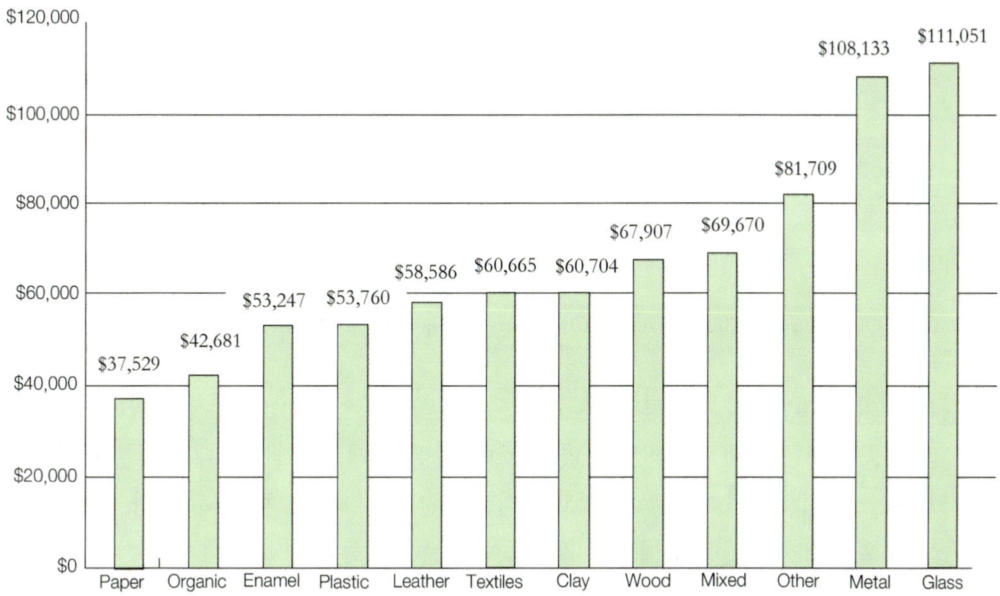

그림 II-12 소재별 공예산업 평균 매출액

자료 : The CODA Survey: The Impact of Crafts on the National Economy, 2001

미국의 공예 인력 관련 주요 통계는 다음과 같다.

① 64%의 공예 인력이 여성임.

② 41%의 공예 인력이 46세에서 55세에 해당하며, 평균 연령은 49세임.

③ 79%의 공예 인력이 가정집 혹은 가까운 거리에 위치한 스튜디오에서 일함.

④ 78%의 공예 인력이 각종 공예 관련 기관에 회원으로 가입하고 있음.

⑤ 64%의 공예 인력이 스튜디오에서 혼자 일하며, 18.5%가 파트너 혹은 가족과 함께 일하고 있으며, 16.3%가 종업원을 고용하여 함께 일하며, 피고용인으로서 일하는 공예 인력은 0.7%임.

3) 공예품 유통산업

일반 대중에게 공개되는 공예전시회 혹은 무역 전람회가 일반적인 판매 장소이지만, 산업 전체로 보았을 때에는 업계 종사자들 끼리의 도소매시장이 더욱 큰 매출규모를 형성하고 있다. 아래 그림II-13 에서는 유통채널별 평균 매출액 및 매출비율에 대해서 제시하고 있다.

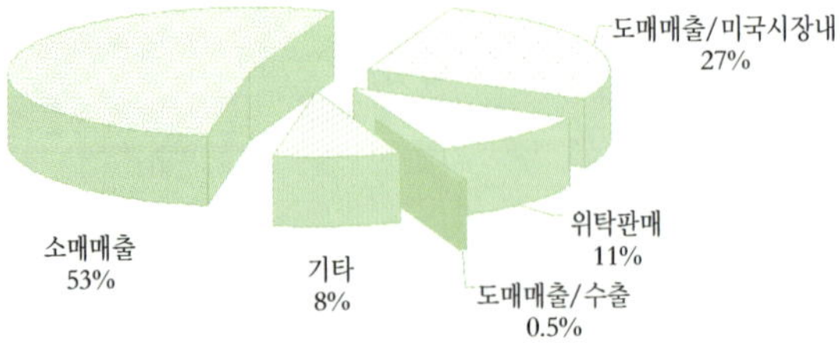

그림Ⅱ-13 유통채널별 평균 매출액 및 매출액 비율

자료 : The CODA Survey: The Impact of Crafts on the National Economy, 2001

미국에서 가장 일반적인 마케팅 혹은 유통 수단은 소매 업체에 의한 직접 판매 형태로 약 52.8%의 매출이 이를 통해 이루어지고 있다. 소매매출은 아래의 3가지 형태를 갖는데, 공예전시회가 51.8%, 스튜디오 매출이 27% 그리고 커미션 매출이 14.8%를 차지하고 있다.

① 스튜디오(Studio) 매출 : 공예작가 혹은 공예 전문 인력들이 직접 판매

② 소매 공예전시회(Retail Craft Fairs) 매출 : 일반대중에게 공개되어 있으며, 전시장에서 직접 판매가 이루어지는 형태

③ 커미션(Commissions) 매출 : 재판매 업체(reseller)와의 협력을 통한 판매

미국 시장에서 도매 매출은 전체의 27%를 차지하고 있다. 또한, 갤러리와의 위탁 판매는 약 11.3%를 차지하고 있다.

한편, 미국 외 지역에서의 도매 매출(수출)은 아주 미미하여 전체 유통에서 0.5%를 차지하고 있다.

(3) 미국 공예정책

1) 공예지원 정부기관 및 활동

① NEA에 의한 지원

공예 산업에 대한 정부의 직접적인 지원이라는 관점에서 보면, 가장 근접한 연방정부기관은 The National Endowment for the Arts (arts.endow.gov/)이다.

NEA의 역할은 공예를 포함한 모든 예술 활동을 지원하는 것으로, NEA는 전통 공예 지원을 위한 기금인 Heritage Fellowships를 운영하고 있다.

<표 II-18> NEA 지원액

분류		지원 수	총 금액
기관: 보조금	Heritage/Preservation	170	$3,452,000
개인: 장학금	National Heritage Fellowships	13	$130,000

자료 : NEA, 2003.

NEA의 지원은 Heritage and Preservation을 통한 민속 및 전통 프로젝트 지원이 있으며 NEA 기금의 40% 이상을 주·지역별 예술기관, 커뮤니티의 기관 및 협회에 제공한다. National Heritage Fellowships는 개인에 대한 장학지원 사업으로 1년간 각 후보자의 업적을 상세히 기술한 타인의 추천에 의해 이루어지며 1인당 $ 20,000의 지원을 받게 된다.

② 주정부 활동

미국의 경우, 공예산업 지원을 전담하는 연방정부기관은 존재하지 않는 반면에 각 주정부와 관광 전담부서(department of tourism)에서 공예품 매출과 관광산업사이에 중요한 연관관계가 있다는 인식이 점차 강해지면서, 더 많은 주 정부들이 관광산업 진흥의 주요 수단으로 관광부서에서 공예산업 활동을 지원하고 있다.

미국관광산업협회 (the Travel Industry Association, TIA)는 관광산업이 향후 10년 이내에 세계에서 가장 큰 규모의 산업이 될 것으로 예측하고 있다.

비즈니스 출장과 개인적 관광을 막론하고 점점 더 많은 돈이 여행에 지출되고 있으며, 많은 미국인과 외국인 관광객들은 여행 중 경험한 문화의 일부분으로 공예품을 구매하고 있다.

따라서 주정부의 관광부서는 공예품과 관광마케팅을 패키지화하여 다음과 같이 지원하고 있다.

- 노스캐롤라이나: 관광과 공예를 연결한 사업으로 1억2천2백만 달러의 경제적 효과를 창출함.
- 코네티컷: Brookfield Craft Center와 공동으로 아마추어 공예인을 위한 주말프로그램, 선물가게, 갤러리 등을 통해 매년 약 3백만 달러의 경제적 효과를 창출. 이 센터는 주정부의 관광부서로부터 브로셔, 지도, 무료전화시스템의 운영을 위해 $50,000를 지원받고 있음.
- 텍사스: 역사보존캠페인의 하나인 “Main Street USA"을 통해 다운타운 내에 문화유산관광객들을 위한 토요 공예시장을 개설함으로써 매주 지역 경제에 약 20%의 상승효과를 거두고 있음.
- 와이오밍: 주정부와 Wyoming Art Council이 공동으로 “Wyoming Culture Guide”와 “스튜디오지도”를 제작 배포하여 공예작가들을 위한 틈새마케팅으로 경제적 효과를 창출하고

있음.

2) 비영리 공예 관련 기관 및 활동

미국의 비영리 공예 관련 기관들은 대부분 동일한 목적을 가지고 있는데, 대중의 관심을 불러 일으키고, 공예잡지/간행물/뉴스레터 발간, 도매 및 소매 이벤트 개최 등을 통해 공예 산업을 진흥시키는 것이다.

대표적인 미국의 비영리 공예 관련 기관들의 주요 활동은 다음과 같다.

① American Craft Council (www.craftcouncil.org)

미국의 공예 산업에서 가장 저명한 비영리 기관은 American Craft Council 이다. American Craft Council은 전국 규모의 비영리 교육기관으로 현대 미국 공예품에 대한 이해도를 제고하고자 하는 기능을 수행하고 있다.

1943년에 설립되었으며, 2차대전 이후로 미국의 현대 공예품 운동에 대한 지원 프로그램을 오랫동안 운영해 왔다.

American Craft Council은 현재 공예와 관련된 가장 권위 있는 기관이며, 공예작가들을 대상으로 한 포럼, 쇼, 잡지 발간 등의 활동을 하고 있다.

주요 프로그램으로는 격월간 잡지인 American Craft 발간, 소매 및 도매 공예 전시회, 현대 공예품 라이브러리 운영, 교육 지원금 교부, 워크샵, 세미나 개최 등이 있다.

그림자료 : American Craft Magazine
그림출처 : American Craft Council(www.craftcouncil.org)

한편, American Craft Council은 멤버쉽 제도를 운영하고 있으며, 공예작가뿐만 아니라 교사, 학사, 수집가, 갤러리 소유주, 타 분야 전문가들이 회원으로 가입해 있다. 매년 회원들에 의해 이사가 선출되고 있다.

② Handmade in America (http://www.handmadeinamerica.org/)

공예산업지원과 경제개발 사이에 중요한 연관관계가 있다는 사실을 인지한 대표적인 비영리 기관으로 Handmade in America(HIA)가 있다.

HIA는 공예산업을 지원함으로써, 서부 노스캐롤라이나의 지역 경제를 성장시키고자 하는 목적을 가진 비영리 기관으로 1993년에 설립되었으며, 공예 전문 인력 지원과 전체 경제개발을 위한 활동을 펼쳐왔다.

주요 업적으로는 지역의 공예 전문 인력의 소득 수준이 10~15% 증가하는데 기여하였으며, 지역의 소규모 도시에 1천 1백만 달러의 투자가 이루어지도록 하기도 했다. 이러한 성공 사례는 미국 전역의 공예 관련 기관에 모델이 되었다.

약 100개 이상의 커뮤니티/비영리 기관들이 HIA의 공예와 관련한 경제 개발 계획 프로세스를 도입하고 있다.

HIA의 목표는 서부 노스캐롤라이나를 미국의 공예품 메카로 만들고자 하는 것이다.

HIA는 천연자원을 보호하고, 정신적·문화적 유산을 보존하고, 전통/현대 공예품의 창조를 장려하고자 하는 20년에 걸친 장기 전략계획을 수립·실천하고 있는 대표적인 공예기관이다.

• HIA 주요 프로그램

- National Craft Heritage Corridor 창출을 통한 지역 관광 산업 육성
- 섬유(fiber) 및 바구니 (Basketry) 용 자연 염색가든 개발
- 강에서 사라지고 있는 갈대 및 등나무 보존을 위한 워터 가든 개발
- 공예 인력 및 관광객 용 염색/바구니 제작 시연(demonstration) 개발
- 농업과 연계된 공예품 제작을 위한 farmer's market과의 업무 협약 추진
- 투자은행과 연계한 공예 인력 및 관련 산업에 대한 저리 대출 추진
- 보존, 마케팅, 라이센스 도입을 위해 제조업자, 제조품, 소재 등에 대한 공예 자료를 수집하고 있음. (온라인 및 하드카피로 제작 예정)
- 지역 내 초등학교에 공예 관련 커리큘럼 포함 협의 추진
- 노스캐롤라이나 지역 3개 대학과 공예전문인력, 역사학자, 대학생 및 기타 학자들을 위한 조

사/디자인 기관 설립 협의 추진

③ Aid to Artisans (http://www.aidtoartisans.org/)

외국의 공예 전문 인력이나, 공예 관련 기관에게 도움이 될 수 있는 기관은 Aid to Artisans (ATA)이다. 이 비영리 기관은 전 세계 개발도상지역의 공예인들에게 경제적 기회를 주기 위한 목적으로 설립된 기관이다.

ATA에서는 선진국에서의 공예 시장성 증진을 위해 공예인들과 함께 일하고, 디자이너들은 제품이 새롭게 사용될 수 있는 방법을 추천하거나 그들의 현 공예상품의 질을 향상시켜줄 새로운 기술과 도구들에 관한 정보를 제공한다.

ATA는 뉴욕, 샌프란시스코, 로스엔젤레스, 프랑크푸르트, 독일과 요한버그, 남아프리카 등에서 장인들의 작품을 전시하고 사절단을 파견하여 바이어와 수입업자들을 직접 유치해 오기도 한다.

ATA는 James Plaut에 의해 Massachusetts에 설립되었는데 마케팅에 대한 강조와 함께 빠르게 성장하였고, 설립된 이래로 ATA는 매년 6백만 달러의 예산과 인력양성, 디자인과 마케팅 서비스의 종합적 메뉴를 지닌 지속적으로 성장하고 있는 기관이다.

ATA의 또 다른 중요한 목적은 사라질 위험에 처한 전통 공예에 활기를 불어 넣어주는 것이다.

(4) 영국의 공예산업 현황

영국 공예산업의 규모는 연간 400만 파운드(7,000억원)로 추정되며, GDP 대비 0.05%를 차지한다. 이 수치는 10년 전에 비해 약 2배 이상 증가한 것이며 같은 기간 분야별로 각각 20%씩 증가했다.

영국 공예품 판매는 내수 및 해외시장에서 매년 5%이상 씩 증가추세에 있으며, 해외 판매를 통한 수입은 전체 판매의 약 10%를 차지한다(한국문화정책개발원, 2000).

영국의 문화산업 관련 종사자 가운데 공예 관련 인력은 2001년 기준으로 120,000명으로 2000년 대비 약 3% 성장한 것이며, 전체 문화산업 종사자 규모의 약 6%를 차지한다(표Ⅱ-19참조). 또한 영국 공예가의 16%가 해외에 진출해 있으며, 이 중 10%가 전시판매를 통해 매출의 25% 이상을 달성하고 있다.

Craft Council은 'National Register of Maker'라 하여 영국 내에 있는 공예산업 관련 인력들의 정보를 DB로 구축하고 있다.

<표Ⅱ-19> 영국의 공예인력 추이자료

구분	공예 인력	전체 문화산업 종사자
1994년	144,300	1,447,800명
1995년	125,400	1,503,800명
1996년	125,400	1,503,800명
1997년	147,700	1,693,200명
1998년	118,000	1,745,300명
1999년	136,600	1,846,400명
2000년	116,100	1,890,900명
2001년	120,000	1,953,100명

표 자료 : Creative Industries economic estimates, 2002

(5) 영국의 공예상업 분류체계

영국에서의 공예산업에 관한 명시적인 분류체계는 없지만 영국 공예 관련 대표적인 기관인 Crafts Council에서 발행한 공예산업 실태조사 보고서(Crafts Council(1994), Craft in the 1990s.)에 제시되어 있는 <표Ⅱ-20>의 공예분류체계를 잠조하기로 한다.

(6) 영국 공예관련 정책

1) 영국의 공예관련 기관

영국 공예정책이 추구하는 방향을 Crafts Council의 비전과 목표를 통해 가늠해 볼 수 있다. Crafts Council의 비전은 공예 종사자들의 창작활동을 장려하고 공예에 대한 대중의 관심을 제고시키는 것이다.

이러한 비전 달성을 위한 세부 목표는 전반적인 공예에 대한 흥미, 이해, 즐거움을 향상시키고, 공예부문의 참여와 경험을 위한 공공분야의 기회를 증진시키며, 현대공예의 질을 향상시키고, 교육시스템 전반에서 공예교육의 위상과 질을 제고시키며, 전국적으로 공예에 활용 가능한 자원을 증가시키는 것을 목표로 하고 있다.

영국의 공예정책은 중앙부처인 DCMS(Department for Culture, Media and Sport)[2)]와 산하기관인 Art Council에서 주로 관장하고 있으며, 실질적인 업무는 영국의 공예 관련 가장 대표적인 기관인 Crafts Council에서 수행하고 있다.

2) DCMS에서 발행한 'Creative Industries Mapping Document 1998'에도 Crafts를 포함하고 있음.

<표Ⅱ-20> 공예분류체계 (통계조사를 위한 하위분류체계)

대분류	소분류
1. GRAPHIC CRAFTS	1 Paper
	10 Papermaking
	11 Paper shaping
	12 Paper-matche
	13 Calligraphy
	14 Illustration
	15 Lettering
	16 Letterpress
	17 Printmaking
	18 Bookbinding
	19 Decorative crafts
2. LEATHER	20
	21 Leatherwork
	23 Shoemaking
	24 Leatherware
	25 Saddlery
3. GLASS	30
	31 Glassmaking
	32 Glassblowing
	33 Glass sculpture
	35 Glass engraving
	36 Glass painting
	37 Stained glass items
	38 Mosaics
	39 Achitectural glass
4. POTTERY and CERAMICS	40 Pottery/Ceramics
	41 Pottery
	42 Ceramics
	43 Ceramics sculpture
	44 Garden Ceramics
	45 Achitectural
	46 Bead/Button making
	47 Fimo
	48 China Painting
	49 Doughcrafts
5. METALS and STONE	50
	51 Silversmithing
	52 Jewellery
	53 Lapidary
	54 Enamelling
	55 Fine metalwork
	56 Wrought ironwork
	57 Stone carving
	58 Stonemasonry
	59 Sculpture

대분류	소분류
6. WOOD	60 Wood
	61 Woodworking
	62 Woodcarving
	63 Wood turning
	64 Wood specialities
	65 Furniture
	66 Cabinet making
	67 Furniture restoration
	68 Basketry
	69 Cane and rush work
7. TEXTILE	70 Textile work
	71 Spinning
	72 Weaving
	73 Knitting/crochet
	74 Lace/macrame
	75 Fabric printing
	76 Embroidery
	77 Quilting/patchwork /applique
	78 Fashion/garments
	79 Fabric art
8. TOYS and INSTRUMENT	81 Toys
	82 Dolls
	83 Toy settings
	84 Games and puzzles
	85 Figurines
	86 Models and replicas
	87a Musical instruments
	87b Musical instruments
	87c Musical instruments
	88 Horology/science
	89 Automata
9. RURAL and MINOR CRAFTS	91 cornodollies
	92 Natural collage
	93 Egg craft
	94 Candles and casts
	96 Wood trades
	97 Nautical trades
	98 Sports equipment
	99 Multi-media/undefinable
	100 Craft not known

Crafts Council은 1979년에서 1981년 사이에 디자인 위원회(The Design Council)로부터 독립하여, 영국 정부의 재정적인 지원을 받으며 공예인들의 창조활동을 촉진시키고 이를 위한 제반 서비스를 제공하고, 일반대중이 쉽게 공예를 접할 수 있도록 하는데 그 주요한 목적을 두고 설립된 비영리기관이다.

이 기관은 20년간 영국의 공예부흥운동(The Crafts Movement)을 주도적으로 이끌었으며, 이를 계기로 공예 관련 종사자의 제작 및 판매 지원 뿐 아니라 일반대중이 공예품을 쉽게 접할 수 있고, 공예에 많은 관심을 가질 수 있도록 만드는 등 영국 전역에 걸친 공예산업 발전에 매우 중요한 역할을 수행해오고 있다.

이외 공예 관련 기관으로는 DACS(Design and Artists Copyright Society)와 ACID(Anti Copyrighting In Design)를 들 수 있다.

DACS(www.dacs.co.uk)와 ACID(www.acid.uk.com)는 Visual Art에 대한 저작권과 Visual Artist에 의해 제작된 작품의 저작권을 보호해주고, 타인이 저작권을 이용하여 상품을 생산할 경우 로열티 수수를 대행해 주는 역할을 하는 비영리기관이다.

Crafts Council의 재원을 살펴보면 아래 표와 같다.

2002년 기준으로 Art Council of England로부터 전체 재원의 95%에 해당하는 271만 파운드를 지원받았으며, National Lottery 기금으로부터 3만 4천 파운드를 조성하여 총 286만 파운드의 재원을 조성하였다.

<표Ⅱ-21> Crafts Council의 재원 조성현황 (단위: 천 파운드)

구분	2002년			2001년 총액
	제한 없는 기금	제한된 기금	총액	
Art Council of England	2,496	217	2,713	2,423
Scottish Arts Council	44	-	44	42
National Lottery	-	34	34	-
Art Council of Wares	70	-	70	-
총계	2,610	251	2,861	2,465

자료 : The Crafts Council Annual Report, 2001-2002.

① Crafts Council의 활동

Crafts Council은 런던에 소재하고 있지만 각 지역별 위원회를 통해 영국 전역에 걸쳐 공예산업을 지원하며 공예품 제작자, 판매자, 전시자 그리고 각 분야 공예 전문가들을 위한 정보 제공과 컨설팅을 실시하고 있다.

Crafts Council의 공예개발사업은 공예산업 관련자를 육성·지원하는 형태의 사업 프로그램을 기획 및 관리하며, 전문적인 전시나 박람회를 조직하고 이를 통해 공예 종사자들이 매출을 올릴 수 있도록 하며, 이외에도 공예정보센터, Photostore 및 공예 관련 출판물을 발행하는 업무를 수행한다.

공예자료센터와 Photostore를 운영하고 있는데 복권 기금의 도움과 왕립협회의 지원으로 영국 13개 지역에 Photostore 터미널을 도입하게 되었다. 이 터미널은 Crafts Council과 지역예술협의회의 합의를 통해 주요 지역에 선정되었으며, 이 선정된 지역은 사용촉진을 위한 지원금을 받을 수 있다.

Photostore란 사용자 편의의 손쉬운 데이터베이스로서 800명의 선별된 공예작가들의 40,000장의 작품이미지를 보유하고 있다.

Crafts Council의 조직구성은 그림II-14와 같으며, Crafts Council의 주요 활동영역은 조직도상의 분야와 마찬가지로 공예개발(Crafts Development), 교육(Education), 전시/ 컬렉션(Exhibitions & Collection) 및 판매사업(Trading)이 있다.

Crafts Council의 공예자료센터는 현대의 공예전반에 대한 영국의 가장 방대한 자료 수집 서비스로서 도서관, 4개의 Photostore, National Register of Makers를 가지고 있다. 이 모든 서비스는 영국에 살고 작업하는 공예인들에 대해 문의하는 모든 사람들에게 제공되며 학생, 교육자, 사서들, 소규모 기업과 세계의 저널리스트들에게 제공된다.

2002년 3월 현재 4,500 명의 지원자가 등록되어 있으며 이들은 규정, 지역, 종류와 소재에 의해 분류되어 자료를 등록하도록 되어있다. Crafts Council은 이러한 축적된 자료를 인터넷을 통해 효과적으로 제공하는 등 공예산업을 위한 지원사업을 효과적으로 펼치고 있다.

Crafts Council의 교육사업은 공예와 직·간접적으로 관련이 있는 사람들을 대상으로 공예교육의 기회를 확대하고 촉진시키며 공예교육과 훈련, 연구 및 다각적인 개발활동을 적극 지원하는데 목적을 두고 있다.

영국 내 많은 학교에서 공예가 교과과정의 하나로 채택되었고, 공예를 만드는 일에서부터 디자인과 공예제작의 상호적인 과정을 강의하는 프로그램까지 다양한 공예교육이 실시되고 있다. 공예교사를 위한 연수교육도 지속적으로 이루어지고 있으며, 성인교육의 일환으로 생활 속의 공예교육의 일환으로 Gallery Education인 박람회, 전시회와 연계한 공예교육을 실시하고 있다.

또한 공예에 대한 공공의 이해를 높이기 위한 방법으로 다양한 주제의 세미나와 강연, 책, CD-ROM 제작 및 연구발표 활동을 활발히 수행하고 있다.

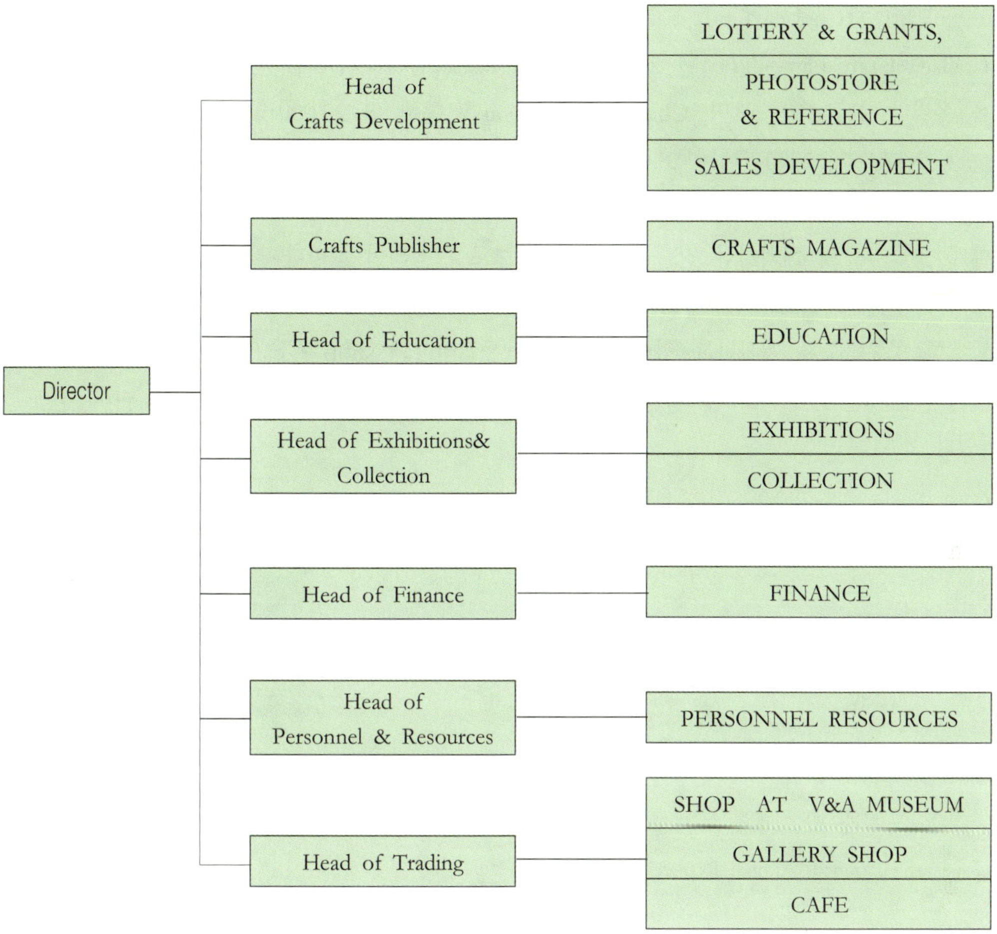

그림 II-14 Crafts Council 조직 구성도(Crafts Council Corporate Plan, 1998-2001)

Crafts Council의 전시 및 컬렉션 사업으로는 국가적으로 가치가 있는 중요한 공예품을 대여, 전시하기 위한 자원을 관리·운영하며, 가능한 많은 곳에 순회전시를 하고, 이를 위해 최고수준의 우수한 공예품을 수집하는 일을 수행한다.

Crafts Council은 이러한 주요 컬렉션의 상설 전시를 위해 영국 전역에 12개의 공예갤러리를 설립하였다. 개인 공예작가의 주요 활동무대가 되기도 하며 점차 창작활동이 활발한 공예작가를 중심으로 한 전시를 늘려나가고 있는 추세다.

Crafts Council의 판매사업에는 크게 직영 공예품 갤러리 운영과 공예박람회 판매가 있다. 영국에서는 연간 3000여회 이상의 공예 박람회가 열리고 있는데, Crafts Council에서는 가장 오래되고 규모가 큰 Chelsea Craft Fair를 매년 개최하고 있다.

Chelsea Craft Fair는 2001년 2주 동안 222명의 지원자가 전시를 했고 2백30만 파운드의 수입을 올렸다. 표Ⅱ-19를 보면, Chelsea Craft Fair를 통해 연 20,000명 이상의 관람객이 행사장을 방문을 했는데, 2000년에는 28,000명이나 방문했다.

Chelsea Craft Fair의 매출액도 2000년 기준 250만 파운드에 달한다. 이 박람회는 공예종사자들에게 영국 내 및 해외시장 진출을 위한 교두보로 인식되어 해마다 참가하려는 공예종사자들의 경쟁이 치열하다. Crafts Council에서는 이 박람회의 홍보를 보다 강화하여 해마다 75,000명의 관람객이 방문하도록 계획하고 있다. 박람회는 무료이지만 shop과 cafe에서 공예품 구매활동이 이루어지기 때문에 방문객 수의 증가는 결국 공예산업 전체 시장규모의 확대로 이어진다고 볼 수 있다.

<표Ⅱ-22> Crafts Council 지원 판매행사

연도	Chelsea Craft Fair Sales(£Million)	방문객수(명)
1994/95	1.6	24,000
1995/96	1.7	21,288
1996/97	1.6	25,500
1997/98	2.2	25,200
1998/99	2.1	27,000
1999/00	2.5	28,000

자료 : Crafts Council, Annual Reports 1994/95 to 1999/2000

Crafts Council 소유의 갤러리는 현대 공예 박람회를 유지하는 유일의 공공 갤러리이다. 이 갤러리의 컬렉션은 2001년 박물관 표준에 적합하다는 승인 받았다. 이로 인해 Crafts Council Collection은 공예 관련 자료의 전문성을 인정받았으며, 공공단체로부터 지원받기는 것도 보다 용이해졌다.

더욱이 공예품에 대한 영구적인 전시와 교육을 위한 기금인 Heritage Lottery 기금을 조성할 수 있게 되어 Crafts Council의 활동영역은 더욱 확대되고 있다.

2) 인증정책

우수 공예상품을 타 공예상품과 구분해 표시하는 표시제도는 없으나 일종의 조합성격을 가지는 RCA의 소속 회원사가 판매하는 제품에 대해서는 영국산 제품임을 보증한다. 일반적으로 영국인은 영국산 제품에 대한 강한 애착을 가지며 이에 대해 상당한 프리미엄을 지불하기를 주저하지 않는 관계로 영국산 이라는 것은 큰 의미를 가진다.

① 기관명

RCA(Rural Craft Association)

Heights Cottage Brook Road Wormley Surrey GUB 5AU

② 지정절차

- 영국산 공예품을 생산하는 업체 회원가입 신청
- 심사를 거쳐 회원사 가입확정
- 회원사는 전시회 등에서 RCA 명의로 임차한 공간에서 공동전시
- 소비자에 대해서는 영국산 이라는 확신을 제공

③ 자격요건

- 공예품 소재의 영국산 유무와 상관없이 영국인에 의해 만들어져야 한다.

(7) 프랑스의 공예상품 분류 및 공예산업 현황

1) 공예상품 분류체계

INSEE는 2001년 1월 1일에 공예산업의 핵심 분야(core activities)를 제정하여 핵심 분야 내에 공예를 주 활동영역으로 삼는 업체들을 분류하였는데, 그중 가장 많은 공예분야는 보석/금세공(jewelry & goldsmith's)이었으며 다음으로 가구도장/복원(wood), 그래픽디자인/장식(graphic arts)의 순으로 나타났다.

이 핵심 분야에 속한 약 14,000 여 공예업체에서 28,000 여명을 고용하고 있으며, 이 중 2/3에 해당하는 대부분의 업체는 별도의 고용인 없이 장인 혼자서 모든 사업을 책임지는 형태를 취하고 있다.

이 같은 현상은 전통공예에서 흔히 나타나는 것이지만 그래픽 디자인이나 보석세공분야와 같은 현대공예에서는 상대적으로 약하게 나타난다.

<표Ⅱ-23> 공예산업 핵심 분야 (Core Activities)

Family	Core activities		
	Number of companies	Number of employees	Turnover M€
graphic arts	2.018	3.995	388
jewelry & goldsmith's	3.745	8.458	1.144
wood	2.568	3.563	446
leather	1.174	3.019	291
musical instruments	870	1.431	192
luminaries	-	-	-
metal	47	307	32
patrimony	-	-	-
stone	-	-	-
earth	1.107	2.165	173
textile	1.109	2.839	267
tradition	864	1.213	212
glass	303	943	64
others	652	535	65
Total	14.457	28.468	3.275

자료 : INSEE, 1999.

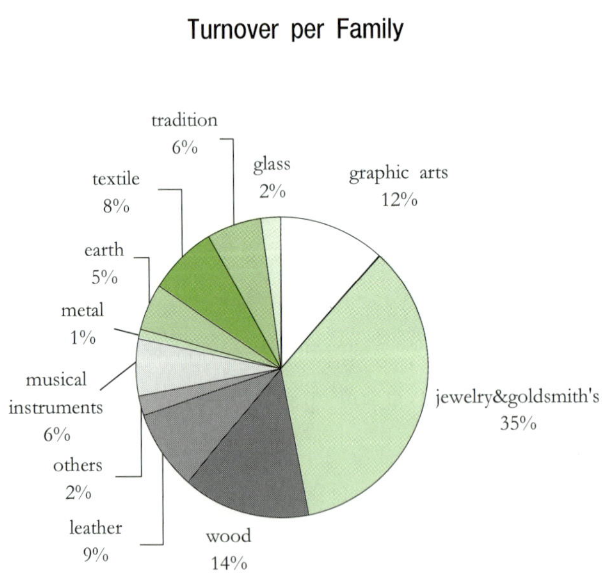

그림Ⅱ-15 공예산업 핵심 분야의 매출액 비율

자료 : INSEE, 1999.

INSEE에서는 이러한 예술과 공예 분야에 있어서 Core activities, First Periphery, Second Periphery에 따른 회사들의 수를 조사하기 위해 다음의 표Ⅱ-24와 같은 분류 코드인 NAFA (Nomenclature of French Craft Activities) Code를 만들어 분류하고 있다.

Core Activities는 다시 각 분야별 예술성을 기준으로 해서 1차 및 2차 주변 분야(First, Second Periphery)로 나뉜다.

1차 주변 분야의 27개 카테고리에 포함된 기업 및 장인들은 작업 내용에 있어서 예술적인 성향이 강하며, 2차 주변 분야의 29개 카테고리는 이러한 경향이 1차 주변 분야에 비해 상대적으로 약하다.

<표Ⅱ-24> 프랑스 공예산업분류 (INSEE, 1999)

Family	NAFA	Title	Central Node	1st	2nd
Graphic arts	22.2J-A	Graphic design decoration	2073		
	22.2E-Z	Binding & finishing			664
	21.2L-Z	Manufacturing of other articles in paper or cardboard			311
	22.2C-A	Printing			5789
	22.2C-B	Serigraphy			1157
	22.2J-B	Other graphic activities			1145
Jewelry & goldsmith's	36.2C-Z	Jewelry & goldsmith's	3532		
	33.5Z-Z	Watch-making	405		
	52.7F-Z	Jewelry repair		3524	
Wood	36.1K-A	Finishing of furniture in wood	1016		
	36.1K-D	Furniture restoration	2065		
	36.1K-B	Framing		1200	
	36.1J-B	Other furniture manufacturing		663	
	36.1J-A	Rattan furniture manufacturing		16	
	36.1A-B	Seats manufacturing		576	
	20.5A-Z	Manufacturing of various objects in wood		2953	
	36.1G6Z	Manufacturing of home furniture			8478
Leather	36.6E-E	Taxidermy	386		
	19.2Z-A	Manufacturing of travel and	1125		
	19.2Z-B	leather tanning articles Corseting	39		
	19.3Z-D	Manufacturing of at size shoes and boots	60		

Family	NAFA	Title	Central Node	1st	2nd
Leather	18.3Z-Z	Fur industry		397	
	18.2J-F	Manufacturing of leather gloves		17	
	19.2Z-C	Saddlery		409	
	18.1Z-Z	Manufacturing of leather clothes			233
	19.1Z-Z	Leather finishing and tanning			102
Others	92.3A-P	Art work restoration	827		
	36.6E-A	Manufacturing of candles and matches		101	
	36.5Z-Z	Manufacturing of games and toys		571	
	20.5C-B	Manufacturing of objects in cork		16	
	36.6E-D	Manufacturing of smoker articles		16	
	20.5C-A	Basketry, straw work		153	
	36.6E-C	Manufacturing of religious articles			902
	45.4J-D	Painting of letters on buildings			19
Musical instruments	36.3Z-C	Manufacturing of other musical instruments	417		
	36.3Z-B	Organ making	225		
	36.3Z-A	Stringed instrument making	326		
Luminaries	31.5C-B	Lampshade manufacturing		48	
	31.5C-A	Luminaries manufacturing		495	
Tradition	92.7C-P	Horse shoeing	927		
	19.3Z-A	Clog manufacturing	48		
	20.4Z-B	Cooperage	102		
Metal	28.7L-A	Brassware	39		
	36.2A-Z	Coins and medals manufacturing	22		
	28.6A-Z	Cutlery manufacturing		267	
	28.3C-C	Boiler-making			1280
	28.4A-Z	Forging, stamping			629
	28.5A-B	Metal treatment and covering			1436
	28.6F-Z	Manufacturing of locks and fittings			525
	28.7N6Z	Manufacturing of small metallic articles			153
	28.7P6Z	Manufacturing of other metallic articles			1039
Stone	26.7Z-Z	Stone work		3293	
Earth	26.2A-Z	Ceramic articles manufacturing for home purpose	1552		
	26.3Z-Z	Tiles manufacturing			28
	26.4A-Z	Bricks manufacturing			20

Family	NAFA	Title	Central Node	1st	2nd
Textile	17.3Z-Z	Textile ennoblement	354		
	17.5A-A	Carpet hand-weaving	2		
	17.4B-A	Tapestries hand-weaving	40		
	17.5G-B	Laces, embroidery, tulle hand-making	300		
	18.2C-A	Model-making, designing	528		
	18.2J-C	Milliner	83		
	17.5G-A	Manufacturing of ribbon, braids		242	
	36.1A-C	Seats tapestry		320	
	36.1K-C	Tapestry decoration		2808	
	18.2C-B	Manufacturing of women clothes to size		2456	
	18.2C-C	Manufacturing of men clothes to size		369	
	18.2C-D	Shirts to size		464	
	18.2C-E	Gain, corsets to size		59	
	18.2J-D	Scarf, ties, foulards		46	
	17.7C-A	Hand-knitting			253
	36.6E-B	Manufacturing of clothe accessories			69
Glass	26.1J-A	Stained-glass window manufacturing	144		
	26.1E-B	Glass blowing	85		
	26.1E-C	Glass and crystal cutting	106		
	26.1C-B	Manufacturing of small mirrors			80
	26.1E-A	Manufacturing of glasses			119
	26.1A-Z	Manufacturing of flat glasses			21
Patrimony	26.6L-A	Manufacturing of decorative fire-places		126	
	20.1A-B 20.3Z-Z 26.4B-Z 26.6L-B 45.2J-A 45.2V-Z	Manufacturing of parquets and moldings Manufacturing of roof structures and joineries Roof-tiles manufacturing Manufacturing of decorative element in plaster or concrete House covering works General masonry			109 1882 33 154 6419 58261

공예품을 제작하고 분류하는 인터넷 사이트는 매우 다양한 카테고리를 가지고 있으며, 구매 관련 사이트와 전문 참고 사이트들은 새로운 유통 중개인으로서 공예품 분류에 있어 점차 중요한 역할을 수행한다.

공예 관련 전문인터넷사이트는 세 가지 유형으로 나뉘어 지는데, 첫째, 전문 상거래사이트 (특정 분야나 상품과 관련된), 둘째, 상거래와 검색 모두의 성격을 띠고 있는 혼합(hybride)사이트,

끝으로 온라인으로 상품을 검색하면 그 상품을 만든 공예작가와 온라인상에서 접촉할 수 있도록 도와주는 전문 검색사이트(i.e. www.createdinfrance.com)가 있다.

전문 상거래사이트에서 제공하는 상품의 범주는 매우 다양하다. 반면 몇몇 사이트는 다른 사이트들이 매우 방대한 정보와 제품들을 선보일 때 오직 하나의 상품 카테고리만 제공하기도 한다 (i.e. www.ArtiFrance.com).

전문 구매사이트들은 점차 공예시장 전체 영업사원들과 상점을 대신하여 새로운 유통경로로서 매개역할을 수행함으로써 공예분야에서 큰 영향력을 갖게 되었다.

이런 전문 사이트들은 대개 전자 카탈로그형태로 보여 지는데 미국에서는 “Click and Pick"라고 부른다. 이 사이트들이 보여준 정보는 유통(배급)에 중요한 영향을 끼쳤고 분배된 상품들을 컨트롤하게 했다.

예를 들면, 도자기를 산 10,000명의 이름, 주소 구매경향들이 담긴 전문 사이트는 앞으로 유통될 상품들에 영향을 끼칠 수 있는 전략적 정보들을 담고 있다.

2) 프랑스 공예산업 현황

프랑스 공예산업은 세 개의 분야(변형, 창조, 전통고수)로 나뉘어 지며, 10명 이내 공예인들로 이루어진 약 20,000여개의 공예업체들이 있다. 경제적 부를 넘어 공예인들은 진정한 전통문화의 세습자이며 예술 측면에서도 프랑스에 공헌을 하는 사람들이다.

이들은 또한 도시만큼 시골에서도 지역개발과 문화관광에 초점을 맞춘 지역활동을 계획하고 발전하는 데에도 기여한다.

3개의 기준을 두고 공예예술은 후원되는데, 소재를 변환하는데 사용되는 기술, know-how, 독특한 것을 생산하거나 제한된 시리즈물을 생산, 기술을 마스터한 장인이 후원의 대상이다. 이런 정의(한정)는 활동과 그것을 연습할 방법을 반영해준다. 그러나 공예예술을 엄격히 정의 하는 것이 어렵다. 첫 번째 분석에서 예술작업은 세 개의 그룹을 포함한다.

① 공예산업 : 공예산업과 구별되는 예술적이거나 제품의 특징을 지니고 있다.

② 소기업 : 공예산업분야는 제한된 규모로 정의된 표준에 딱 맞는 회사들을 산업분야에 포함시킨다. 이와 같은 회사는 도자기와 악기 제조, 보석세공, 가죽 제품 등을 제조하는 소규모(20~50 고용인들로 이루어진) 또는 중규모(50~250 고용인들로 이루어진)의 회사들이 많다.

③ 예술적인 활동들 : 디자이너, 그래픽 디자이너, 플라스틱 디자이너, 예술 사진가들처럼 예술작업을 생산하는 전문가들이 공예예술의 가장자리에 자리하고 있다.

3) 프랑스의 공예정책

① 기관 공예산업은 산업부(Ministre de l'industrie) 소속 공예산업 담당부서(Secretary of State for Craft Industry ; Ministère Chargé de l'Artisanat)가 관할하고 있으며, 실질적인 행정 업무는 Department of Commercial, Craft and Service Companies(Direction des Entreprises Commerciales, Artisanales et de Services; DECAS)에서 담당한다.

- The Permanent Assembly of Craft Chambers (L'Assemblée Permanente des Chambres de Métiers APCM) : APCM은 국가 공공기관으로 22개의 지방에 회의소와 106개의 지역 회의소들로 구성되어있다.
  공예가들과 약 9,000 여명의 고용인들이 대대적인 투표를 통해 결정한 4,000명의 전문가들을 통해 APCM은 공예산업 전반에 걸친 다양한 역할의 수행과 함께 공예 정책 수립에도 관여한다.
- The Art & Crafts Promotion Society (Société d'Encouragement aux Métiers d'Art - SEMA) : 무역과 공예분야 중소기업을 위해 국무장관 아래 SEMA라는 기관을 두고 있는데, 이 기관은 프랑스의 공예분야를 촉신시켜 국제적인 수준으로 끌어올리는 것을 목표로 한다. 이 곳에서는 젊은이들에게 공예정보와 공예의 기술적 지원을 제공함으로서 지역 활동을 촉진시킨다.
- FNPCA : FNPCA는 공예산업 발선을 위한 국무장관 통솔아래 있는 국유기관으로, 수공예인들로부터 기부를 받아 자금을 조달한다. 이 기관은 수공예 대표들(수공예의회와 전문가 조직에서 선출된)에 의해 경영되고 캠페인 광고 등을 통해 공예분야 이미지를 홍보하고 촉진시켜 프랑스 공예발전에 기여하고 있다.

② 지원정책

- 공예산업 지역개발 프로그램 공예산업 지역개발 프로그램은 해당 지역 공예분야 업체들이 요구하는 것을 분석하고 이를 토대로 공예 발전계획을 세우고 실행하는 것이다.
  이 프로그램에서는 공예분야를 발전시키기 위해 공예 인력을 양성하고 기술을 수시키며, 공예업체 수출에 도움을 제공하고, 전문적인 컨설팅을 받도록 하며, 지역개발을 촉진하는 일들을 수행한다. 지금까지 총 16개 지방이 이 같은 중장기 공예발전 프로그램을 하였다.
- 국제적 선두 : 프랑스제(製)를 만들기 위해 지난 2002년 1월에 Ateliers d'Art de France(www.ateliersdart.com)는 프랑스 공예작가들의 작품을 상품화하여 외국 바이어들을

상대로 사업을 하기 위해 “Created in France"란 브랜드를 만들었다. Created in France 전시관은 뉴욕에 위치하고 있는데 상설 및 특별 공예품 전시가 있으며, 오직 전문 상인들에게만 공개가 된다. 또한 웹사이트(www.createdinfrance.com)는 외국 바이어와 딜러들 사이에서 프랑스 공예수출의 매개체 역할을 수행한다. 이를 위해 Ateliers d'Art de France에 의해 최종적으로 선발된 회원들은 약 146명 정도로, 이들 공예품 공급자들은 장식품, 선물용, 예술품 등에서 특별한 기술에 의한 새로운 컨셉의 공예품을 창조하거나 개발할 수 있는 능력을 가진 사람으로 선발되는데, 선발에서 가장 중요하게 고려되는 요인은 새롭고, 독창적이며 진품인 공예품들을 창조할 수 있는 능력이며, 부수적으로 영어로 외국 바이어들과 대화할 수 있는 능력이 평가되기도 한다. 그러나 그 무엇보다 ‘창조성’이 가장 우선 조건이다.

- 최고의 공예작품 인증 및 보존 : les Maitres d'Art (the Masters of Art) 프랑스에서 les Maitres d'Art는 특별한 기술과 노하우를 마스터하여 훌륭한 작품들을 만들어내는 최고의 공예명장을 의미한다.

  Conseil des métiers d'art (Council of art professions)에서 엄격한 기준에 근거하여 발탁되며, 수제자에게 명장이 보유하고 있는 기술을 전승하고 유산을 영속시킬 책임을 부여 받는다.

  Maitres d'Art란 명칭은 일본의 "Living National Treasures"에서 영감을 얻은 것으로서, Maitres d'Art는 보유한 기술의 전승 뿐 아니라 새로운 기술에 대한 책임도 지고 있다. Maitres d'Art는 문화부 장관이 부여하는데, 명칭 수여식은 1996년 이후로 매 2년마다 행해진다.

  최근까지 프랑스는 50명의 Maitres d'Art를 보유하고 있는데 그들은 악기 제조, 인쇄 작업, 건축, 패션과 섬유, 도예, 가구제조 및 인테리어, 금속 및 보석 세공 등의 분야에서 활동하고 있으며, 15,000 유로의 연봉을 받는다.

(8) 아일랜드 공예상품 분류 및 현황

1) 공예상품 분류체계

아일랜드 공예품 분류체계는 1980년대에 The Crafts Council of Ireland에서 만든 분류 표에 기초하고 있다.

동 분류표는 공예 전문가로 구성된 협의회 내 자문기구에서 고안하였는데, 기본적으로 공예품의 형질, 용도 및 제조공정에 그 분류 기준을 두고 있다.

아일랜드 공예품 분류체계는 Crafts Council of Ireland에서 독자적으로 수립한 것으로, 통계청에서 상품 수출입통계에 사용하고 있는 SITC나 HS Code와는 관련이 없다.

<표 II-25> 아일랜드 공예 분류표

대분류	중분류	소분류
musical instrument making		
paper making		
paper working	Decoupage	
	papier mache	
	card making	
printing	Etching	
	Lithography	
	Screen Printing	
silversmithing / Holloware	Carving	
spinnin		
stone working	carving	
	wall building	
textile making	Textile Making (general)	Felting
		knitted / crocheted
		macrame
	Textile Making (stitching)	Applique
		Embroidery
		Needlepoint
		Patchworking
		Quilting
	Textile Making (surface patterned)	
	Textile Making (tufting)	
	Textile Making (weaving)	loom
		tapestry
	Textile Making (lacemaking)	Bobbin
		Carrickmacross
		Limeric
	Textile Making (millinery)	
embroidery	surface patterned 3종	
	tufting	
	weaving 2종	

자료 : The Crafts Council of Ireland

대분류	중분류	소분류
basketry		
bookbinding		
bookmaking		
candlemaking		
ceramics	carved	
	casting	
	hand built	
	jiggered/jolleyed	
	thrown	
	titlemaking	
	titlemaking (mosaic)	
knotting, tying		
fresco painting		
furniture making	metal	
	wooden	
	other	

◈ 외국인에게 선물하면 좋은 품목 *

- 펜과 연필
- 양질의 문방구류
- 수첩, 캘린더
- 조각이 새겨진 열쇠고리 (그 나라를 상징할 수 있는 것이라면 금상첨화)
- 고급 커피, 차, 치즈, 초콜릿, 과일 바구니 등 식료품류
- 스포츠 용품 (모자나 T셔츠 등)
- 그 나라를 상징하는 문화재나 자연 경관을 소개하는 책자
- 간단한 전자제품
- 개인이 직접 만든 소장품들 (사진이나 조각품 등)
- 한국의 상징물 (안동 하회탈 등)

(출처 : 서비스매너연구소 : www.manners.co.kr)

2) 공예산업 현황

아일랜드 Crafts Council of Ireland에서 추정하고 있는 아일랜드 공예산업 매출액은 대략 1억 5천만 유로이다. 이중 국내시장 매출액이 전체 72%인 1억 8백만 유로이고, 해외시장으로 수

출되는 물량은 4천 2백만 유로로 추산된다.

주요 수출 대상 국가는 영국, 미국, 캐나다, 독일 등이다. Crafts Council of Ireland의 관계자에 따르면 공예품 수입은 고가품인 경우 영국, 독일, 이태리로부터 주로 수입이 되고, 저가품의 경우는 중국을 포함한 동남아시아 국가에서 수입되고 있다.

Crafts Council of Ireland에 등록된 공예업체 수는 1,400 여개 사인데, 대부분이 소규모로 한두 명의 공예인이 직접 운영하는 곳이 많고 지방에 분산되어 있다.

영세규모의 공예업체들은 소매점에 직접 공급하거나 소비자들에게 직접 판매하며, 규모가 큰 업체인 경우에는 전문 유통업체나 자체 상점을 통해서 판매하는데, 이들 공예업체는 생산 공장 내 자체 상점을 개설하고 직접 방문하는 관광객들을 대상으로 저렴한 가격에 판매하는 경우가 많다.

아일랜드 내 공예품 전문 유통업체 수는 대략 20개사 정도 인데, 주로 관광객이 밀집되는 대도시 중심지나 공항에 매장을 운영하고 있다. 대표적인 공예품 전문 유통업체로는 House of Ireland (http://www.houseofireland.ie/), Avoca (www.avoca.ie), Tierneys Gift Shops (www.tierneysgiftshops.com), Habitat (www.habitat.co.uk), Quills Woolen Mill 등을 꼽을 수 있다.

3) 공예정책

① 정책기관

아일랜드의 공예정책은 전체 산업에 포함되어 산업지원 중앙정부부처인 Department of Enterprise, Trade and Employment에서 전반적으로 다루어지며, 실질적인 지원업무는 중앙정부부처의 산하기관인 Enterprise Ireland가 담당하고 있으며, 이 기관 내 Food Consumer Products Division에서 실무적으로 공예산업을 관할하고 있다.

Enterprise Ireland는 Crafts Council of Ireland에 아일랜드 공예산업 육성을 위한 자금을 제공하고, 실질적으로는 Crafts Council of Ireland가 공예산업관련 각종사업을 실시하도록 지원한다.

2002년에 Enterprise Ireland가 Crafts Council of Ireland에 지원한 자금규모는 총 2천 6 백만 유로에 달하며, 이는 Crafts Council of Ireland 전체 수입의 86.7%를 차지할 정도로 절대적인 비중을 차지하고 있다.

Crafts Council of Ireland의 이사회에 Enterprise Ireland의 인력 1명이 Crafts Council of Ireland의 이사로 참여하고 있다. 그러나 Department of Enterprise, Trade and Employment

나 Enterprise Ireland가 독자적으로 공예산업진흥을 위해 수행하는 활동은 없으며, Crafts Council of Ireland가 공예산업 지원 관련 실제 창구역할을 담당하고 있다. 이렇듯 아일랜드 공예정책은 아일랜드 공예산업 지원 활동의 대부분을 Crafts Council of Ireland에서 실시하며, 지원활동에 소요되는 자금은 아일랜드 자국기업 육성을 담당하는 국가기관인 Enterprise Ireland로부터 재정지원을 받는 형태로 시행된다.

② Crafts Council of Ireland의 활동

아일랜드 Crafts Council of Ireland는 1971년 설립되었으며, 조직은 사업개발부, 커뮤니케이션부, 마케팅부, 관리부, 회계부로 구성되어 있다. 본부는 Kilkenny와 Carlingford 두 곳에 나뉘어있으며, Kilkenny에는 공예품 상설전시장도 갖고 있다.

앞서 언급한 것처럼 Crafts Council of Ireland는 정부로부터 자금을 제공받아 공예산업진흥을 위한 실질적인 지원 기능을 수행하는 기구로서, 공예산업업계의 입장을 정부에 대변하고, 공예산업진흥을 위한 각종 홍보활동과 업체를 지원하는 역할을 수행한다.

(9) 일본의 공예상품 분류 및 공예산업 현황

1) 공예상품의 분류체계

일본에서의 공예품 정의와는 달리 공예품의 공식적인 분류체계는 명확하지 않다.

총무성 통계국의 일본산업분류를 토대로 한 공예품 분류를 살펴보면, 아래 표와 같이 대분류 F에 속하며, 9가지로 분류된다.

그러나 이 같은 일본산업분류는 공예산업을 별도로 분류하는 것이 아니라 일반 제조업의 관점에서 공예품을 분류하고 있어, 공예품의 특성을 적절히 반영하는 분류체계는 아니라고 볼 수 있다.

일본의 공예품 분류와 관련하여 일반적으로 활용되는 분류체계로는 일본의 전통적 공예품산업진흥협회에서 발행한 「전통적공예품용어집」에 제시된 것과 같은 染織品(염직품), 陶磁器(도자기), 漆器(칠기), 木工・竹工品(목・죽공예품), 金工品(금속공예품), 文具・和紙(문구 및 종이), その他(그 외)의 7가지 공예품 분류체계를 들 수 있다.

<표Ⅱ-26> 공예품의 분류

F-14	F-15	F-16	F-17	F-18	F-24	F-25	F-28	F-34
섬유 공업	의복· 그 외의 섬유제품	목재· 목제품 제조업	가구· 장비품	종이 가공품	가죽· 동제품	도자기	금속 제품	그외 제품

자료 : 전통적공예품산업진흥회, www.kougei.or.jp

2) 공예산업 현황

① 전통적 공예품 업종 현황

경제산업대신이 지정한 전통적 공예품을 만드는 곳은 전통적 공예품 203품목에 대하여 아래 표Ⅱ-27과 같이 7개 업종으로 분류되며 약 198곳이 있다.

<표Ⅱ-27> 일본 전통적 공예품 업종별 수

염직물	직물	32	금속공예품		12
	염색물	11	문구·종이	문구류	8
	그 외 섬유	4		종이류(和紙)	9
도자기		28	그 외	석공예품	6
칠기		22		인형	6
목·죽공예	목공예품	20		仏壇仏具	16
	죽공예품	7		그 외 도예품	17

자료 : 전통적공예품산업진흥회, www.kougei.or.jp

② 생산 현황

일본의 공예품 생산량 및 생산액은 해마다 감소세를 보이고 있는 것으로 파악되었다. 품목별로 보면 기모노, 염색물, 직물 등의 섬유제품이 약 24%의 생산 비중을 차지하고 있으며 그 뒤를 이어 도자기류와 목·죽공예품 그리고 칠기 등의 순서를 보이고 있다.

한편 전통적공예품산업진흥협회에서 발간한 「전국전통적공예품총람」에 따르면 전통적 공예품을 17가지 품목으로 분류하여 각 분류별 1,241개 품목으로 다시 구분하고 있다.

앞서 산업경제성에서 분류한 7업종의 203품목은 경제산업대신이 지정한 전통적 공예품을 말하는 것이고 그 외 지정을 받지 않았거나 받지 못한 공예품도 다수 있다.

전통적공예품산업진흥협회는 경제산업대신의 지정을 받지 않은 공예품도 포함하여 분류했으며, 분류기준은 공예품의 주소재, 기술·기법, 용도 등이며, 전통적공예품산업진흥협회가 독자적으로 분류한 것이다. 17가지 품목의 세부 내역은 다음과 같다

• 직물 • 염색품 • 끈, 실, 자수 등 • 도자기, 기와 • 칠기, 칠그릇 • 목공품
• 죽공품 • 금공품 • 불단, 불단용구 • 和紙(화선지) • 문구(붓, 묵, 벼루, 주판)
• 석공품, 갑골피제품 • 향토완구, 인형 • 쥘부채, 부채, 전통우산, 제등(초롱)
• 전통악기, 종교용품, 경조용품 • 기타 공예품 • 공예용구 및 소재

상기 17개 품목군은 모두 1,241개 품목으로 제조되고 있으며 제조 업체 수는 25,443개, 종업원수는 140,123명으로 파악되고 있다.

2003년 3월 현재 경제산업대신이 지정한 전통적 공예품은 203개 품목으로 상기 17개 품목 분류의 내용을 이루고 있는 1,241품목의 16.4%에 해당한다. 따라서 지정 외 품목은 1,038품목이 되며 이는 전체 17개 품목 분류의 83.6%를 차지하게 되는 것이다.

③ 공예작가 및 공방의 현황

공예작가와 공방에 관해 참고할 만한 데이터베이스로는 재단법인 전통적공예품산업진흥협회(www.kougei.or.jp)에서 지역별로 정리해 놓은 것이 가장 신뢰 할 만 하다.

또한 공예사의 협의회인 日本伝統工芸士會를 비롯하여, 全國伝産會館運營連絡協議會, 全國伝統工芸品仏壇仏具組合聯合會, 全國伝産木竹工芸品組合協議會, 全國伝産金工品組合協議會, 全國伝産陶磁器組合協議會, 全國伝産和紙筆墨硯協議會 등의 협의회와 각 지방의 공예사 모임 등도 활발한 교류를 하고 있는 것으로 조사되었으며 이러한 모임과는 별도로 관련 교육기관으로서 京都伝統工芸專門學校가 있다.

(가) 日本伝統工芸士會 / 일본전통공예사회

일본전통공예사회는 전국의 전통공예사가 모여, 전통적 기술보유자의 사회적 지위의 향상 및 상호간의 친목과 정보교환을 하면서, 전통적 기술 및 기법의 계승, 향상을 도모하고 자국의 전통적 공예품 산업의 진흥에 기여하는 것을 목적으로 1981년 6월 19일에 설립된 단체이다.

정기적인 全國伝統工芸士大會 및 全國伝統工芸士展의 개최, 회보 「手仕事の詩」의 발행 등의 활동을 하고 있다.

(나) 京都伝統工芸專門學校

전통공예품 코스와 도자기 코스로 나누어 교육을 실행하고 있으며 지자체인 京都府와 민간업체가 공동 출자한 제3분야로 운영되고 있다. 졸업 후 전통공예사, 도예사 등의 자격시험에 응시

할 수 있다.

3) 공예정책

① 공예기관

일본 정부의 공예관련 기관은 경제산업성 산하 전통적 공예품산업실이 공예전담기관으로 운영되고 있다. 아울러 중소기업청 역시 중소기업으로 등록돼 있는 공예업체에 한해서는 중소기업신용보험을 적용하여 보험특례조치나 조세인하 등의 지원정책을 실시하고 있다. 한편 각 지자체(都道府縣급)의 상공회의소나 마을부흥운동추진위원회 등에서도 예산지원 및 판매 및 마케팅 지원 사업 등의 활동을 전개하고 있는 것으로 파악되었다.

(가) 산업경제전통적공예품

전통적 공예품 산업실은 전통적 공예품산업의 진흥에 관한 법률이 제정된 후, 법률에 따라 경제산업대신이 지정한 품목을 측정하고, 공예품 산업의 진흥을 지원하기 위해 운영되었다.

전통적 공예품산업실의 지원은 크게 두 가지로 나뉘어 진다.

전통적 공예품산업진흥협회의 사업을 지원하고, 또 하나는 각 산지에 직접으로 예산을 지급한다.

가) 전통적공예품산업진흥협회에서 지원하는 사업(2001년 개정이후)의 보조율
(중앙정부: 10/10, 1/2, 1/3)

㉠ 인재확보육성사업

- 전통공예사의 인증
- 전통적 공예품산업 공로자 표창 실시
- 미래의 전통공예사 발굴 사업
- 산지 프로듀서 등록 및 교환 파견 사업

㉡ 수요개척사업

- 전통적 공예품 월간의 추진
- 전국 전통적공예품 공모전의 개최
- 인쇄물 및 홍보매체 등에 의한 계몽활동
- 산지 진흥의 지도
  : 지정산지 등의 진흥지도

: 검사체제의 정비촉진사업

- 각종 조사의 실시 및 정보의 제공
  : 조사의 실시
  : 정보의 제공: 진흥계획, 공동진흥계획, 활성화계획, 연대활성화계획, 지원계획 등의 사업 실시를 위해, 정보제공
- IT를 활용한 전통적 공예품산업의 활성화 사업
- 愛知만국박람회개최 조사사업

㉢ 전국 전통적 공예품 센터 사업

- 상설 전시
- 특별전시
- 전통적 공예품에 관한 정보 및 자료 수집 열람, 비디오 제작
- 우수 전통적 공예품의 구입과 전시소개
- 전통적 공예품에 관한 소비자 상담
- 학식경험자 등에 의한 강연회 개최

㉣ 전통적 공예품 산지조사/ 진단사업

㉤ 아동 학생에 대한 전통적 공예품 교육 사업

나) 전통적 공예품 산지에 대한 보조금

전산법의 규정에 의해 인정을 받은 계획에 의거한 사업에 대해 사업비의 일부를 보조한다.

㉠ 전산법 제2조의 규정에 의해 전통적 공예품의 지정(현203품목)

㉡ 전산법 제4조의 규정에 의해 인정을 받은 [진흥계획]에 의거한 사업

보조율(중앙정부; 1/2, 1/3, 지방자치단체; 1/2, 1/3)

㉢ 전산법 제7조의 규정에 의한 [공동진흥계획]에 의거한 사업

수요개척, 공동판매, 정보제공 등의 전통적 공예품에 관한 유통 진흥을 위해 특정제조협동조합 등과 판매협동조합 등이 공동으로 제작 실시하는 계획에 근거한 사업에 대해 지원한다.

보조율(중앙정부; 1/2, 지방자치단체; 1/2)

㉣ 전산법 제8조의 규정에 의한 [지원계획]에 근거한 사업
전통적 공예품의 사업자와 함께 신상품의 기획, 수요개척, 신제품개발, 후계자양성 및 확보를 위한 산지 프로듀서가 작성 실시하는 사업에 지원한다. 보조율(중앙정부; 1/2, 지방자치단체; 1/2)

㉤ 전산법 제9조의 규정에 의거한 [활성화계획]과 [연대활성화계획]에 의거한 사업
전통적 공예품의 혁신, 선진적 수요개척, 신제품의 개발 등을 위한 제조사업자 등과 그 그룹이 작성 실시하는 계획에 근거하여 전통적 공예품산업의 활성화가 가능한 사업에 대해 지원한다.
보조율(중앙정부; 1/2, 지방자치단체; 1/2)

(나) 중소기업청

특별히 전통적 공예품에 대한 지원은 없으나 중소기업으로서 등록되어진 곳에 중소기업신용보험을 적용하여 보험특례조치나 조세인하 등의 사업을 추진하고 있다. 그 외에도 각 지자체(都道府縣급)의 상공회의소나 마을부흥운농추신위원회 등에서 예산 직성이니 핀메루트 개최 등의 지원을 행하고 있다.

(다) 공예 관련 민간 협회

일본에서 공예 관련 가장 활발한 활동을 펼치고 있는 협회는 전통적 공예품산업진흥협회이다.

가) 일본 전통적 공예품산업진흥협회

일본 전통적 공예품산업진흥협회는 1975년, 민법 제34조에 근거하여 설립된 사단법인이다. 전통적 공예품산업진흥협회는 전통공예품산업의 진흥을 도모하기 위해서 지방공공단체와 전통적 공예품 산지 협동조합 및 정부 등의 공동출자에 의해 설립되었으며 지방공공단체와 산지협동조합 및 그 외의 기관의 협력을 얻어 각종 사업을 실시하고 있다.

이 협회는 전통적 공예품의 우수성을 널리 알리고 수요개척을 추진하기 위해, 전통적 공예품월간을 중심으로 한 각종 사업을 실시하고 있으며 콩쿠르 전시회 개최 등 다른 각종 매체에서의 PR을 실시하고 있다.

이와 병행하여 생산지의 진흥계획책정의 지도, 각종 조사연구, 전통증지(伝統証紙) 의 발행 등을 행하고 있다. 주요 활동을 정리하면 다음과 같다.

- 산지 진흥의 지도사업
- 전통적 공예품의 계몽보급
- 콩쿠르/ 전시회의 개최

  「일본 전통공예사회 작품전」, 「전국 전통공예사 특별 반포 페어」 등의 개최
- 전통적 공예품 월간의 추진
- 전통적 공예품산지 프로듀서의 등록·파견
- 각종 조사의 실시·정보의 제공
- 산지·조사진단 사업
- 아동·학생에 대한 전통적 공예품의 교육사업
- 전통증지(伝統証紙) 의 발행

  소비자가 전통적 공예품을 안심하고 구입할 수 있도록 경제산업장관이 지정한 기술·기법, 원소재에서 제작되어 산지검사에 합격한 제품에는 그것을 증명하는 것으로서 전통 마크를 표시하는 사업(좌; 전통마크, 우; 伝統証紙)

그 외의 사업으로서는 인재확보 및 육성을 위해 전통공예사 인정, 전통적 공예품산업공로자 표창 실시, 미래의 공예사 발굴사업 등을 실시하고 있다.

재정적 지원에 대해서는 전통적 공예품진흥사업에 관한 법률 제 26조에 의거하여 중앙정부나 지방공공단체 등은 협회에 대해 필요한 업무를 수행할 시 경비의 일부를 보조하도록 되어있다. 2002년도 정부 국고로부터의 보조금액은 757,410,000 엔이다.

전통적 공예품산업실과는 달리 정부산하기관이 아니라는 것이 가장 큰 차이점이다. 위의 협회

이외에 조직화된 협의회로서는, 日本伝統工芸士會, 全國伝産會館運營連絡協議會,全國伝統工芸品仏壇仏具組合聯合會, 全國伝産木竹工芸品組合協議會, 全國伝産金工品組合協議會, 全國伝産陶磁器組合協議會, 全國伝産和紙筆墨硯協議會 등이 있다.

② 공예 진흥정책

일본 정부에서는 공예품 진흥을 위해 1974년 전통공예진흥에 관한 법률을 제정하고 그 다음해에 재단법인 전통적 공예품산업진흥회를 발족시키는 등 여러 방면으로 공예품 진흥에 힘을 쏟고 있다. 기본적으로 정책을 세워서 실시하는 것은 지자체를 중심으로 시행하고 중앙정부는 그 정책을 지원하거나 보조금을 지급하는 형식으로 진흥에 힘을 쏟고 있다.

중앙정부의 중장기 정책으로서는, 지정된 産地(지역)에서 사업자나 단체에 의한 기본구상에 근거하여 5년부터 8년간의 [産地진흥계획]을 세워 일정한 사업에 보조금을 지급하고 있다. 여기에서 일정한 사업이라는 것의 범위는 「후계자 육성」, 「기술계승」, 「수요개척」 등을 들 수 있다. 그 중에서도 「후계자 육성」과 「수요개척」에 힘을 쏟고 있다.

③ 공예품 인증정책

일본의 공예품 인증정책은 전통적 공예품산업의 진흥에 관한 법률[伝産法]에 법제화되어 있으며, 전통적 공예품지정표시제도의 형태로 시행되고 있다.

(가) 전통적 공예품산업의 진흥에 관한 법률[伝産法]

가) [伝産法]의 제정

伝産法은 정식으로는 [전통적 공예품산업의 진흥에 관한 법률] 이라고 하며 1974년 5월 25일에 공포되었고 1992년, 2001년에 일부 개정되었다.

나) [伝産法] 제정 배경

1970년대에 들어와서 전통적 공예품산업을 발전시키자고 하는 기운이 일어났다. 공해문제, 도시의 과밀화 등 고도성장에 따른 문제가 대두되고 대량소비 등 기계문명에 매몰된 생활에 대한 반성의 결과로서 전통적인 것으로의 회귀, 수작업에 대한 흥미, 오리지날리티(originality)의 추구 등이 나타나게 되었다.

한편, 후계자 확보의 어려움과 원소재의 입수의 곤란 등의 문제가 나타난 전통적 공예품산업이 산업으로서의 존립기반을 잃어버릴 정도의 위기에 직면해 있으며 또한 지방산업의 중심 역할을 담당하는 전통적 공예품 산업의 부진이 지역경제에 주는 영향을 간과 할 수 없게 되었다.

이러한 배경에서 [伝産法]이 1974년에 제정되어 국가적 차원에서 진흥책을 시행함으로서 지방자치단체들도 전통공예품에 대한 관심이 높아지게 되었고, 각 지역마다 독자의 기준에 의해 전통공예품 지정이나 전통공예사 인정 등을 시행하면서 진흥을 꾀하고 있다.

다) [伝産法] 내용

「일정 지역에서 주로 전통적인 기술 또는 기법을 이용하여 제조된 전통적 공예품」의 「산업의 진흥을 도모하고 국민의 생활에 윤택함과 풍부함을 주는 것과 동시에 지역경제의 발전에 기여하고, 국민생활의 건전한 발전을 추구하는 것을 목적」으로 한다.

공예품의 산지조합 등으로부터의 신청에 근거하여 지정요건을 충족한 것을 경제산업장관이 「전통공예품」으로 지정한다. 지정을 받은 산지에서는 진흥계획을 작성하여 경제산업장관의 인정을 받은 후에 그 진흥책에 근거하여 사업을 진행하는데 필요한 경비의 일부분을 중앙정부나 지방자치단체 등으로부터 지원을 받아 산지전체에서 진흥을 도모하고 있다.

전통적 공예품지정표시제도인 [전통증지], [전통마크]는 산업경제성의 지정을 받은 전통적 공예품에 부착할 수 있다. 각 산지에서는 우선 경제산업성의 지정을 받은 후, 전통적 공예품산업진흥협회에 사용승인수속과 함께 소정의 사용료를 내면 부착 할 수 있다. 전통마크에 관해서는 동협회가 정한 총칙에 따라 사용해야하며 총칙은 1981년 11월부터 시행되었다.

따라서 전통공예품 마크의 실시는 이때부터로 보아야 한다.

라) 전통적 공예품으로 지정을 받기 위한 절차

㉠ 지정신청서가 가능한 협동조합의 요건

공예품을 제조하는 사업자의 1/2 이상으로 구성된 사업협동조합, 협동조합연합회, 상공조합, 또는 법에 의해 정해진 기준에 부합한 그룹으로 되어 있다. 지정의 신청을 하는 조합 등은 전통적 공예품으로 지정받은 후, 진흥사업의 추진모체로서 적극적인 역할을 추진한다.

㉡ 신청 시 필요한 서류

전통공예품의 지정 신청서를 제출해야 한다. 신청서의 기재내용을 기본으로 하여 심의와 검토가 이루어지기 때문에 신청서를 준비할 때는 실적에 맞춰 충분한 조사연구와 신중한 검토가 필요하다.

㉢ 신청 장소 및 경유기관

지정의 신청은 각 지자체의 경제산업국을 거쳐, 산업경제성에 전달되어 산업구조 심의회의 심의를 거쳐 경제산업장관이 지정한다.

마) 지정을 받은 전통적 공예품의 공표

전통공예품으로서 지정된 공예품은 그 명칭과 함께, 다음과 같은 내용이 경제산업성에 의해 고시되어 관보 등에 기재되어 일반회사에 공표된다.

- 전통적인 기술 또는 기법
- 전통적으로 사용되어진 원 소재
- 해당 전통적 공예품이 제조된 지역

바) 진흥계획의 개요

전통적 공예품으로서 지정되면 지정협동조합 등은 [伝産法]에 따라, 전통적 공예품 산업의 진흥을 도모하기 위해 진흥계획을 작성하여 중앙정부 및 지자체 등의 조성 장치(보조금, 금융, 세제 장치 등)를 받을 수 있다.

제1차 진흥계획은 5~8년의 중장기를 거쳐 산지진흥의 기본이 되는 계획이다. 전통적 기술·기법의 유지발전을 중심으로 하며 근대화와 장기적 전망을 해당사업자의 참가와 충분한 의견조정을 거친 후에 작성한다.

구체적인 진흥계획의 사항은 다음과 같다.

- 종사자의 후계자 확보 및 육성과 종사자의 연수에 관한 사항
- 기술 또는 기법의 계승 및 개선, 그 외의 품질유지 및 향상에 관한 사항
- 원소재의 확보 및 원소재에 대한 연구에 관한 사항
- 수요개척에 관한 사항
- 작업장과 그 이외 작업환경의 개선에 관한 사항
- 사업의 공동화에 관한 사항
- 품질의 표시, 소비자의 적정한 정보 제공 등에 관한 사항
- 노령화한 종사자, 기술의 숙련한 종사자와 그 외의 종사자의 복지후생에 관한 사항

사) 진흥계획 실시에 있어서의 경비의 보조

필요 경비는 스스로 조달하는 것을 원칙으로 하고 있지만 다음 5가지의 사업에 대해서는 경비

의 일부를 중앙정부 또는 지자체에 의한 보조금을 받을 수 있다.

- 후계자 육성 사업
- 기술·기법의 기록 수집·보존사업
- 원소재의 대책사업
- 수요개척사업
- 디자인 개발 사업

아) 전통적 공예품의 표시

경제산업장관에 의해 지정된 전통적 공예품은 각각의 상품에 「전통적 공예품으로서 지정된 것」이라고 표시할 수 있다고 伝産法에 규정되어 있다. 이 표시는 특정제조협동조합 등이 경제산업장관의 인정을 받은 진흥계획 및 경제산업성의 제조 산업국장의 인정을 받은 「伝統証紙표시사업실시규정」에 근거하여, 특정제조협동조합 등이 실시 할 수 있다.

ㄱ) 전산협회가 발행하는 「伝統証紙」를 부착해서 전통적 공예품으로 표시할 경우

- 전산협회 작성의 「전통적 공예품 통일표시 사업실시규정」을 따름과 동시에 특정제조협동조합 등은 전통증시 사용허락계약을 체결할 필요가 있다.
- 특정제조협동조합은 「伝統証紙표시실시규정」에 따라, 대상이 되는 전통적 공예품에 대해 검사를 실시하고, 검사 기준에 합격한 것에 「伝統証紙」를 부착한다. 그 검사의 기준에 관해서는 각 산지별로 다르며, 일반인들(조합원 이외)에 공개하지 못하게 되어있다.

또한, 「산업경제장관지정 전통적 공예품」의 문자, 「전통적 공예품」의 명칭, 「특정제조협동조합」 등의 명칭 등 3가지 사항이 「伝統証紙」에 명시된다.

2 각국의 대표적인 관광기념품 및 쇼핑지역정보

관광객들이 즐기는 대표적이고 대중적인 관광활동 중 하나인 쇼핑활동에 대한 경제적 영향력이 매우 크고, 아울러 쇼핑산업의 중요성이 더욱 부각됨에 따라 나라마다 관광객들을 대상으로 한 다양한 쇼핑이벤트나 홍보활동을 전개하고 있다.

다음은 각국의 대표적인 관광기념품 및 최신 관광쇼핑정보를 살펴본 것이다 (세계 각국의 관광

청 및 대사관과 문화원 홈페이지, 고종원, 「세계관광」, 2003, www.hanatour.com, www.recruitimin.com, www.eyeofeagle.co.kr 및 www.mofat.go.kr을 참고로 작성).

(1) 유럽지역

1) 영국 (영국관광청 : www.visitbritain.com)

영국은 버버리 같은 유명한 의류제품을 비롯하여 전통 니트웨어나 울제품을 판매하는 상점, 고급 보석상들이 상당히 많다. 런던을 중심으로 하여 세계적인 명품매장과 백화점이 위치해 있다.

① 상점 개점 시간

영국의 상점은 월요일부터 토요일까지 아침 9시에 문을 열고 오후 5시 30분에 닫는다. 백화점은 오후 6시까지 문을 열며, "late night"을 하는 수요일이나 목요일에는 오후 7시나 8시까지 개점한다. 대도시의 큰 상점은 일요일에도 오전 10시부터 오후 6시 까지 8시간 문을 연다.

개점시간은 점포마다 다르다. 작은 도시나 마을의 상점은 일주일에 한번(수요일에) 오후에 문을 닫으며, 상점에 따라서는 점심시간에 1시간 폐점을 하기도 한다. 큰 도시의 대형 수퍼미켓(Tesco, Sainsburys 등)은 월요일부터 금요일까지 24시간 문을 연다.

② 세일

세일기간은 전통적으로 1월과 6월·7월이지만, 대부분의 상점은 연중 세일을 실시하고 있으며, 날짜는 점포에 따라 다르다.

모든 대형 백화점과 큰 거리의 상점은 크리스마스 직후부터 1월까지 할인판매를 한다. 가장 권위 있는 할인판매 중의 하나는 1월초 시작하는 해러드(Harrods) 백화점의 세일인데, 세일 시작 수일 전부터 사람들이 줄을 서기도 한다.

③ 도시 외곽 쇼핑

도시 외곽 쇼핑센터에는 고급 상점들이 한 장소에 모여 있고, 레스토랑과 극장, 그리고 스포츠 시설이 함께 있기도 하다.

잉글랜드 북동쪽의 메트로 센터(Metro Centre)에는 360개의 상점과 50개가 넘는 레스토랑, 바, 카페, 11개의 영화관, 1개의 탁아소, 그리고 메가볼(Megabowl) 엔터테인멘트 센터가 있다. www.metro-centre.co.uk

(그림자료 : 메트로센터 www.metro-centre.co.uk)

런던의 북서쪽에 있는 브렌드 크로스(Brent Cross)는 나이키, 플레닛 등 영국의 정상급 브랜드 상점들이 100여개 이상 모여 있다. Brent Cross

한편, 런던 동쪽, 켄트의 다트포드(Dartford)에 있는 블루워터(Bluewater)에는 320개가 넘는 상점이 있으며, 10미터짜리 등반용 암벽과 보트 대여소가 36곳이나 있다. Bluewater

역시 런던 동쪽에 있는 Lakeside 쇼핑센터는 320개의 상점과 4개의 대형 백화점, 30개의 카페와 레스토랑, 7개의 영화관, 1개의 작은 교회, 26에이커에 달하는 호수에 PADI가 공인한 다이빙 학교 시설이 들어서 있다. www.lakeside.uk.com

버밍햄의 서쪽에 있는 메리 힐(Merry Hill) 쇼핑센터에는 200개의 상점, 영화관, 수변 레스토랑, 바, 그리고 쇼핑센터 전용의 별 넷짜리 호텔이 있다. Merry Hill

잉글랜드 북쪽Peak District 국립공원 부근에 있는 Meadowhall 쇼핑센터에는 Laura Ashley, La Senza , Eisenegger 등 270 개의 점포와 레스토랑이 있다. Meadowhall

대부분의 도시에는 이보다 훨씬 작은 규모로 소매점 단지가 있으며, 그 곳에는 Habitat, TK Maxx, Toys 'R' Us 등 큰 상점들이 있다.

④ 공장 아울렛과 디자이너 할인 아울렛

아울렛 빌리지, 아울렛 스토아, 팩토리 아울렛, 디자이너 아울렛 등 쇼핑 빌리지로 알려진 데서 쇼핑을 하는 것이 영국에서는 매우 인기가 있다. 쇼핑 빌리지에는 보통10여 개의 유명한 브랜드들이 한 곳에 모여 있다. 이런 곳에서 도자기, 크리스탈, 고급 패션, 디자이너의 의상, 살림도구, 구두 등을 살 수 있다. 이곳에 나오는 상품은 계절이 지났거나 재고로 남은 상품으로 25-50%가 저렴하다.

Bicester 아룰렛 쇼핑 빌리지에는 60개의 점포가 있는데, 지나간 시즌의 상품과 끝물 상품을 60% 할인해서 팔고 있다. 옥스포드군에 있지만 런던 중심부에서 1시간 거리다.

또한, Cheshire Oaks는 유럽 최대의 아울렛 센터로 Nike를 비롯하여 65개의 유명 브랜드들이 입점해 있다. Chester에서 북쪽으로 수 킬로미터 떨어져 있다.

Bath에서 48km 떨어진 Clarks 빌리지는 Clarks에서 생산되는 온갖 신발류를 팔고 있는데 50%이상이 저렴하다. www.clarksvillage.co.uk

Swindon에 있는 The Great Western Designer Outlet Centre에는 Gap, French Connection, Ecco, Dartington Crystal and Royal Doulton 등 유명 브랜드가 입점해 있다.

Lake District의 Kendal에 있는 K Village에는 K Shoe 공장직영 상점이 있는데, 다른 곳 가격 보다 50%까지 싸다. www.kvillage.co.uk

⑤ 부가가치세 환급

대부분의 상품에는 부가가치세가 붙는다. 해외에서 영국을 방문한 여행자가 EU밖으로 가지고 나갈 상품을 샀을 때 소매수출제도(Retail Export Scheme, Tax-Free Shopping이라고도 불리움)를 이용하면 부가가치세를 돌려 받을 수 있다.

⑥ 소매수출제도(Retail Export Scheme)

소매 수출 제도가 모든 상점에 적용되지는 않는다는 것을 알아야 한나. 이 제도가 적용되는 상점에서도 물건 구매액이 일정 수준 이상이 되어야 이 제도를 적용하는 경우가 많다. 부가가치세 환급을 받으려면 보통 행정처리 수수료를 별도로 내야 한다. 이 수수료는 구매액의 일정율을 받는 경우도 있고, 취급 건 당 정액을 받는 경우도 있다.

부가세 환급을 받으려면 물건을 살 때 정해진 양식의 서류를 작성하여 EU를 마지막으로 떠날 시점에 세관에 제시하고 구입한 물건을 보여 주어야 한다. 수하물로 휴대할 수 없는 물건일 경우에는 사전에 항공사/ 해운사와 의논을 하는 것이 좋다.

한편, EU회원국 국민이 아닌 여행객들을 위하여 소매상을 대신하여 부가가치세 환급을 대행해 주는 회사가 여러 개 있다. 예를 들어 FEXCO는 공무 출장자를 위한 부가가치세 환급업무를 해 준다.

FEXCO Tax Reclaim
Fexco Financial Services Centre
Killorglin
Kerry KHQ 100
Web: www.fexco.com

환급금은 수표나 신용카드로 지불하며, 일부 회사는 공항에 마련한 환급창구에서 현금으로 지불해 준다. 런던의 Heathrow공항과 Gatwick공항, Manchester, Glasgow and Stansted 공항에는 영국을 떠나는 여객에게 이런 서비스를 하는 창구가 마련되어 있다. EU 밖의 일부 도착지에서도 환급을 받을 수 있다.

2) 프랑스(프랑스 관광청 : http://kr.franceguide.com)

파리를 중심으로 세계의 유명브랜드를 접할 수 있는 프랑스는 화장품, 의류 등의 여러 브랜드들이 있는 주요 쇼핑지역이 상젤리제 거리를 중심으로 생토노레 및 오페라 극장 주변에 형성되어 있다. 주요 수출품목인 포도주, 향수, 치즈, 가전제품 등이 역시 주요 관광쇼핑 품목이 된다.

① 세일

프랑스에서는 바겐세일을 Solde라고 한다. 6월말-7월 중순, 12월말-1월 중순 등 한 해에 두 번 실시한다. 가을과 겨울 상품은 크리스마스가 끝나는 것과 동시에 시작해서 1월 내내 세일하고 봄과 여름 상품은 바캉스가 시작되기 전인 6월 말부터 8월 말까지 실시한다.

재고용품이 아닌 현재 시중에서 판매되고 있는 상품을 30~50%로 저렴하게 판매하므로 쇼핑의 최고기간이다. 그런 만큼 물건이 부족하므로 세일이 시작되면 서두르는 것이 좋다. 또한 가게에서 100F 이상 물건을 살 때 는 15%의 면세도 가능하다. 이때는 여권이 필요하다.

② 쇼핑매너

파리에서는 꼭 물건을 사려는 사람만 가게 안으로 들어간다. 점원에게 원하는 상품을 보여 달라고 하면 되는데, 물론 마음에 안 들면 거절 할 수도 있다. 그러나 우선 윈도우 쇼핑으로 대충 물건을 정해둔 뒤 가격을 확인해 보는 것이 좋다. 단 귀금속 등을 파는 고급 상점에는 물건이 진열되어 있지 않다. 대신 사고 싶을 때 귀금속 가게 문 앞에 서 있으면 문을 열어 준다는 점을 참고하는 것이 좋겠다.

③ 면세품 구입

유럽 공동체 이외에 거주한다면 몇몇 물건에 대해 12%까지 면세 받을 수 있다. 다만 같은 상점에서 구입한 총액이 175유로 이상이어야 한다. 구입하기 전에 면세 방법을 문의해야 한다.

프랑스에서 산 상품을 나라 밖으로 가져갈 경우 (1,200F 이상일 때), 15% 이상의 세금을 면제해 준다.

성가신 수속은 상점에서 처리해준다. 상점에서 물건을 살 때 합쳐서 2,000F이 넘으면 'Detaxe'라고 점원에게 말하면, 여권을 확인하고 수속 용지에 필요한 사항을 기입해 준다. 분홍색 판매명세서 2장과 녹색 사본 한 장을 건네주면 잘 보관하는 것이 좋다. 출국할 때 공항에서 체크인을 하기 전에 구입한 상품과 점원이 준 용지를 세관 Douane에 낸다.

세관원은 도장을 찍어 분홍색과 녹색 용지를 한 장씩 내주는데 분홍색 용지는 상점에서 받았던 봉투에 넣어 포스트에 넣고 녹색 용지는 자신이 갖는다.

면세금은 귀국 후 3개월 이내에 우송되어 온다. 물론 면세점을 이용하면 이런 수고는 하지 않아도 된다.

④ 식료품

대도시에서는 빵집과 식료품 가게는 아침에 매우 일찍 문을 열고 19시 혹은 20시에 문을 닫는다. (파리는 더 늦게 닫음) 또한 일요일 오후, 휴일, 주중에 하루는 문을 열지 않는다.

⑤ 그 외의 상점들

그 외의 상점들은 9시나 10시에 문을 열고 19시에서 20시 사이에 문을 닫는다. 지방에서는 대개 13시와 14시 사이에도 문을 닫는다. 게다가 화요일부터 토요일 까지 문을 연다(휴일은 제외). 대형 마트의 경우는 대개 21시나 22시까지 문을 연다. 지방에서는, 도시 외곽이나 상가 지역에 하이퍼마트가 있다.

⑥ 파리의 대표적인 쇼핑지역

파리는 세계 유행의 중심지 중의 하나이다. 몽테뉴 거리 방향(입셍 로랑, 크리스티앙 디오르), 생 오노레 거리(헤르메스, 구찌), 마들렌느 광장, 성쉴피스, 그르넬 거리들, 처치-미디와 성 페르(베르사체, 소니아 리켈) 등에서 유명한 디자이너의 부띠끄를 아이 쇼핑 할 수 있다.

- 라데팡스 구역 : 메트로 1호선 라 데팡스 역 하차. 200여 개의 매장이 있다.
- 포럼 데 알 (Forum des Halles) : 메트로, RER C선 Chatelet les halles역 하차
- 마들렌느 상가 : 주로 명품상가가 많이 있다. 메트로 12, 14호선 마들렌느 역 하차
- La Vallee 아웃렛 매장 : RER A선 Val d"Europe역 하차, 명품 뿐만 아니라, 일반 상가 매장들도 많이 있다.

이 밖에도, 이름만 들어도 알 수 있는 갤러리 라파예트, 쁘렝땅 백화점, 샤마리텐 백화점 등이

있으며, 거리 곳곳에 많은 상점 및 샵들이 있으며 특히, 샹젤리제 거리는 대부분의 명품 가게들이 상주하고 있는 쇼핑가 중의 쇼핑가이다.

한편, 유명한 디자이너 이 외에도 수많은 디자이너들이 있다. (홀 구역이나 성 쉴피스), 켄조(빅투와르 광장), 벤틸로, 에 부는 마레 구역에 있다.

백화점으로는 프렝탕, 갤러리 라파이에트, 봉 마르쉐, 사마리텐 또는 BHV 등이 파리에 있는 곳이며, 몇몇 백화점은 지방에도 지점이 있다. 이들 백화점은 수많은 브랜드와 물건들을 팔고 있다.

그림자료 : 파리의 대표적인 쇼핑센터 LA VALLEE VILLAGE(좌)와 백화점 봉 마르쉐(우)
그림출처 : 각각 www.parisinfo , www.lebonmarche.fr

또한, 고물상으로는 두 개의 대형 벼룩시장이 파리의 방브 문과 성 웽 문 (가장 큼)근처에서 선다. 클리냥쿠르의 벼룩시장, 몽트르위유의 벼룩시장, 방브의 벼룩시장 등이 그것이다. 그러나 무엇보다도 유명한 것은 Puces de Clignancourt이다. 몽마르트 북단, 지하철 4호선의 종점 Porte de Clignancourt역에서 도보로 1,2분 거리에 있다. 이 시장의 총면적은 무려 3만m^2나 된다.

이 벼룩시장의 시작이라고 할 수 있는 Marche Vern aison에는 비교적 고급상품이 많다. 장식물이라든가 골동품들을 취급한다. Marche Biron은 고급 가구나 식기 등의 골동품이 주류를 이루고, Marche Malik에서는 구두와 미군 군수물자, 고전의상 등을 주로 취급한다, Marche Cambo는 만물시장으로 고서화나 골동품 가구가 많다.

한편, Marche Paul Bert에서는 주로 도자기나 액세사리 같은 물건들을 취급한다.

파리의 또 다른 명물로는 헌책 시장이 있는데, 세느강 둑을 따라 성 미셸구역 근방까지 판을 펼쳐 놓는다. 고서, 모든 종류의 헌 책, 만화책, 엽서. 그 곳에서는 모두 찾아 낼 수 있으며 가격도 천차만별이다. 특히, Marche Jules Valles에는 고서류와 헌책을 취급하는 곳이 많은데, 토, 일, 월요일 07:00-18:00 에만 문을 연다.

골동품은 자 코브 거리 Rue Jacob, 구두는 마슬레 거리 Rue Maslay, 바겐상품은 생플라시드 거리 Rue de Placide, 천은 리빙스턴 거리 Rue de Livingston로 가면 된다. 파리의 상점들은 유명 브랜드점이 아니더라도 양복, 구두, 액세서리, 식료품, 주방용구, 수예용품, 문방구 등 세분화된 것이 특징이다. 쇼핑은 이들 전문점에 가서 하는 것이 더 유리하다.

한편, 장을 보는 것은 하나의 즐거움이며 전혀 놀랄 만한 것도 아니다. 색과 냄새가 기분 좋게 어우러져 있다. 파리는 다양하고 많은 장들이 있다. 시테섬의 꽃시장, 새(鳥)시장, 바이오 시장, 모든 동네마다 식료품을 파는 장이 선다. 많은 사람들에 시끌벅적한 시장의 전형적인 분위기에서 동심의 세계로 돌아 갈 수 있는 곳이다.

한편, 대개 지방 도시에서도 시내에는 많은 옷 상점들이 있기 때문에 파리를 부러워할 필요는 없다. 몇몇 도시들은 싸게 파는 헌 옷 상점이나 최신 유행의 옷을 파는 상점들도 있다.

도시나 시골 마을에도 주일 장이 선다. 토산품들을 많이 볼 수 있으며 파리에서와는 다른 분위기를 맛볼 수 있을 것이다.

⑦ 파리 쇼핑관련 보도자료

프랑스 파리 센강 우안의 대표적인 관광쇼핑지역인 레알(LES HALLES)이 유리 지붕으로 덮인 대형쇼핑공산과 생태 산책공원으로 탈비꿈히게 됐다.

베르트랑 들라노에 파리시장은 12월 15일 "건축 설계 공모에서 가장 지적이면서도 현실적인 프랑스 건축가 다비드 망쟁의 작품이 선정됐다" 고 밝혔다.

망쟁의 설계는 철도역, 산책 공간, 쇼핑 공간을 2ha 넓이의 유리 지붕이 덮는 구조이며 이 공간들 주변에는 나무가 우거진 공원이 배치되는 쾌적한 공간으로 꾸며진다.

"파리의 배(복부)" 로 불리는 레알의 쇼핑센터 "포럼 데 알" 은 옛날에는 고기와 야채 시장이었으나 1970년대 유럽 최대의 쇼핑센터로 재정비 됐다.

현재 지하 5개 층에 입주한 160개 점포에서 3천명 이상이 일하고 연간 4천 100만 명의 발길이 이어져 4억 7천 500만 유로의 매출을 올린다. 그러나 유지, 보수가 어려운 건물 구조에다 노숙자와 불량배가 모여드는 등 범죄의 온상이 되면서 도시 미관을 해치는 골칫거리가 되자 파리시가 재정비를 추진하고 있다. (자료원: 파리 지사, 빠리지성 2004.12.30)

출처: 한국관광공사자료실 해외시장정보

3) 스위스(스위스 관광청 한국사무소 : www.myswitzerland.co.kr)

스위스는 여행 후 기억될 만한 기념품을 사기에 매우 적당한 곳이다. 전통적으로 정밀공업이 발달한 이유로 스위스의 관광기념품은 크기는 작지만 매우 정교하고 실속 있는 것들로 다양하다. 스위스의 가장 인기 있는 쇼핑품목은 다음과 같다.

① 초콜릿 (Chocolate)

스위스 사람들에게 매우 인기가 많은 초콜릿은 19세기 스위스인이 카카오의 초콜릿에 우유를 섞어 만들었다고 한다. 스위스에는 혀에서 살살 녹는 초콜릿을 처음으로 만든 린츠, 스위스 최초로 초콜릿 공장을 만든 카이에, 알프스 산의 모양을 본떠 만든 삼각형이 트레이드마크인 토브레로네 등 유명한 메이커가 많이 있다.

또한 수제 초콜릿을 판매하는 거리의 작은 초콜릿 가게나 과자 가게도 들러볼 만하다. 스톳토라나 카사브랑데에서 판매하고 있는 생초콜릿은 유통기한이 짧다는 단점도 있으나 스위스만의 독특한 맛을 느낄 수 있으며 선물로도 매우 인기가 있다.

② 와인 (Wine)

스위스 와인은 품질로 높은 평가를 받으면서도 생산량에 제한이 있어 대부분의 나라에 수출되지 못하는 선물이므로 더욱 추천할 만하다. 스위스 각지에 있는 와인 산지에서는 특색 있는 품종이 재배되고 있으며, 직접 방문해서 맛을 본 후 구입하는 것도 좋은 방법이다.

③ 시계, 보석(Watch & Jewery)

'스위스 메이드'라는 것이 큰 브랜드가 되어버린 시계는 매커니즘, 장식부분 모두 전문가의 기술이 들어가 있다. 확실한 품질과 보석 세공의 아름다움이 높은 평가를 받고 있으며 일반인에게도 잘 알려진 로렉스(Rolex), 오메가(Omega), 라도(Rado), 캘빈클라인을 비롯하여 론진, 오데마, 피게, 피아제, 파틱, 피립, 프랑크 유러, 쇼팔 등의 유명 브랜드가 많다.

그 외에도 스워치(Swatch)를 비롯하여 부담 없는 가격대의 캐주얼 시계도 많으며, 뻐꾸기 시계라고 불리는 벽걸이 시계도 쇼핑품목으로 인기가 좋다.

④ 오르골 (Music Box)

시계 기술이 발전한 스위스의 오르골은 세계적으로 그 기술을 자랑하며, 아름다운 음색을 반영구적으로 들려준다. 연주 곡목도 다양하며, 예술적인 목각이나 목세공 등 케이스를 사용한 고급 작품은 가격이 수 백만 원 정도 하는 것도 있다. 물론, 가격이 싼 것도 있으므로 시계점이나 선물가게 등에서 선물로 구입하면 된다.

⑤ 군용칼 (Army Knife)

우리나라에서는 맥가이버칼로 알려진 스위스 아미칼은 칼이나 병따개, 가위, 와인 오프너 등 여러 기능이 하나가 된 다기능 칼로 스위스에서는 실제로 군대에서 이 칼을 사용하고 있다. 캠프나 낚시 등 아웃도어에도 편리하며, 빅토리녹스와 벤가라는 메이커가 유명하다.

최근에 빅토리녹스에서 발매된 카드형 다기능 툴 셋트인 스위스카드는 가벼워서 선물로 적당하다.

⑥ 수공예품(자수/목조품 등) Various Handcrafts

스위스는 겨울에 눈으로 인해 단절되는 지방이 많다. 단절된 상태에서 정성들여 만들기 때문인지 전통적으로 농한기 등을 이용하여 만들어진 수공예품 또한 특색 있는 명품 중 하나로 각광받고 있다.

직물 산업이 번창한 쟌크트가렌이나 아펜에서는 세밀한 레이스나 자수, 샤트데이에서는 데크파쥬라 불리는 종이 세공이 특히 유명하다. 한편, 예로부터 목각의 거리로 알려진 브리엔쯔에서는 목각 공예품이 추천 할 만하다.

⑦ 스위스의 시장과 상점

꽃시장, 야채시장, 골동품시장 등 여러 종류의 시장을 둘러보면 보통 그 지방을 알 수 있다. 스위스에서는 거리에 따라 시장이 형성되는 요일이 다르므로 사전에 확인을 해두는 것이 좋다. 베른, 튠, 제네바 교외의 카루주, 쿠어 등 개성적인 시장이 유명하다.

여러 가지 상점이 있는 중세풍의 분위기가 남아있는 도시로 취향대로 쇼핑을 즐길 수 있으며, 대부분의 상점이나 백화점에서 신용카드를 사용 할 수 있다.

⑧ 영업일 및 시간

그린델발트와 브리엔츠의 카사그란데(www.casagrande.com)나 인터라켄의 부커러(www.bucherer.com), 키어히호퍼(www.kirchhofer.com), 멘드리지오의 폭스타운 등 일부 상점은 관광객을 위해 일요일에도 영업을 하고 있다. 또한 역 주변에는 영업하는 상점이 많다.

각 상점마다 다르지만 일반적으로 영업시간은 월요일부터 금요일은 오전 9시에서 오후 6시30

분, 또 토요일은 오후 4시까지 영업하는 곳이 많다. 곳에 따라 목요일이나 금요일 등 정해 진 날에는 오후 9시정도까지 연장 영업을 하는 곳도 있다.

⑨ 유명한 아울렛 샵

(가) 폭스타운

스위스의 아울렛으로서 세계 각국의 사람들이 모이는 폭스타운은 루가노나 밀라노에 가까운 멘드리지오점이 제일 유명하다. 그 외에 레망 호반의 빌누브점, 취리히의 륨랑점이 있다. 구찌, 프라다, 에스쁘리, 골한, 미소니 등 각 상점에 따라 취급 브랜드가 다르지만 약 80~120여 개의 일류 브랜드를 25~50% 할인해서 구입 할 수 있어 사람들이 많이 찾는다.

부인복, 신사복, 향수, 넥타이, 신발 등 품목도 다양하며, 기한 한정의 특별세일도 있다.

그림자료 : 폭스타운 아울렛
그림출처 : www.foxtown.ch

(나) 멘드리지오점(루가노 교외)

- 주요 브랜드 : 구찌, 프라다, 뮤뮤, 베르사체, 잔프랑코 페레, 세루티 등
- 영업시간 : 월~일요일 : 11:00~19:00(휴일 : 1/1, 부활절, 8/1, 12/25, 12/26)

(다) 빌누브점(몽트뢰 교외)

- 주요 브랜드 : 베르사체, 세루티, 캐롤, 랄프로렌, 발리 등
- 영업시간 : 월~금요일 : 11:00~19:00 / 토요일 : 10:00~18:00 (휴일 : 축제일)

(라) 륨랑점(취리히 교외)

- 주요 브랜드 : 베르사체, 트라설디, 캘빈클라인, 미쏘니 등
- 영업시간 : 월~금요일 : 11:00~20:00 / 토요일 : 10:00~17:00
  일요일에도 영업을 할 때가 있다. (휴일 : 축제일, 부정기적으로 휴무하는 경우도 있음.)

⑩ 면세수속

한 상점에서 400CHF 이상을 구입한 경우, 상품 가격에 포함되어 있는 7.6%의 VAT(부가가치세)가 면세 대상이다.

- 상점에서 필요사항을 기입한 면세 수속 요지를 받는다.
- 출국 전 세관에서 무인수속 카운터에서 도장을 받는다. 이때 모니터에 상품을 제시해야 하기 때문에 상품을 포장하면 안 된다.
- 수속이 끝나면 봉투에 넣어 모니터 옆의 포스트에 투입한다.
- 다음날 우편이나 신용카드로 환불 받는다.

한편, 글로벌리파운드 대행 시스템을 사용하면 수속 절차기 더욱 간편하며, 모두 현금으로 환불 받을 수 있다. [TAX FREE SHOPPING]표시가 있는 상점에서 몇 가지 수속을 하면 된다. (www.globalrefund.com.)

4) 스페인(스페인 관광청 : www.okspain.org)

투우로 대표되는 문화와 정열의 나라 스페인은 관광대국답게 대도시에서부터 조그만 지방마을에 이르기까지 다양하고, 질 좋은 상품을 구매 할 수 있다. 시내중심가에 위치한 대부분의 상점들은 고급패션의류, 화장품 및 보석과 각종 골동품을 진열하고 있다.

특히, 바르셀로나의 경우에는 관광객들의 쇼핑의 편의를 도모하고 쇼핑매출을 올리기 위해 'Shopping Line'과 'Bus Shopping Line' 이라는 쇼핑관광 프로그램을 개발하고 마케팅에 주력하고 있다. 이는 우리나라도 벤치마킹 할 수 있는 좋은 예가 될 수 있다 하겠다.

또한, 무료 교통편에서부터 박물관, 쇼핑, 여러 가지 엔터테인먼트, 음식점과 레져에 있어서 할인이 가능한 바르셀로나 카드도 활용하고 있다.

사진자료: 좌로부터 각각 Shopping Line, Bus Shopping Line, Barcelona Card
사진출처: www.barcelonaturisme.com

다음은 스페인의 대표적인 쇼핑품목이다.

① 보석과 장신구

바르셀로나, 마드리드, 오비에도(Oviedo), 살라만까(Salamanca)와 똘 레도 지역이 대표적으로 생산된 보석작품은 세계적인 전시회에서 종종 수상을 한다.

특히, 발레아레스제도 보석류 국제전시회 EuroBijoux는 세계적으로 유명하다.

2005년의 경우 5월 5일부터 8일까지 열렸는데, 107개의 기업체가 참가하였으며, 이는 전년 대비(2004년) 14%의 증가를 나타낸 것이라 할 수 있다. 바이어들 증가율도 23%로 계속 늘어날 전망이다. 올해로 54번째를 맞는 전시회는 5월 11일부터 14일까지 개최된다.

Viajes Magon (Official EuroBijoux Agency)
Avda. Josep A. Clav , 2807702. Mah n. Minorca.

그림자료: 발레아레스제도 보석류 국제전시회 Eurobijoux
그림출처: www.eurobijoux.org

② 양탄자와 카페트

까세레스(Caceres)와 무르시아(Murcia) 및 그라나다를 중심으로 스페인 전역에서 생산되고 있다.

③ 세무자켓과 코트

안달루시아지방을 중심으로 하여 저렴한 가격에 구입이 가능하다. 스페인의 가죽제품과 특히, 모피는 세계적으로도 유명하여 관광객뿐 아니라 일반 쇼핑객들에게 환영받는 제품이다. 한편, 까딸루냐는 직물이 세계적으로 유명하며, 주요 방직공장들이 여러 지역에 산재해 있다.

④ 수공예 목제가구

발렌시아의 제품이 유명하며, 가구박람회가 매년 개최되고 있다. 발레아레스의 섬지방인 메노르(Menorca)도 가구제조업이 발달된 도시이다.

사진자료 : ·The winners of the 1st International Competition of Industrial Design in the Wood Industry, organised by ASEMAD (Valencian Association of Manufacturers of Joinery and Related Products)

사진출처 : horizontal.feriavalencia.com

⑤ 장난감

알리깐떼(Alicante)를 중심으로 전 세계로 수출되며 매우 섬세하고 아름답다.

⑥ 스포츠 용품

비스까야(Vizcaya)와 기뿌스꼬아(Guipuzcoa) 지방이 대표적인 생산지역이다.

5) 이태리(재외공관 주 이탈리아대사관 : www.mofat.go.kr)

이태리는 구찌, 페라가모, 베르사체, 아르마니, 티파니, 루이비통, 프라다, 에트로 등 명품이 유명하며, 전통적으로 카메오나 삼색금 같은 액세서리와 보석이 대표적인 쇼핑품목이다.

한편, 관광객들은 박물관에서 관광지 소개책자나 비디오 테입을 구입하며, 면세점에서는 지갑이나 벨트 등의 가죽제품과 향수, 의류, 보석 등을 주로 구입한다.

① 쇼핑시장의 특징

의류, 가방 소비제품의 품질은 세계 최고 수준이며, 유명상표 제품의 경우도 다른 나라 보다 값이 저렴하나 저급상품도 많기 때문에 상점에 따라 할인도 가능하다. 대부분 유명상표는 정찰제지만 역시 2급 품의 경우 10~20% 할인이 되기도 한다.

이태리의 경우, 백화점은 비교적 발달되어 있지 않고, 소점포가 많은 시장 구조이기 때문에 상품의 종류, 모델, 크기, 색상 등에서 만족스런 물건을 사는 데는 어려움이 있을 수 있다.

② 로마시내 백화점 : Rinascente (P.zza Colonna 및 P.zza Fiume 소재)

• 개점시간

오전(09:00~13:00), 오후(15:30~19:30 또는 16:00~20:00, 점포별 선택)로 구분하여 개점하며, 특정 점포는 별도 개점시간으로 운영된다.(Rinascente 백화점-19:30~20:00)

③ 피렌체 쇼핑

토르나보니 거리와 포르타 롯사거리는 피렌체의 대표적인 쇼핑가이다. 대표적인 기념품은 장갑, 구두, 핸드백, 지갑 등과 보리짚으로 만든 깔개나 손바구니 등이다. 이탈리아의 특산품인 가죽제품도 유명하다.

한편, 피렌체에서 가장 유명한 곳은 Emporium으로 피렌체로 들어가기 전 국도에서 피혁제품과 패션상품을 판매하는 곳이다. 각종 가죽 제품을 비롯해, 벨트, 신발뿐만 아니라 주요 명품과 자체 브랜드도 생산을 해낸다. 영어, 중국어, 일본어, 한국어 스탭이 있어서 도움을 받을 수 있으며, 가격도 한국의 주요 백화점보다 훨씬 싸다는 장점이 있다.

면세를 받으려면 여권을 보여주고 Tax-free 용지를 받아서 기재를 하고, 공항에서 tax-free 용지와 항공권을 보여주고, 요청을 하면 된다.

개장 시간은 8:00am~19:00pm이며 주요 품목은 석류, 피혁제품, 의류 등이다.

주소 : Via Copernico, 6 - 50019 Osmannoro Sesto Fiorentino (Florence) Italy

④ 로마 쇼핑

로마의 쇼핑점 영업시간은 겨울에는 9:00-13:00, 15:30-19:30, 여름에는 9:00-13:00, 6:00-20:00 이다. 시내의 몇몇 상점은 10:30-19:30까지 계속해서 영업을 하기도 한다.

일요일과 월요일 아침에는 식료품점을 제외한 대부분의 상점은 영업을 하지 않는다. 그리고 겨울철 일요일, 목요일 오후와 여름철 토요일 오후에는 영업을 하지 않는다.

세일기간은 일년에 두 번으로 겨울철은 1월 초에서 2월까지, 그리고 여름기간은 6월 중순에서 9월 중순 까지다.

한편, 이태리 제품은 모두 부가가치세가 포함되어 있으므로 일정 수준을 넘을시 귀국해서 90일 이내에 물건을 산 상점에 계산서를 보내면, 우편료를 제외한 세금이 환불되어 돌아 온다.

로마에서 쇼핑하기 좋은 곳은 다음과 같다.

(가) 쇼핑가

가) Via Cola di Rienzo

바티칸 근처의 로마에서 가장 유명한 쇼핑지역이다. 가격도 적당한 편으로 옷, 신발, 토산품 가게, 슈퍼마켓, 작은 상가 등이 있다.

나) 코르소 거리(Via Nazionale, Via del Corso)

코르소 거리에는 백화점 등 큰 상가가 많다.

다) Colosseo

로마 시내 중심에 위치해 있으며 선글라스, 카메오, 삼색금 등 다양한 이태리 수공예 제품이 있다.

(나) 재래시장

이태리는 고급 브랜드로 유명하지만 일반 쇼핑점 뿐만 아니라 재래시장을 방문해 보는 것도 좋을 것이다.

가) Campo de' Fiori

Campo de' Fiori는 가장 전통적인 이태리 시장으로 구 시가의 중심부인 Campo de' Fiori 광장에 위치한다.

월요일부터 토요일까지 7:00-13:30까지 열리며 매일 아침 광장은 온갖 종류의 과일과 야채, 고기, 생선, 꽃 등으로 가득 찬다.

나) Piazza Vittorio Emanuele

로마에서 가장 큰 야외시장으로 테르미니역 남쪽에 위치한다.

(다) 카스텔로마노 아울렛

로마 서쪽 근교 뽀매찌아(Pomezia)에 있는 대형 아울렛으로 90여개의 점포가 위치하고 있다. 로마 시내에서 정가에 구입하는 것보다 30~70% 정도 할인된 가격으로 물건들을 구입 할 수 있다는 장점이 있다.

가는 방법은 로마 테르미니 중앙역에 기차를 타서 20분 정도 이동한 후 뽀매찌아(Pomezia)역에서 내린 후에 기차역에서 아울렛까지는 택시를 이용해야 한나.

아이쇼핑과 함께 사용할만한 좋은 물품들을 구입하고 싶은 쇼핑 매니아라면 이곳을 찾아가 보는 것도 좋겠다.(홈페이지 http://castelromano.mcarthurglen.it/)

(라) 로마의 벼룩시장 Porta Portese, Via Portuense and Via Ippolito Nievo

로마 최대의 벼룩시장이 열리며 관광객들의 흥미를 끄는 값싸고도 괜찮은 물건을 많이 판다. 옷, 신발, 지갑, 가방, 옛날 LP, 카세트 등 없는 것이 없다. 그러나 소매치기에 조심해야 한다. 시장은 매주 일요일 6:30-14:00까지 열린다.

⑤ 베니스 쇼핑

큰 상점은 없으며 쇼핑의 거리로는 산 마르코 광장에서 리알토 다리 사이의 마르가리타 주변이다. 산마르코 성당의 정면으로 가면 구찌 등의 명품점 가게들이 즐비하게 늘어서 있다. 특산품으로는 베네치아 글라스로 만든 유리제품, 반지, 목걸이, 수공예 제품, 각종 가면 등의 여성 취향의 것이 많다. '베네치아 공업협회'를 뜻하는 네잎 클로버 마크가 붙어 있는 상점을 이용하는 것이 안전하다.

한편, 한화는 통용되지 않으며, 달러도 반기지 않는 편이고, 모든 가격 표시가 유로로 되어 있다는 점을 고려하는 것이 좋다.

(가) 유리공장 Bushi의 견학과 쇼핑

베니스는 가위와 핀셋만으로 유리를 만드는 곳으로 유명하다. 이곳에는 예전부터 장인들을 감금하고 이곳에서 유리제품을 만들게 하였으며, 품질이 나쁘면 장인들을 죽여 버렸던 곳으로 악명이 높았다고 한다.

산마르코 광장의 바로 옆에 위치한 Bushi에 가면 우리나라에서는 주요 인간문화재로 불리는 마에스트로가 1900도로 달궈진 유리로 각종 글래스나 제품을 만드는 시범을 보여주며, 만들어진 유리 제품에 구리, 금 등을 넣어 유리의 색상을 만들고, 금박을 입혀서 가공하는 과정을 잘 설명해 준다. 마에스트로는 위에서 언급한 장인들의 후예이며, 30년 이상의 경험을 가지고 있어야만 마에스트로의 호칭을 받을 수가 있다고 한다.

주소 : Calle Larga San Marco 30124 Venezia Italy

그림자료 : 베니스의 가면
그림출처: 하나투어 www.hanatour.com

6) 포르투갈

포루투갈 제일의 특산물은 코르크다. 포루투갈은 세계적인 코르크생산국으로 우리나라에서 보다 훨씬 저렴한 가격에 코르크 제품을 구입 할 수 있다.

코르크 주요상품은 코르크 마개를 비롯하여, 컵 받침과 코르크 보드에 포르투갈 관광명소를 그려놓은 아줄레주(Ajulejos)를 붙여 놓은 벽걸이 등이 선물로도 좋다. 아줄레주는 아라비아어로 '작고 아름다운 돌'을 뜻하는 Al Zuleiq에서 유래된 말이라고 한다. 15세기 무렵 아랍으로부터 전래된 이래 포르투갈만의 전통 예술의 한 장르로 발전되어 왔다고 한다.

16세기 초 수입된 스페인-아랍풍의 타일은 여러 건축물 즉, 꼬잉브라의 구대성당, 씬트라 왕궁에서 사용되었으며, 독특한 장식 효과로 인하여, 이미 포르투갈 장식예술로 부각 되었다.

아줄레주 또는 광택타일은 금박 조각, 장식 그림, 상감 대리석, 목판 조각, 치장 벽토와 더불어 장식예술에 있어서 특히 중요한 위치를 차지한다. 이 분야는 높은 예술적 수준을 이룩하였고 16세기부터 18세기까지 종교적 또는 일반 대형 건물의 내부를 장식하였다.

장식예술로서의 가치가 돋보이는 광택타일은 특히 건물의 내부를 장식하고 치장하는데 쓰였다. 정교한 구성과 부드러운 광택의 타일들로 이루어진 벽화는 아름다움의 극치를 보여 준다. 이 타일예술의 본격적인 도입은 발렌시아, 세빌랴, 보로코 등지로부터 스페인-무어풍의 광택 타일이 수입되던 15세기에 이루어졌다.

한편, 리스본에 위치한 국립 타일 박물관 (Museu Nacional dlo Azulejos)에는 15세기부터 현재까지의 국내외의 가장 중요한 타일 작품을 전시해 놓고 있다.

사진자료: 포르투갈 일반거리의 벽면 아줄레주 장식
사진출처: www.paperda.com

한편, 코르크 제품이나 아줄레주 외에도 도자기류, 금은 세공품, 마닐라산 자수, 목각, 와인, 신발 등이 있다. 지방색이 짙은 민예품과 수공예품은 값이 싸고, 가게에 따라 약간의 가격차가 있으므로 여러 가게를 둘러보고 잘 비교해서 구입하는 것이 좋다. 고급상점에서는 할인이 되지 않으며, 반대로 너무 쉽게 할인되는 물건은 조심해야 한다. 한편, 거의 모든 상품에 VAT(부가가치세)가 가산된다.

점심시간이 13:00-15:00로 다소 긴 편이다. 토요일 오후와 일요일은 쉰다. 쇼핑센터만은 밤늦게 까지 영업을 하며, 일요일에도 문을 연다.

리스본은 1755년 리스본 대지진이 있은 뒤 폼발(Pombal) 후작의 도시재건계획에 의해 신시가지와 거리가 정비되고, 건물 높이가 일정하게 제한되는 등 이상적인 시가지 형태를 갖추고 있다. 리베르다데 대로에는 은행, 호텔, 사무실 등이 모여 있고 쇼핑가로서 붐빈다.

리스본의 주요 쇼핑가는 바이샤 지구와 쉬아도 지구이다. 바이샤 지구에는 유명 전문점이 많고, 쉬아도 지구의 가레트 거리는 고급 양품점이 많이 모여 있는 하이 센스 쇼핑거리이다. 토산품이나 민예품을 사려면 레스타우라도레스 광장과 상 조르제 성 주변에 가야 한다.

그림자료 : 리스본의 특산품 : 코르크 제품
그림출처: 하나투어 www.hanatour.com

7) 독일(독일 관광청 : www.germany-tourism.de)

① 프랑크푸르트 쇼핑정보

독일의 상품은 디자인보다는 기능적인 면이 충실하다. 품질이 좋은 대신 가격이 다소 비싸며, 대부분의 상점이 정찰제다.

쇼핑의 중심이 되는 곳은 아무래도 수많은 고급 브랜드 부티크가 밀집해 있는 쿠어퓌르스텐담이라고 할 수 있다. 카이저 빌헬름 교회에서 오이로파 광장까지, 혹은 파자넨거리와 우란트거리로 들어가면서 천천히 둘러보는 것이 좋다. 유명 상점은 이 부근에 모두 밀집해있다.

프랑크푸르트 쇼핑 지역은 중심부인 Hauptwache Platz를 중심으로 사방으로 뻗어있다. 광장으로 통하는 카이저거리에는 마이센이라는 유명한 도자기 전문점과 J. A. 헨켈전문점 등이 있고 괴테광장에서 오페라 극장 방면으로 나있는 괴테거리에는 카르티에와 MCM, 루이비통 등 고급 브랜드 상점이 밀집해 있다. 또 보행자의 천국인 자일거리에는 백화점과 대형 전문점이 즐비하다.

세계 최고의 품질을 자랑하는 독일의 피혁제품과 카메라 등의 전자제품은 품질이 좋고 짜임새가 탄탄한 것으로 정평이 나있다.

아울러 프랑크푸르트에서 생산되는 특산품으로는 Apfelwein 이라는 과일주가 관광객들에게 유명하다.

일요일과 공휴일은 문을 닫는 상점이 많고, 오전 9시~오후 6시 30분까지의 영업시간을 잘 지키는 편이므로 쇼핑 시 유의해야 하는 것이 좋다.

한편 전통공예품 상점은 칸트 거리에 많이 있고 프리드리히 거리 역 근처의 벼룩시장에는 전통 공예품들이 많이 나온다. 이 벼룩시장은 화요일만 빼고 매일 열리며 토·일요일에는 08:00-15:30까지만 한다.

② 프랑크푸르트 쇼핑센터

(가) 카우프호프(Kaufhof)

대규모의 백화점으로 의류, 화장품, 문방구, 화장품, 식료품 등 다양한 제품을 취급한다.

(나) 헤르티(Hrtie)

프랑크푸르트의 유명 백화점으로 화장품, 가정용품, 전자제품 등 각종 제품이 진열되어 있다.

(다) 컴테제(Comtese)

격조 높은 휴식공간으로 꾸며진 독일 정통 브랜드 상점이다.

(라) 베하겔(Behaghel)

300년 이상의 역사를 자랑하는 도자기 유리제품의 명가. 유명 도자기를 비롯하여 유럽 일류 브랜드를 구비하고 있다.

(마) 뢰베(Loewe)

가방, 소품 등의 가죽제품이 유명하며 그 외에 정장 및 블라우스, 향수 등의 품목도 구비하고 있다.

(바) 로레이(Lorey)

부엌용품과 식품 등 가정용품이라면 무엇이든 갖춘 대형 전문점. 선물용으로는 최적이다.

(사) 질 샌더(Jil Sander)

직장 여성들의 취향에 맞는 독일 브랜드로 멋스럽고 기능적인 의류와 가방이 많다.

(아) 아이그너(Aigner)

말굽 마크로 친숙한 가죽제품 최고의 브랜드. 가방과 소품 등이 인기 있는 곳이다.

③ 함부르크 쇼핑센터

(가) 캡틴 캐빈(Captains Cabin)

장크트 파울리 부두 가까이에 있는 바다와 관련 있는 상품들을 모아놓은 선물 가게이다. 다른 쇼핑상품보다 병 속에 든 모형 범선 등이 수집광들에게 매우 인기 있는 쇼핑 품목이다.

주소: St. Pauli Landungsbruecken 3

(나) 소소(Soso)

유명한 칼 전문점 헨켈의 제품들과 고급 문구류, 구두 등 다양한 물건을 갖추고 있는 선물가게이다.

주소: Kirchenhalle 34

(다) 알스터하우스 (Alsterhaus)

식료품부터 가정용품에 이르기까지 모든 상품을 갖추고 있는 전문 백화점이다.

주소: Jungfernstieg

④ 뮌헨 쇼핑정보

뮌헨의 쇼핑은 마리엔광장에서 출발한다. 헨켈스(J.A.Henkels)나 에스카다(Escada)등과 같은 세계적인 브랜드의 전문점이나 백화점, 레스토랑 등이 테아티너거리와 막시밀리안거리를 중심으로 즐비하게 늘어서 있다.

특히 세계에서 가장 세련되고 아름다운 거리를 만들기 위해 막시밀리안 2세가 건축가들을 모아놓고 아이디어를 공모하여 만들었다는 막시밀리안거리는 단순한 쇼핑거리로서만이 아닌 예술도시로서의 품격을 느끼게 한다.

그림자료 : 뮌헨의 수공예품
그림출처: 하나투어 www.hanatour.com

한편, 독일의 대표적인 관광쇼핑상품을 살펴보면 다음과 같다.

① 도자기

독일 도자기는 상당히 비싼 편. 세계적으로 유명한 메이센(Meissen)을 비롯하여 로젠탈(Rosenthal)과 남펜부르크(Nymphenburg) 등이 유명하다.

② 칼, 스테인리스 스틸 제품

칼 중에는 한국에서도 널리 알려진 쌍둥이 마크의 J.A Henckels가 유명한데, 우리나라에서 사용하기 좋은 선물용 세트도 있다. 스테인리스 스틸제품은 WMF가 널리 알려져 있다.

특히 휘슬러 압력솥은 주부들에게 인기 있는 제품이다.

③ 피혁제품

오래 쓸수록 가족 특유의 분위기가 나는 제품으로, 골드 파일(Gold Pfeil), 아이그너(Etienne Aigner), 엠시엠(MCM)등이 유명하다.

④ 향수

오데콜롱의 발상지는 프랑스로 알기 쉽지만 사실은 독일의 쾰른이다. 최초 생산을 시작한 것은 1709년 이라고 한다. 그린과 골드라벨로 유명한 오데콜롱'4771'은 뮤렌스라는 향수 상인이 프랑스군 점령으로 주소 변경을 받은 새주소 번지를 그대로 상표로 한 것으로 세계에서 가장 오래된 향수 브랜드이다.

8) 네덜란드(네덜란드 관광청 http://www.holland.com/kr/)

① 도자기

도자기는 17세기에 중국과 일본으로부터 영향을 받은 '델프트 자기'와 주석의 유약을 칠하여 청색과 다양한 색을 혼합시킨 '마컴 자기'가 유명하다.

네덜란드 정통적인 도자기인 델프트도자기 Delfts Blauw는 암스텔담의 많은 상점 및 델프트 도자기의 본고장 델프트에서 판매한다. 최대의 델프트도기 판매점은 암스텔담의 갓산 다이아몬드(Gassan Diamonds) 건물 안에 있다.

② 나막신

보통 농장에서 주로 신는 나막신은 보통의 신발류보다 추위와 물기로부터 발을 보호한다. 나막신을 신고 다니는 것은 건강에도 좋다고 한다. 기념품 상점과 나막신 공장에서 나막신을 신어보고 치수에 맞는 켤레를 선택할 수 있다.

특히, 잔세스칸스는 풍차 마을로 알려진 곳으로 다양한 치즈와 민속인형, 나막신을 판매하고 있다. 네덜란드의 풍경을 느끼며 풍경 사진도 찍고 특산품도 살 수 있다. 나막신은 사이즈에 맞춰 주기도 한다.

③ 치즈

치즈는 치즈전문가게에 판매한다. 또는, 공항에서 편리하게 포장된 치즈를 적정 가격 선에서 판매하기도 한다. 자연스러운 맛을 내는 고다치즈, 감칠 맛 나는 에담치즈. 스모크 치즈 등 종류가 다양하다.

④ 다이아몬드

해마다 특별히 다이아몬드 장인의 솜씨를 보기 위해서 암스탤담에 오는 여행객은 백만 명에 넘는다. 몇 세기 동안 암스텔담은 세계의 중요한 다이아몬드 센터의 하나로 발전해왔다. Amsterdam cut (암스텔담에서 다듬어졌다는 뜻) 은 다이아몬드의 질과 다이아몬드 가공기술의 완벽함을 말하는 대명사로 알려져 있다.

네덜란드의 다이아몬드는 세계 정상품으로 관광코스에도 전 세계인이 방문하도록 다이아몬드 공장 견학을 한다. 특산품으로는 델프트 자기, 나막신, 은세공품이 유명하다.

특히, 커스터 다이아몬드가 유명한데, 이 공장은 영국 왕관의 다이아몬드를 연마한 곳으로 알려진 곳이다.

한편, 판 모페스는 1828년 개점해 세계에서 가장 작은 다이아몬드를 연마해 기네스북에 오른 상점으로 유명하다.

암스텔담에서 아름답게 가공된 고급 다이아몬드를 판매하는 갓산 다이아몬드 (Gassan Diamonds)처럼 암스탤담에는 여러 개의 다이아몬드 가공 공장이 있다. 시내에 위치해 있는 다이아몬드 가공 공장들은 방문이 가능하다.

다이아몬드 가공 공장의 전문 가이드는 일주 매7일 동안 여행객을 환영한다. 다이아몬드 전문가는 다이아몬드를 분류하여 다이아몬드를 판매할 때 반드시 다이아몬드의 품질을 보증 하는 증명서도 발급한다.

비 EU회원국적 여행객은 다이아몬드를 가지고 출국할 때 부가세 납부의무가 적용되지 않으므로 부가가치세 환급의 신청이 가능하다.

⑤ 미피

작은 토끼를 딕 브루나가 그리는 미피 시리즈는 어린이만이 좋아하는 것이 아니라 어렸을 때 미피를 봤던 어른들도 좋아한다. 다음의 도시에 미피 전문점이 있다.

- Beethovenstraat 71, Amsterdam (tel. 020-671-9707)
- Winkelcentrum 'De Barones', Breda (tel. 076-521-9408)

• Maastrichter Smedenstraat 2, Maastricht (tel. 043-326-0326)

⑥ 꽃

암슬텔담 시내에 있는 싱엘(Singel)꽃시장이나 Amsterdam Airport Schiphol에서 구근을 판매한다. 싱엘에서 판매하는 구근은 검역 확인 도장이 있어야 한다. 검역 확인 도장이 없는 구근의 수출은 허용이 안 되고 있다. Amsterdam Airport Schiphol에서 판매하는 구근은 검역심사대를 지나고 판매하는 것으로 확인도장이 필요하지 않다.

사진자료 : 네덜란드의 대표적 관광쇼핑상품(좌측상단부터 나막신, 델프트 도자기, 다이아몬드, 꽃)
사진출처 : www.holland.com/kr

⑦ 쇼핑지역

(가) 칼버스트리트

의류에서 토산품에 이르기까지 다양한 상품 구입이 가능하다.

(나) 라이서스트리트

패션부띠끄와 서점이 많다.

(다) 알버트 카이프 마켓

내국인에게 인기 있는 시장으로 월-토요일 9:30-17:00에 개장한다.

(라) 싱겔의 꽃시장

운하를 따라 펼쳐진 꽃시장으로 월-금요일 9:30-17:00에 시장이 선다.

(마) 위텔러 광장의 벼룩시장

월-금요일 9:30-17:00에 시장이 선다.

9) 덴마크(덴마크관광청 : www.visitdenmark.com)

우리에게는 '성냥팔이 소녀와 인어공주'로 유명한 H.C Andersen의 출생지이자 세익스피어 '햄릿'의 무대가 되었던 덴마크의 대표적인 관광쇼핑품목은 은세공품, 도자기, 유리와 고급모피, 디자인이 우아한 가구, 인테리어제품 등이다. 그중에서도 도자기와 유리제품은 현대적인 디자인이 주를 이루고 있다.

한편, 인테리어제품 또한 잘 알려져 있는데, 코펜하겐의 유명한 인테리어 샵들을 살펴보면 다음과 같다.

그림자료 : 인테리어 디자인이 돋보이는 의자
그림출처 : www.visitcopenhagen.com

- Casa Shop(현대적 감각의 디자인이 주를 이룸)
- Illums Bolighus(덴마크와 국제적인 디자이너들이 제작한 클래식 디자인과 현대적 디자인 제품을 보유)
- Paustian(전 세계의 독특한 디자인의 가구를 판매함)
- Georg Jensen(은제품을 주로 판매함)

- Bodum House(부엌용품이나 가정용 악세서리를 판매함)
- Bang & Olufsen(TV와 라디오, 기타 가정용 엔터테인먼트 제품을 판매함)

① 코펜하겐의 쇼핑정보

코펜하겐의 스트뢰에 거리에는 고급상점들이 들어 서 있어 쇼핑가를 형성하고 있다. 대부분의 상점은 월요일부터 목요일까지는 오전 9시30분부터 오후 5시 30분까지, 금요일에는 오전 9시30분부터 오후 8시까지, 토요일은 오전 9시30분부터 오후 2시까지 영업을 한다.

대표적인 백화점에는 마가쟁 뒤 노르(Magasin du Nord)와 드 뉘 일룸(Det Ny Illum) 이 있고 그 밖에 Fisketorvet Shopping Centre, Frederiksbery Centret, Field's 이 있다.

그림자료 : 마가쟁 뒤 노르 백화점(상)과 드 뉘 일룸 백화점(하)
그림출처 : www.visitcopenhagen.com, www.illumkort.dk/

(가) 은 세공품

은으로 만든 식기류 및 악세서리 등 은으로 만든 세공품이 유명하다. 가격이 다소 비싼 편이나 현대적, 전통적인 디자인의 아름다운 은세공품의 구입이 가능하다.

(나) 유리제품

현대적 디자인이 특색인 유리제품은 각종 식기류 및 장식품 등이 유명하다.

(다) 도자기

주로 식기류 및 장식품 등의 도자기 제품이 유명하다.

(라) 장난감(레고)

세계적으로 유명한 어린이용 조립형 장난감인 레고의 본고장인 덴마크에서는 최신의 레고 장난감을 구입 할 수 있다. 전반적으로 물가가 높아 장난감의 가격 또한 만만치 않으나 면세점에서 구입한다면 다소 저렴한 가격에 구입이 가능하다.

② 오르후스 쇼핑정보

오르후스의 대표적인 백화점 및 쇼칭몰을 살펴보면 다음과 같다.

(가) 게로르그 옌슨

덴마크의 은제품은 이미 세계에서 알려진 바로 게로르그 옌슨은 오르후스 뿐 만 아니라 코펜하겐에도 많은 지점을 두고 있는 회사이다. Georg Jensen (1866-1935)이라는 당시 최고의 은세공사의 이름에서 따 왔다고 한다. 유명 디자이너들의 손길이 느껴지는 은제품은 물론 금·보석·시계류의 제품도 취급하고 있으며 살링 백화점과 가깝게 위치해 있다.

일요일을 제외한 모든 기간 연중 오픈 한다. 월·화·수·목요일은 10:00~17:30, 금요일은 10:00~19:00, 토요일은 10:00~14:00이다.

(나) 마가쟁 뒤 노르

프랑스 계열의 백화점 마가쟁 뒤 노르는 스칸디나비에서 가장 유명한 백화점이다. 현재 코펜하겐과 오르후스에 지점을 두고 있다. 이 곳 마가쟁의 제품은 질이 우수할 뿐만 아니라, 거둬들여지는 세금이 여행자들을 위해 쓰여 지고 있어 더욱 사랑 받고 있다.

일요일을 제외한 모든 요일에 문을 연다. 월·화·수요일 10:00~18:00, 목·금요일 10:00~20:00, 토요일은 10:00~17:00이다.

(다) 살링

살링은 30여개의 유명 부띠끄들이 모여 있는 꽤 큰 규모의 백화점이다. 의류, 문구, 서점, 음악, 스포츠 그리고 음식 등 폭 넓은 품목들로 꾸며져 있다.

일요일을 제외한 모든 기간 연중 오픈 한다. 월·화·수요일은 09:30~18:00, 목·금요일 09:30~20:00, 토요일은 09:00~17:00이다.

(라) 소피

젊은 소녀들 취향의 옷들이 즐비한 곳으로 매장이 상당히 넓고 밝은 분위기이다. 일상적인 평상복에서부터 우아하고 화려한 옷까지 다양하게 구비되어 있다.

일요일을 제외한 모든 요일 오픈 한다. 월·화·수·목요일 10:00~17:30, 금요일 10:00~19:00,

토요일 10:00~14:00.

(마) 시티 베스트

65개의 상점과 수퍼마켓들이 있는 유틀란트에서 가장 큰 쇼핑몰이다. 시내에서 서쪽으로 3마일 정도 떨어져 있다. 차량을 약 1,500대 수용할 수 있는 무료주차장이 있다. 버스 5·15·16·17·57·74번을 타고 입구에서 하차하면 된다.

대부분의 상점이 일요일을 제외하고 매일 영업한다. 월-목요일 10:00~18:00, 금요일 10:00~19:00, 토요일 09:00~17:00(long Saturday)

③ 오덴세 쇼핑정보

덴마크 제 3의 도시이자 안데르센의 고향으로 더 유명한 오덴세의 대표적인 쇼핑지역과 품목은 다음과 같다.

(가) 베스터가데 거리

베스터가데 거리는 시청을 비롯한 주요 건눌과 쇼핑센터들로 가득한 오덴세의 보행지 천국이다. 프랑스 계열 백화점 마가쟁 뒤 노르(Magasin du Nord), 철강, 기계 생산회사 H.J. Jansen Vinhandel A/S 등 굵직한 기업들이 자리 잡고 있다.

상점으로는 오덴세 최고의 쇼핑센타 Rosengaardcentret, 가죽부츠나 구제의류 등 웨스턴 제품들을 취급하는 Calamity Jane, 그리고 생활용품 전문점으로 식기를 비롯한 전기제품, 침구용품 등이 가득한 Inspiration Zink 등 다양한 상점들이 즐비해 있다.

(나) 오버가데

오덴세는 작은 도시이지만 여러 개의 거리들로 연결되어 있다. 오밀조밀 붙어있는 모든 거리들이 쇼핑은 물론 산책이나 일광욕을 즐기기에도 좋다고 한다. 그 중에서도 안데르센 마을에서 얼마 떨어져 있지 않은 곳에 오래된 목조 건물들과 골동품 가게로 이루어진 Overgade라는 이름의 거리가 있다.

길 입구에서는 우선 오래된 잡지책, 숟가락, 컵, 문고리, 누군가의 오래된 가족사진같이 벼룩시장에서나 볼 수 있을 법 한 낡은 물건들을 파는 집이 보인다. 값나가는 물건들은 아니지만 누군가의 손때가 잔뜩 묻어있는 그 물건들이 주는 매력은 무시 할 수 없을 것이다.

고물상을 지나 길 안쪽으로 조금 더 들어가면 인형을 만드는 할머니의 가게가 있다. 공들여 만든 인형들을 문 밖에서 감상하는 재미도 권할 만 하다. 그림을 파는 집, 오래된 식기를 파는 집, 그럴듯한 진짜 골동품을 파는 집 사이엔 작은 인쇄소가 있다. 10평도 안되는 가게 안에는 100년도 더 전에 영국에서 만들어졌다는 인쇄기가 지금도 반짝반짝 빛을 내며 작동을 하고 있는 모습을 볼 수 있다. 이 곳 주인할아버지는 관광객들이 올 때마다 인쇄기를 돌려 엽서나 카드 따위를 찍어주고 돈을 번다고 한다. 비록 물건을 사지 않아도 친절한 설명을 아끼지 않는다고 하는데, 이것이 바로 이 거리의 특징이라고 한다. 물건을 파는 것보다 자신들의 문화를 소개시켜주는 데 목적을 두는 것이다. 이런 모습에서 우리는 덴마크인들의 푸근함을 느낄 수 있을 것이다.

(다) 클로드 한스

한스 엔센스 거리 안데르센 박물관 앞에 있는 선물용품 전문점으로 인형, 장난감, 문구류 등 각종 선물 용품들이 즐비하다.

(라) 홀메고 글라스

코펜하겐에 '로열 코펜하겐'이 있듯이 오덴세에는 입김을 불어넣어 만드는 것으로 유명한 홀메고 글라스 제품이 있다. 홀메고는 섬세함과 화려함이 함께 하는 글라스 공예 미술품의 진미로 오덴세에 홀메고 글라스 공장이 있다.

견학은 월-목요일 10:15~12:30, 13:00~14:00, 금요일 10:15~12:00에 할 수 있다. 이곳의 기능공들은 맥주를 한 손에 들고 거칠게 일하지만 마치 마술사처럼 아름다운 유리제품을 만들어 낸다. 가격은 시장 가격의 60%정도다.

한편, 덴마크에서 구입하는 모든 물품은 상품가격의 15%에 해당하는 세금이 포함되어 있는데, 외국인의 경우 상품가격이 300DK를 초과할 경우, 출국에 앞서 공항에서 15%에 해당하는 세금을 환급받을 수 있는데, 구입한 물품의 영수증과 물건번호가 동일해야 한다.

10) 노르웨이(재외공관 주 노르웨이 대사관 : www.mofat.go.kr)

노르웨이의 일반적인 관광쇼핑품목은 수도 오슬로의 은제품과 모피류 스웨터제품을 들 수 있다. 그 밖에도 자수나 유리제품, 도자기류, 목공예품과 스키제품도 유명하다.

① 오슬로의 쇼핑센터

(가) David-Andersen

각종 공예품 및 생활용품을 판매하는 곳으로 스푼, 포크, 은식기 등을 구입 할 수 있다.

더욱 매력적인 것은 11세기 바이킹의 보석들을 재생산한 물품으로 큰 매력을 느낄 수 있을 것이다.

주소: Karl Johans Gate 20 Oslo

(나) Norway Designs

노르웨이의 예술품과 공예품을 전시판매하고 있는 센터로 세라믹, 유리제품, 보석, 목공예품, 주방용품, 양모 숄, 촛대 등 다양한 제품을 접할 수 있다.

주소: Stortningsgaten 28 Oslo

(다) William Schmidt & Co.

각종 의류제품을 판매하는 곳으로 노르웨이의 전통의상을 비롯한 남성, 여성, 어린이를 위한 편안하고 따뜻한 의류가 준비되어 있다. 이 외에도 지갑, 스키화, 모자, 장갑, 목각제품, 전통인형 등을 구입할 수 있는 곳이다.

주소: Karl Johans Gate 41 Oslo

(라) 새로운 쇼핑센터 아케르 브뤼게(Aker Brygge)

옛날에 항만 창구지구였던 지역을 재개발하여 만든 현대식 쇼핑 지역. 각종 숍 이외에도 35점포 이상의 까페, 바, 레스토랑이 늘어서 있다. 그 이외에도 극장과 영화관도 있으며 오슬로 시민의 편안한 휴식의 장소가 되어 있다.

- 주소: Bryggigatai 9
- 영업시간: 10:00-20:00 토요일 10:00-19:00
- 정기휴일: 일요일(레스토랑은 매일 영업. 시간은 가게에 따라 다르다.)

② 베르겐의 쇼핑센터

베르겐 상점의 영업시간은 월요일, 화요일, 수요일과 목요일에는 오전 9시부터 4시 30분까지 목요일은 오전9시부터 오후 7시까지, 토요일은 오전 9시부터 오후3시까지 하는 것이 일반적이다.

(가) Husfliden

시내 중심의 베르겐 어시장 근처에 위치해 있는 상점으로 1895년에 문을 열었다. 노르웨이식 전통 수공예품을 주요 상품으로 다루고 있으며, 주로 가정용품이 다수를 이루고 있다. 자켓과 스웨터, 오븐, 세라믹, 목공예품 등 다양한 물건을 구입 할 수 있다.

월요일부터 금요일까지는 오전9시부터 오후 4시30분까지, 목요일에는 오전 9시부터 오후 7시까지, 토요일에는 오전 9시부터 오후 2시까지 영업한다.

주소: Vaagalm 3, N-5014 Bergen

(나) SNS

규모 있는 기념품 및 스웨터를 판매하고 있는 상점으로 어시장에서 50m 정도 떨어져 있다. 기념품으로는 특히 다양한 크기의 트롤(노르웨이의 숲 속에 살고 있는 요정) 목공예품들이 준비되어 있으며, 스칸디나비아에서 가장 많은 스웨터 제품을 다루고 있다.

주소: Bryggen 5 N-5003 Bergen

(다) 비스타쇼넨(Bystasjonen)

일용잡화와 식료품을 판매하는 쇼핑센터로 북유럽의 요정 트롤이 로비 중앙에 멋지게 장식 되어 있다.

③ 베르겐 항구의 노천시장(Torget)

베르겐 항의 정면 광장에 있는 노천시장이다. 항구도시답게 베르겐 어시장은 항상 활기에 넘친다.

광장에는 일요일을 제외한 매일 08:00~ 15:00경에 장이 서며, 이제 막 잡아 올린 싱싱한 살아있는 생선을 물통에서 꺼내 파는 광경도 볼 수 있다.

어패류가 주류를 이루고 훈제 연어 등 바로 먹을 수 있는 음식도 판매한다. 이 밖에 신선한 야채, 과일, 꽃 등도 판매한다. 베르겐 서민들의 삶을 관찰 할 수 있는 곳이다.

개장 시간은 여름에는 월~ 금요일까지 07:00~16:00까지이고, 목요일은 19:00까지, 토요일은 15:00까지이다. 겨울에는 10:00부터 15:00까지 개장하므로 아침 일찍 서둘러야 한다.

④ 구드방겐(Gudvangen)의 쇼핑정보

(가) 고 기념품점(The old Souveniershop)

오전 8시부터 오후 6시까지 연중휴무이다.

(나) 바이킹 샵(The Vikingshop)

바이킹 피요르디텔에 자리 잡고 있으며, 매일 오전 7시부터 밤 12시까지 연중휴무이다.

(다) 추천 기념품

바이킹 기념품 & 보석류, 데일 스웨터, 바다표범이나 여우 등으로 만든 액세서리가 인기 있다.

그 밖의 쇼핑센터와 수퍼마켓을 살펴보면 다음과 같다.

① SUPER MARKET

(가) MEGA : Bekkestua International School 근처에 위치하고 있으며, 야채(무우, 파, 배추 등)와 사골, 꼬리, 쌀 등을 구입 할 수 있음.
개점시간 : 09:00 - 22:00

(나) RIMI, REMA 1000 : 공산품이 저렴하다.

(다) KIWI : 공산품이 저렴하고 평일에는 밤 11시까지 오픈하며, Bogstad Camping에 위치한 KIWI는 일요일에도 영업을 한다.

(라) JENS EVENSEN, ICA : 육류가 좋다.

(마) CC MAT : CC VEST 안에 있으며, 야채와 육류가 좋으나 가격이 조금 비싼편이다.

(바) ULTRA SUPRA : Sandvika Storosenter 안에 있으며, 규모가 크고 다양한 아이템을 구비하고 있다.

(사) PRIX : 쌀이 저렴하다.

(아) Torgata에 밀집해 있는 Turkey 가게, 중국가게, 베트남가게에서 야채와 과일, 생선, 육류 등을 저렴하게 구입 할 수 있다.

(자) 한국식품점

- Add : Akers Gate 65B

(차) 일본가게

- Add : Arbosgata 2B
- 쌀과 약간의 일본식품을 구입할 수 있으나, 물건이 다양하지 못하다.

② 백화점, SHOPPING CENTER

(가) STEEN & STRØM

- 오슬로에서 가장 큰 백화점
- 개점시간 : 10:00 - 19:00(토요일 : 10:00 - 18:00)
- Add : Kongensgt. 23

(나) GLASMAGASINET

- 부엌용품, 도자기류, 크리스탈, 의류, 카펫 등을 취급
- 개점시간 : 10:00 - 19:00(토요일 : 10:00-18:00)
- Add : Stortorvet 9

(다) CC VEST

- 64 Shop, 약국, 우체국, 미니뱅크, Vinmonopol 등을 갖추고 있는 Shopping Center로 상사, 대사관 직원들이 많이 살고 있는 지역에서 가까운 거리에 위치하고 있다.
- 개점시간 : 10:00 - 20:00(토요일 : 09:00 - 18:00)
- Add : Lilleakervn 16

(라) SANDVIKA STORSENTER

- 오슬로에서 Drammen 방향으로 20Km 정도 떨어진 Sandvika에 위치하고 있는 Shopping Center로 105개의 Shop과 미니뱅크 등을 갖추고 있다.
- 개점시간 : 10:00 - 20:00(토요일 : 09:00 - 18:00)
- Add : Brodtkorbsgt. 7

사진자료 : Norsk Design og Arkitekturmuseum
사진출처 : www.visitoslo.com

11) 스웨덴(스웨덴 관광청 : www.visit-sweden.com)

스웨덴의 가장 대표적인 쇼핑품목은 저렴한 토산물이라고 할 수 있다. 그 밖에도 질 좋은 도자기, 스포츠용품과 직물, 수공예품, 모피, 크리스탈, 보석류와 은제품류, 유리세공품, 가구와 자동차, 핸드폰에 이르기까지 다양한 편이다.

① 스톡홀름의 쇼핑정보

디자이너 의상이나 아름다운 스웨덴 크리스탈과 수공예품 등을 알맞은 가격으로 구입 할 수 있다.

상가의 영업시간은 월요일부터 금요일까지는 오전 9시부터 오후 6시까지, 토요일은 오전 10시부터 오후 4시까지이다. 주요 대도시의 경우 몇몇 백화점은 오후 8시에서 10시까지 영업하며, 일요일에도 오후 12시부터 4시까지 영업한다.

사진자료 : 대표적인 기념품 바이킹 배
사진출처 : www.hanatour.com

② 스톡홀름의 쇼핑센터

(가) 스벤스트 그라스 브틱(Svenskt Glas Butik)

매우 다양하고 특색 있는 유리제품, 주전자, 수공예 목각제품 등을 다양하게 구비해 놓은 상점이다.

주소: Add. 8 Birger Jarlsgatan

(나) 크록카가든(Klockargarden)

스웨덴의 전통적인 수공예품을 판매하는 가게로 부피 큰 가구에서부터 직물에 이르기까지 다양한 수공예품을 접 할 수 있다.

주소: Add. 55 Kungsgatan

(다) 헴린스 복핸들(Hemlin's Bokhandel)

외장용 장식품이나 특색 있는 그림들, 다양한 판화들을 판매하는 곳으로 스웨덴의 예술품들을 구입 할 수 있다.

주소: Add. Vaster langgatan 6

(라) 노르디스카 백화점(Nordiska Kompanient)

유럽에서 품격 있고 매력적인 'NK' 백화점으로 최고의 디자인 센터가 위치하고 있어 다양한 상품과 더불어 수준 높은 스웨덴 디자인을 접 할 수 있다.

노르디스카 백화점은 1902년에 오픈 한 북유럽 최대의 백화점으로 함 거리 Hamngatan에 위치하며 대형 쇼핑몰답게 5층의 건물 안에 각종 공예품을 비롯한 많은 브랜드 상품들이 있다.

주소: Add. Hamngatan 18

(마) Brinken Knsthantvek

감라 스탄에 있는 선물용 가게로 영업은 오전 10:00~오후 18:00까지 하고 있다. Brinken Knsthantvek은 1980년에 오픈 하였으며 간단한 기념품과 선물 등을 고르기에 적당한 상점이다.

(바) Hamngatan 함거리

유명한 부띠끄를 비롯한 많은 쇼핑 상가가 밀집해 있는 지역으로 중앙역 동쪽에 위치한다. 이곳을 비롯한 쿵스 거리 Kugsgatan과 회토리에트 광장은 많은 쇼핑가가 형성되어 있는 중심부이다.

(사) Svenskt Hansverk

스웨덴의 수공예품을 전문적으로 파는 수공예품 상점이다. 쿵스 거리 55번에 자리 잡고 있는 이 곳은 각종 가죽제품과 민예품, 도자기 등이 다양하게 선보이고 있다.

영업시간은 09:00~18:00까지다.

12) 핀란드(핀란드 관광청 : www.travel.fi/)

산타크로스로 유명한 핀란드는 수도 헬싱키에서의 수공예품이나 보석, 도자기 및 의류제품을 주 쇼핑품목으로 하고 있다. 헬싱키의 주요 쇼핑지역은 에스플라나디 공원, 알렉산터린카, 구시가지 등지이다.

상가들은 보통 오전 9시부터 오후 5시까지 문을 열며, 평일에는 9시부터 2시까지, 백화점과 쇼핑센터의 경우 평일에는 9~ 6시까지, 토요일은 보통 밤 9시까지 영업을 한다.

헬싱키의 주요 쇼핑지역을 살펴보면 다음과 같다.

(가) 마리메코

스웨덴의 수공예품을 전문적으로 파는 수공예품 상점으로 쿵스 거리 55번에 자리 잡고 있는 이 곳은 각종 가죽제품과 민예품, 도자기 등이 다양하게 선보이고 있다.

1951년에 설립된 의류 브랜드점인 마리메코는 화려한 색채와 기하학적인 무늬로 세계적인 명성을 얻고 있다.

마리메코는 헬싱키시내에도 7개의 점포가 있으며 에스플라나디 거리에 있는 곳이 가장 크다.

영업시간은 09:00~18:00까지다.

주소: Pohjoisesplana di 31

(나) 스토크만 백화점

헬싱키 최대의 백화점으로 도기, 가구, 의상, 민예품 등 갖가지 다양한 상품들이 있다. 사지 않더라도 윈도우 쇼핑을 하기에 매우 좋다.

중앙역 남쪽, 에스플라나디 거리 입구에 있는 헬싱키 최고의 백화점답게 핀란드의 일류품이 진열되어 있는 매장이 멋지다. 1층에는 모든 물건을 구입 할 수 있을 정도로 쇼핑을 즐기기에 적합한 곳이다.

주소 : Aleksanterinkatu 52

그러나 막상 물건을 사려면 면세상점이나 면세 백화점을 찾는 것도 좋은 방법일 것이다.

09:00부터 20:00까지 영업한다.

(다) 피시니 디자인센터

핀란드의 전체적인 디자인 제품에 대해서 알고 싶다면 에스플라나디 거리의 중간쯤에서 남쪽으로 꺾어진 카사르미 거리에 있는 피니시 디자인 센터로 가보도록 하는 것이 좋다.

이곳은 제품 판매를 위한 곳이 아니라 핀란드 제품의 종류와 질, 가격과 사용법 등의 정보를 제공해 줄 것이다. 쇼핑하기 전 꼭 들러보는 것이 좋겠다.

(라) 헬스키

핀란드의 전통 수공예품을 취급하는 점포로 현지인들이 가장 많이 찾는 곳이다. 손으로 짠 스웨터를 비롯해 목공예품, 도자기 등 다양한 상품들이 있다.

(마) 아리카(Aarikka)

세계적으로 유명한 목각인형 가게로 인형뿐만 아니라 다양하고 유용한 가정용품, 약간의 보석들도 판매한다. 액세서리와 장식품, 장난감 등에 나무의 결을 살린 것이 돋보인다.

주소: Pohjoisesplana di 27

(바) 이탈라

핀란드 최고의 디자이너에 의해 만들어진 가정용품을 판매하는 곳으로 특히 세라믹, 자기용품들은 세계적으로 주목을 받는다.

주소: Pohjoisesplana di 25

(사) 부오코(Vuokko)

유명한 여성복 제조회사인데, 여류 도예가 부오코의 직물로 밝은 색상과 현대적인 우아한 선을 디자인으로 살리는 부띠끄이다.

주소: Plhjoisesplanadi 25

① 로바니에미의 쇼핑정보

랩족과 사미족의 진정한 선물용품인 칼집이 달린 나이프 '푸코(Pukko)'는 순록뿔과 가죽 그리고 지역 목각 수공예품으로 만들어졌고, 어느 가게에서나 구할 수 있다. 순록뿔가루는 마술적인 힘을 가지고 있다고 전해 내려 오고 있다.

산타클로스 마을 상점에는 랩족과 핀랜드산 기념품과 크리스마스 선물이 준비되어 있다.

② 투르쿠의 쇼핑정보

카우파 광장에 면해 있는 쇼핑빌딩 Hansa가 중심이다. 스토크만 백화점을 비롯하여 부띠끄, 카페, 레스토랑 등 100여개나 되는 점포가 들어서 있다. 이밖에 수직 공예품점 Sylvi Salonen Oy와 목공 장난감 가게인 Aarikkark 있다.

(가) 스톡맨스 백화점

탐페레에도 역시 스톡맨스 백화점이 위치하고 있다. 코스키케스쿠스는 도시 중앙에 위치한 큰 쇼핑센터로 수백여 개의 전문가게와 15개의 레스토랑과 카페 부띠끄가 입주하고 있다.

(나) Lasi-koiso Oy

라시코시에서는 다양한 가정용품들을 취급하고 있는 80년 전통의 선물가게이다. 이곳에서는 램프류를 비롯한 악세사리류, 각종 유리제품, 수공예품 능을 저렴한 가격으로 구입 할 수 있다.

(다) Penna Design

페나 디자인에서는 핀란드 산 목재로 만는 다양한 수공예품들을 판매하고 있다. 인공적인 물질을 전혀 함유하지 않고, 천연 목재를 사용하여 직접 만든 제품들로 매우 독특한 디자인의 수공예품들이 다양하게 전시, 판매되고 있다.

③ 탐페레의 쇼핑정보

역전에 스토크만 백화점 Stockman 백화점이 있다. 그러나 일요일에도 문을 여는 부띠끄 센터 케흐레사리 Kehrasaari가 관광객들에게는 편리하다. 평일은 09:00~ 17:00, 토요일은 14:00까지, 일요일은 12:00~ 16:00까지 영업한다. 핀란드 토산품 가게는 강기슭의 벽돌건물에 많이 들어서 있다.

탐페레의 주요 쇼핑센터는 다음과 같다.

(가) Lasi-Koiso Oy

라시코시에서는 다양한 가정용품들을 취급하고 있는 80년 전통의 기프트 샵이다. 이곳에서는 램프류를 비롯하여, 악세서리류, 각종 유리제품, 수공예품을 저렴한 가격으로 판매하고 있다.

주소: Hameenkatu 9 33100 Tampere Finland

(나) Penna Design

페나 디자인에서는 핀란드 산 목재로 만든 다양한 수공예품들을 판매하고 있다. 인공적인 물질을 전혀 함유하지 않고, 천연 목재를 사용하여 직접 만든 제품들로, 매우 톡특한 디자인의 수공예품들이 다양하게 전시되어 있다.

주소: Pyynikki, beside the hotel Rosendahl Tampere, FINLAND

사진자료 : 키셀레핀샵
사진출처 : www.hanatour.com

13) 오스트리아(오스트리아 관광청 : www.austria-tourism.co.kr)

오스트리아는 자연과 문화의 나라뿐만 아니라 쇼핑의 중심지로도 유명하다. 빈 외곽에 위치한 "Shopping City Süd" 등과 같은 대규모의 쇼핑센터뿐만 아니라 세계적인 디자이너의 옷을 판매하는 작은 샵 들을 발견 할 수 있다.

① 주요 쇼핑 거리:

(가) 비엔나: Kärntner Strasse, Mariahilfer Strasse

가) 비엔나의 쇼핑정보

세계 유명 디자이너의 상품, 가치 있는 골동품 또는 앙증스러운 기념품 등이 많아 쇼핑을 하기에 알맞은 곳이다.

빈의 유명 쇼핑 거리는 국립극장에서 슈테판 대성당 광장에 이르는 곳으로 고품질의 상품들이 진열되어 있다.

유명 주산물로는 고블랭이라는 프랑스 파리의 왕립 공장의 창시자인 고블랭에서 그 이름을 따온 것으로 루이 14세 때 유행했던 천을 가르킨다. 가격이 다소 비싼 편이나 오스트리아를 방문하는 많은 외국인들이 즐겨 찾는 품목이다.

일반적으로 상점들은 월요일부터 금요일까지는 오전 9시부터 오후 6시까지, 토요일은 오전 9시부터 오후 5시까지 영업한다.

(나) 인스부르크: Maria-Theresien-Strasse

가) 인스브루크의 쇼핑정보

티롤의 수공예는 오랜 전통을 가지고 있다. 세월이 갈수록 티롤민속구 공예박물관의 소장품들이 완벽한 작품으로 칭송받고 있다. 티롤의 수공예품에 담긴 예술적 기법이 오늘날까지 생생하게 남아있다. 무수한 공장과 작은 수공예장들에서 아직도 그 가치가 크게 인성받는 작품들이 생산된다.

고가품의 티롤 기념품들은 인스부르크의 '티롤 민속공예점'에서 구입 할 수 있다. 모직물, 도자기, 목각공예품, 수제 유리제품, 티롤식 모자, 수놓은 사슴가죽바지, 수예품, 주석, 동제품, 의류 등은 티롤 어디에서건 안심하고 살 수 있다.

• 유리잔

유리잔은 그 중에서도 특히 뛰어나다. 유리잔 가곡은 티롤의 수공예 분야에서 중요한 위치를 차지하고 있다 .중세도시인 라텐베르크에서 주로 생산되기 때문에 라텐베르크는 '유리잔 도시'로 불리워진다. 전통미가 그대로 담겼거나 현대적 취향에 맞춘 도자기, 천연 아마포 수예품, 레이스, 자수, 동제품, 주석제품 등은 티롤의 어느 곳에서나 최고의 품질을 인정 받고 있다. 목각공예품 또한 빼놓을 없다. 레히계곡에 있는 엘비겐알프에는 목각공예 전문학교가 있어 유능한 전문가들을 양성하고 있는데, 목각공예품 중 '마굿간의 예수탄생과 인물목각'은 세계적으로 잘 알려져 있다.

• 널리 사랑받는 티롤산 선물용품

농가에서 만든 훈제 돼지고기, 티롤의 초원에서 채취된 꿀, 음악의 나라 오스트리아에 어울리는 주옥같은 고전음악들이 담긴 CD, 또는 요들송 등 민속음악 테이프 들이 주로 판매 된다. 그 외의 지역을 살펴보면 다음과 같다.

(다) 그라츠: Herrengasse, Annenstrasse
(라) 린츠: Landstrasse and side lanes
(마) 짤츠부르크시: Getreidegasse, Linzergasse
(바) 클라겐푸르트: Alter Platz
(사) 브레겐츠: Kaiserstrasse, Kornmarktplatz
(아) 아이젠슈타트: Hauptstrasse
(자) St. Pölten: Kremser Gasse

② 시장

시장에 가면 항상 볼거리가 있다. 특색 있고 대표적인 재래시장 또는 북적되는 벼룩시장과 몇 년 새에 규모가 커져가는 골동품 시장에서 비엔나의 다양하고 국제적인 취향을 엿볼 수 있다. 강림절의 들뜬 분위기속 크리스마스 마켓에서는 크리스마스 장식품, 생강빵과 미술품 및 조각품들을 구입 할 수 있다.

③ 기념품

공예품은 매우 인기가 높은 기념품이다. 도자기, 목공예, 전통의상, 에나멜 보석과 유리공예 등이 있다.

④ 쇼핑 시간대

법적으로 정해진 오픈 시간은 월요일부터 금요일은 오전 6시부터 오후 7시 30분 까지 이며 토요일은 오후 5시까지이다. 실제로 가게 오픈 시간은 각각 다를 수 있지만 보통 오전 9시부터 오후 6시 (식료품점은 오전 8시부터), 토요일은 오후 1시 또는 오후5까지 이다.

관광지역은 예외적으로 좀더 오래 여는 편이며, 기차역 주변과 공항에 있는 가게들은 운행시간

동안 연다. (오후 11시까지)

⑤ 부가가치세 환급(VAT):

EU지역 외에서 온 외국 관광객들은 환급신청서를 작성하면 출국 시 각 물품을 살 때마다 지불한 부가가치세를 환급받을 수 있다. 이 물품들을 가지고 3개월 내에 출국해야하며 EU국경의 관세직원으로부터 확인도장을 받아야 한다.

"Global Refund TAX FREE SHOPPING"이라는 사인이 있는 가게에 가면 글로벌 리펀드 전표를 주는데 이것을 제시하면 환급 받을 수 있다.

주의: EU지역에 사는 관광객들은 오스트리아가 EU 회원국이므로 환급을 받지 못한다.

⑥ 모차르트관련 관광상품뉴스(조선일보 문화/생활 2006.1.14일자)

모차르트가 오스트리아를 먹여 살린다.

이달 27일 탄생 250주년을 맞는 대작곡가 볼프강 아마데우스 모차르트(Mozart·1756 ~1791)는 세계인이 사랑하는 문화유산이면서 동시에 오스트리아 경제의 가장 중요한 브랜드 파워다.

연초부터 축제 무드가 완연한 이곳에서 모차르트 얼굴을 포장지마다 인쇄한 초골릿 '모차르드 쿠겔'은 올해도 1억 개 가까이 팔려나갈 것이다. 잘츠부르크를 대표하는 관광 상품인 이 초콜릿은 작년에만 30여 개국으로 9,000여만 개가 수출됐다. 매출액으로 따져 525억여 원 규모다. 1880년대부터 선보인 '모차르트 쿠겔'은 총 15억 개가 판매됐다. 시구 한 바퀴 길이이다.

사진자료 : 모차르트 인형상품
사진출처 : 다음검색 search.daum.net

모차르트의 이름과 얼굴은 각종 의류, 그림 카드, 머그컵, 요구르트, 소시지, 인터넷 게임까지 그야말로 팔 수 있는 모든 것에 붙어 있다. 올해에는 더 유난스럽게 느껴질 만큼 모차르트 브랜드의 상품들이 넘친다. 모차르트 요구르트와 우유를 파는 잘츠부르크의 중소기업 밀치. 종업원은 155명에 불과하지만 연매출액은 1,090억여 원(9,100만 유로)을 상회한다.

작년부터 바이올린 모양의 '모차르트' 소시지를 만들고 있는 '모차르트하우스마르케'사(社). 18세기 식생활을 설명하며 천연덕스럽게 "모차르트 역시 소시지를 즐겼을 것이다"라고 광고한다. 오스트리아 관광청은 모차르트 상표에만 8조 8,000억여 원(88억 달러)의 가치가 있는 것으로 추산했다.

이러한 분위기의 핵심에는 잘츠부르크 페스티벌이 있다. 1920년 출범 당시엔 성당 앞 광장에서 연극 '예더만' 딱 한 편이 공연된 것이 전부였다. 하지만 86년이 흐른 지금 잘츠부르크 페스티벌은 연간 공연 188회, 관객 23만 8,463명의 세계 최고 음악제로 성장했다. 57개국에서 몰려드는 해외 관광객만 16만여 명으로 잘츠부르크시(市)의 주민 수(15민여 명)보다 많다.

올해에는 몇 명이나 올까 관심이다.

(김성현기자 [블로그 danpa.chosun.com])

14) 체코(체코대사관 : www.mzv.cz/seoul)

체코는 최근 대형 유통마켓(까르푸, 테스코 등)이 들어와 있어 일반적이고 웬만한 상품 및 가전제품 등은 싸게 구입 할 수 있으며, 명품들도 많다.

일반 상점은 9/10-6시에 문을 닫는다, 그러나 시내 중심, 관광지에서는 관광상품(크리스탈, 호박, 가아넷, 각종 기념품)을 중심으로 밤늦게까지 영업한다.

한편, 대형 유통마켓은 24시간 영업하는 곳도 있다. 여기에는 체코의 수출품인 크리스탈 제품과 기타 도자기류가 많다. 음악용 CD가 저렴하고 수준도 높은 편이며, 골동품 및 고서들도 수집 가능하다.

① 프라하의 쇼핑정보

프라하 최고의 백화점은 Kotva(메트로 Namesti Republiky역에서 하차)이다. 지하에 슈퍼마켓, 5층에 스낵바가 있는데 고급 물건은 모두 수입품이다. 거리 쇼핑을 시작하기 전에 이곳에서 프라하의 물가가 어느 정도인지 조사해 놓으면 쇼핑할 때 도움이 된다.

중심 쇼핑가 Vaclavske nam에는 대형 백화점 Krone가 있고, 국립박물관 바로 앞 맥도날드 건물에도 규모가 작은 Vila Labut 쇼핑센터가 있다. 이 두 건물 지하에 있는 슈퍼마켓은 서유럽에 뒤지지 않을 정도로 구색을 잘 갖추어 놓았다.

또한 무첵에서 강변의 국립 극장 쪽 대로 Narodini에 대형 백화점 Tesco가 있다. 프라하에서 가장 규모가 큰 대형 슈퍼마켓은 메트로 플로렌스 역에 있다. 올드 타운의 상설 시장은 무첵과 올드 타운 스퀘어 사이의 Havelska 거리에 있다.

프라하의 대표적인 관광쇼핑품목은 다음과 같다.

(가) 보헤미안 글라스

프라하에서 관광객들에게 인기 있는 것은 보헤미안 글라스이다. 간단한 토산품이라면 구시가 광장이나 카를교, 프라하성 주변에 있는 상점을 이용하는 것도 좋다. 또 구시가의 거리에 들어서면 골동품점이나 마구점 등의 진기한 상점도 있다.

프라하에 있는 상점의 폐점시간은 예외도 있지만 대부분은 다음과 같다.

- 백화점 : 8:00~19:00
- 식료품점 : 7:00~20:00
- 개인가게 : 9:00~18:00
- 국영점 : 8:00~12:00,14:00~18:00이며, 휴일은 대부분 문을 닫는다.

사진자료 : 체코의 대표적인 쇼핑품목인 크리스탈
사진출처 : www.hanatour.com

(나) 꼭두각시 인형

어떤 나라에 가든 전통의상을 입은 민속인형을 만날 수 있지만 프라하에는 유난히 꼭두각시 인형들이 많이 있다. 꼭두각시 인형은 아이들의 선물로 적당하고 프라하를 기억할 수 있는 대표적인 관광기념품이다.

사진자료 : 꼭두가시 인형
사진출처 : www.hanatour.com

15) 폴란드(폴란드관광청 : www.polandtour.org)

폴란드의 특산품으로 호박(Amber)과 전통 술인 보드카가 유명하다. 보드카로는 선물용으로 '쇼팽 보드카'가 유명하며 쇼팽의 얼굴이 그려진 병이 이색적이다. 미주지역에서 최고급 보드카로 판매되고 있는 'Belvedere'보드카도 좋은 선물이 될 수 있다.

사진자료 : Chopin Vodka
사진출처 : cafe.daum.net/bevex

한편, 손으로 수를 놓은 폴란드 특산 식탁보도 폴란드 어디서나 쉽게 구할 수 있는 기념품으로 화려한 색감이 있어 좋은 선물이 될 수 있고, 가죽제품, 크리스탈, 세라믹, 목조각품 등도 인기가 많다.

쇼핑할 때의 유의할 점은 1945년 5월 9일 이전에 제작된 예술품과 서적을 포함한 어떤 품목도 해외반출이 금지되어 있다는 사실이다. 한편, 다량의 호박이나 수정 등 귀금속을 소지하고 있을 때에는 조사를 받게 될 수 있다는 점에 유의한다. 그래서 영수증은 반드시 보관해야 하며, 고가의 품목인 경우는 특히, 주의를 요한다.

개혁이후에는 많은 노점상들이 거리에 생겨나 특히, 벼룩시장에서 진귀한 골동품을 저렴한 가격에 구입할 수 있다. 특히, 100달러 정도의 가치가 나가는 물건인 경우, 반출시 면세가 될 수 있다.

① 그단스크의 쇼핑정보

폴란드에서 쇼핑을 하면 세금이 붙게 되는데 모피제품은 세금이 200%이고 크리스탈 제품은 100%이며 보드카는 5리터까지는 세금이 붙지 않는다. 슈퍼마켓에서는 따로 봉투를 주지 않으므로 미리 준비해 가야 한다.

- Old Town : 호박, 크리스탈, 붉은 여우가죽, 사슴뿔 장식품, 거위털 이불, 폴란드 민속인형, 보드카, 나무세공 ,레이스 제품 등이 유명하다. 그 외에는 NOWY SWIAT 등 시내의 SHOP들이 있으며 최근에는 한국인이 운영하는 "선물의 집"이 개점, 운영 중이다.
- 모피제품 : 바르샤바 문화과학궁전 맞은편 전문점
- 보드카 : 공항 면세점

② 기타 쇼핑지역 정보

개점시간은 일반상점의 경우 11:00-19:00 (토 11:00-13:00, 일 휴무), 백화점은 10:00-21:00 (토, 일 휴무)

- 선물의 집 : 642-7149 (호박, 세라믹, 비디오 등)
- Kim's Center : 642-9303 (식품, 세라믹, 고급의류 등)

16) 헝가리(헝가리 관광청 : www.hungary.com)

헝가리에서는 자수를 비롯하여 목공예품, 가죽제품, 금속세공, 도자기 등 민예품이 매우 많다. 특히 자수는 지방에 따라 무늬와 디자인이 다르기 때문에 각각의 특징점을 살펴보며 쇼핑하는 것도 매우 재미있다. 대부분 부다페스트에서에서 구입이 가능하고 칼로차, 마쵸지방에서는 자수로 된 테이블클로스, 블라우스데브레첸 지방에서는 나사천의 아플리케, 샤르케즈 지방에서는 수직 직물을 구입할 수 있다.

백화점이나 외화전문점에서는 외국인이 외화로 물건을 구입 할 수 있는데, 도자기를 비롯하여 담배, 화장품, 술, 전기제품 등을 면세로 살 수 있다.

주요 백화점으로는 SUGAR, CENTRUM, SKALA, FORTUNA, FLORIAN, LUXUS, ARANY POK 등이 있다. 대표적인 상점가로는 바취 거리(Vaci U.), 레지 포스타 거리(Regi Posta U.), 브로스마스티 광장(Vorosmarty Ter), 파라 거리(Parisi Uclvar), 뮤제움 코르트(Museum Korut), 코슈트라조스 거리(Kossuth Lajos U.) 등이 있다.

헝가리는 다른 나라에 비해 안경 값이 무척 싸서 독일이나, 이탈리아, 프랑스의 고급 안경테가 700-1,500 포린트면 충분히 구입이 가능하고 싼 것은 400포린트에도 살 수 있다.

그밖에 겨울이 춥기 때문에 가죽이나 모피 제품을 파는 곳이 많으며, 이발소, 미용실도 매우 저렴한 비용으로 이용 할 수 있다.

한편, 관광객들 중 특히 포도주 애호가들에게 헝가리는 천국이다. 헝가리는 와인의 왕국이라고 할 수 있다. 10세기 경부터 포도가 재배 되었고, 16세기 중반에 이어 Tokaj 지방에서 세계 최초의 귀부 와인이 개발되어 일약 유명해졌다.

헝가리 전국적으로 와인생산 지역은 22곳이 된다. 전국이 포도밭이라고 해도 과언이 아니다. 포도주는 30여 종류가 있는데 그 중에 대표적인 것만 몇 가지 살펴보면 다음과 같다.

- White wine : Tokaj Aszu.

프랑스 루이 14세가 "왕중의 왕은 나이고, 포도주의 왕은 Tokaj (또꺼이)다"라고 극찬하므로 "왕의 와인, 와인의 왕' 으로 더 잘 알려져 있다. 오스트리아 제국의 마리아 테레지아 여왕이 Tokaj 와인을 즐겨 마셨다. 현재는 영국 황실에서 즐겨 마시는 와인이기도 하다.

1900년 파리 세계 박람회에서 상을 받았다.

한편, 또꺼이 와인은 날씨가 따뜻한 Tokaj 지방에서 생산한다. 그 맛이 달콤한 것이 특징이어서 다른 포도주들과 대조 된다. 여성들이 마시는데 부담이 없다. 병을 보면 1번-7번까지 써 있는 것을 볼 수 있다. 번호가 클수록 당도가 높고 비싸다. 4번 정도면 마시는데 가격이 적당하고 맛도 좋다.

• Red wine :

Eger 지방에서 나는 황소의 피라는 이름을 가진 Egri Bikaver와 벌러톤 호수 지역에서 생산하는 Badacsonyi Szurkebarat와 헝가리 최남단에서 생산하는 Villany-Siklos가 있다.

사진자료 : 헝가리의 대표적인 와인
사진출처 : dandeliontour.com.ne.kr

① 헝가리 부다페스트의 중앙시장

바찌거리를 따라 남쪽으로 내려가면 거리 끝에 시장건물이 보인다. 외관이 마치 기차역 비슷하다. 이곳 위치는 녹색으로 칠해진 자유의 다리가 시작되는 곳에 있다. 바로 옆엔 구 상업 센터였던 부다페스트 상과대학 건물이 있다.

대 건설의 시기인 1890년대에 만들어진 5개의 시장 중에서 가장 인상적인 시장으로 지붕은 거대한 철제 구조물로 되어 있다. 내부의 면적은 10,000m^2나 되며 높이는 20m 정도 되는 하나의 공간이다. 그리고 아주 깨끗한 시설을 하고 있는 곳이다.

지상 층엔 식료, 헝가리 수출품 1호인 파프리카(고추)로 만든 여러 가지 제품, 야채, 싱싱한 계절과일, 토카이 와인, 푸주간, 헝가리가 자랑하는 세게드 지방의 살라미 소시지 , 깡통 넣은 헝가리 유명 식품인 거위 간을 파는 가게 등이 있어 많은 쇼핑객들이 몰린다.

2층에는 차갈로 지방에서 만든 헝가리 유명 차갈로 자수 제품들이 물결을 이룬다. 모든 자수 제품을 다 이곳에 모아 둔 것 같이 많다. 그리고 기념 T셔츠, 목각이형 이외 기타 기념품들을 판다.

사진자료 : 부다페스트 중앙시장
사진출처 : www.thruguide.com

17) 러시아 (러시아 관광청 : www.russia-travel.com)

러시아, 특히 모스크바의 생필품 및 서비스요금은 상당히 비싼 편이다. 대부분은 우리나라의 3~4배 정도에 이르고, 최근 한국식품점에서 기본적인 식품류(라면, 간장, 된장 등)를 수입하여 판매하고 있지만 국내가격보다 1~2배 정도 비싼 편이다.

쇼핑객들은 쇼핑 시 길거리에서 말을 걸어오며 물건을 판매하는 사람들을 조심할 필요가 있으며, 관광 기념품과 일상용품은 주요 호텔이나 공항, 백화점 및 거리의 상점을 이용하며, 상점에 따라 각각 다른 가격대가 있다는 것을 고려하는 것이 좋다.

일반상점에서의 쇼핑은 상품선택 - 전표수령 - 계산 - 전표 및 상품교환의 순서대로 이루어진다. 즉 상점이나 백화점에서 계산할 때는 사고 싶은 물건의 값을 현금 출납부에서 미리 지불한 다음 매장으로 다시 돌아가 영수증을 주고 물건을 받는 형태이다.

러시아의 특산품으로는 사모바르(찻주전자)와 목각인형, 식기류와 호박류, 그림 및 러시아 민속음반 등이 대표적이고, 그림 구입 시 현지에서 신고를 해야만 세관을 통과 할 수 있다.

① 모스크바의 쇼핑정보

(가) GUM (굼)

거대한 크기와 100년 이상의 역사 때문에 세계에서 가장 유명한 백화점 중의 하나인 모스크바 최대의 백화점인 굼은 붉은 광장(크레믈린) 북동쪽, 레닌 묘의 맞은편에 있다. 루블화와 달러로 구매가 가능하며, 가장 저렴한 가격으로 중·상제품을 구입 할 수 있다.

세계 각국의 관광객들 뿐만 아니라 모스크바 지역주민, 그리고 지방도시에서도 이 곳으로 쇼핑을 하러 온다.

사진자료 : 러시아의 국영백화점 돔(Dom)
사진출처 : www.hanatour.com

1890~1893년에 걸쳐 세워진 이 백화점은 1953년에 대폭 수리한 오래된 건물이다. 내부는 넓게 뚫려 있는 3층짜리 건물로 1, 2층이 상점인데, 1층 중앙에는 분수가 있어 매우 아름다운 쇼핑센터이다. 쇼핑의 메카라기 보다는 그 건축양식이 더 돋보인다고 할 수 있다.

한편, 각각의 매장들이 이어져 있어서 백화점이라기 보다는 아케이드 같은 느낌을 받을 것이다. 최근에는 외국과 합병한 상점이 많이 늘어 분위기도 상당히 바뀌었는데 텔레비전, 비디오는 물론이고 다양한 색의 비누, 이탈리아제 구두나 스웨터, 아르마니나 크리스찬 디올 등 세계적인 브랜드가 상륙해 있다. 러시아의 마뜨로쉬까, 사모바르, 크리스탈, 그제리 도자리, 모피 코트나 모자도 팔고 있다.

2층에는 카페와 패스트푸드 가게가, 1층에는 카페가 있으므로 이곳에서 잠시 휴식을 취해도 좋다. 1층 중앙에는 극장의 매표소가 있다.

(나) Dom Knigi (돔 끄니기)

젊은이들의 거리인 신아르바트 거리 한 가운데 위치하고 있는 돔 끄니기는 외국어 서적도 다량 구비하고 있는 모스크바 최대의 서적센터이다. 지도, CD, 오래된 서적과 미술서적, 과학서적 등 폭넓게 갖추고 있다. 서점 밖 도로 변을 따라 즐비하게 늘어서 있는 서적상에게서도 의외로 싼 가격에 원하는 책을 구입 할 수 있다.

주소: 26 Ulitsa Novy Arbat, Moscow

Tel: 095-290-3580

(다) 멜로디야

CD 정품을 구입하고 싶다면 멜루디야가 대표적이다. 멜로디야는 돔 끄니기에서 쭉 걸어가나 보면 버스 한정거장 정도 거리에 있다. 1층엔 대중적인 것들, 2층엔 클래식과 기타 음반이 진열되어 있다. 클래식은 외제와 러시아제품이 있는데 러시아 제품이 훨씬 저렴하다. 굳이 사지 않더라도 구경삼아 가 볼만한 곳이다. 다른 것은 몰라도 클래식 음반은 가장 저렴하게 구입 할 수 있다는 장점이 있다.

(라) 모스크바(서점)

크레믈린 쪽에서 뜨베르스까야를 쭉 올라 므하뜨를 지나 모스크바 시청사 앞에 말탄 <유리 돌가루끼> 동상 옆에는 실속 있는 서점 모스크바가 있다. 그리 눈에 띄지는 않지만 규모는 꽤 큰 편이다. 새로 나온 책들을 자유롭게 선택해서 볼 수 있고, 아이들이 참고 할 수 있는 책도 많이 진열되어 있다. 그리고 상당히 대중적인 책들이 더욱 많아지고 있는 곳이다.(환타지아, 추리소설, 유명인물 위인전기 등) 맞은편에는 철학, 역사 등의 전문서적들이 진열되어 있다.

가격은 돔 끄니기보다 저렴한 편이다.

특히, 서점 모스크바가 유명한 것은 중고 서적 때문이다. 아주 오래된 책에서부터 무엇보다 전집류가 많이 있다. 예를 들면 체홉 전집 30권짜리 등이다. 희귀본이 아니면 비싸지 않다. 참고로 체홉 12권 전질이 약 15불 정도, 30권 전질은 45불 정도 한다. 전공별로 정리되어 있고 원하면 들어가서 구경하면서 볼 수도 있다.

특히 예술 관련 중고 책들을 원하는 쇼핑객들은 꼭 한번 들러보아도 좋을 것이다.

(마) 베료스카

모스크바에는 다양한 종류의 베료스카가 있는데 우선 러시아 호텔과 메지두나로드나야 호텔(인터내셔널 호텔)내에 있는 베료스카가 가장 대표적이다.

러시아에서 가장 큰 호텔인 러시아호텔의 베료스카는 특히 선물용품이 풍부하게 갖춰져 있고, 메지두나로드나야 호텔은 주로 숙박객을 대상으로 하는 상점이어서 선물뿐만 아니라 의류나 가전제품, 식료품도 취급하고 있다. 최근에는 크리스찬 디올 브랜드와 서독과 합병한 부띠끄 등도 있다.

한편, 노보데비치 수도원 앞(루즈네츠키 대로)의 베료스카는 유일하게 일요일에도 영업을 한다. 서적전문 베료스카(플레치스첸크 거리)는 영어로 쓰인 여행책자가 풍부하게 구비되어 있으며 멋있는 화집도 있다.

(바) 제츠키미르

류반크 광장 서쪽의 밖에서 에스컬레이터가 올라가는 것이 보이는 건물이 제츠키 미르로 어린이들의 세계이다. 4층 건물이 모두 어린이들을 위한 제품들로 가득 차 있는 백화점이었으나 지금은 자동차 전시가 열리는 등 어린이 용품은 찾아 볼 수 없다.

러시아의 어린이들은 상당히 귀엽고, 어른들도 아이들을 매우 귀여워하기 때문에 제츠키 미르는 언제 가보아도 많은 사람들로 붐빈다. 특히 아이스하키 게임이 인기가 가장 좋다. 백화점 내부는 2층까지 가운데가 넓게 뚫려 있어 마지 어느 역에 서 있는 듯하다.

(사) Cheryomushkinsky Market (체르노무쉬킨 시장)

오늘날에는 선진국의 다양한 물건들을 들여와 최고급으로 꾸민 외국식 슈퍼마켓들도 많이 생겨났지만 아직도 대부분의 러시아인들은 집에서 가까운 곳에 위치한 상설시장을 찾아 식품을 포함, 그 외의 살림도구들을 구입하고 있다. 이는 수입품들을 비싼 정찰가격에 파는 슈퍼마켓보다 한결 신선한 러시아산 야채나 과일, 육류 등을 흥정을 통해서 더 싼 가격에 살 수 있는 시장이 경제적으로 여유롭지 못한 대다수의 러시아인들에게 절실하게 와 닿기 때문이다.

만약 좀 더 러시아적인 분위기를 느껴보고 싶다면 메트로 Universitet 역과 profoyuznaya 역의 중간지점에 위치한, 사람들로 늘 북적대는 체르노무쉬킨 시장을 들러 보길 권한다. 각종 먹거리를 포함, 수입 꽃, 식물, 생활필수품 등을 싸게 구입 할 수 있다. 단, 봉투는 추가로 구입하여야 한다.

주소 : 1 Lomonosovsky Prospekt, Moscow

(아) Izmailovo(이즈마일로보)

주말에 모스크바 시내에서 약간 떨어진 곳에 위치한 이즈마일롭스키 빠르크에 가면 갖가지 러시아적인 물건들을 만날 수 있다. 마뜨로쉬까(전통적인 농촌 아낙네의 복장을 한 인형을 열어보면 또 다시 그보다 작은 인형이 들어있다. 보통은 5-7개 정도이지만 20개까지 들어가 있는 것도 있다)라고 불리는 러시아 목각 인형부터 시작하여 직접 손으로 만든 러시아 숄, 청백의 도자기로 만든 식기와 장식품, 나무로 만든 다양한 도구들뿐 아니라 서적, 그림, 카메라 및 축음기, 군복 등 구소련 시대부터 내려져 오던 골동품도 구경 할 수 있다.

특히, 모스크바를 방문한 한국인들에게 이 곳이 잘 알려져 있는 이유는 바로 싸고 질 좋은 호박 덕분이라고도 할 수 있는데, 호박에 대한 한국인의 수요는 "호박", "쌉니다"라는 등의 팻말이 물건들 앞에 놓여져 있는 것만 봐도 알 수가 있다.

(지하철역 : 이즈마일롭스끼 빠르크)

(자) Yantar (얀따르)

Belorussky 역 근처에 위치해 있으며, 발트해 연안에서 온 호박 등 특이한 보석들을 살 수 있다.

주소 : 14 Gruzinsky Val, Moscow

Tel : 09-254-0577

(차) Petrovsky Passage (뻬뜨롭스키 빠사쥐)

수입품과 기념품을 살 수 있다. 멋지게 다시 꾸며진 혁명이전의 아케이드로 상점뿐만 아니라 점심을 먹을 수 있는 좋은 카페도 있다.

주소:Ulitsa Petrovka 10

② 상트 페테르부르크의 쇼핑정보

상트 페테르부르크의 상점들은 일반적으로 오전 10-11시 경에 문을 열어 저녁 8-9시경까지 영업을 한다. 규모가 큰 백화점 같은 경우가 아니라면 보통 2시부터 3시까지 점심 휴식시간을 가지기 때문에 이 시간에는 문을 열지 않는 곳이 많다.

이 곳은 도자기로 빚은 흰색과 파란색 빛깔의 정교한 찻잔 세트와 주전자, 도자기 인형들과 더불어 수예품, 보드카, 마뜨로쉬카 등의 목공 장식품이 특히 유명하다.

한편 상트 페테르부르크의 주요 상점을 살펴보면 다음과 같다.

(가) Gostiny Dvor

노란색의 커다란 19세기 건물의 백화점으로 2층에서는 수입된 음식과 술을 살 수 있다.

주소 : 35 Nevsky Prospekt

Tel : 7-812-312-41-65

(나) Dom Knigi

상트 페테르부르크에서 가장 유명한 대규모 서점으로 흥미로운 건축과 역사에 관련된 서적을 많이 볼 수 있다. 까잔 성당 정면에 위치하고 있다.

주소 : 20 Nevsky Prospekt

Tel : 7-812-219-62-13

(다) Kuznechny Market

Nevsky Prospect에서 차로 5분 거리에 위치하고 있다. 그 지역에서 재배한 농산물을 비롯하여 이국적인 수입 농산물, 코카서스나 아시아에서 수입된 물건을 파는 파머스 마켓(farmers market)이다.

주소 : Kuznechny Pereulok

(라) lenovaya Alleya

네프스키 대로의 그랜드 호텔 유럽 근처에 위치하고 있다. 군인벨트, matryoshka 인형, 칠기상자, 기념품들을 구입 할 수 있는 곳인데 러시아인은 티켓을 사야만 들어갈 수 있다.

③ 러시아의 중앙시장

중앙시장은 2층으로 지어진 건물로 1층은 식품판매장, 2층은 의류품을 팔고 있는 대형시장이다. 다량의 의류품들은 도매시장처럼 싼 가격에 판매되고 있으며, 싱싱한 식료품들이 매일 거래가 되고 있는 활기찬 도심의 시장이다.

④ 이르쿠츠크의 토산품

(가) 시베리아 특산품 마뜨로쉬까

시베리아에서 나무로 만들어진 대표적인 토산품인 고르바쵸프, 옐친을 닮은 인형, 푸친대통령을 닮은 인형 등 여러 가지 표정을 닮은 인형이 판매되고 있다.

사진자료 : 러시아의 대표적 관광기념품 마뜨로쉬까
사진출처 : www.hanatour.com

(나) 보석판매점

시베리아의 보석종류가 풍부하며 많은 광석이 채취되는 곳으로 값싼 보석에서 값비싼 보석에 이르기까지 다양한 구매를 할 수 있으며, 시베리아의 특산품으로도 유명하다.

⑤ 블라디보스톡의 끼따이 시장

끼따이 시장은 조선족이 상권을 차지한 극동최고의 시장으로 끼따이 바자(Chinese market)라고 불리운다.

러시아 블라디보스토크(Vladivostok) 북쪽 100km에 위치한 우슬리스크(Ussurisk)시는 인구 160만 명의 도시로 극동 러시아의 상업 중심지이다.

이 곳에 생긴 '중국인시장(Chinese market)'에는 거의 없는 물건이 없을 정도로 러시아에서는 드물게 다양한 물건들을 싸게 팔고 있다. 이 시장에는 1,500개의 상점이 있으며 우슬리스크시에 가장 많은 세금을 내고 있다. 이 시장은 우슬리스크시의 보물 상자인 것이다. 러시아 사람들은 이 시장에 와서 차 주전자, 실내화, 잠옷, 부엌 리놀륨과 그 밖의 많은 물품들을 구매한다.

이 곳 중국인시장의 가격은 블라디보스토크 시장의 가격보다 삼분의 일 가량이 저렴하다. 그래서 블라디보스토크에서도 울슬리스크의 중국인시장으로 쇼핑을 하러 몰리고 있다. 이런 이유로 블라디보스토크 시장과 관련이 있는 블라디보스토크의 마피아들이 중국인시장이 가격을 낮게 부르는데 불만을 품고 시장에 방화를 한 적도 있다.

이런 중국인시장의 상권을 장악하고 있는 것이 고려인들이다. 이들은 고려인 마피아들의 힘을 업고 상권을 장악해 나가고 있다. 연변에서 들어오는 많은 조선족들과 강제이주정책으로 이곳에 정착한 고려인 마피아들이 손을 잡고 이 곳의 상권을 장악한 것이다.

(2) 아시아지역

1) 중국(중국관광청 : www.cnta.com/lyen)

① 북경의 쇼핑정보

(가) 북경의 특산물

북경의 대표적인 특산물로는 궁등, 면인, 칠기 등을 들 수 있다.

가) 궁등(宫燈)

북경 궁등(宫燈)의 제작과정은 매우 정교하며, 재료선택부터 매우 정성을 들인다. 궁등의 틀은 일반적으로 홍목(紅木)과 단목(檀木), 화리목(花梨木)등 귀한 목재를 사용하며 틀 위에 채색유리견사로 장식하여 고풍스러우면서 화려하다. 매년 정월보름 "상원등절(上元燈節)"이 되면 거리 가득 화려한 등이 높이 걸려져 있어 명절의 분위기를 만들어낸다.

이외에도 북경에는 궁정색채가 강렬한 일종의 견화등(絹畵燈)이 유명한데, 북경의 공예미술상점에 가면 살 수 있다.

나) 면인(面人)

면소(面塑)라고도 불리는 면인은 만드는 방법은 간단한 편이지만 그 예술성은 매우 높은 민간 공예품이다. 색깔을 입힌 밀가루나 찹쌀가루를 주재료로 하여 반죽하고 이겨서 썰고 깎고 조각하여 각양각색의 인물이나 동물형상을 만들어낸다. 크기도 작아 휴대하기 편하며 모양변형이나 변색도 잘 안되기 때문에 기념품으로 사기에 적당하다. 유명 관광지라면 어느 곳이나 흔히 볼 수 있으므로 구하기가 쉽다.

다) 옥기(玉器)

중국인들은 오래 전부터 옥기(玉器)를 신분지위의 상징으로 여겨 옛날 부자들은 항상 옥으로 만든 노리개를 허리에 차고 다녔다. 옥기를 만드는 장인들이 북경 숭문문(崇文門) 번화한 시가 일대에 모여 있었기 때문에 북경은 중국 옥기의 중심도시가 될 수 있었다.

옥기를 만드는 일은 북경에서도 지위가 비교적 높은 직업으로 솜씨 있는 장인과 그 집안은 사람들의 존경을 받았으며, '선생'이라고 불렸고, 보수 또한 높았다.

지금도 그 전통과 품격이 그대로 계승되어 북경의 옥기공장은 작은 규모로 운영되면서 옥의 원색과 질감을 살린 화려하면서도 기품 있는 창작 작품을 만들어내고 있다.

사진자료 : 옥으로 만든 장식품
사진출처 : www.hanatour.com

라) 칠기(漆器)

북경 칠기는 크게 두 종류가 있는데 하나는 조칠(雕漆)로 14세기부터 이어져온 오래된 역사를 갖고 있는 공예품이다. 바탕에 동으로 법랑을 입히고 언저리에는 도금을 하며, 바탕에 붉은색, 녹색, 황색 등의 색깔이 있는 옻을 칠한다. 어떤 것은 옻을 입히는 과정을 수 백 번 거치기도 한다. 그늘에 말린 후 조각을 하면 되는데 조각의 방식은 부조와 루조 등이 있다.

나머지 하나는 금칠상감으로 채색된 옻으로 금을 입힌 후 자개로 상감하는 방법이다.

조칠이나 금칠상감 우아한 화려함에 옛스러우면서 차분한 느낌을 주어 북경의 색깔이 농후하게 묻어있는 공예품이다.

(나) 북경의 유명쇼핑거리

가) 전문대가(前門大街/치엔먼 따지에)

이곳은 매우 오랜 역사를 지닌 상업거리로 육필거장원(六必居醬園), 동인당(同仁堂)약방, 서부양주포점, 장일원차장(張一元茶莊)같은 수백 년 이상 된 전통 있는 상점들이 여전히 명성을 유지한 채 장사를 하고 있다.

이런 전통 있는 상점 외에도 북경 최대의 양복점인 신신(新新)양복점이나 따짜란(大柵欄) 제일, 제이 백화점, 숙녀용품상점, 아동 용품상점이 해방(공산화)이후에 새로 생기면서 지금까지 이어져 오고 있다. 최근 몇 년에는 이런 오랜 역사를 지닌 상점들 사이에서 전문대가 동쪽을 중심으로 새로운 치엔먼 상업건물이나 런런(人人)호텔 등이 새롭게 들어섰으며, 서쪽에는 정양(正陽)광장, 노서차관(老舍茶館)과 미국의 패스트푸드 업체인 KFC(켄터키 후라이드 치킨)가 들어섰다.

나) 서단상업대가(西單商業大街/시단상예따지에)

많은 경쟁 속에서도 끊임없이 발전해가고 있는 번화한 상업거리로 새로 조성된 문화광장과 유명한 중우백화(中友百貨) , 시대광장, 서단새특(西單賽特)쇼핑센터, 서단백화상장, 서단쇼핑센터 외에도 수많은 노점상들이 가득 들어서 있다. 얼마 전부터는 서단상업거리도 야시장을 열고 있어 또 다른 볼거리들을 제공하고 있다.

다) 수수가(秀水街/쇼우쉐이지에)

수수동가(秀水東街)에 위치하고 있는 수수가는 싸고 좋은 물건을 많이 파는 곳으로 유명하다. 무엇보다 이곳은 대사관 밀집지역과 가까이 있어 주말이 되면 북경에 상주하고 있는 외국인들의 산책코스로 이용되어 많은 외국인들이 시장을 지나다니며 중국어를 배우기 위한 다른 목적의 흥정 아닌 흥정을 하는 모습을 볼 수 있다. 이 거리에 있는 100여 미터 길이의 벼룩시장은 외국인들이 북경에서 필수로 거치는 쇼핑거리이기도 하다

라) 은가(銀街/인지에)

동단(東單)에서 동서(東西)까지 쭉 이어진 거리로 명품패션전문점들이 가득 들어서 있어 '귀족가(貴族街)'라고도 불리는 곳이다. 우리나라에도 잘 알려진 외국 수입브랜드 매장들과 함께 한국의 유명 의류브랜드들도 심심찮게 볼 수 있으며 KFC나 스타벅스 등 익숙한 패스트푸드점과 커피 전문점도 당당히 거리를 차지하고 있다. 중국의 젊은층이 주로 모이는 곳 이기도하다.

(다) 백화점(百貨商店 : 바이후오샹디엔)

대표적인 백화점으로는 우의상점(友誼商店 : 요우이샹디엔)이 유명하다. 우의상점은 곳곳에 있으며, 그 외 유명 백화점으로는 연사우의상점(燕沙友誼商城 : 이엔샤요우이샹청), 당대상점(當代商場 : 당다이이샹창), 싸이터(塞特購物中心 : 싸이터꼬우중신) 등이 있다. 대형 백화점은 대개 저녁 9시까지 영업을 하며, 이 곳들은 비교적 가격이 비싼 편이지만 품질을 믿을 수 있기 때문에 많은 외국인들이 찾는다. 하지만 대부분의 고객은 중국인으로 중국 내의 빈부의 격차를 실감 할 수 있다.

이 외의 쇼핑장소로 중국의 재래시장을 들 수 있다. 이 곳에서는 값싼 생활용품, 식료품 등이 주를 이루고 있는데, 중국 사람들의 실생활을 엿볼 수 있는 색다른 체험이 될 것이다.

가) 쇼핑 품목

중국의 대표적인 쇼핑품목은 차, 술이 꼽힌다. 중국의 차는 잎차가 대부분으로 상등품부터 하등품까지 가격이 천차만별이며, 술 역시 알콜도수, 재료, 가격 등에 따라 다양하기 때문에 신중한 선택이 필요하다. 작은 선물용 기념품으로는 수공예품 인형, 실크 스카프, 부채, 반지, 팔찌 등의 악세사리 등이 인기가 높다.

나) 쇼핑가

중국의 전통이 가득 베어 있는 선물을 고르고 싶다면 유리창(琉璃廠 : 리우리창)이나 도서창(圖書廠 : 투슈창) 등에 가보는 것도 좋다. 단 이 곳들은 오후 5시를 전후로 일찍 문을 닫기 때문에 서둘러 가야만 한다.

반면 현대적인 쇼핑가를 원한다면 왕푸징(王府井), 시단(西單)을 찾는 것이 좋다. 이 곳은 시내 중심가에 위치하고 있으며, 대형 백화점과 패스트푸드점 등이 자리하고 있다. 중국의 젊은이들이 주로 모이는 곳이기도 하다.

② 광주의 특산물

가) 파인애플(蜜菠蘿)

광주의 특산물 중 하나인 菠蘿(뽀루오/파인애플)의 원산지는巴西(빠시/파서지역)로 16세기에 중국에 들어와서 현재는 70여 품종이 있으며, 영남(광동, 광서)의 4대과일 중 하나이다. 뽀루오는 일년에 세 차례 열매를 맺으며, 6월에서 8월에 여문 것이 가장 맛있다.

신선한 뽀루오는 색이 싱싱하며 형태가 단정하면서 견고한 것이 좋다. 뽀루오에도 여러 품종이 있지만 광주에서는 사라와크종인 "糖心菠蘿"(탕신뽀루오)가 가장 맛있고 유명하다. 특히, 황포구의 황등촌(黃登村) 에서 생산된 "黃登菠蘿"는 꿀과 같은 과즙과 아삭한 육질이 매우 맛있다.

나) 바나나(大香蕉)

광주의 바나나는 영남(광동,광서)의 4대과일 중 하나로 감귤, 여지, 파인애플에 이어 두 번째로 재배량이 많다. 중국의 바나나 재배 역사는 2000년이 넘으며 광동성 여러 지방에서 생산되고 있다. 이곳의 바나나는 그 과육이 부드럽고 달콤하며 특유의 향기를 갖고 있다. 장의 열기를 가라앉혀 변비에 좋을 뿐 아니라 혈압을 낮춰주고 혈관경화를 방지하는데 효과가 있다.

다) 옥 공예품

광주 옥 조각공예는 당대 후기에 본격적으로 시작되어 현재까지 1,000여년의 역사를 가지고 있다. 송대의 "七巧色玉/칠교색옥" 선동공예 기술을 기반으로 "留色/유색"의 기교를 창조하여 옥 본연의 색채를 유지 하면서 정교함과 섬세함을 가미하였다.

옥조각 공예품은 크게 옥 장신구와 장식품으로 나눈다. 여기에 사용되는 재료는 주로 비취옥을 쓰며 장신구에는 목걸이, 반지, 귀걸이 등 종류도 다양하고, 금, 은 등을 함께 이용하여 화려하면서도 기품이 있다.

장식품은 옥으로 화초, 인물, 금수, 옥탑 등을 만드는데, 매우 고급 공예품이다. 광주에서 옥으로 제작된 18겹 쌍사자 무늬 구형 조각은 1978년 전국 과학대회에서 상을 받기도 했다.

라) 홍목가구(紅木家具)

홍목가구는 동양식 응접실에 진열하는 고급 실용 예술품으로 홍목은 화류목 등 두 종류로 나뉘는데 이 나무의 목재들은 재질이 견고하여 이 목재로 만든 의자에 앉았을 때 상쾌하면서 시원한 기분이 든다. 또한, 뜨거운 물에 가구가 젖었을 때도 색의 변색이 없는 특징이 있다. 광동 홍목가구는 중국의 조각공예와 목재공예의 전통을 이어 소박하면서도 우아하고 광택이 매끄러우며 채색함이 선명하다. 홍목가구의 주요 상품은 침대, 의자, 화병과 탁자, 등롱(燈籠)등의 공예품을 들 수 있다.

③ 장춘의 특산품

가) 장춘 라오마오셩 탕과

장춘시 라오마오셩(老茂生)식품공장에서 생산되는 탕과(糖果)시리즈는 달콤하면서 영양이 풍부하여, 아이들은 물로 어른들에게도 매우 인기 있는 간식거리로, 외국인들도 거부감 없이 즐길 수 있다.

라오마오셩 탕과는 매우 오래된 역사를 자랑하며, 긴 시간만큼 그 탕과의 종류도 매우 많다. 그 중 가장 인기 있는 탕과로는 紅梅牌白氷糖 , 紅梅牌人蔘軟糖, 紅梅牌鹿茸軟糖 과 銀盾牌菠蘿奶糖 등이 있다.

나) 장춘 목조

동북지방의 유명한 민간 공예품중 하나로 2000여년의 역사를 자랑하고 있다. 장춘목조는 백두산의 나무를 원재료로 사용하고 있으며, 민간 수공예 장인의 섬세하고 정교한 기술로 조각하여 독특한 조형의 아름다움과, 질박하면서도 생동하는 듯한 특징을 갖추고 있다. 조각의 주요내용은 길상회복의 물건과 역사나 민간전설 속에 나오는 인물과 고사 등을 주로 다루고 있다.

④ 해남도 특산품

가) 야자수 토속품

해남도에서 가장 흔하게 볼 수 있는 것 중의 하나가 바로 야자수이다. 해남도에는 야자수가 많기 때문에 시장 등지에서 야자수로 인형을 만들어 파는 것을 비교적 쉽게 볼 수 있다. 이러한 인형들은 가격도 저렴하고 본토에서는 볼 수 없는 재미있는 토속품 중의 하나이다.

나) 산호

'해석화(海石花)'라 불리는 산호는 바다 속 진기한 꽃으로 열대 해양에서 볼 수 있다. 산호는 식물도 아니고 광물도 아닌 신기한 생물로 무수한 산호충(열대해역에서 강장운동을 하며 살아나감)의 유체가 모여 바닷속에서 기이하면서 아름다운 형태와 눈같이 희거나 피같이 붉거나 비취같이 녹색이거나, 금같이 누런 환상적인 색을 나타낸다. 이 아름다운 해저의 기이한 꽃을 공장에서 다시 가공하여 조가비와 섞어 각종 모양의 아름다운 산호분재를 만든다.

다) 진주

해남도의 진주는 주로 삼아시와 능수현에서 생산되고 있는 특산물로 백접 진주조개는 중국 남해에만 있다. 해남진주는 질이 좋을 뿐 아니라 크기도 매우 커서 가장 큰 진주알이 직경 15T5밀리미터에 높이 19밀리미터이다. 해수 진주로 만든 목걸이, 귀걸이, 브로치 등은 민물 양식진주에서는 볼 수 없는 진주 특유의 우아함이 더하여 매우 인기 있는 관광기념품이기도 하다.

라) 수정

해남산 천연수정은 매우 우수한 품질로 맑고 깨끗하면서도 매끈하고 윤이나 북경 모택동 기념당의 수정관이 해남수정을 사용하기도 하였다. 무엇보다 국외 선진 가공기술설비를 들여와 다양한 디자인과 색으로 장신구며 장식품으로 가공하여 국내외 관광객에게 모두 인기가 있다.

⑤ 항주의 대표특산품

항주의 특산품으로는 옛 중국 황제들이 즐겨 마셨다는 녹차의 대표 격인 용정차(龍井茶 ; 룽징차)가 유명하다. 용정차의 역사는 1200년 이전부터 시작되었으며, 중국 10대 명차에 속한다. 항주 외곽 지역에서 차밭을 쉽게 볼 수 있으며, 산지에서 식섭 구입 할 수도 있다.

또한 실크로 만든 옷, 스카프 등도 유명하며, 그 외에도 젓가락. 왕성기 부채, 장소천 가위 등이 유명하다.

⑥ 가욕관의 공예품

가욕관 시내에서 쇼핑을 하고자 한다면 신화북로(新華北路)에 있는 우의상점(友誼商店)이 가장 편리 할 것이다.

이곳의 주요 상품은 보석 장신구와 공예 미술품 등으로 자화(字畵)와 이곳 특산품인 흑산석 도장, 가욕석 벼루, 낙타털로 짠 그림, 문방사우, 여행용품 등 2,000여 종의 물건들을 갖추고 있다. 각종 미술 공예품들은 그 풍격이 독특하고 조형이 정교하며 모두가 정품들이라 안심하고 쇼핑할 수 있다.

시내 길거리에 있는 노점상에서는 규격화된 상점에서 맛볼 수 없는 특색 있는 풍물들을 만날 수 있으나 불량품도 많기 때문에 값의 흥정에 앞서 물건의 품질을 잘 살펴봐야 할 것이다.

⑦ 곤명의 대리석

대리의 대표 특산품은 대리석이다. 이미 당대부터 대리석이 산출되었다고 하는데, 지금도 그 산출량이 예전과 다름없이 많다고 할 정도로 대리석이 풍부하다. 이곳 대리는 예나 지금이나 전국적으로 유명해 옛날부터 황제가 부잣집에서 대리석으로 만든 장식품들을 소장하는 경우가 많았다고 한다.

때문에 천연대리석으로 만든 문방사우, 화분, 화병, 등 기구, 도장 등의 물건들이 가득한 상점이 대리고성 및 각 풍경구마다 많이 있다. 또 이런 상점은 공장과 겸하고 있는 경우가 있어서 연마기를 써서 직접 이런 기구들을 만드는 모습을 볼 수도 있다.

대리고성의 북쪽에 있는 성곽의 북문에서 멀지 않은 곳에 여러 군데의 가내수공업 형식의 세 공공장이 있다. 이곳에서는 대리석의 가공모습과 함께 설명도 해 주며, 저렴하게 공예품을 구입할 수도 있다. 특히 대리석으로 만든 바둑알이 유명하다고 하니, 눈여겨보는 것도 재미있을 것이다.

⑧ 상해의 쇼핑정보

가) 난징루

남경로(南京路 : 난징루)는 백여 년 간 줄곧 중국인들에게 쇼핑의 천국으로 여겨지고 있는 곳이다. 이곳에는 상해제일백화점, 신세계상가, 화련상가, 제일식품상점, 상해패션회사 등의 유명 상점들과 외국체인 호텔 그리고 화평호텔, 금문호텔 등 중국의 지명도 있는 호텔들과 노봉상(老鳳祥)금가게, 실크상점, 형따리 시계점, 샤오완셩 남방특산물 상점, 우량차이 안경점, 왕카이 극장, 구오화 도자기상점, 구두상점 등 중국산에서 외국산까지 갖가지 종류의 상점들이 거리 가득 줄지어 서있다. 이외에도 중국의 전통적인 간식거리를 비롯해 하겐다즈나 피자헛, 맥도날드 같은 친근한 브랜드의 먹거리들도 많다.

최근에는 세련된 외관의 대형건물과 상점들, 고층빌딩 등이 점점 늘어나면서 남경로의 경관도 더 화려하고 멋지게 변하고 있으며, 상해 도심야경에 한몫을 하고 있다.

가는 방법은 지하철 2호선 정안사(靜安寺)역, 석문일로(石門一路)역, 인민광장역, 하남중로(河南中路)역에서 내려 조금 걷거나, 지하철 1호선 인민광장역에 내리면 지하통로가 남경로의 신세계 상점과 연결되어 있다.

그림자료 : 난징로의 쇼핑가
그림출처 : www.hanatour.com

나) 예원시장(豫園商城/위위안 상청)

7.5만 평방미터의 면적에 열빈루(悅賓樓/오락쇼핑센터), 백령루(百靈樓/국제쇼핑센터), 화풍루(和豊樓/먹거리 센터) , 천유루(天裕樓/백화점), 화보루(華寶樓/공예품 회사), 경용루(景容樓/금은보석 회사) 그리고 경유루(景裕樓/예원상가)등 7개의 명·청 풍격을 모방한 고건축물의 상점들이 자리 잡고 있다.

평소 널리 알려져 있는 유명한 복우로(福佑路) 거리의 관광기념용품 상점이며, 상해 라오판디엔, 호빈 미식루 등 크고 작은 노점상들이 즐비하다.

한편, "小"('일상 잡화들의 천국', 만여 종의 전통적인 일상용품들이 모여 있다), "土"(상해의 토산품들을 이곳에서 모두 찾을 수 있을 뿐 아니라, 중국 전역의 토산품들도 구할 수 있다), "特"(특색 있는 상점들이 많이 모여 있다. 지팡이 가게나 병마개 상점, 젓가락 상점, 어구 상점, 우산 상점 등 독특하면서 전문적인 상점들을 볼 수 있다), "중국 전역의 토산품들도 구 할 수 있다), "

다) 회해로

회해로(淮海路)는 상해의 중심 상업거리 남경로와 같은 쇼핑거리로 남경로를 상해 상업중심가의 상징이라고 한다면 회해로는 풍미, 품격, 유행의 거리로 표현할 수 있다.

회해로는 크게 동(東), 중(中), 서(西) 세 구역으로 나눠져 각기 다른 분위기와 특색을 가지고 있다. 동(東)구역(서장남로-중경남로)은 고급 상무지대로 홍콩광장, 상해광장 등 고급 사무실과 바이나오훼이(百腦匯)와 사이보(賽博) 등 컴퓨터광장, 그리고 태평양 백화점 진해로점과 대상해시대광장 같은 비교적 큰 규모의 비즈니스 빌딩이 있다.

중(中)구역(섬서남로-중경남로)은 고급 상업지대로 거리 양편으로 멋진 인테리어의 상점들이 줄지어 서있으며, 고상하면서도 우아한 바이셩(百盛), 빠리춘티엔(巴黎春天), 얼바이용신(二百永新), 화정이스단(華亭伊勢丹)등 유럽풍 분위기의 백화점에서는 고가의 최신유행상품과 명품들을 판매한다. 이외에도 상해시 부녀용품상점, 고급 브래지어회사, 전국특산품회사 등 유명한 상점들이 자리잡고 있다.

서(西)구역에는 고급주택지대와 상해의 유명한 인문경관이 있는데 그중 가장 번화한 곳은 서쪽으로는 섬서남로에서 동쪽으로는 서장중로까지의 2km길이의 진해중로이다. 서(西)구역(섬서남로-상열로)은 유행쇼핑지대로 여성패션상품을 전문으로 하는 메이메이 백화점과 의류, 장신구를 중심으로 한 상양시장(원래는 화정로 복신전문시장이었으나 이곳으로 이동하였다)이 있다.

교통편은 지하철 1호선의 섬서남로(陝西南路)역이나 황포남로(黃陂南路)역에서 내리면 된다. 버스의 경우는 42번, 146번 버스와 에어컨 버스인 02번, 911번, 920번, 926번, 946번 버스와 관광전용10호선 버스를 타면 회해중로(淮海中路)역에 도착 할 수 있다.

라) 사천북로

사천북로는 상해가 개항된 후 가장 일찍 조성된 몇 개의 거리 중 하나이다. 현대적인 "일반대중들을 위한 상업 거리"로 고품질의 상품들을 중저가의 가격으로 쇼핑 할 수 있으며, 유명 브랜드 상품들이 많아 이곳을 찾는 상해 시민들과 중국 국내·외 관광객들이 점점 늘어나고 있다. 평균 1일 방문객 수가 90만 명에 달하여 남경로(南京路), 진해로(進海路), 금릉로(金陵路), 예원시장 등과 함께 상해의 대표적 상업 중심지를 이루고 있다.

전문화, 전매화를 특징으로 한 신개복상가와 여성, 아동복을 전문으로 하는 개륜상가 그리고 장식품, 포장 용품을 주로 파는 다륜상가 등 좋은 품질의 물건들을 파는 상업시설이 들어선 후에도 여전히 중·저가 상품을 위주로 하여 폭넓은 경제수준의 사람들을 끌어들이면서 상해 시민들의 쇼핑천국으로 자리매김하고 있다.

수년간 사천북로는 점차 상품의 질은 높여가면서 가격은 중저가로 고수하여 상해 시민들의 실속 있는 쇼핑패턴에 맞춰하고 있다 사천북로는 고가의 명품들이 주를 이루는 진해로와 유명 브랜드를 중심으로 한 남경로와 뚜렷한 대조를 이루고 있다.

⑨ 심양의 주요시장

심양의 주요 상업지대는 주로 中街(步行街)와 太原街 일대에 분포되어있으며 대부분 상가의 영업시간은 오전 9시부터 오후 10시까지이다.

그중 심하구(沈河區) 풍우단(風雨壇)거리에 있는 오애(五愛)시장은 전국 5대 정기자유시장 중 하나이다. 요녕 및 동북지방의 의류경공업 도매로써 품종이 다양하면서 질 좋고 싼 물건들이 많은 곳으로 222번, 324번, 603번 버스를 타면 갈 수 있다.

남호공원(南湖公園) 고문물 시장은 수십 여 개의 점포가 골동품, 서화, 도장, 자기, 옥기, 목각, 산호, 보석장신구 등과 옛날 돈 등을 판매한다.

심양의 유명 토산품인 황제하사품 베개 및 모필화, 비단조화, 채석상감화 등도 이곳에서 찾아볼 수 있으며 매주 주말이면 각지에서 모인 쇼핑객들로 매우 번화하다.

⑩ 소주의 대표 쇼핑품목

소주의 비단과 자수는 오랜 역사를 지니고 있는 대표적인 예술품으로, 관광지나 쇼핑센터에서 실크로 만들어신 스카프, 잠옷, 블라우스 등을 쉽게 접할 수 있다. 지나치게 값이 싼 것들은 나일론이 섞여 있는 것일 수 있으므로 품질을 잘 살펴보고 구입하는 것이 좋다.

비단 외에도 그림, 서예, 비취 공예품, 부채 등도 인기가 많다. 또한 차, 월병, 벨벳 담요 등은 근처에서 쉽게 구할 수 있는 특산품이다.

⑪ 천진의 쇼핑정보

가) 고문화가

고문화가(古文化街)는 노철교대가(老鐵橋大街)에서 시작해서 수각대가(水閣大街)에 이르는 곳으로, 길이가 687m이며, 폭은 5m인 쇼핑 거리이다. 원나라 태정 3년(1326년)에 천후궁(天后宮)이 지어졌는데, 명대에는 상인들이 몰려 번영하기 시작했다. 건국 후에는 천후궁이 쇄락하기 시작했으나, 1989년 '고문화가(古文化街)'라는 명칭으로 불리며 활성화되었다.

거리의 양측에는 명청대의 풍격을 모방하여 만든 벽돌과 나무로 지어진 2층짜리 건물이 있고, 고문화가 안에는 80여개의 점포가 있다. 그리고 각 점포의 현판에는 당시의 서예가나 명인이 쓴

글씨가 쓰여 있다. 1991년에는 천진 십대 명소 중 한 곳으로 뽑히기도 했다.

한편, 중앙에 위치한 배의 항행을 지켜주는 여신을 모신 천후궁(天後宮)이라는 사당에는 민속박물관이 있어서 중국 선남선녀들의 어린시절 생활상을 그대로 볼 수 있다. 가끔 그 앞에서 지방극이나 곡예 등이 선보이기도 하는 이곳은 우리나라의 인사동과 같은 곳이다.

나) 도자기 인형

예쁘게 색칠된 토우(흙으로 빚은 인형)인 장차이쑤 도자기 인형은 천진의 특산물 중 하나이다. 제 1대 장명산(張明山)으로부터 시작된 채색토우공예는 장명산의 장(張)과 채색된 인형을 의미하는 차이쑤(彩塑)를 합쳐 장차이쑤라는 이름으로 현재 장명산의 5대 손이 장차이쑤 토우공방에서 가문의 맥을 이으며 제자들을 기르고 있다.

장명산은 진흙으로 인형을 만드는데 타고난 재주를 가졌던 사람이라고 한다. 전해지는 유명한 일화로 그는 경극을 보러갈 때 마다 소매 속에 진흙 덩어리를 숨겨 넣어 들어가서 공연을 하는 동안 배우들의 얼굴과 표정을 그대로 본뜬 인형을 빚어 공연이 끝나면 다시 소매 속에 넣어 들고 나왔다고 한다. 사람들은 이 인형을 만든 장명산을 니런장(泥人張)이라 불렀고 현재도 니런장을 모르는 사람은 없다. 니런장의 가장 유명한 작품으로는 <鐘馗嫁妹>로 주제를 가지고 인물의 동작, 성격, 표정이 각각 다른 29개의 인형으로 이루어져 있는 예술작품이다.

⑫ 투루판의 특산품

가) 포도(葡萄)

투루판의 대표 특산물은 포도로, 7-10월에 신선한 포도를 살 수 있다. 나머지 기간에는 건포도(葡萄乾 : 푸타오간)을 먹을 수 있다. 투루판의 건포도는 포도와 거의 같아서 달고, 종류도 많으며, 가격은 8-15원까지 다양하다.

나) 주머니칼(小刀)

신장의 주머니칼은 유명하여 실용성은 물론 소장가치 또한 높다. 가격은 10원에서 100원까지 다양하며, 보통 30원 정도면 좋은 칼을 살 수 있다.

다) 하미과(哈密瓜)

일명 첨과(甛瓜:tian gua)라 불리는 하미과는 신강위구르자치구의 동호과(東湖瓜)가 가장 유명하며 "진귀한 과일" , "瓜(수박과)중의 왕"이라는 별칭을 갖고 있다. 하미과의 외형은 타원형이며,

과피는 황색이나 청색을 띠고 그물 형 주름이 있다. 백색, 청색 혹은 홍등색의 과육은 비교적 두터운 편이다.

하미과의 재배역사는 진(晋)대까지 거슬러 올라가며, 정식으로 하미과라는 이름을 얻게 된 것은 청대부터이다. 하미과의 품종은 "흑미모(黑眉毛)","황금용(黃金龍)" "향리황(香梨黃)" 등 20여종이 있으며, 그 중 "홍심취(紅心脆)"는 진품 중의 진품으로 여긴다. 두툼하면서도 달콤한 과육과, 그윽한 과일의 향내, 그리고 한입 물었을 때의 상쾌한 맛을 지닌 투루판의 하미과는 보관이 편리하여 이곳에서는 거의 1년 사계절 하미과를 맛볼 수 있다.

⑬ 우루무치의 특산물

가) 화마오(花帽:화모)

우루무치를 여행하다보면 어느 거리마다 볼 수 있는 화마오에 끌리게 될 것이다. 위구르어로 "두오바(朵巴)"라 불리는 화마오는 위구르족 남녀노소를 불문하고 모두가 즐겨 쓰는 모자로, 사방원통형 모양을 갖고 있으며 실용적이면서도, 장식의 기능을 갖고 있는 공예품이다.

화마오는 일반적으로 흑, 백을 사용하고 색실로 민족 특유의 꽃무늬 도안을 수놓기도 한다. 화마오는 위구르인의 일상 생활필수품이면서 또한 진한 친구나 귀한 손님들에게 주는 선물이 되기도 한다. 요즘은 작은 화마오가 유명한 공예품이 되었을 뿐 아니라 중국 내외에서 모두 잘 팔리는 중요한 기념품이 되었다.

나) 러와푸(熱瓦普:열와보)

러와푸는 위구르, 우즈벡, 타지크 등 소수민족들이 사용하는 현악기로 본체는 목재로 되어있으며 음상(音箱)은 반구형의 통에 양가죽이나 당나귀 가죽, 말가죽, 뱀가죽 등을 씌웠다. 악기의 목은 가늘고 길며 정수리 부분은 완곡하다.

러와푸는 남강(南疆)러와푸와 북강(北疆)러와푸로 나뉘어 지는데, 남강 러와푸는 본체가 비교적 작으면서, 지반(指板)위에 꼰실을 품(品)으로 하며 품의 위치를 바꿀 수 있고 음색이 청아하다. 북강 러와푸는 구리나 동물의 뼈를 품(品)으로 하며 일반적으로 5현을 사용하고 음색이 부드러우면서 맑다.

남강 러와푸는 악기의 본체와 활, 악기 머리부분에 동물의 뼈로 아름다운 전통문양을 상감하는데, 연주용 악기이면서 동시에 정교한 공예품이 되기도 해서 관광객들에게 인기가 좋다.

⑭ 황산의 문방사우

문방사우라 불리는 먹, 벼루, 종이, 붓은 문인들에게 있어서 꼭 필요한 것으로 이곳 서셴의 문방사우는 특별히 질이 좋아 유명하다.

서셴은 아주 작은 황산의 한 지역으로, 경제 문화가 일찍부터 번성했던 곳이다. 옛 부터 차와 먹으로 유명했었는데, 이곳의 먹은 휘묵(徽墨)이라고 하여 돌같이 단단하고 색깔이 진한 게 특징이다.

한편, 벼루도 이에 못지않아 당시의 문인들이 탐내는 명품이었다. 이 곳에 와서 먹과 벼루를 사가도 후회가 없을 정도로 그 품질이 우수하며, 가격도 그리 비싸지 않다. 벼루는 금빛의 별이 있는 것이 좋다고 하는데, 가격대도 다양한 편이다.

⑮ 카스의 쇼핑정보

중국 국내·외 학자들이 '소수민족 예술의 중심'이라고 평할 만큼 독특한 민족풍격을 진하게 담고 있는 카스의 민족공예품의 종류는 매우 다양하다. 이곳의 공예품은 주로 카펫트, 잉지샤 주머니칼, 실크, 모자, 토기, 장신구, 민속악기 등이다.

물론 "과일의 고향"이라는 별칭을 갖고 있는 카스이므로 석류, 편도, 무화과, 포도, 참외 등 갖가지 과일 역시 관광객들의 쇼핑 리스트에서 빠지지 않는다. 특히 이곳의 석류는 달면서도 새콤한 맛이 다른 지방에서는 결코 맛볼 수 없다.

가) 카펫

카펫은 카스의 전통 수공예품 중 하나로 정교하면서도 선명한 예술적 특징으로 유명하다. 품종이 많을 뿐 아니라 색상이 매우 화려하고 무늬 역시 다양하여 그 이국적인 선명한 멋은 눈을 뗄 수 없을 정도다. 요즘은 전통적인 360수 상품에서 540수, 720수 까지 갖가지 고급상품을 만날 수 있다.

카스의 카펫은 질적인 면에서도 우수할 뿐 아니라 명쾌한 색조와 시원스런 미관, 편안한 감촉, 견고성으로 실용적이면서, 예술적 가치 역시 높아 중국 국내·외 쇼핑객들에게 모두 환영받고 있다.

나) 잉지샤 주머니칼 (英吉沙小刀)

생산지인 잉지샤 현을 따서 이름 붙여진 잉지샤 주머니칼은 400여년의 역사를 지닌 카스지역의 전통적 명품 수공예품 중 하나이다. 최고의 재료로 정교한 작업을 통해 만들어진 잉지샤 주머니칼은 아름다운 모양과 화려한 무늬, 농후한 민족풍격을 담고 있으며, 현재 16개 품종의 30여개 색깔로 발전했다.

다) 토기

매우 깊은 역사를 갖고 있는 카스의 토기는 멀리는 석기시대부터 시작하여 한진(漢晋)시대에는 채도(彩陶)까지 발전하여 독특한 민족풍격을 전해내려 오고 있다. 특히 고대의 토기를 본뜬 것이 유명하여 전통예술을 계승하면서, 한편으로는 새로운 것을 창조하여 장식과 실용적 가치가 모두 높다.

소박하면서도 우아한 멋을 지닌 카스의 토기는 사람들에게 색다른 미적 감동과 예술적 매력을 줌으로써 오랜 기간 꾸준히 중국 국내·외 관광객들을 끌어들이고 있다.

※ 주의사항 : 이곳 시장에서 물건을 살 경우 값을 흥정하는 것은 당연하다. 그러나 무리한 요구나 이곳 주민들에게 무례한 행동을 하는 것은 피해야 한다. 흥정이 안 되어 물건을 사지 않을 경우엔 오른 손을 가슴에 올리고 "不要了, 謝謝(부야오르, 셰셰)" 라고 말하면 매우 정중한 사람으로 보일 것이다.

⑯ 연길의 쇼핑정보

가) 동방곰락원

여행사를 통해 예약을 해서 연길 지역을 여행하다보면 반드시 들어가는 곳이 곰사육 농장으로 웅담 관련 제품을 판매를 위해 웅담으로 만든 술을 시음하게 한다. 여기에서는 주변지역의 곰의 사육 실태에 대한 설명과 곰을 사육하는 모습 등을 시연해 준다.

나) 백두산 주변의 쇼핑

백두산 천지 입구나 장백 폭포 입구에는 백두산 돌이라며 보석처럼 빛나는 가짜 화산석을 펼쳐놓고 파는 잡상인들이 많다. 장백폭포나 백두산 입구에서도 산에서 재배한 산삼이나 영지버섯, 산나물 등을 파는 잡상인들이 있으나 귀한 약재는 대부분 가짜다.

⑰ 연대의 쇼핑정보

연대시내의 번화한 상업지구는 주로 남대가(南大街)와 북대가(北大街), 서남하(西南河)등의 지역에 분포하고 있으며, 주요 관광 기념품상점은 태산로(泰山路) 2호의 연대개발구 우의상점(연대 해산물로 만든 특산품과 토산품 등을 판매)과 지부구(芝罘區) 서대가(西大街) 8호의 진화상가, 평구 통해로(平區通海路) 199호의 신모화련 상가 등이 있다.

이 지역 토산품으로는 연대 사과와 장유 포도주, 금은으로 세공된 다구(茶具), 평주 옥조각, 평주 모필, 풀로 만든 수공예품, 평양 배, 백조알, 삼베자수 등 매우 다양하므로, 이곳의 특산품을 구경하는 것만으로도 볼거리가 매우 많다.

가) 금은세공 다구(茶具)

평양시 세보공예품공장에서 생산된 금은세공의 다구는 실용적이면서 중국의 전통적 미를 화려하게 살려 감상용이나 소장용으로 여러 가치를 갖고 있는 공예품이다. 국가적 예술품으로도 인정받아 당과 국가지도자들이 일찍부터 외국인 손님들에게 선물로 주는 경우도 많다. 이 다구를 만든 역사는 매우 오래되며 독특한 원료와 과학적 공예기술로 만들어져 차의 맛과 향, 색을 유지시켜줘, 차를 마시는 사람의 미각, 후각, 시각 각 방면을 모두 즐겁게 만들어 준다.

나) 백조알(天鵝蛋)

백조알의 학명은 자석방합으로 해양 조개류에 속하며 연대의 바다 주변에서 얻을 수 있는 진귀한 해산물중 하나이다. 보통 물의 흐름이 잘 통하고, 굵은 모래와 자갈 깔린 해저에서 서식하고 있고 냉수성 조개류로 추위에 매우 강하다. 크기가 큰 편으로 긴 것은 115밀리미터 이상짜리도 있으며, 무게는 0.5킬로그램을 넘고 조갯살이 풍부하면서 맛도 신선하고 영양가도 매우 높다.

2) 홍콩(홍콩관광 진흥청 : www.discoverhongkong.com/)

① 홍콩 쇼핑관련 일반정보

가) 품질관광서비스

관광쇼핑 시 가장 중요한 것은 무엇보다도 쇼핑상품의 질과 서비스 일 것이다. 품질 관광서비스 정책은 홍콩의 관광 서비스를 향상시키고 관광 서비스 종사원들의 자질을 높이고자 개발되었다. 품질을 인정받은 상점과 레스토랑의 진열장에는 품질 관광 서비스의 마크가 부착되어 있다.

사진자료 : 홍콩의 품질관광서비스
사진출처 : 홍콩관광진흥청 서울사무소 www.discoverhongkong.com/kor

나) 면세가격

홍콩에서의 쇼핑은 환상이다. 주류와 담배를 제외한 모든 상품이 면세이기 때문이다. 또한 면세 혜택은 홍콩을 세계에서 가장 훌륭한 쇼핑 목적지로 만들었다고 할 수 있다.

다) 환전

홍콩 달러의 환율은 미화 1달러 당 HK$7.8으로 고정되어 있으나 약간의 변동은 있다.

홍콩에서는 공항의 환전상이나 모든 쇼핑지역과 호텔에서 아주 쉽게 환전을 할 수 있다. 한편, 홍콩은 법률에 의해 환율과 커미션을 표시하게 되어 있으며, 호텔에서도 현금과 여행자수표를 환전 할 수 있다.

라) 신용카드

홍콩에서 신용카드를 가지고 쇼핑을 하는 것은 아주 쉬운 일이며, 모든 주요 카드들이 사용가능하다.

마) 영수증

상품의 구입 후 영수증을 받는 것을 잊지 말아야 한다. 그리고 선적과 보험 등 상품과 관련된 자세한 내용은 판매장에게 문의하는 것이 좋다.

바) 세관, 선적과 보험

대형 상품을 구입한 경우 홍콩에서 쉽게 그것들을 보낼 수 있다. 모든 상점과 호텔에서는 고객을 위해 포장과 선적 서비스를 하고 있으며, 손상, 파손 또는 분실에 대한 보험을 가입하는 것도 현명한 것이다.

한편, 홍콩 우체국은 효율적이며 경제적인 우편서비스를 제공하며, 국제적인 주요 운송회사도 특급 운송서비스를 제공하고 있다. 출국 전에 자국의 수입 관세와 법률을 확인하는 것이 좋다.

사) 보증

고가 상품의 보증을 위해 홍콩 상점의 이름과 마크 그리고 정확한 상품의 내용, 구입일 등이 명시된 보증서를 요청 할 필요가 있다. 단지 홍콩에서만 가능한 보증서를 주는 경우도 있으니 조심하는 것이 좋다.

아) 언어

홍콩의 쇼핑에서 언어는 전혀 문제가 되지 않는다. 광동어와 영어는 홍콩의 공식 언어이며, 영어가 넓게 사용되고 있다. 점점 더욱 많은 홍콩 사람들이 그들의 광동어를 보완하기 위해 중국어(북경어)를 배우고 있다.

자) 개점 시간

홍콩의 상점들은 보통 일주일 내내 개점하며, 작은 상점의 경우 저녁 늦게까지 영업을 하기도 한다. 몇몇 상점들은 구정연휴에 폐점을 하기도 한다.

차) 주요상점의 개점시간

- (홍콩섬)
  센트럴과 웨스턴 오전 10:00 - 오후 7:00
  완차이와 코즈웨이베이 오전 10:00 - 오후 9:30

- (구룡)
  침사추이 동부 오전 10:00 - 오후 7:30
  침사추이, 야마테, 몽콕 오전 10:00 - 오후 9:00

파) 바겐세일 쇼핑

현명한 쇼핑객들은 같은 상표의 상품이라도 대폭 할인된 상품을 구입 할 수 있는 공장직영상점이나 창고형 상점을 확인한다. 이 상점들에서는 디자이너의 견본이나 약간의 흠이 있는 상품을 대폭 할인 받을 수 있으며. 홍콩관광진흥청은 이러한 할인점의 리스트를 정기적으로 작성하고 있다.

② 대표적인 쇼핑품목

가) 예술품과 골동품

홍콩은 한 곳에서 모든 종류의 아시아 예술품과 공예품, 골동품들을 살 수 있는 곳이다. 미얀마제 양피지나 태국제 불상뿐만 아니라 오래된 실크제품, 수백 년 된 아편파이프, 역사적 가치가 있는 사진 같은 중국의 옛 물품들도 쉽게 구할 수 있다.

나) 비취와 보석류

면세항의 특성상 최상품의 보석을 합리적인 가격에 살 수 있는 곳이 홍콩이다. 금, 다이아몬드, 진주, 비취, 기타 여러 값비싼 보석 등은 최상의 품질을 자랑하고 있다.

다) 전자제품과 컴퓨터

최첨단의 전자제품과 컴퓨터, 가정용품들이 각 상점을 차지하며, 다른 어떤 나라보다도 빨리 최신제품을 출시하고 있으며, 면세항의 특성상 상대적으로 저렴한 가격에 구입이 가능하다.

라) 약재와 허브

약재상에 진열된 수많은 건재와 버섯종류, 약초뿌리 중 각자 필요한 약초를 구할 수 있다.

마) 실크제품과 카페트

섬세한 색상의 화려한 실크제품은 홍콩의 대표적 상품이다. 아울러, 다양한 스타일과 디자인, 직조방식을 자랑하는 수제 카페트가 중국본토나 이란, 터키, 아프카니스탄 등지에서 수입되어 판매되고 있다.

바) 맞춤상품

홍콩의 유명한 맞춤 양장점에서 정장 수트, 셔츠, 구두, 스커트, 이브닝 가운, 웨딩드레스, 핸드백, 모자 등과 같은 다양한 제품을 맞출 수 있다.

사) 패션제품

홍콩에서는 갖고 싶은 한가지의 상품만 선택한다는 것은 어려운 일이다. 세계적인 디자인의 명품들이 홍콩에 유일한 지점을 갖고 있는 경우도 많으며, 주목받는 홍콩디자이너인 바니 청(Barney Cheng), 비비안 탐(Vivienne Tam), 월터 마(Walter Ma) 등도 홍콩 내에 부티끄를 갖고 있다. 또한, 유명 디자인의 의류뿐만 아니라 시계, 가방, 안경, 액세서리, 우산 등과 같은 패션제품들도 유명하다.

③ 주요 쇼핑지역

(가) Hongkong Island

가) 센트럴(Central)

홍콩 중심의 비즈니스 지역인 센트럴에는 초고층 건물들과 대리석으로 만들어진 고급 쇼핑몰들이 몰려있다.

오래된 시장과 디자이너의 부티크의 대조는 언제라도 다양함과 흥미로움을 제공한다. 정부청사와 금융관련 회사, 은행들이 흩어져 있는 것도 쇼핑객에게는 좋은 점이다. 유명브랜드 제품이나 디자이너제품을 구입할 수 있는 랜드마크, 갤러리아, 프린스빌딩, 알렉산드라 하우스와 국제 금융센터의 쇼핑몰들은 이 지역의 중요 쇼핑센터이다.

더 레인스(The Lanes)로 알려진 센트럴의 두 거리인, 리윤 스트리트의 동쪽과 서쪽은 고가의 의류, 시계와 보석부터 가방과 신발까지 모든 상점들이 망라되어 있는 곳이다. 센트럴의 퀸스로드와 데스 보엑스 로드에 위치한 시장은 매일 오전 10시부터 오후 7시까지 개장한다.

스탠리 스트리트는 사진용품의 다양한 종류와 합리적인 가격으로 유명하다. 센트럴의 업무지역 윗 쪽에 위치한 헐리우드 로드는 홍콩의 골동품 거리이며 셩완 방향으로 좀 더 가면 센트럴의 계단으로 된 래더 스트리트의 거리 행상들을 만날 수 있다.

나) 웨스턴 지역 (Western District)

셩완의 웨스턴 마켓은 중국 수공예품점과 직물점으로 가득하다. 건물은 에드워드식으로 산뜻하게 재 단장 되었으며 셩완의 콘나프트 로드와 모리슨 스트리트의 모퉁이에 위치하고 있다. 이 곳의 서쪽은 건어물과 약재를 취급하는 중국풍의 상점들로 유명한 곳이다.

캣 스트리트의 상점가는 시계와 오래된 동전, 돌조각품을 파는 노점상들로 유명하며 또한 많은 흥미로운 중국 약재상들의 밀집지역이기도 하다.

다) 애드머럴티 (Admiralty)

애드머럴티는 고급 브랜드 상품으로 잘 알려져 있다. 홍콩에서 가장 유명한 쇼핑몰 중 하나인 퍼시픽플레이스는 이 지역에서 가장 이상적인 쇼핑장소다. 아마도 130개 이상의 상점에서 쇼핑객들이 원하는 막스앤스펜서, 래인크라우포드, 세이부와 최고급 선물들을 찾을 수 있을 것이다. 퍼시픽플레이스는 MTR 애드머럴티역과 연결되어 있다.

라) 완차이 (Wan Chai)

완차이 스트리트는 놀라울 정도로 다양한 종류의 쇼핑품목을 제공하고 있다. 퀸스 스트리스 동쪽을 따라 우수한 품질의 등가구와 중국 고가구를 판매하는 상점들이 위치하고 있다.

스프링 가든 레인은 저렴한 가격으로 의류를 구입할 수 있는 가장 좋은 곳이다. 시장의 상점들은 경쟁력 있는 품질과 가격의 수출을 위해 만들어진 상품을 판매한다.

또한 이 지역은 지역의 시장들과 연결되어 있어 다양한 경험을 제공한다는 장점이 있다. 스프링 가든 레인은 퀸스 로드의 동쪽과 손스톤 로드의 사이에 위치하고 있다.

마) 코즈웨이베이 (Causeway Bay)

코즈웨이베이는 홍콩의 작은 일본으로 알려져 있는데, 그 이유는 일본계 백화점들이 이 지역에 몰려 있기 때문이다.

신발, 전기 가전제품과 젊은이들 위한 의류 등 다양하고 풍부한 상품을 찾을 수 있다. 타임 스퀘어, 리 가든스, 캐롤라인 센터, 월드 트레이드 센터, 리 씨어터 프라자, 패션 아일랜드, 아일랜드 비벌리 등을 둘러보면 이 지역이 패션과 음식의 중심이라는 것을 알 수 있을 것이다. 스퀘어의 윈저 하우스는 다양한 컴퓨터제품을 선택 할 수 있는 곳으로 잘 알려져 있다.

코즈웨이베이는 놀라움으로 가득한 곳으로 간단한 쇼핑을 즐기는 사람들에게는 천국과 같은 곳이다. 자딘스 크레센트는 저렴한 의류, 액세사리 그리고 토산품들을 좋은 조건으로 구입할 수 있으며, 근처의 자딘스 바자는 전통적인 건식품과 두부들이 많이 있다.

MTR 코즈웨이베이역 출구 F를 이용하면 된다.

바) 타이 쿠 싱 (Tai Koo Shing)

쿼리 베이의 타이 쿠 싱은 홍콩에서 가장 큰 쇼핑단지인 시티프라자가 위치하고 있는데, 이

곳의 많은 상점들을 둘러보는 것만으로도 쉽게 하루를 소비 할 수 있다. 시티프라자의 아이스 스케이팅 링크와 다른 오락시설들도 매우 인기가 높으며, 소매상점들과 백화점들도 인기가 높다. MTR 타이 쿠역의 위쪽으로 연결되어 있다.

사) 압 레이 차우 (Ap Lei Chau)

애버딘 근방 남부지역의 압 레이 차우에는 항상 푸짐한 할인판매가 기다리고 있다. 이 지역은 상설가구 할인매장과 의류창고들이 위치해 있는데, 특히, 호라이즌 프라자 쇼핑센터에는 각층 마다 상설 의류매장들이 많이 있다.

아) 스탠리 (Stanley)

홍콩에서 가장 유명한 해변지역 중 하나인 스탠리의 시장을 걷다 보면 조금한 상점들과 레스토랑으로 북적거리는 스탠리 마켓을 발견할 수 있다. 역사적인 좁은 길들은 중국 그림, 수공예품, 가구, 실크제품과 흥미롭고 다양한 종류의 홍콩 기념품을 판매하는 상점들로 가득 차있다. 시장은 매일 오전 10시부터 오후 6시까지 개장한다.

(나) Kouloon

가) 침사추이 (Tsim Sha Tsui)

최신 유행의 상품들로 가득한 대규모 백화점과 쇼핑몰은 관광객들에게 즐거움이다. 흉흠과 그린빌 로드를 따라 있는 공장직영점들도 흥정을 즐기는 쇼핑객이 꼭 방문해야 할 곳이다.

하버시티는 이 지역에서 가장 크고 유명한 쇼핑몰로서 크루즈 여행을 시작하는 오션터미널과 연결된 쇼핑과 오락을 위한 복합 쇼핑몰이다. 오션터미널은 아름다운 항구의 전경을 보여주는 천정이 없는 상점들도 매우 인기가 높다.

보행자를 위한 움직이는 보도는 중국 페리 터미널과 연결된 또 하나의 쇼핑몰인 차이나 홍콩 시티로 미끄러지듯 움직이고 있으며, 길을 따라 좀 더 가면 최신 컴퓨터 제품들을 구입 할 수 있는 스타 하우스도 있다. 이 터미널 건물은 구룡공원과 다리로 연결되어 있다.

하버시티 맞은 편의 칸톤 로드는 디자이너 의상을 구입 할 수 있는 가장 완벽한 장소다.

홍콩 디자이너부터 세계적인 디자이너의 최상의 제품을 둘러보는 것도 좋다. 유명한 나단로드의 골든마일은 밤낮으로 쇼핑객으로 붐빈다. 이 지역은 넓은 도로 주변과 안쪽의 네온으로 밝게 빛나는 상점, 호텔, 레스토랑과 바 등으로 유명하다.

나) 야마테 (Yau Ma Tei)

밤하늘을 밝은 네온으로 비추는 야마테는 모든 것에서 놀라움을 선사하는 곳으로 보석상과 의류상들이 한 곳에 모여 있다. 야마테는 거리시장으로 더욱 유명하며 템플스트리트의 야시장이나 옥시장 등과 같은 주위의 매력적인 시장들도 방문해보는 것이 좋다.

다) 몽콕 (Mong Kok)

몽콕은 매혹적인 시장의 활기와 분주함으로 가장 유명하다.

몽콕의 통초이 스트리트에 위치한 레이디스 마켓은 저렴한 가격의 의류, 액세서리와 가정용품 등을 사고자 하는 쇼핑객들에게 하루일정으로 가장 인기 있는 지역이다. 그리고 많은 상점들은 남성과 아이들을 위한 상품을 판매한다.

풍수사상에 따라 집안의 좋은 장소에 어항을 놓으면 복이 온다는 믿음 때문에 몽콕의 금붕어 시장은 금붕어를 위한 다양한 제품들을 판매한다.

또한 근처의 유엔포 스트리트에는 홍콩에서 새를 키우는 사람들이 모이는 곳이 있으며, 홍콩에서 가장 화려한 전문 시장인 꽃시장은 달콤한 꽃향기와 이국적인 꽃들 그리고 행운을 가져다준다는 가정용 화초들을 판매하고 있다.

라) 훙홈 (Hung Hom)

훙홈의 항구 한편에 정박하고 있는 110미터 길이의 왐포아는 옛 드라이독에 건설된 여객선 모양의 위락센터로, 영화관, 상점, 클럽 등을 갖추고 있다. 이 곳은 40억 홍콩달러가 투자된 고층건물군인 왐포아 가든 주택개발사업의 핵심으로 홍콩섬까지 3개 페리노선이 연결된다.

한편, 훙홈의 공장지역의 직영매장에서는 수출용 상품, 기성복과 보석들이 판매되고 있다. 자세한 사항은 홍콩관광진흥청의 안내서비스센터에서 무료로 배포되는 공장직영점과 보석직매장 안내책자를 이용 할 수 있다.

마) 삼수이포 (Sham Shui Po)

삼수이포는 전자제품으로 유명한 지역으로 경쟁력 있는 가격으로 어떠한 컴퓨터 제품도 구입할 수 있는 곳이다. 또한 이 지역의 압리우 스트리트는 최신유행의 다양한 전자제품을 취급하고 있다. 홍콩시장 특유의 분위기에 흠뻑 빠져 흥정을 하며 쇼핑을 즐길 수 있다.

MTR 삼수이포역 출구C2

바) 구룡통 (Kowloon Tong)

구룡통의 페스티발 거리는 홍콩에서 가장 새로운 쇼핑몰 중 하나다. 이 곳은 가정용 가구부터 의류까지 판매하는 상점, 25개 이상의 레스토랑, 아이스 스케이팅 링크와 11개의 스크린이 있는 멀티 프렉스 영화관 등이 있다. MTR 구룡통역과 인접해 있다.

(다) New Territories

가) 칭이 (Tsing Yi)

칭이의 마리타임 스퀘어는 홍콩의 옛 것과 새로운 것이 잘 조화된 곳이다. 이 곳은 200개 이상의 상점과 테마레스토랑, 영화관과 고전적 홍콩시장의 여유로운 활동 등을 제공한다. 홍콩국제공항과 근접하고 있어 통과 여행객이 여행 도중 들르는 최고의 장소가 되고 있다.

④ 홍콩의 노천시장

(가) 홍콩 (Hong Kong)

가) 스텐리 마켓 (Stanley Market)

스탠리 마켓은 전통어촌마을의 소로를 따라 그림과 수공예품, 가구, 실크제품, 골동품과 다양한 기념품을 파는 노점상이 밀집되어 있다.

스탠리의 스탠리마켓 로드

오전9:00 - 오후 6:00

(나) 구룡 (Kowloon)

가) 유엔포 새시장 (Yuen Po Street Bird Garden)

홍콩의 조류애호가들이 가장 좋아하는 곳으로서 아름다운 새장과 고급 자기물컵에서부터 먹이가 될 곤충에 이르기까지 새를 키우는데 필요한 다양한 물품을 갖추고 있다.

몽콕의 유엔포 스트리트

오전 7:00 - 오후 8:00

나) 꽃시장 (Flower Market)

홍콩에서 가장 화려한 전문시장중 하나로 향기로운 허브식물과 이국적인 꽃들, 복을 가져온다는 실내식물 등을 취급한다. 홍콩의 주요호텔과 레스토랑, 유명 상점들이 이 곳에서 꽃을 구입한다.

몽콕의 플라워마켓 로드
오전 7:00 - 오후 7:30

다) 금붕어 시장 (Goldfish Market)

가정에 평안과 복을 불러온다는 믿음 때문에 홍콩에선 수족관이 대중적인 인기를 얻고 있다. 몽콩의 금붕어 시장은 이에 필요한 모든 것을 갖추고 있다.

몽콕의 퉁초이 스트리트
오전 10:00 - 오후 9:00

라) 레이디스 마켓 (Ladies' Market)

구룡에서 가장 인기 있는 대형거리시장인 이 곳은 저렴한 가격의 의류와 화장품, 가정용품을 찾는 여성들을 위한 시장이다. 남성과 아이들을 위한 제품도 있다.

몽콕의 퉁초이 스트리트
오후 12:30 - 오후 10:30

마) 템플스트리트 야시장 (Temple Street)

홍콩에서 가장 유명한 노천시장인 이 곳엔 할인된 가격의 시계, 가죽제품, 의류와 기념품 등이 가득 진열되어 있다. 원한다면 중국경극과 점술도 함께 경험 할 수 있으며 활기와 무질서속의 질서를 느끼며 상품을 구입할 수 있는 가장 좋은 곳이다.

시장은 보통 2시부터 개점을 시작하는데, 약 30분 정도면 완전하게 시장이 된다. 템플 스트리트는 의류, 필기구, 시계, CD, 카셋트, 전기용품, 가정용품과 가방 등의 참으로 놀라운 많은 것들과 밝은 불빛을 밝히고 손님을 맞이하는 조금한 상점들로 가득하다.

주위의 조금한 식당들은 신선한 해산물로부터 식욕을 돋구는 핫팟요리까지 다양한 요리를 제공한다.

이 길의 끝인 야마테에는 점쟁이들이 모여 있으며, 경극을 좋아하는 팬들이 즉석해서 공연을 하기도 하다. 이 흥미진진한 템플스트리트는 좋은 추억이 될 것이다.

야마테의 템플스트리트
오후 4:00 - 오후 11:00

바) 옥시장 (Jade Market)

비취시장은 아침시간의 분위기를 느끼며 둘러보기에 가장 좋은 곳이다.

이 시장은 전세계에서 온 비취 수집가들의 메카로서, 중국인들의 믿음에 의하면 비취는 나쁜 정신을 멀리하게 하고 여행자를 보호한다고 한다. 상점의 주인들은 직접 장사를 하며, 진기하고 값비싼 비취 조각부터 작고 값싼 장신구까지 진열해 놓고 있다.

필요하다면 전문가의 조언도 구할 수 있다.

야마테의 칸슈 스트리트와 베터리 스트리트의 교차로

오전 10:00am - 오후 4:00

⑤ 홍콩의 백화점 정보

홍콩의 모든 쇼핑거리에는 유명한 백화점들이 자리 잡고 있다. 홍콩에는 세계적인 백화점들이 곳곳에 위치하고 있어, 영국의 막스 앤 스펜서부터 일본의 소고까지 모든 세계적인 백하점에서 쇼핑이 가능하다. 레인 크로포드나 윙 온 같은 홍콩의 백화점들도 매우 인기가 좋다.

한편, 세이부, 소고, 미츠코시와 같은 유명한 일본풍 백화점을 방문해보면 맛있는 요리가 있는 식당, 고급 부띠끄와 독특한 진열 등이 쇼핑객들을 매혹시킬 것이다.

아울러 중국전통 실크 자켓이나 수놓은 중국의상 등 좀 더 전통적인 수공예품과 기념품을 구매하려면 중국 상품을 판매하는 백화점을 방문하는 것이 좋다.

⑥ 홍콩 쇼핑관련 보도자료 1.

홍콩旅遊發展局(HKTB), '필수 쇼핑품목' 선정, 홍보.

홍콩旅遊發展局(HKTB)에서는 홍콩을 대표하는 필수 쇼핑품목 'Must Buy Items' 6개를 선정하여 발표하고 이에 대한 홍보를 시작하였다. 이 선정 작업은 홍콩의 그랜드 세일 사업인 'Mega Hong Kong Sale'의 일환으로 실시되었는데 관광객들에게 홍콩의 주요 상품을 선정하여 알림으로써 소비를 진작하는데 주목적이 있다.

(자료 : 홍콩지사 / 홍콩국가여유국 홈페이지 보도자료 인용, 출처 : 한국관광공사 해외시장정보, 2002. 6)

⑦ 홍콩 쇼핑관련 보도자료 2.

홍콩 여행업자들, 홍콩의 쇼핑매력 상실우려...

최근 한 조사에 따르면 80%의 여행업자들이 업계 자체의 문제점들로 매우 놀라고 있는 것으로 밝혀졌다. 552명의 관광업계 전문가를 대상으로 한 조사에서 35%가 현재 관광업계가 심각한 위기(serious crisis)에 직면하고 있다고 생각하는 것으로 나타났다.

거의 절반에 가까운 수가 홍콩이 쇼핑천국으로서의 매력을 상실해가고 있다고 답변했으며, 세계경제 침체와 홍콩 관광업계의 경쟁력 상실에 따른 외래 관광객의 감소도 중요한 이슈로 언급되었다.

홍콩 City University와 호주 퀸즈랜드대학이 공동으로 수행한 조사에서 응답자의 약 70%가 이러한 위기를 극복하는 방법으로 기업회의(business conference)와 전시회 유치강화, 관광분야의 서비스 질 향상, 관광가이드에 대한 훈련강화 등을 제시했다.

City University의 Ida Lam 교수는 홍콩이 관광산업의 주요 동력(driving force)으로 중국 본토로부터의 관광객과 쇼핑에만 의존해서는 안 된다고 주장했다. 그녀는 홍콩이 태국이나 인도네시아와 같은 동남아의 다른 나라에서 인기 있는 건강여행(health travel, 온천 + 맛사지 + 리조트호텔)을 개발해야 한다고 제안했다.

그러나, 홍콩여유협의회(Travel Industry Council, TIC)의 Joseph Tung Yao-chung 총 간사는 다른 나라로 가기 위해 홍콩에 들르는(stopover) 중국 본토 관광객들에 의한 수익으로 홍콩 관광산업의 미래는 낙관적이라고 생각한다고 말했다. 또한 그는 중국이 WTO에 가입한 이후 전 세계가 중국을 기회의 땅으로 보고 있는 상황 하에서 현재 홍콩이 중국의 일부분이고 본토 관광객들의 유입에 따른 많은 혜택을 누리고 있는 것은 매우 행운이라고 말했다. 아울러 비록 미국달러에 연동된 홍콩달러가 다소 과대평가되어 있다고 간주되어지고 있지만, 관광객들이 다른 곳에서는 살 수 없을 수도 있는 다양한 브랜드와 제품들을 쉽게 구입 할 수 있기 때문에 홍콩이 앞으로도 쇼핑천국으로 계속 남아 있어야 한다고 주장했다.

그는 TIC가 이미 관광가이드의 서비스를 향상하기 위해서는 관광가이드에 대한 훈련을 강화해야 한다고 요청했었다고 말했으나 관광매력의 추가 개발에 정부 측의 노력이 필요하다는 부분에 대해서는 동의했다.

(자료 : 홍콩지사, South China Morning Post, 2002.10.21 인용, 출처 : 한국관광공사 해외시장정보)

⑧ 홍콩 쇼핑관련 보도자료 3.

홍콩 방문 중국관광객, 쇼핑관련 불만 증가

중국관광객들이 홍콩에 오는 이유 중 하나는 쇼핑이다.

한편, 쇼핑을 하려는 중국관광객 숫자가 늘어나는 만큼 쇼핑 관련 불만도 늘고 있다.

홍콩여행협회는 지난 한 해 동안 중국관광객으로부터 총 338건의 항의를 접수했는데 (전체 416건 접수), 이는 2002년에 비해 49% 늘어난 수치이며 여행협회는 반복되는 내용을 자료로 작성 중인 것으로 알려졌다.

통계에 따르면 가장 불만이 높은 부문은 "쇼핑"이었다. 반면 가이드의 서비스 및 일정, 호텔 서비스 등은 그 동안 많이 개선되어 불만지수가 크게 낮아진 것으로 나타났다.

쇼핑물품 중 가장 문제가 되고 있는 것은 전자기기 및 보석류로, 홍콩 내에서 대다수의 중국 관광객들이 보석 및 전자기기 쇼핑을 즐기는데 상당수가 문제가 있는 것으로 나타났다.

이에 따라 여행협회측은 문제가 발생했던 상점들을 집중 추적, 블랙리스트를 작성하여 여행객에게 알릴 것이라고 밝혔다.

(자료원 : 홍콩지사, Wednesday journal, 2004.4.21, 출처 : 한국관광공사 해외시장정보)

⑨ 홍콩 쇼핑관련 보도자료 4.

홍콩, 쇼핑 페스티벌로 관광객 유치

다음 달부터 시작되는 홍콩 쇼핑 페스티벌 기간 동안 홍콩 쇼핑몰의 2,400여개 상점들이 개점 시간을 오후 10시까지 또는 더 늦게까지 연장한다.

홍콩관광청이 주도하는 쇼핑 페스티벌은 오는 6월 26일부터 8월 31일까지 개최되며, 이 기간 중 370여만 명의 관광객이 홍콩을 찾을 것으로 예상하고 있는데 이 중 절반은 중국 관광객이 될 것으로 보인다.

저녁시간을 위해 홍콩관광청은 침사추이 문화센터 옆에서 100분간의 워터 쇼 <아쿠아 판타지아>도 계획해 하루 3번씩 공연할 예정이다.

이 기간 중에 관광객들은 특별 할인카드를 가지고 200여개 상점에서 할인을 받을 수 있다. 주요 쇼핑몰, 관광지의 레스토랑이나 bar들도 순차적으로 푸드 페스티벌을 열 계획이다.

194 홍콩관광청은 쇼핑 페스티벌의 주안점이 이전의 상품가격 할인에서 쇼핑과 연계한 다양한 저녁 엔터테인먼트를 제공하는 것으로 바뀌었다고 강조했다.

(출처 : Weekly Hong Kong, 2004.5.19, 출처 : 한국관광공사 해외시장정보)

⑩ 홍콩 쇼핑관련 보도자료 5.

6,400개 이상의 상점, 홍콩 쇼핑 페스티벌 참가해...

중국 본토 관광객들을 주 대상으로 삼고 홍콩 쇼핑 페스티벌에 참가하고 있다.

홍콩관광청(HKTB)은 오늘부터 중국 본토의 9개 도시 주민들이 새로이 홍콩 개별여행 제도의 적용을 받으며 이러한 조치는 홍콩 관광산업의 지속적인 발전에 큰 역할을 할 것이라고 발표했다. 9개 도시는 절강성, 복건성, 강서성 소속으로, 인구는 43만 명에 이른다.

홍콩관광청 고위인사에 따르면 상기 9개 도시의 해외여행 시장은 홍콩에 큰 잠재력을 제공했으며, 6월26일 시작된 홍콩 쇼핑 페스티벌에 대해 홍콩인과 관광업계에서 대단한 반응을 표시하고 있다고 한다. 6월 26일과 27일의 Aqua Fantasia multimedia water show에는 관람객이 평균 13,000명이었다.

한편 쇼핑 페스티벌 참가 상점은 계속 증가하여 어제 현재 6,400개의 소매상점이 참가를 확정했는데, 이는 2년 전 개최했던 유사한 행사에 2,200개의 상점이 참가했던 것과는 비교되는 수치이다. 전체 참가상점 중 3,200개는 "야간 쇼핑 및 식사"라는 쇼핑 페스티벌의 주제에 맞추어 밤 10시까지 영업을 연장할 계획이다.

(자료원: 홍콩 지사, 출처 : The Standard, 2004.7.1 인용, 한국관광공사 해외시장정보)

⑪ 홍콩 쇼핑관련 보도자료 6.

성공리에 막 내린 홍콩 쇼핑 페스티벌

8 월 말에 끝난 홍콩 쇼핑페스티벌이 성공적이었던 것으로 평가되고 있다.

홍콩관광청(HKTB)은 이 기간 내에 홍콩을 방문한 여행객수가 2002년 같은 기간에 비해 40퍼센트 이상 증가한 430만 명이었다고 발표하는 한편, 이 기간 동안 홍콩 내에서는 총 15억 홍콩달러가 소비되고 이중 3억 홍콩달러 이상이 외화수입인 것으로 집계됐다고 밝혔다. 쇼핑페스티벌에 참가했던 업체들은, 이 기간 중 매출이 10-20%이상 증가해 수입이 예상보다 많았다고 밝혔다.

처음 발표된 통계에 따르면 올해 6월 26일부터 8월말까지의 쇼핑페스티벌기간 중 홍콩을 방문한 여행객은 434만 명으로 2002년 쇼핑페스티벌 기간의 308만 명에 비해 약 40%증가한 것으로 나타났다. 홍콩관광청은 과거에는 여름 휴가기간이 홍콩 여행의 피크시즌이 아니었으나 쇼핑페스티벌의 성공이 여름을 홍콩의 새로운 여행 피크시즌으로 만들고 있다고 말했다.

쇼핑페스티벌의 경품 추첨행사에는 추첨권 500만장이 수집되었는데, 여행객들은 이 중 20%의 소비를 차지하고 있으며 매번 소비액이 300홍콩달러 이상일 때 1장의 추첨권을 제공하는 점을 감안하면 최소 15억 홍콩달러의 소비가 진행되었으며 이 중 3억 달러가 외화인 것으로 추정된다.

추첨권과 여행객 참여 자료에 따르면 이번 쇼핑페스티벌의 4대 주제상품 중 여행객이 가장 많이 소비한 부문은 보석, 시계 부문으로 여행객 소비액의 40%를 차지했으며 20%의 전자제품이 그 뒤를 따른 것으로 나타났다.

가장 많은 여행객이 소비한 품목은 의복 및 미용 상품으로 28%의 여행객이 구매한 것으로 알려졌다.

(자료원 : Wednesday Journal, 2004.9.8, 출처 : 한국관광공사 해외시장정보)

3) 일본

① 도쿄의 쇼핑정보

가) 일본의 전통적인 기념품

일본적인 물건을 살 수 있는 곳은 아사쿠사의 나카미세(仲見世)의 기념품 상점가이다.

센소지(淺草寺)의 가미나리몬(雷門)에서 호조몬에 이어지는 길 양쪽으로 전통 기념품가게가 즐비해있다. 동경에서는 전통적인 기념품이 교토나 나라보다 비싸고 관광지가 아니면 거의 백화점에서나 유명한 시장, 우에노에 있는 아메요코 시장 등에서 살 수 있다.

나) 전자제품

동경에서 놓칠 수 없는 곳이 아키하바라(秋葉原)이다. 이미 한국에서도 유명한 이 지역은 전자제품 할인 매장들이 즐비해 있으며 일본의 최신기술을 느낄 수 있는 곳이다. 유명한 전기상점가, 라디오, TV부품에서 조명기기, 가전에 이르기까지 모든 전기 제품이 놓여져 있는 곳이다.

한국어로 된 방송이 나오는가 하면, 한국어 안내를 받으며 물건을 구입 할 수 있다.

한편, 카메라는 니시신주쿠에 있는 요도바시 카메라가 유명하다 전국에 6개 점포를 가지고 있으며 카메라 전문 상점가이다.

다) 패션용품 및 악세사리

우리나라의 이대 앞을 연상케 하는 하라주쿠의 오모테산도(表參道)는 최신 패션과 유행의 거리로 곳곳에 악세사리점과 의류점 등이 즐비해 있다. 또한 히가시 신주쿠와 시부야는 젊은이들의 거리로 다양하고 화려한 상점들과 부띠끄가 늘어서 있어 보는 이들을 즐겁게 한다.

긴자는 일본 번화가의 중심으로 쇼핑, 패션 등 최신 유행을 엿볼 수 있는 곳이다. 밤은 화려한 유흥가로 낮에는 호화스런 부띠끄나 백화점이 사람들을 끌어 들이는 곳이다.

롯폰기에는 연예인, 외국인들로 붐비는 동경의 젊은이들의 유행의 첨단지역이다. 개성 있는 부띠끄 스낵바, 레게바가 밀집해 있는 이곳에서는 외국인과 같이 다니는 일본인들을 자주 보게 된다. 수입품이나 외제 상품점들이 눈에 띄는 곳이다.

라) 도 서

신주쿠대로의 번화가에 위치한 대형서점 키노쿠니야 서점은 1층부터 6층까지 각 층마다 전문 출판물을 갖추고 있다. 또 아키하바라의 서쪽의 진보초(神保町)는 세계에서 가장 큰 중고서점 거리이며 100여개의 독특한 서점들이 밀접해 있는 곳이다.

② 동경의 쇼핑센터

일본의 쇼핑 센터는 전문화 되어 있다. 일본 젊은이들이 매니아층이 많기 때문이다.

특별한 물건을 원한다면, 인터넷이나 잡지를 통해 전문점을 찾으면 된다.

그 외 하라주쿠 지역은 초, 중, 고교생들이 주로 쇼핑하는 지역이며, 신주쿠, 시부야 등지는 고급 부띠끄와 쇼핑몰이 많이 밀집되어 있다.

최근 쇼핑지로 유명한곳은 다이칸 야마지역과, 시모기타자와 지역, 그리고 오다이바와 에비스 등지 이다. 남성과 여성을 위한 다양한 쇼핑의 천국을 볼 수 있다.

사진자료 : 패션거리 하라주쿠
사진출처 : www.hanatour.com

가) 동경의 젊은 거리 하라주쿠

동경을 대표하는 곳으로 하라주쿠(原宿)는 젊음을 상징하는 거리이다. 다케시타 거리의 오래된 구제숍에서부터 오모테산도의 명품브랜드 숍, 우라하라주쿠의 개성이 넘치고 최신유행의 가게들이 즐비한 하라주쿠는 다양한 패션부띠끄와 음식점, 캐릭터 점 등이 있다.

주말에는 일본의 젊은이들이 근처 요요기공원에 모여 고스프레를 즐긴다. 하라주쿠의 거리에도 코스프레들이 종종 관광객의 시선을 끈다.

나) 시부야 거리

하루 종일 젊은이들로 붐비는 동경의 최대 명소가 바로 시부야다.

이 곳은 각기 독특한 개성을 살린 건물들로 한껏 치장해 놓은 곳으로 유명한 하치코구치를 중심으로 만남의 거리이자 쇼핑의 천국이다.

Q-FRONT와 고엔도오리, 세이부 백화점, 시부야 109, 109주니어스테이션, 도부백화점, 도겐자카 등등 이름만 들어도 유명한 건물이 위치한 시부야 하치코구치 방면을 통하면 만날 수 있으며, 미나미구치를 통하면 시부야 도큐 플라자, 마크시티. 서루리언 타워를 갈 수 있다.

시부야역은 JR야마노테센을 통해 내릴 수 있으며, 쇼핑과 데이트, 또한 놀이공간을 갖춘 다양한 어뮤즈먼트 거리이다.

쓰리 미니츠 해피니스 시부야점은 현재 인기 있는 아울렛 쇼핑점으로 2001년도에 오픈해서 많은 손님들이 찾고 있는 지역으로 저렴한 가격에 많은 관광객들이 드나들고 있다.

또 우리나라에 잘 알려진 타워레코드 시부야점이 위치하고 있으며, 도큐핸즈 시부야점 또한 유명하다. 일본의 최대규모인 디지털 비젼으로 유명한 큐프런트는 시부야의 심볼로 자리 잡고 있다.

다) 에비스

우리나라 관광객들에게는 에비스 가든 플레이스라는 대형 복합시설이 있는 지역으로 잘 알려진 에비스는 시부야에서 한 정거장의 거리에 위치하고 있다.

백화점과 레스토랑, 전시장, 극장 등 다양한 시설이 같이 있으며, 광장에는 매일 다양한 이벤트가 열린다.

최근의 에비스는 새로운 패션과 유행의 거리로 작고 아기자기한 잡화점과 부띠끄, 레스토랑이 많이 생겨서 많은 젊은이들이 찾는 지역이다.

③ 오사카의 쇼핑정보

오사카는 상업도시인 만큼 대규모 쇼핑 지역과 오래된 상가가 많다. 쇼핑 품목도 다양하고 풍부하며 주요 쇼핑 지역으로는 오사카역, 우메다역을 중심으로 하는 백화점가이다.

가) 다이모르 오사카

다이모르 오사카는 오사카역 앞 다이아몬드 지하상가로 1995년 10월, 전혀 새로운 지하상가로서 오사카역 앞에 오픈 하였고 커다란 아틀리움을 설치하여 자연광이 들어오도록 하였다. 높은 천장이나 넓은 통로와 함께 유럽풍의 세련된 디자인 등 개방적인 공간연출이 특이하다.

나) 센바(船場)

도매상, 상사, 금융기관이 늘어선 센바는 오사카 상인의 메카로 길이 930m의 일본최대급 오사카외제품 시장이다. "센바센터 빌딩"에는 다종다양한 상품이 집중하여 세계의 진귀한 상품을 만날 수 있다.

다) 도구야스지 (道具屋筋)

일식, 약식, 중국요리와 "食"에 관한 도구라면 무엇이든지 있는 전문상가로서 주방, 칼, 냄비, 식기, 음식점 전용기구를 비롯해 샘플 케이스, 간판을 비롯해서 무엇이든지 갖춰져 있다.

라) 덴포잔 (天保山) 마켓 플레이스

워트 프론트의 개발에서 꿈으로 가득 찬 어뮤즈먼트 존으로서 인기를 모으고 있는 덴포잔 지역이다.

마) 신세카이 (新世界)

오사카의 대표적인 번화가로 쓰텐카쿠 주변 지역을 말한다. 대표하는 상점가로는 잔잔요코초로 개성 있는 상점들이 많이 모여 있다.

④ 가고시마(Kagoshima)의 특산물

가) 야쿠스기(삼나무)공예품

야쿠시마의 상징인 야쿠스키는 빈틈없이 꽉 찬 나이테가 만들어 내는 나뭇결이 아름다운 공예품으로써 고급 응접대와 가리개, 응접실용 찻장, 장식용 선반 등의 일용품에서 가구에 이르기까지 다양한 제품이 만들어지고 있다.

나) 오시마 명주

아마미 오시마 섬을 중심으로 약 1,300년의 전통을 가지 "오시마명주"는 일본의 국내에서도 유명한 고급 견직물의 하나로 우아하고 가벼우며 내구성이 뛰어난 순수한 견직물로 유명하다.

다) 사츠마 도자기

사츠마 도자기는 크게 시로사츠마, 구로사츠마의 둘로 구별되는데 시로사츠마라고 불리우는 바탕이 흰 상아색인 것은 꽃병, 향로, 다기 등의 명품이 많으며 섬세하고 우아한 잔금이 표면에 나타나있는 것이 특징이다. 한편 바탕색이 검은 것은 구로사츠마라고 불리우며 실용적인 제품이 주가 되고 있다.

라) 사츠마 기리코

사츠마 기리코는 약 160년 전에 처음으로 제작된 유리공예글라스이다. 다양한 색상이 이루어 내는 아름다움에 매우 뛰어난 작품들이 많이 나와 있다.

⑤ 나라지방의 쇼핑정보 및 토산품

나라는 옛날에 사무라이 칼을 만든 지역으로 현재도 특산품으로는 각종 칼을 꼽는다. 또한 쓰케모노(야채절임요리), 먹과 붓, 부채 등의 전통 공예품과 도자기 등이 유명하다. 긴테쓰 나라역 앞에서 산조도리에 이르는 지역은 나라의 토산품을 구경하기에 적합한 곳이다.

가) 이마니시혼텐

수년이상 숙성시킨 나라쓰케가 다양하게 마련되어 있는 곳으로 산조도리에 위치한다. 첨가물을 전혀 쓰지 않은 식품만을 판매한다. 영업시간은 오전 9:30~오후 7시까지이다.

나) 奈良縣 商工觀光館

나라의 명물인 오카시와 각종 토산품 등을 약 1,500종 전시 판매하는 곳이다. 긴테쓰나라역 앞길인 노보리오지에 위치하고 있다. 영업시간은 오전 10시~오후 6시까지이다.

다) 이케다간코도

오래된 전통 부채 상점으로 나라의 풍물이나 사슴의 그림 등을 담은 5가지 색의 부채세트를 판매한다. 가격은 부채 1개에 약 2,800엔 정도이고, 산조도리에 위치한다.

한편, 토산품을 살펴보면 다음과 같은 것들이 대표적이다.

라) 먹

서도에 가장 좋은 먹을 생산하는 곳으로 광택미가 특히 호평을 받고 있는 곳이다.

마) 고악면

쇼소인 절이나 도다이지 절, 가스가다이샤 신사나 호류지 절 등에 소장된 무악면이나 능악면을 복원해서 만든 것

바) 일도조

무악이나 축제 등, 나라의 풍물이나 명물을 표현한 일본식 인형이다.

⑥ 후쿠오카 쇼핑정보

가) 후쿠오카의 번화가, 나카스(中州)

텐진은 규슈(九州)에서 가장 큰 쇼핑센터이며 비스니스 센터이나. 이곳에는 많은 패션몰과 상점들이 즐비해있으며, 레스토랑을 비롯한 은행과 관공서들이 밀집되어 있다.

또한 사무실과 더불어 유흥가가 많이 들어서 있어서 작은 선술집을 비롯해서 고급 바나 술집들이 화려한 네온을 자랑하는 거리이다.

직장인들이 많은 이곳은 다양한 백화점들이 즐비해있다. 와타나베 거리에는 2개의 유명한 백화점인 이와타야와 하카타다이마루가 들어서 있으며, 지하철 텐진역이 가까이 있다. 나카스지역을 지나서 동쪽으로 가면 500m정도는 영화관과 디스코바 등이 밀집되어있다.

⑦ 요코하마의 프랑스 쇼핑거리

프랑스의 거리를 그대로 가져다 놓은 듯한 고급 유럽풍의 가게와 부띠끄가 자리 잡은 거리이다. 우리나라의 이태원과 비슷한 곳으로 많은 외국인과 캐리어우먼들이 쇼핑과 식사를 즐기는 곳이다.

조금은 비싸 보이는 악세사리와 부띠끄 등이 자리 잡고 있다.

⑧ 오키나와 쇼핑품목 및 정보

오키나와는 특유의 기후와 문화 때문에 쇼핑의 선택이 풍부하다. 대표적인 쇼핑품목을 살펴보면 다음과 같다.

• 산호

오키나와는 산호로 이루어진 섬이므로 산호제품이 가장 발달되어 있다. 또한 산호제품은 오키나와 관광선물로서는 가장 인기가 있고, 또 무엇보다도 평판이 좋다. 심홍색의 산호는 바다의 다이아몬드라는 별명을 갖고 있으며 많은 사람들은 산호 제품을 소중히 여기고 있다.

• 흑진주

오키나와는 흑진주 생산지로도 유명하다. 흑진주의 종자굴은 특수하며, 그 양식은 수질과 조류의 조건이 맞아야 되므로 이시가키지마에서만 생산되고 있다.

• 기타

도기, 칠기, 직물, 유리공예제품 등 각 분야의 오키나와 전통 공예품은 매우 우수하다. 이러한 기술은 원래 류큐왕조시대에 일본, 중국, 동남아시아의 여러나라와 교류, 거래가 자주 있었기 때문에 발달된 것이다. 오키나와 공예품의 독특한 색채와 소박성은 이 지방의 자연과 잘 조화되고 있으며, 기술적으로 높은 평가를 받고 있다

가) 나하 국제거리

나하국제거리는 일본본토의 하라주쿠나 신주쿠를 연상하면 된다. 긴 도로사이로 아기자기하게 들어서 있는 잡화점이나 대형 쇼핑몰, 그리고 우리나라의 남대문시장을 연상케 하는 상설시장, 영화관, 레스토랑 모든 문화와 정보를 이 곳에서 만날 수 있다.

나하국제거리를 그냥 쭉 걸어가면 40분정도가 소요되며, 오키나와 특산물가게를 많이 만나게 된다. 낮시간 동안에는 오키나와의 전통음악이 흘러나와는 거리를 쇼핑을 하며 돌아보고, 저녁에는 가라오케나 이자카야의 불빛이 찬란한 네온의 거리를 구경하는 것도 나하 국제거리의 묘미가 될 것이다.

나하국제거리는 제 2차 세계대전중에 폐허로 변해 버린 거리였으나 현재는 아름답고 눈부시게 복구되어 "기적의 1마일"이라고 불리고 있다.

아사토(安里)에서 구모지(久茂地)까지의 도로에는 백화점과 패션빌딩, 영화관과 토산품점 등, 각

종 점포가 들어서 있어 젊은이들이 거리가 되고 있으며 거리를 구경하는 관광객들의 눈요기 거리로도 즐거운 시간을 보낼 수 있다. 도로 안쪽으로 들어서면 오랜 역사와 문화를 꽃 피웠던 당시의 거리 분위기를 느낄 수 있다.

한편, 유명한 대형 복합 쇼핑몰로는 국제거리의 현청을 기준으로 건너편에 위치하고 있는 파렛트구모지를 들 수 있고, 또 거리의 중간정도에 위치한 미츠코시백화점, 나하OPA등이 대형 쇼핑센터이다.

사진자료 : 나하국제거리 내 평화시장 입구
사진출처 : www.hanatour.com

⑨ 나고야의 쇼핑센터

가) JR 센트럴타워즈

JR나고야역의 근처에 위치한 나고야의 신 랜드마크 JR 센트럴타워즈는 일본에서 4번째로 높은 건물이다. 높이245m의 빌딩은 사쿠라통로에서 오른쪽을 보면 오피스타워, 왼쪽에는 53층 건물의 호텔타워가 있다. 역의 시설물과 함께 전망대와 JR나고야 오피스, 레스토랑가와 복합 되어 있다.

식당가, 패스트푸드점, 문구, 서점, 의류매장 등이 다양하게 나열되어 있으므로 쇼핑하기에 편리한 곳이다.

나) 더 스미스(The Smith)

동양과 서양의 융합을 테마로 한 캐쥬얼숍으로 외국인공사의 상품을 메인으로 아메리카, 유럽, 남미 등의 센스 있는 아이템을 선택 할 수 있다.

기본적으로 판매되는 상품은 남성용 제품이지만 유니섹스한 디자인과 다양한 사이즈로 여성들과 함께 커플복으로 이용하는 사람도 많다.

가격은 4,800~8,800 YEN정도이다.

⑩ 하코네(Hakone)의 쇼핑정보

아시호수 선착장에 즐비하게 늘어선 토산품점에는 각각의 독특한 토산품들을 팔고 있다. 관광지에서 팔고 있는 다양한 장식품과 먹거리 등을 발견 할 수 있다. 다음은 대표적인 하코네의 특산물이다.

가) 쿠로이다마고(黑卵)

이 달걀을 한개 먹을 때 마다 수명이 7년 더 늘어난다고 해서 하코네의 대표적인 특산물이 된 쿠로이다마고는 오타쿠다니 온천물에 달걀을 삶은 것이다. 이 달걀은 다른 달걀과 달리 겉 표면이 검은색이다. 사실 겉만 검을 뿐이지 속은 일반 달걀과 다를 바가 없다.

관광버스 터미널이나 기념품가게에서 판매하며 6개에 500 YEN정도 이다.

나) 하코네 자이쿠

인형, 장난감, 악세사리 등 정교한 전통 상감 공예품을 일컫는다. 현재 외국으로 수출하며 벚나무가 재료로 쓰인다.

다) 수공품, 골동품

하코네의 특산품은 수공으로 생산하므로 대량 생산은 하지 않고 있다. 하코네의 고풍스런 식기나 골동품 등 몇 가지의 토산품이 있다

⑪ 히로시마의 쇼핑정보

가) 미쯔만쥬

미쯔만쥬는 50여년이라는 긴 세월 동안 사랑을 사랑받아온 히로시마의 명물이다. 히로시마역, 백화점, 공항 등에서 판매되며 한 상자 12개 들이가 1,200 YEN정도이다.

나) 마츠나가 게다공방

송영게다공방에는 여러 종류의 멋스러운 게다가 나열되어 있으므로 게다를 구입하고 싶다면 이곳이 좋을 것이다. 자기가 원하는 스타일의 게다를 만들어 주므로 자신만의 멋진 기념이 될 것이다.

가격은 2,300 YEN정도.

다) 아나고메시 도시락

친지들에게 나눠줄 수 있는 도시락이다. 신선한 아니고로 육수를 내서 밥을 지은 다음 그위에 양념이 된 말린 아나고를 구워 밥 위에 덮은 것이다.

가격은 1,000 YEN정도.

라) 메론빵, 나나빵

좀처럼 먹어볼 수 없는 것으로 원산지에서도 인기가 있을 만큼 매력적인 토산품이다.

소화 11년에 창업을 했는데 명물인 메론빵은 창업 이래 맛이나 모양, 크기가 변하지 않고 그대로 이다.

가격은 메론빵이 120 YEN, 나나빵이 110 YEN

⑫ 오타루 쇼핑정보

유명한 기타이치 가라스 공방이 있는 이 거리는 많은 음식점과 잡화점들이 들어서 있는 번화가 있다. 많은 볼거리가 있으며, 다양한 오르골과 전시장을 관람 할 수 있다.

또한 메르헨교차점에서 좀 지나가면 인력거를 볼 수 있어 오타루 시내를 여유 있게 관람 할 수 있다.

⑬- 가마쿠라(Kamakura) 쇼핑정보

고마치(小町)도오리는 가마쿠라를 대표하는 쇼핑타운 이다. 물론 관광객뿐 만아니라, 많은 현지

가마쿠라 사람들도 이곳을 많이 찾는다. 일요일이나 축제가 열릴 때는 관광객들이 너무 붐벼서 발 딛을 틈이 없을 정도로 붐비는 지역이기도 하다.

가마쿠라의 전통적인 분위기와 더불어 산책삼아 거리를 걸어 다니면 좋은 관광의 볼거리가 될 것이다.

⑭ 후쿠시마의 수산물 센터 라라뮤

바다의 신선함을 그대로 담은 이와키 라라뮤 수산물센터는 신선한 어패류가 진열된 시장으로 시푸드 요리를 맛볼 수 있는 레스토랑도 있다. 또, 이와키시의 관광과 역사를 소개해주는 코너도 있다.

한편, 교통편은 이즈미역에서 차로 15분정도 걸린다.

⑮ 벳부의 특산품

가) 자봉시

남국의 유명한 과일인 자몽의 껍데기를 설탕과 조청을 넣고 삶아서 만든 과자로 새콤, 달콤하고 상큼한 맛 때문에 오랫동안 여행객들의 사랑을 받아온 인기 있는 벳부의 토산품이다. 가격은 한상자(470g) 1,030 YEN이다.

나) 고기산(高崎山)원숭이주

고기산의 원숭이의 모양을 하고 있고 용기 그대로 장식품이 된다. 로얄제리를 함유한 과실주로 알코올 도수는 25도이다.

가격은 990㎖가 2,500 YEN이다.

다) 여자아이 오뚜기인형

정월 장식품으로 옛날부터 전해져 내려오는 다케다(竹田)시의 특산민예품이다. 이 인형은 새빨간 기모노에 하얀 분을 바른 얼굴을 하고 있다. 말 그대로 칠전팔기(七顚八起) 오뚜기 인형이다.

⑯ 아키타(Akita)의 특산물

가) 아키타 스기나무 통과단지

전통적인 공예품으로 아키타 스기나무의 아름다운 나무 결을 살려서 만든 나무통 뿐 만아니라 맥주컵 등의 식기도 만들어져 있다.

나) 마게왓파

오오닷테의 특산품으로 나라의 전통공예품으로 지정되어 있으며 천연 아키타 스기나무의 곧은 널빤지를 구부려 산벚나무의 껍질과 꿰매어 맞춰 만든 심플한 디자인으로 나무결의 아름다움이 뛰어난 작품이다.

다) 가와츠라 칠기

이나가와읍의 가와츠라 칠기는 가마쿠라시대에 시작됐다는 실용적인 생활가구를 중심으로 발달했다. 칠기의 내구성은 잘 알려져 있어 나라의 전통공예품으로 지정되어 있다.

⑰ 기후현의 쇼핑정보

가) 일본우산(기후 우산)

17세기 에도시대 때부터 만들어진 기후 우산은 뼈가 잘고 우아한 뱀의 눈을 가진 우산으로 발전되어 왔다. 근교의 미노지와 대나무가 생산되고 교통도 편리하여 쉽게 발전되어 지금의 전통공예화된 상품이기도 하다.

나) 기후지방의 은어

기후지방을 한가로이 가르고 있는 나가라가와의 유명한 어류는 은어이다. 기후현 내의 주요한 강은 그 물이 맑고 깨끗하여 옛 부터 은어의 어장으로 유명하며 손쉽게 강가에서 은어요리를 즐길 수 있는 특징이 있다.

다) 기후 제등

기후현의 공예품의 한가지이며, 선물용으로 장식용으로 많이 사랑받는 기후제등은 18세기이후에 근교에 화지와 죽재산지가 가까운 잇점을 타고 발전되었다.

계란형의 제등에는 여러 가지 그림이 인쇄되어 있다. 기후현의 축제라든지 풍경 등이 아름답게 인쇄되어있어 장식용으로 참 아름다운 공예품이다.

⑱ 마츠야마의 특산품

연간 온난한 기후, 변화무쌍한 지형, 그리고 풍부한 역사문화의 혜택을 받은 에히메에는 매력적인 명과와 특산물이 많이 있다.

특히 다도와 전통연극, 시조 등으로 유명한 마츠야마에는 독특한 풍미의 과자가 많이 있다. 마츠야마를 무대로 한 유명한 소설 "봇창"의 주인공이 즐겨먹었다고 알려진 봇창단고(서너개를 꼬치에 꽂아서 소스를 발라먹는 경단), 성주가 그 제조법을 손수 배울 정도로 좋아했다는 일화가 있는 타르토(팥이 든 롤카스테라)는 꼭 맛볼 만한 특산품이다.

그 밖에 에히메현은 일본유수의 감귤의 산지이기 때문에 신선한 귤 가공품도 유명하다. 또한 남부지방은 진주의 산지이므로 진주악세사리 또한 유명하다.

⑲ 닛코(Nikko)의 쇼핑정보

가) 가시와자키 상점

3평반정도 되는 공간에 주홍색의 술단지들이 나란히 나열되어 있다. 주인이 직접 손으로 만든 고추말이와 타마리 간장 그리고 직접 낚시한 물고기 등을 판매한다. 타마리 간장은 500 YEN정도의 가격이다.

영업시간은 08시에서 18시까지. 연중무휴. (TEL:0288-54-0086)

나) 이시다야

4代째 가업을 이어오는 이시다야는 창업을 한지 90년이 넘는 전통 있는 상점이다.

닛코의 인기상품 "진고로전병"은 栃木현에서 나는 '코시히카리'를 사용해 버터오일과 소금으로 간을 하여 구운 것이다. 바삭바삭하며 감칠맛이 있다. 가격은 한 상자(10개들이)450 YEN정도. 영업시간은 8시30분~17시까지.

일요일과 공휴일 휴무. (TEL:0288-53-1196)

다) 야미야당

쥬젠시온천 버스정류장 근처에 위치하고 있으며 "겍코우만두"라고 알려져 있다. 만두의 달콤한 맛이 입맛을 당기고 향긋한 향이 맛을 한층 더한다. 가격은 10개들이 1,100 YEN정도.

영업시간은 9시~17시까지.

매주 목요일 휴무. (TEL:0288-55-0162)

라) 츠루야

옛날부터 유모토온천의 명물인 "시오양갱"으로 알려져 있는 가게이다. 북해도산 팥을 사용해서 만드는데 약간의 짠맛과 달콤한 맛이 어우러져 품질 좋은 양갱이 탄생한다. 양갱은 대부분 손으로 만들기 때문에 부러지지 않도록 주의해야한다.

영업시간은 7시30분~18시30분. 매주 월요일 휴무. (TEL:0288-62-2537)

⑳ 미야자키의 특산품

가) 메추라기 차

장남감 메추라기 차는 1,200년의 역사를 지닌 전통적인 향토 특색의 완구로 발원은 일본 삼대 약사중의 한 명이었던 법화악약사이며, 에도시대에 완구의 대명사로 알려져 있다.

나) 가구라 가면

다카치호의 가구라제전에 사용되는 가면은 전통목조기술을 이용한 것으로 최고의 평가를 받고 있는 가면이다.

다) 조개 바둑알

조개로 만든 바둑알은 한눈에 고급 공예품임을 알 수 있으며 많은 수집가의 사랑을 받고 있는 선물용 공예품이다.

라) 시라스 오팔

규슈남부에 넓게 분포되어 있는 화산재 흙인 시라스는 순금과 알루미나를 혼합하여 다시 고온에서 융합하여 시라스 오팔을 만든다. 아름나운 색채와 빛깔은 귀걸이나 반지 같은 악세사리에 적합하다

마) 미야자키 칠기

칠기의 미려한 광채에서 남국 특우의 색조를 느낄 수 있다. 이 들 공예품은 오끼나와에서 전해된 것이다.

바) 미미츠의 일본종이

석병천 청철하의 물을 이용하여 부드러운 섬유질을 거른 후 다시 수공으로 한 장 한장 낸 정통공예품이 바로 미미츠 일본종이이다.

마) 벼루

1839년 북천계곡에서 발견된 홍계석으로 벼루를 만든다. 홍계석은 중국의 단계석과 매우 비슷

하며, 일반 며루나 조각벼루의 고급재료로 쓰인다. 많은 서예가의 호평을 받고 있다.

사) 미야코노죠 활

야생 옻나무 등으로 만든 활은 고도의 기술이 있어야 사용 할 수 있다. 미야코노죠는 전 일본 활 생산의 90%를 점유하고 있으며 각양각색의 활은 모두 전통기술에 의해 만들어 진다.

㉑ 쿠시로(Kushiro)의 시장

"시민의 부엌"이라는 애칭으로 불리는 왓쇼시장은 전통시장으로 60개 이상의 점포가 들어서 있다.

신선한 해산물과 가공식품과 식료품 그리고 토산품 등 다양한 특산품이 판매되고 있다.

약 50년 전부터 내려온 이 시장은 쿠시로 연안의 고기잡이 어선들이 신선한 생선을 가지고 와서 모아두었던 " 집어장"이 있던 곳으로, 시민들이 값싸게 신선하게 생선을 구입 할 수 있던 장소였다.

활기가 넘치는 일본의 시장의 모습을 즐길 수 있다. 많은 관광객들이 찾고 있는 곳이다.

㉒ 센다이의 마츠시마 시장

단순한 수산시장과는 다른, 산지 직송의 활어, 해산물 등 무려 약 1,500 종류 이상의 종류를 갖추고 있는 시장이다. 건물도 모던한 이미지를 가지고 있으며, 시장에서 쇼핑도 즐길 수 있다.

㉓ 삿포로의 시장

삿포로시 주오구에 위치하고 있는 니조이치바는 한국으로 말하자면 재래시장으로 메이지34년에 남1조와 남2조의 중간에 세워진 도로에 늘어서서 생선을 팔았던 곳이 시작이 되어 지금까지 이어지고 있다. 삿포로의 생선과 건어물, 야채 등을 팔고 있으며, 현재에는 각 점포에 두고 지방으로 배송되는 등 활발히 운영되고 있다.

신선한 해산물과 자연의 미각이 풍부히 모여 있는 곳으로, 삿포로의 또 다른 즐거움을 이곳에서 맛 볼 수 있다.

관광객들에게 인기가 있을 뿐 아니라 50채 이상 늘어선 점포가 시장특유의 활기를 엿 볼 수 있다.

영업시간은 아침 8시에서 오후 6시경 정도이고, 점포의 휴무는 가게별로 다르다.

삿포로 도부호텔과 인접해 있다.

㉔ 일본 쇼핑관련 보도자료 1.

일본인 해외쇼핑액과 상품 동향

일본인 해외관광객들의 지출액은 80년대와 90년대 초반 거품경제 시대보다는 줄어들긴 했지만 일본은 해외 시장에서 여전히 구매력 있는 소비자로 간주되고 있다. 일본인들의 해외 지출액이 큰 이유는 주로 명품 소비 때문으로, 2004년 세계면세협회(TFWA)와 일본관광마케팅사(JTM)가 주로 쇼핑액과 쇼핑물품 간 관계에 초점을 맞추어 공동으로 조사한 바에 따르면 일본인 해외여행객중 60%가 공항 면세점에서 명품 브랜드 상품을 구입했으며 50%가 다운타운 면세점, 35%가 개인 명품 부띠끄에서 쇼핑했다고 밝힌 것으로 나타났다. 또 여행 목적지가 얼마나 쇼핑이 가능한지에 따라 결정되는 경향이 크며, 특히 유럽과 하와이가 매력적인 쇼핑 지역으로 떠오르면서 이 지역에서의 지출액이 커진 것으로 밝혀졌다.

JTM에 따르면 유럽은 세계 명품의 집산지로 매우 인기 있는 여행지로 떠오르고 있으며, 일본인 소비자는 명품에 관심이 많아 명품의 기원이나 명품 부띠끄를 경험하는 등 명품 여행을 선호한다.

조사 결과 유럽에서 일본 관광객이 명품 구입에 쓰는 비용은 평균 84,000 엔으로 나타났으며 하와이는 평균 76,000 엔, 미국은 평균 64,000 엔으로 나타났다.

한편 성별로 보면 여성은 “쇼핑 자체를 즐기고 자신에 대한 보상으로 쇼핑을 한다”고 밝혔고 남성은 대부분 친지나 가족, 연인을 위한 선물을 사기 위해 쇼핑을 하는 것으로 나타났다.

최근 조사에 따르면 평균 소비액이 증가하는 추세이며, 특히 명품 구입을 즐기기 시작한 최초의 세대인 40대 초반 남성의 지출액이 급증하고 있는 것으로 나타나 여성의 선물 지출액은 2002년에 27,200 엔이던 것이 2003년 34,800 엔으로 늘어났으며 남성의 지출액은 27,200 엔에서 43,500 엔으로 증가해 남성의 구매력이 커진 것으로 나타났다.

일본인 남성이 해외여행 시 주로 구입하는 품목은 93%가 과자류나 음식, 85%가 화장품류, 60%가 가방과 가죽류, 77%가 향수류라고 답한 것으로 나타났다.(복수응답)

(자료원: TJI Online, http://tji.tjnet.co.jp, 출처 : 한국관광공사 해외시장정보 2005.2)

㉕ 일본 쇼핑관련 보도자료 2.

2005년부터 단체여행객 기념품점 쇼핑 금지될 듯...

해외 단체여행객에 대한 쇼핑 금지를 내용으로 하는 일본 여행업법이 개정되면 관광객들의 판매수입에 의존하고 있는 기념품점은 타격이 될 것으로 보인다. 이 법안은 빠르면, 내년(2005년) 초부터 시행 될 것으로 보인다.

현재 국회 회기 중에 제출될 것으로 보이는 이 법안은 '여행업계의 신용을 파괴할 수 있는 어떠한 상품도 금지한다'는 13조 (금지 상품)조항에 포함될 것으로 보인다. 이는 국토교통성 시행령의 형태로 입법화될 것이다.

앞으로는 여행상품 브로슈어에 기념품점 방문을 구체적으로 명시하지 않거나, 터무니없이 많은 수의 기념품점 방문상품에 대해서는 행정적 제재를 가할 것이다. 관광객을 기념품점으로 안내하는 것은 여행상품 가격을 낮추게 만들어 덤핑을 조장하는 가장 핵심요인으로 작용하고 있으며, 이러한 사례는 줄어들고 있지만 예상되는 부작용은 심각한 수준이다.

여행사들은 소비자들로부터 명시된 가격을 초과하는 금전 수수가 금지되며, 여행 계약과 관련된 중요 사실 고지가 의무화된다. 또한, 13조 3항에는 목적지 국가에서 법에서 금지하는 사항에 대한 서비스 제공 및 광고를 금지하고 있다. 이것은 사회문제를 야기할 수 있는 불건전한 여행과 관련이 있다. 이 조항 위반자는 비록 형사상 처벌을 받지는 않지만 영업개선 및 영업정지와 같은 행정명령 처분을 받을 수 있다.

일부국가에서는 마약 취급 및 가짜 명품 브랜드를 사고파는 것이 불법이 아닌 곳도 있다. 따라서 JATA(일본여행업협회)는 목적지 국가의 법률과 상관없이 일본의 국내법에 따라 공중질서 및 미풍양속에 반하는 것으로 금지된 것은 마땅히 지켜져야 한다고 밝혔다.

JATA의 한 관계자가 최종 법안검토 회의에서 '쇼핑 커미션' 문제를 제기하였을 때 국토교통성 관계자는 쇼핑 커미션 금지가 바람직하다는 견해를 피력했다. "4-5차례에 걸쳐 관광객이 원하지도 않는 기념품점 방문은 여행의 신용을 크게 훼손하는 것으로 간주 된다" 관광진흥과장 Hiroshi Tabata가 말했다.

일부여행사들이 오랫동안 기념품점을 방문하는 패키지상품을 판매해왔으며 이 과정에서 기념품점으로부터 커미션을 수수함으로써 여행상품 가격을 낮춰왔다는 것은 주지의 사실이다. 1990년대 이래 특히 일부 아시아 지역상품에서 반강제적으로 관광객을 기념품점을 방문하게 함으로써 여행에 대한 실망은 물론 사회적 문제가 되기도 했다. 그러나 더 최근에는 일부 도매여행사들은 여행일정에서 기념품점 방문을 금지하기 시작함으로써 이러한 고객 불만이 감소하고 있다.

새로운 법령이 시행되면 여행일정에 대한 투명성을 보장하기 위한 감시가 더욱 강화될 것이며, 동시에 여행 참가자들에 대해 다양한 활동 및 만족도가 제고 될 것이다.

(자료원 : TJI online, 2004. 4.6, 출처 : 한국관광공사 해외시장정보)

㉖ 일본 쇼핑관련 보도자료 3.

일본 여성여행자의 50%가 여행 전에 쇼핑품목 결정

여성여행자의 50%가 여행 전에 여행 중 쇼핑할 물건을 결정하는 것으로 일본인여행자조사 결과 나타났다. 또한 9.11 미 테러공격 이후의 일본소비자 동향에 관한 이 조사에서 일본인 해외여행에 있어서 가장 큰 걸림돌은 안전문제가 아닌 경제문제로 나타났다고 일본관광마케팅회사(JTM : Japan Tourism Marketing Co)의 Masato Takamatsu 부사장이 밝혔다. JTM은 JTB사의 자회사로 관광조사 및 마케팅을 전문으로 한다.

Takamatsu 부사장은 9.11사태 이후 여행활동 위축 및 경제 부진에도 불구하고 일본인들은 아직도 여행 중 브랜드상품 및 면세품을 구입하는 것을 중시하고 있다고 한다. 10명중 8명이 여행 중 이러한 품목을 구입한 것으로 나타났다고 한다.

"레저여행자는 비즈니스여행자보다 두 배 정도 많이 지출한다"고 그는 설명한다. 레저여행자의 과반수가 ¥50,000 이상을 지출하며, 쇼핑에 많은 금액을 배정한다고 한다. 또한 여행자의 61%는 해외 공항 면세점에서 쇼핑을 하는 것으로 나타났다.

여성여행자에 있어서 한 가지 추세는 50%가 여행을 출발하기 전에 벌써 무엇을 구입할 것인지를 결정하고 있다는 사실이다. 그들 중에 23%는 일본을 떠나기 전에 이미 특정 브랜드나 품목을 마음에 두고 있는 것으로 나타났다.

여행자들은 원하는 쇼핑품목을 어디에서 살 것인지를 여행안내책자, 잡지, 웹 사이트, 친구로부터의 정보 등 다양한 방법으로 조사한다고 Takamatsu 부사장은 말한다.

(자료 : TRAVEL JOURNAL INTERNATIONAL, 2002.6.24, 출처 : 한국관광공사 해외시장정보)

4) 태국(태국관광청 : www.tatsel.or.kr)

우리나라 사람들이 즐겨 찾는 태국은 주로 가죽제품이나 실크류, 보석, 진주크림 등이 대표적인 쇼핑품목이다. 태국에서는 전 세계의 유명 브랜드를 저렴한 가격에 구입 할 수 있다.

특히, 태국의 보석은 그 품질과 가격 면에서 세계적인 경쟁력을 가지고 있다. 매년 방콕에서는 방콕보석전시전과 같은 유명 전시회를 열고 있다.

보석 중에서도 블루 사파이어는 칸차나부리와 찬타부리 지방에서만 생산되는 보석으로 주요 관광지에서 인기 있는 품목이다.

태국에서 쇼핑을 할 경우, 길거리에서 낯선 사람에게 물건을 구입하는 경우는 피하는 것이 좋으며 보석이나 각종 장신구 및 골동품의 경우에는 품질 보증서를 받아두는 것이 현명하다.

한편, 태국의 면세제도를 살펴보면, 우선 면세점은 일반시중에는 따로 없다는 점이다. 면세식품 및 주류구입은 태국 내 면세업체 또는 싱가폴, 홍콩, 덴마크 등 외국업체에서 이용 가능하다.

백화점 및 일반상점에서는 가구 및 전자제품 전문점 등이 많은 편으로 개점시간을 살펴보면 보통 10:30-21:30(일부백화점 22:00까지 영업)까지 영업을 하고, 수퍼마켓(백화점 지하층)은 10:30-24:00 까지 문을 연다.

Sukhumivit지역에는 Robinson백화점, Central백화점, Emporium백화점, Time Square, Landmark Plaza 등이 대표적인 백화점이다.

방콕, 푸켓 및 치앙마이를 중심으로 한 태국의 일반적인 관광정보를 살펴보면 다음과 같다.

① 방콕의 쇼핑정보

가) 삼얀 시장(Samyan Market)

이곳은 출라롱콘 대학의 건축기들과 시공 기술자들에 의해 디자인된 전형적인"동네장터"이다. 라마 4세와 프라타이 거리가 맞닿은 골목에 위치하며, 18, 25, 29, 40, 47, 121번 버스나 도심에서 그 두 거리 교차로를 지나가는 것이면 어떤 버스로도 갈 수 있다.

나) 나라야나판(Narayanahand)

라챠담리(Ratchadamri) 거리에 위치하고 있으며, 정부지원을 받는 수공예품 센터이다. 이곳에서는 태국 전역에서 생산된 갖가지 수공예품을 구경하고 구입 할 수 있다.

이곳의 수공예품들 중에는 태국제 실크, 도자기, 목공예, 칠기, 청동제품, 가면 등이 있다. 매일 오전 10시에서 오후 8시까지 열린다. 전화 252-4670~9, 255-4328~9.

다) 반모(Ban Mo)

다이아몬드를 한두 개 갖고 싶어 하지 않는 여성은 없을 것이다. 반모는 다이아몬드와 그 외의 보석들을 취급하는 태국 최대 보석시장이다. 이곳에서는 세심한 것이든 아니면 물건의 품질을 보장한다.

매매시간은 일요일을 제외한 매일 오전 9시 30분부터 오후 5시까지이다.

라) 보석 세공 공장(Gem Cutting Factories)

많은 보석 세공 공장에서는 관광객들에게 안내인의 안내를 받아 공장을 돌아볼 수 있도록 배려하고 있다. 물론 자연스러운 구매를 유도하기 위한 것이다. 물건을 구입하건 하지 않건 공장

방문이 끝나고 나면, 묵고 있는 호텔 정문 앞까지 데려다 준다.

공장들은 한결같이 훌륭한 시설들이긴 하지만 전문가가 아니라면 함부로 물건을 구입하지 않는 것이 좋으며, 루비알이 박힌 금반지의 표식을 주의해서 찾아볼 필요가 있다. 그 표식이 있으면 태국 정부 관광청과 태국 보석 가공업자 협회(Gems and Jewellery Manufacturers Association)에서 정한 규정에 맞는 엄선된 품질의 제품임을 믿을 수 있기 때문이다.

마) 꽃시장(Flower and Plant Markets)

난초나 화분, 수백만 종에 이르는 다양한 식물들을 살 수 있는 전문 꽃시장이 많이 있다. 방콕에 있는 태국 관광청에 연락하면 자세한 안내를 받을 수 있다.

바) 차이나 타운

차이나 타운은 방콕의 중심도로인 라마 4세 거리에 접해 있으며, 야와랏 거리에 위치하고 있어서 일명 '야와랏' 이라고도 한다. 많은 중국계 사람들과 한자로 쓰여진 간판들로 인해서 한눈에 차이나타운이라는 것을 알아볼 수 있는 이곳은 진품 골동품에서 조잡한 모조품까지 그리고 최신 상품에서부터 중고품까지 없는 것이 없을 정도로 다양한 상품들을 판매하고 있다. 이 거리에 들어서면 가장 많이 눈에 띄는 것이 금은방이며, 각종 약재를 취급하는 한약방도 많이 있다.

사진자료 : 방콕의 차이나타운 골목길
사진출처 : www.tatsel.or.kr

사) 방락(Bangrak)

실롬(Silom)과 사톤(Sathon) 거리 사이에 생긴 새로운 거리에 자리하며 다양한 꽂꽂이용 꽃과 특별히 난초가 곁들여져 있는 것이 특색이다. 화환과 꽃다발이 항상 판매되고 있다.

아) 수안 차투착(Suan Chatuchak)

가장 최근에 생긴 대형 시장으로 파혼요틴(Phahonyothin)가에 자리한다. 각종 화초와 난이 한 자리에 모여 있다.

자) 팍클롱 탈랏(Pak Khlong Talat)

메모리얼 다리(Memorial Bridge) 근처 마하랏 거리(Maharat Road)에 있는 것으로 난초와 꽂꽂이용 꽃이 판매된다.

차) 테왯(Thewet)

크롱파둥 크룽카셈(Klong Phadung Krung Kasem) 둑에 있는 남손 거리 너머에 있는 것으로 대형 화분을 취급한다.

카) 파혼요틴(Phahonyothin)

북부 버스 터미널 맞은편 파혼요틴 거리에 위치한 곳으로 방콕에서 가장 큰 꽃시장이다. 장식용 화분을 구비한 작은 상점들이 즐비해 있다.

타) 수상시장(딸랏 남)

방콕의 남서쪽으로 약 80km 떨어져 있는 수상시장은 이 곳의 지명을 따서 '담넌 싸두억 수상시장' 이라고 부르기도 한다. 태국 사람들은 예전부터 많은 운하를 도로처럼 이용하였으며 집이나 상점들을 운하 주변에 지었으며, 시장도 운하 위에서 형성되는데 이것이 '딸랏 남'이다. 아침 일찍부터 야채, 과일, 생선, 꽃 등은 물론 국수와 밥, 반찬 등을 조그마한 배에 싣고 나온 상인들이 배에 탄 채 직접 파는 모습이 이색적이다.

② 푸켓의 쇼핑정보

토산품 센타(Native Handicrafts Centre)는 텝카사트리(Thepkasatri)거리에 있는 것으로, 전문 예술인들이 직접 만든 실크, 우산, 칠기, 은세공품, 보석들이 있다.

나가노이(Naga Noi)는 남해바다 진주(South Sea Pearl)를 만드는 곳으로 유명하다.

이곳은 푸켓시 뿐 아니라 주요 해변 휴양지에서 일일 여행코스로 가장 인기 있는 곳이다. 섬의 북동쪽에 있는 아오포(Ao Por) 부두에서 이곳으로 연결해 주는 배가 출발하며 비용은 대략 600바트이다. 섬에 있는 상점에서는 갖가지 진주와 진주로 장식된 보석들을 판매하고 있다. 질에 따라 다르지만, 남해바다 진주는 직경 13㎜인 것이 2,000 바트에 팔린다.

③ 치앙마이의 쇼핑기념품과 수공예품

치앙마이에서는 태국에서 가장 다양한 수공예품과 민속 예술품을 생산해 내고 있다. 그중에는 놋기, 은세공품, 칠기, 헝겊인형, 도자기, 색칠한 우산, 가죽제품, 바구니류, 바틱, 직조실크, 조각된 가구, 목각 제품 등이 포함되어 있다.

이와 같은 수공예품들이 생산되는 주요 지역은 치앙마이-산캄펭(Chiang Mai-San Kamphaeng) 사이의 거리에 있는데, 그곳에서 관광객들은 갖가지 수공예품들을 구입 할 수 있을 뿐 아니라 만드는 과정까지 직접 볼 수 있다.

창클란(Chang Khlan) 거리에 서는 야시장(Night Bazaar)에서는 온갖 물건을 다 살 수 있다. 오후 6시에서 자정까지 매일 밤 장이 열린다.

한편, 그 밖의 기념품점과 수공예 마을을 살펴보면 다음과 같다.

가) 골동품

타와이 마을(Thawai Village, Tambon Khun Khong, Amphoe Hang Dong)은 복제 골동품으로 유명하다.

나) 대나무

돈케오 마을(Don Kaeo Village, Tambon Don Ka대, Amphoe Sariphi)은 대나무로 엮은 컨테이너인 쿠(Khu)로 유명하다.

다) 바구니류

로이찬마을(Roi Chan Village, Tambon Nong Kwai, Amphoe Hang Dong)은 파라이크람(fa lai khram)이라는 바구니를 만드는 곳으로 유명하다. 파봉마을(Pa Bong Village, Tambon Pa Bong, Amphoe Saraphi)은 질 좋은 바구니 생산으로 유명하다.

라) 면

농압창 마을(Nong Ap Chang Village, Tambon Sop Tia, Amphoe Chom Thong)은 자연 나염된 수직면으로 유명하다.

마) 우산채색

보상마을(Bo Sang Village, Tambon Ton Pao, Ampheo San Kamphaeng)은 우산과 부채에 채색하는 것과 목공예로 유명하고, 통풍 마을(Tong Phung Village, Tambon Ton Pao, Amphoe San Kmphaeng)은 우산 채색과 목공예로 유명하다.

사진자료 : 태국의 유명 보쌍 우산마을
사진출처 : www.tatsel.or.kr

바) 칠기

시판크라 마을(Si Pan Khra Village, Tambon Tha Sala, Amphoe Muang)은 칠기를 만들기 위한 기본재료인 잘 짜여진 대나무 그릇으로 잘 알려져 있다. 우아라이 마을(Wua Lai Village, Tambon Hai Ya, Amphoe Muang)은 칠기와 은세공품으로 유명하다.

사) 종이

톤파오 마을(Ton Pao Village, Tambon Ton Pao, Amphoe San Kamphaneg)은 사종이(sa paper)로 유명하다.

아) 도자기

무앙쿵 마을(Muang Kung Village, Tambon Nong Kwai, Amphoe Hang Dong)과 무안한 케오 마을(Muan Han Kaeo Village, Tambon Han Kaeo, Amphoe Hang Dong)은 도자기로 유명하다.

한편, 치앙라이에서 260 km 정도 떨어진 매싸이는 태국의 최북단에 위치하여 미얀마와 다리 하나를 사이로 마주보고 있는 국경도시로 국경너머에서 생산된 일용품과 수공예품들이 이곳의 시장에서 팔리고 있다.

① 태국 쇼핑관련 보도자료 1.

Siam Square(태국의 명동) 쇼핑객 급감

-Siam Square(태국의 명동)는 안전지대, 이유는 쇼핑객들이 없기 때문...

사람들로 북적거리는 Siam Square는 만일 태국에서 SARS 바이러스가 출몰할 경우 그 발생에 의한 경제적 파급효과를 파악키 위한 조사가 가장 먼저 실시될 지역이다.

태국정부가 자국이 SARS-Free 국가임을 아무리 강변한다 해도, Siam Squar의 경우 유행을 좇아 수천 명의 사람들이 달려들어 북적거리던 예전과는 달리, 사람들 간 전혀 부딪침 없이 여유 있게 활보할 수 있을 정도로 쇼핑객이 줄었다. 주차할 곳이 여유 있는 것도 특이사항이다.

이러한 변화는 SARS가 일상어가 되어버린 3월말부터 시작되었다. Siam Square는 사람들에게 SARS가 알려진 후, 기침 한번으로 감염될 수 있을 만큼 붐벼 기피 장소로 인식되어 버렸다. Siam Square의 상점 주인들은 쇼핑객들이 여전히 마스크를 착용하고 있고 쇼핑하면서도 SARS를 주제로 이야기하는 것이 다반사라고 걱정스러워 한다.

외래 관광객들도 더 이상 열렬한 환영대상이 되지 못하고 오히려 의심스러운 눈길을 받아야 하는 존재가 되어버렸다. 어떤 경우에는 외국에서 온 관광객들에게 등을 돌리고 이야기하거나 심한 경우, 상점 문을 걸어 잠그기도 한다. "사실 그 사람이 어디서 왔는지 알 수 없잖아요? 어떻게 SARS 보균자가 아니라고 확신할 수 있겠어요? 그나마 4월말이후로는 외국 쇼핑객들을 찾아보기조차 힘들어요" 라고 한 상점주인은 이야기 한다.

SARS 바이러스가 수입제품 표면에 잔존 할 수 있다는 루머 또한 판매자, 구매자 모두를 두려움에 떨게 한다. 의류업체 Giordano, Family & May, 가죽업체 Baby Bird, Peak & Praw 등은 대부분 홍콩, 싱가폴, 대만으로부터 제품을 수입하여 판매하는 업체들로서 이 업체들이 갖고 있는 또 다른 문제는 고객들에게 선보일 신상품이 없다는 것이다.

Baby Bird사장 Aunchalee씨는 직원들이 홍콩으로 신상품을 구입하러 가지 못하도록 조처했다. 주문시스템이 그나마 잘 되어 있는 Giordano와 같은 다국적기업은 소규모 업체에 비하면 그나마 영향이 덜한 편이다.

요즘 Siam Square의 가게들은 10, 20대 태국 젊은 층에 절대적으로 의존하고 있는 실정이다. 이들 국내 젊은층이 그나마 위로가 되긴 하나, 그 복잡했던 Siam Square가 이렇게 사람이 적다라는 사실은 두고 두고 기억에 남을 것으로 보인다.

앞으로의 일에 대한 예측은 더욱 힘들다. 특히 현 상황을 더 어렵게 하는 것은 새로운 루머의 회자인데, SARS가 또 다른 이면을 보일 가능성이 있다는 것으로 바로 SARS 변종바이러스 등장에 관한 것이다.

(자료원 : 방콕지사, THE NATION, 2003. 5.13 인용, 출처 : 한국관광공사 해외시장정보)

② 태국 쇼핑관련 보도자료 2.

태국의 쇼핑시간 감축계획, 관광지출 급감요인으로 작용 우려

태국정부가 에너지 절감방안의 하나로 시행중인 백화점 및 대형슈퍼마켓 운영시간 감축계획은 관광업계에 큰 타격을 줄 것으로 예상된다. 특히 금년도 입국외래 관광객 1,000만명 중 60%를 차지하는 아시아계 관광객들에게는 영향이 더 클 것이라는 예상이 나오고 있다.

태국여행업협회 회장 Suparerk씨는 아시아 관광객들 특히 중국관광객은 태국을 쇼핑목적으로 찾는 사람들이 많은 상황을 고려해 볼 때 쇼핑 행선지인 싱가폴, 말레이시아에 비해 태국이 그 매력을 상실, 관광 지출이 급감 할 수도 있다고 우려했다.

Suparaker 회장은 정부가 에너지 절감정책과 발생 가능한 관광수입을 새로운 조처로 인해 줄이는 것 중 어느 것이 더 이해득실이 많은지 조심스럽게 비교할 필요가 있다고 말했다. 그동안 쇼핑자유시간으로 주어졌던 시간대가 백화점 폐점시간이 되서 아무래도 시간여유가 많은 FIT보다는 단체 관광객의 타격이 더 클 것으로 예상된다.

TAT Siriwan 청장도 에너지 절감정책이 관광산업에 심리적인 영향을 미치고 있는 것은 사실이라고 말하면서 특별히 아시아 지역 내에서 쇼핑천국으로 태국을 홍보해온 TAT 전략에 지장을 줄 수 있다고 말했다.

그렇지만 외래 관광객 입국 수에 심각한 영향을 미치긴 보다는 태국 내에서 쇼핑하는 사람들이 체감하는 불편이 더 클 것으로 보인다.

한편 PATA 태국지부회장 Danai 씨는 이번 조처가 관광객들로 하여금 태국을 행선지로 선택

하는데 있어서 주저하게 하는 요인이 될 것이라고 말했다.

그렇지만 관광체육부장관 Sonthaya씨는 유럽의 쇼핑몰은 토요일 12시부터 월요일 오후까지 영업하지 않고 또 이러한 조처가 선진 국가들의 관광산업에 영향을 미치지도 않는점을 예로 들며 시간단축에 대한 반대의견을 일축했다.

금년 1월부터 7월까지 돈무앙 공항을 통해 입국한 외래 관광객은 457만 명으로 전년 동기 대비 25.5% 증가한 것으로 나타났다.

(자료원 : 방콕포스트, 2004. 8. 23, 출처 : 한국관광공사 해외시장정보)

5) 싱가폴(싱가폴 관광청 : www.visitsingapore.or.kr)

싱가폴 현지는 전체가 하나의 커다란 쇼핑타운이며 시내의 곳곳에 쇼핑센터가 있다.

개점시간은 통상 오전 10시30분이며, 단독 전문점은 오후 5~6시, 백화점 · 쇼핑센터는 오후 10시경에 문을 닫는다. 8시 이후에도 여는 노점상이 곳곳에 있으며 품질이 낮은 저렴한 상품을 취급하고 있다.

물건가격은 백화점은 정찰제를 실시하고 있어 할인이 거의 안 되며, 일반상점의 경우 가격을 흥정해야 한다. 현지의 경우 관세는 없으나 dealer 마진을 높게 책정하기 때문에 여행자의 경우 비싸게 사는 것이 대부분이며 현지 거주자들은 할인교섭을 통해 20%로부터 30%정도 저렴한 가격으로 구매 할 수 있다.

싱가폴의 세금환급제도

싱가포르는 술, 담배, 자동차 및 유류의 4개 품목을 제외한 다른 상품에 대해서는 상품·서비스세(GST) 5%만이 부과될 뿐 관세 등 다른 세금이 없다. S$300 이상 상품 구입 시 GST 환급해준다.

외국 여행객이 한 상점 또는 동일한 연쇄점(chain)의 어느 상점에서든지 S$300 이상의 상품을 구입하였을 경우, GST를 환급 받을 수 있다. 이 경우 반드시 같은 날 한꺼번에 S$300 이상을 구입할 필요는 없으며, 싱가포르 출국 이전 2달 이내에 같은 상점 또는 동일한 연쇄점의 어느 상점에서든지 구입한 가액이 합계 S$300 이상이 되면 환급을 받을 수 있다.

한편, "TAX REFUND" 또는 "TAX FREE SHOPPING" 상점에 대해 살펴보면 세금 환급은 "TAX REFUND" 또는 "TAX FREE SHOPPING"이라고 표시 된 상점에서 상품을 구입하였을 경우에만 가능하다는 것이다. "TAX REFUND" 상점에서 S$300 이상 상품을 구입한 경우 상점에서 발행해 주는 GST Claims Form을 가지고 출국 시 공항의 GST Refund Counter에 가서 확인을 받아, 이를 물품 구입 시 상점에서 주는 주소와 우표가 붙어있는 봉투에 넣어 공항 우체통에 넣으면 나중에 물품 구입 상점에서 GST 환급액을 우송해 주고 있다.

한편, "TAX FREE SHOPPING" 상점의 경우는 한 상점에서 S$100 이상을 구입하거나, 연쇄점의 경우에는 여러 상점에서 구입한 금액이 합계 S$300 이상일 때, the Global Refund Cheque를 발행해 주며 출국 시 이것을 GST Refund Counter에서 확인을 받은 후 the Cash Refund Office에 가지고 가면 현금으로 지급해 주고 있다.

① 차이나타운

싱가포르의 초고층 빌딩들이 있는 금융 지역 바로 뒤에 차이나타운이 있다. 차이나타운을 감싸고 있는 복잡하고, 화려한 거리와 전통이 물씬 풍겨지는 골목, 각 지역을 연결하는 다리 등은 수십 년의 시간을 거쳐 변화되었다.

이곳에서, 중국 상인들은 전쟁 전에는 잡화상으로 생업을 시작하였고 이것은 여러 세대를 거쳐 가업으로 전수 되었다.

약재를 파는 곳에는 가벼운 병 치료를 위해 뱀 껍질과 허브, 향료 그리고 다른 강장제 재료들을 섞은 물약이 있고, 거리에는 여러 전통 음식을 찾아 볼 수 있다. 과일 파는 사람은 럼부탄(과일의 일종) 더미 사이에 앉아서, "과일의 왕" 두리안과 망고스틴, 그 밖에 여러 다른 계절 과일들을 전시하고 있다.

한편, 점쟁이들은 임시 테이블에 앉아서 자기의 미래를 간절히 알고 싶어 하는 손님을 기다리고, 행상인들은 집에서 만들어 온 돼지고기로 만든 바베큐를 지나가는 사람들에게 팔기 위해 서 있다.

또한 아름다운 자수가 놓인 의상, 금 보석, 티셔츠에서부터 도자기와 전통 수공예품까지
많은 물품들이 믿을 수 없는 가격에 팔리고 있다.

전통 차, 나막신, 전통 연, 탈, 기름종이 우산, 중국산 칠기, 아시아에서 넘어온 각종 수공예품들을 보려면 탄종파가로 가는 것이 좋다. 그 다음에 서로 밀접해 있는 스미스 스트리트, 템플 스트리트와 파고다 스트리트를 헤매다 보면 좋은 물건을 찾을 수 있을 것이다.

차이나 타운의 현대적인 모습을 크로스 스트리트와 뉴 브릿지 로드가 밀접해있는 곳에서 볼 수 있다.

여기서 큰 쇼핑단지는 차이나타운 포인트(Chinatown Point), 유화(Yue Hwa), 피플스 파크 콤플렉스(People's Park Complex), 차이나 타운 콤플렉스(Chinatown Complex)라고 할 수 있는데, 이곳은 중국상품의 본산지일 뿐만 아니라 다양한 제품을 판매하고 있다. 전기·전자 제품, 여행용품, 싼 가격의 옷과 화장품을 원한다면 이곳을 찾아보는 것이 좋다.

한편 차이나타운 포인트(Chinatown Point)에 있는 싱가포르 수공예품 센터(Handicraft Centre)에 가면 다양한 수공예품들을 고를 수 있다.

② 캄퐁글람 & 아랍거리

이곳의 작은 거리는 여러 세대를 거쳐 내려온 싱가포르 내 아랍인의 삶을 반영하고 있다. 여기서 쇼핑객들은 좁은 상점을 구경 다니면서 당신의 마음이 흡족해질 때까지 물건 값을 흥정 할 수 있다.

아랍 상인들은 같은 종교를 가지는 말레이인, 자바인, 부기스인과 같이 거주하고 있다. 많은 상점들이 아직도 아랍인의 영향을 받아서 기도 할 때 까는 융단, 모자와 메카로 순례

여행을 떠날 때 필요한 것들을 팔고 있다. 바구니와 지팡이, 빨대, 양고기와 판단 잎(pandan leaves)으로 만든 상품, 길거리에 쏟아져 나와 있는 아기 구유와 마루 매트, 흔들의자와 음식 나르는 트레이들을 가장 많이 볼 수 있다. 또한 흥미를 끄는 낙타 가죽 가방, 칠보 상자, 바느질 통도 볼 수 있다.

그러나 캄퐁 글람과 아랍 거리의 진짜 성공의 비결은 방직물에 있다. 고급스러운 모슬린 베일, 실크, 면 조젯과 다른 사치스러운 섬유들이 거리에서 좋은 가격에서 팔리기를 기다리고 있다.

이 곳은 또한 수공 바틱으로 유명하다. 기계로 만든 바틱은 메트리스, 기성 셔츠, 여름용 드레스, 타이, 테이블보나 다른 용도로 사용되고 있다. 또한 여러 가지 낚시 도구들을 파는 상점들도 늘어서 있는 모습을 볼 수 있다.

가까운 MRT 역 : 부기스

사진자료 : 캄퐁글람 & 아랍거리
사진출처 : www.visitsingapore.or.kr

③ 오차드 로드

동남아 최대의 쇼핑가인 오차드 로드는 싱가폴의 중심으로, 화려한 대규모 쇼핑센터들이 약 2km 구간에 걸쳐 늘어서 있다. 스캇 로드(Scotts Road)와 탕린 로드(Tanglin Road)가 교차하는 지역에는 호텔뿐만 아니라 여러 종류의 바(Bar)와 클럽 등 유흥시설이 몰려있다.

④ 악어공장

과거 넓은 광장에 수십 마리의 악어를 풀어놓고 관람객들에게 악어를 구경할 수 있도록 해놓았으며, 최근 악어 샵 만을 운영하고 있다. 악어가죽으로 만든 다양한 제품을 구입 할 수 있는 곳이다.

⑤ 마리나 베이

싱가폴 컨벤션 센터가 있는 래플즈 씨티에도 다양한 쇼핑가와 해양 공원이 있다. 래플즈 시티 중심의 73층의 래플즈 시티 콤플렉스의 웅장함은 한국의 쌍용에서 만들어 주었다. 주 건물 이외에도 하나의 도심 속의 도시를 만들고 있는 형태이다.

또한 선텍시티몰은 아시아 최대라 할 수 있는 테마 쇼핑몰이다. 다양한 쇼핑꺼리와 즐길거리, 먹을거리 공존하는 종합 엔터테인먼트 공간으로 인기가 높은 곳이다.

⑥ 싱가폴 쇼핑관련 뉴스 1.

가) 싱가폴항공(SIA)을 타면 쇼핑 할인 받아 ...

싱가폴항공(SIA : Singapore Airlines)은 이용고객에게 싱가폴 내 300개 이상의 소매점, 음식점, 유흥오락시설에서 이용 할 수 있는 할인카드를 제공할 예정이다.

'SIA Splendor Card'라고 불리는 이 카드는 싱가폴항공과 비자 인터내셔날사와의 제휴에 따라 생겨난 것으로 5월 1일에서 10월 31일 사이 싱가폴을 여행하는 싱가폴항공 이용고객에게만 제공된다.

이 카드의 할인폭은 대부분의 상점에서 10-20% 선이며, 적용되는 상점들은 Club 21 부띠끄, 가구 및 전자제품 상점인 Harvey Norman, Coffee Club 카페, Madam Wong의 바 등 유명 상점들을 포함하고 있다.

할인을 받으려는 사람은 이 카드를 제시하고 비자카드나 현금으로 결제해야 한다.

이 카드는 무료이고 양도가 가능하지만 처음 사용한 시점으로부터 2주일간만 유효하거나 10월 31일 이전에 사용해야 한다.

싱가폴항공 측은 약 200만 명에서 300만 명의 승객이 이 카드를 받을 것으로 예상하면서, 이 카드를 통해 보다 많은 외래객이 싱가폴을 방문하기를 희망하고 있다.

(자료원 : 싱가폴지사 / The Straits Times, 2002.4.23 인용, 출처 : 한국관광공사 해외시장정보)

⑦ 싱가폴 쇼핑관련 뉴스 2.

올 12월에 싱가폴을 방문하는 쇼핑객들은 전통적으로 인기를 모았던 Orchard거리를 중심으로 해왔던 쇼핑축제 때 보다 더 많은 쇼핑기회를 가질 수 있을 것이다. 시중심이 아닌 주변지역으로 축제행사 범위를 넓혀 관광객들로 하여금 더 많은 쇼핑선택의 기회를 제공할 계획이기 때문이다.

금년 말의 "Heartlands Shopping Surprises Festival"은 지난해의 1,000여개 점포가 행사에 참여한 실적보다 훨씬 많은 수의 점포가 참여할 것으로 기대되고 있다. 6주 동안 계속될 축제는 약 8,000개, 어림잡아 현존하는 2곳 중 한곳의 점포가 참여 할 것으로 기대된다. 현재까지 1,200 여개 점포가 주최 측인 '상인협회연합'과 '소매판촉센터' 조기등록 한 것으로 나타났다. 연례행사인 동 쇼핑축제는 최대 80%까지 할인되며, 할인쿠폰, 기념가방과 선물 등이 판촉물로 제공되어질 것이다. 올해 이벤트는 11. 30일에 시작되며, 지난해는 총 1,000개의 업체가 참가하여 30-50%의 더 많은 쇼핑객을 유치한 바 있다.

(자료 : www.travelasia.com, 출처 : 한국관광공사 해외시장정보, 2002.10)

⑧ 싱가폴 쇼핑관련 뉴스 3.

가) 싱가폴 항공사, 여성전용 쇼핑상품개발 판촉

말레이시아 '星州日報'는 싱가폴 항공사기 최근 여성을 대상으로 한 "crazy shopping" 상품을 30%할인 가격으로 내놓아 많은 싱가폴 여성들이 상해, 홍콩, 북경 및 광주 지역으로 쇼핑 관광을 하였다고 보도했다. 중미관광기구는 최근에도 홍콩에서 관광판촉활동을 벌여 수일 내에 200여명이 등록했는데 그 중 80%가 여성이었다.

싱가폴항공 부회장인 謝文華는 "우리들은 갈수록 많은 싱가폴 여성들이, 일본여성들이 짝을 지어 해외 쇼핑 여행을 하는 것과 마찬가지로 해외여행을 하고 있다는 것을 알고 있다. 여기에 착안하여 싱가폴 항공은 처음으로 "여성전용" 상품을 개발하여 3명의 여성이 한방을 쓰며 같이 쇼핑을 즐기는 상품을 개발했다."고 말했다. 등록여성의 60%가 상해에서의 쇼핑을 원했으며 나머지는 홍콩, 북경과 광주 순으로 선호했다. "이 곳은 모두 쇼핑 천국이다. 동시에 좋은 호텔과 편리한 교통 및 서비스도 수준이 있다. 상해 혹은 북경에서는 쇼핑상점 근처의 옛 자취를 간직하고 있는 거리 체험도 또 다른 매력이다" 라고 말했다.

알려진 바로는 참가자의 대부분이 직장여성이며, 친구 관계 외에도 모녀 혹은 친척관계였다. 남자를 동반하지 않는 여성 관광단이기에 투숙호텔은 대부분 시내 중심부에 있는 곳을 이용했으며 교통도 편리하여 여성들의 쇼핑, 거리구경 또는 식도락을 즐기기에 아주 편리했다고 말했다. 그는 " 고객의 기호를 주의 깊게 파악하여 그들의 구미를 최대한 만족시켜 줄 예정이다" 라고 말했다.

중미관광 부사장은 현재 고객 중 여성이 65%를 차지하고 있으며 점차 증가하는 추세라고 말했다. 많은 여성들이 전문직 종사자이며 더욱 독립적이다. 그들은 가족, 남편과 해외여행을 할 수도 있고 또 기타, 다른 여자친구 심지어 단독으로 여행을 하고 있으며, 갈수록 많은 여성들이 보건, 음식 혹은 순수 휴식 패키지를 찾고 있다고 밝혔다.

유나이티드 항공사측도 여성고객의 수요를 주의하고 있으며 아울러 여행사의 패키지와 연계시켜 그들의 요구를 만족시켜 줄 것이라고 말했다. 콴타스 항공사도 여성 승객이 나날이 증가하는 추세를 예의 주시하고 있다고 말했다. 그러나 아직 남성 승객을 초과하지는 않고 있다고 덧붙였다. 이 회사의 대변인은 여성승객은 특별히 여행 중의 편안함과 교통 안배의 순조로움에 신경을 쓰고 있다고 말했다. 그래서 항공사도 좌석 고급화 및 연결 교통편 등에 세심한 배려를 하고 있다고 말했다.

30세의 직장여성 허미연은 지난해 8월에 다른 2명의 여성과 방콕에 휴가를 간 적이 있다. 그녀는 " 여자친구들과 여행은 비교적 편하다. 마음껏 거리를 돌아다닐 수 있고 먹거리 여행을 할 수도 있다. 남자들이 견디지 못해 성화를 부리는 일들을 걱정할 필요 없이 여성만의 흥미 있는 화제를 가지고 마음껏 수다를 떨 수 있다"고 말했다. 그러나 그녀는 여자들끼리만 해외 쇼핑여행을 하면 돈을 더 많이 쓴다는 인식에는 동의하지 않는다고 말했다. "물건을 살 때 동반한 여자친구들의 다양한 의견 교환을 통해 합리적인 쇼핑을 할 수 있어 오히려 좋다" 라고 말했다.

(자료원 : 中國旅游報, www.ctnews.com.cn, 출처 : 한국관광공사 해외시장정보, 2003.3)

6) 필리핀(필리핀 관광청 : www.wowphilippines.or.kr)

필리핀을 방문하는 관광객들은 저렴한 가격에 남양진주(South Sea Pearls), 수공예 장식천, 자수 새긴 장식품, 화려한 의류 및 디자이너 옷, 테라코타 및 자기, 산호, 진주모(mother-of-pearl) 가정용 액세서리 등을 수출용 품질의 상품으로 구입 할 수 있다. 공예품, 파인애플, 섬유 셔츠, 선사시대 항아리, 토속 수공예품 및 신발류도 흥미로운 제품들이다. 필리핀은 훌륭한 가구, 바구니 세공품, 신선한 과일 및 가공된 과일, 정교하게 제작된 보석 및 조개나 나무 및 돌로 만들어진 선물용 제품들도 생산한다.

주요 대형 쇼핑몰들은 메트로 마닐라의 주요 도시에 위치해 있으며 백화점에는 Shoemart, 뽐야, Landma가, Rustan, Isetann, Unibwide, Farmers Plazs 등이 대표적이다.

반면, 수공예품이나 골동품점은 마닐라의 에르미타 지역과 메트로 마닐라 근교에 많다.

① 마닐라의 쇼핑센터

가) 신세계

남양진주, 가오리, 지갑 등 고급제품들을 취급하며 한국의 백화점식으로 꾸며져 있어 깔끔한 편이다. (Tel. 525 -7811)

나) 마난산

필리핀의 재래시장에서 구입이 가능한 각종 토산물 및 의류 등을 구입 할 수 있는 잡화점이다.

다) 묘향산

북한산 우황청심원, 그림, 우표 등을 구입할 수 있다.

라) 지프니

약, 스카프, 식품 등 각종 토산물 및 의류 등을 구입 할 수 있는 잡화점이다

한편, 마닐라의 대표덕인 특산물로는 마직물을 들 수 있는데, 필리핀이 원산지인 마닐라 삼(Manila Hemp)은 마직물을 만들기 위해 재배를 한다. 필리핀에서 마닐라 삼을 가지고 각종 의류 및 장식품을 만든다. 특히 여성용 의류가 현지인들한테는 인기가 좋으며, 무더운 열대 지방에서 한 벌 정도 기념으로 구입하여 입고 다니거나 기념품으로 구입하기에 적당한 품목이다.

② 세부의 쇼핑정보

세부섬은 무역의 중심지이므로 생활필수품에서 최고급품에 이르기까지 없는 것이 없으며 수공예품은 바다와 태양과 더불어 살아온 사람들의 다재다능함을 잘 표현하고 있다.

조기, 석기, 대나무, 등나무, 목공예, 도자기, 가구 등 세공업이 발달하여 이중 한 두개를 구입해 가면 훌륭한 남국여행의 추억으로 남게 될 것이다.

사진자료 : 세부의 기타공예
사진출처 : www.wowphilippines.or.kr

한편 세부의 주요 쇼핑몰은 Banilad Road에 위치한 Gaisano Country Mall, North Reclamation Area에 위치한 SM City Cebu, Cebu Business Park에 위치한 Ayala Center Center가 유명하다.

7) 말레이시아(말레이시아 관광청 : www.mtpb.co.kr)

말레이시아는 동남아시아에서 가장 좋은 쇼핑장소라고 할 수 있다. 좋은 환율 (1링깃=1달러)은 약 330원~350원으로 인해 말레이시아 내에서는 상대적으로 물건들을 싸게 구입 할 수 있기 때문이다.

한편, 말레이시아의 수산시장과 야외시장(pasar malam)은 저렴하게 쇼핑을 즐길 수 있는 곳으로 유명하다.

섬세한 은세공품, 놋 제품, 주석 제품에서부터 도자기, 대나무 제품, 고리버들 세공품까지 다양한 토착 수공예품들이 있으며, 예술품으로는 동양에서 온 골동품, 카페트, 광택이 있는 비단과 순모 융단들을 꼽을 수 있다.

실크와 면으로 된 바틱은 색깔이 감칠 나고 선명하며, 말레이시아의 대담한 디자인과 매혹적인 색채의 바틱은 타 섬유와 확연히 다르다는 것을 알 수 있다. 다양한 디자인과 색깔의 기성복과 최신 유행의 신발, 핸드백들이 즐비하며, 세계의 유명한 패션 센터들로부터 디자이너 콜렉션, 우아한 신발, 고급 시계, 안경, 악세사리 그리고 고급 옷감들이 들어와 있다. 최신 전기제품, 전자장비, 컴퓨터, 카메라 등을 아주 싸게 구입하기도 한다.

매년 정기 세일은 보통 연중과 연말의 주요 행사 전에 이뤄지며, 3월 8월 11월에는 메가 세일이라는 전국적으로 대대적으로 쇼핑 카니발 행사를 연다.

영업시간은 보통 상점들이 대개 오전 9시 30분에서 오후 7시까지 개장하며, 슈퍼마켓이나 백화점은 오전 10시에서 오후 10시까지 영업을 한다. 큰 상점들은 대부분이 일요일에도 개장을 한다.

가장 저렴하게 물건을 구하기 위해서는 물건을 구매하기 전에 몇 군데에서 비교를 해보는 것이 현명하다. 큰 쇼핑센터에서는 가격이 고정되어 있지만, 일반 상점이나 길거리 상점에서 흥정을 할 수 있다.

특히, 전자, 전기제품을 구매하기 전에 항상 사용볼트를 확인해야 하며 참고로 말레이시아에서는 220 볼트를 사용한다. 하지만 대부분 상점에서는 특별한 주문이 없으면 전기제품을 플러그 없이 판매하며, 보통 이들 제품들은 1년 무상 보증이 가능하다.

필리핀의 대표적인 관광쇼핑 품목 중 대표적인 몇 가지를 살펴보면 다음과 같다.

가) 백랍제품(Pewter ware)

정교하게 조각된 백랍 제품들로는 머그잔, 술잔, 커피세트, 재떨이, 꽃병, 작은 조각상, 시계, 장식액자 등이 있다. 유명한 상표로는 Royal Selangor 와 Tumasek 등이 있는데 모두 호텔의 쇼핑 아케이드나 쇼핑단지 내에서 구입할 수 있다.

나) 바틱(Batik)

바틱은 비단, 면, 레이온 혹은 공단 같은 천 위에 밀랍을 바르고, 염색, 건조 그리고 끓이는 과정을 거쳐 탄생된다. 바틱제품들은 모자, 스카프, 넥타이, 손수건, 지갑, 셔츠, 치마, 드레스, 테이블보, 핸드백, 가방과 그림 등 다양한 종류가 있다.

말레이시아의 바틱은 선명한 색상과 대담한 무늬 그리고 다방면의 디자인으로 유명하다. 비공식 석상에서 입는 유행 셔프도 있으며, 고급 바틱으로는 대부분 실크에 손으로 직접 그리거나 혹은 실크 자카드직으로 만든 것이 있는데, 각 제품들은 독특한 디자인으로 만든 유일한 것들이다. 스카프과 카프탄은 탁자보와 냅킨으로 사용되는 훌륭한 기념품목으로 사용될 수 있으며 심지어 바틱 침대보와 쿠션커버도 있다.

바틱제품의 질은 천차만별이며 좋은 제품은 대개 수공예 센터에서 취급된다.

다) 송켓(Songket)

송켓은 은실과 금실을 손으로 정교하게 직접 짠 말레이시아식 비단이라고 할 수 있다. 꼼꼼하고 빽빽히 수를 놓은 송켓은 최고의 이브닝드레스를 만드는데 사용된다. 재단하지 않은 송켓을 구입해서 살펴보거나 송켓으로 만든 핸드백을 구입해 보는 것도 좋을 것이다.

라) 도기류(Pottery)

사라왁 도기류는 굵은 기하학적인 디자인이 새겨져 있다. 페락에서 온 세용 도기는 윤기가 흐르는 흑색이 그 특징이다. 독특한 모양을 위해 금색 실과 바틱을 사용한 조호에서 온 도기들도 있다 수공예센터에서 다양한 제품을 선보이고 있다.

라) 금(Gold)

쿠알라 룸푸르에는 고품질의 금제품들이 있는데 대부분 22K 이다. 전통적인 디자인에서부터 전위적인 디자인까지 모두 찾아 볼 수 있다. 보석상은 쇼핑단지, 호텔, 도시 중심부의 면세점안에 위치하고 있다.

마) 비단(Silk)

센더링과 테렝가누에서 생산된 비단은 국제적인 명성을 얻고 있으니 이 곳 제품을 구입하는 것이 좋다. 수공예센터와 특별샵에서 구입하면 된다.

바) 놋쇠제품(Brassware)

놋쇠제품은 일반적으로 테렝가누의 가내작업으로 생산되는데 촛대, 꽃병, 재떨이, 장식액자 등이 있다. 수공예센터에서 구입 할 수 있다.

사) 은제품(Silverwork)

은제품은 특히 켈란탄의 제품이 정교하다. 제품으로는 장미모양 그릇과 냅킨 꽂이, 장식액자, 금은세공 보석 등이 있는데 수공에 센터에서 구입 할 수 있다.

아) 목각제품(Woodcarvings)

목각제품역시 켈란탄이나 테렝가누 제품이 최고로 꼽힌다. 오랑 아슬리 나무조각상 또한 구입할 만한 제품이다. 목각제품들 대부분 부피가 크므로 숙소까지 배달도 가능하며 쇼핑단지에 다양한 제품들이 있다.

자) 바구니 세공품(Basketry)

몽구앙 잎으로 짠 테이블 깔판, 모자, 가방, 침실 슬리퍼 등은 매력적이며 기능적인 제품들이다. 바구니 세공품들은 값이 싼 것이 특징이며 수공예센터에서 구입 할 수 있다.

차) 먹거리(Food Items)

지역 토산품인 차, 후추등과 인스턴트 음식을 구입하려면 수퍼마켓이나 식료품점을 살펴보면 된다.

카) 주석제품

훌륭한 주석제품은 아주 우아하게 보여 고급 선물이 될 수 있다. 말레이시아의 주석 세공술은 세계에 널리 알려져 있고 세계에서 가장 큰 주석 공장이 이곳에 있으며, 가장 값어치 있는 주석은 97퍼센트의 주석과 완제품을 강하게 해주기 위해 약간의 동과 안티몬이 합금된 것이다.

모든 주석 제품들은 많은 단계를 거쳐서 공들여서 만든 수공예품들로써 순수 주석제품들은 아름다운 마무리를 위해서 여러 모양으로 장식, 염색, 그리고 부드럽게 닦아준다. 이들 제품들은 기능적으로 그리고 장식용으로 쓰이며, 유명한 주석 상점은 다음과 같다.

- Tumasek Pewter Sdn. Bhd.
  Lot16 Jalan Kuang Bulan Taman Kepong 52107 Kuala Lumpur
  E-mail: tumasek@po.jaring,my
- Royal Selangor
  Jalan Usahawan 6 Setapak Raya 53200 Kuala Lumpur
  URL: http://www.royalselangor.com

① 쿠알라룸푸르 쇼핑정보

상업의 중추인 쿠알라룸푸르는 유명한 역사적 건물, 역사적 유물과 구식 상가 그리고 북적거리는 야간 생활로 관광객들을 낮과 밤을 즐길 수 있도록 해준다. 이와 함께 초현대식의 시원하고 편안한, 원 스톱(one-stop) 쇼핑 복합 단지 내에서 쇼핑을 즐길 수 있으며 도시의 옛 지역에서 오래된 골동품을 구경하는 스릴도 만끽 할 수 있다.

가) 센트럴 마켓 (Central Market)

공예품을 만드는 것과 그림을 그리는 것을 직접 볼 수 있는 곳으로 현지인과 관광객 모두에게 인기 있는 곳이 바로 이 센트럴 마켓이다.

옛날에는 재래시장이었던 이 곳을 현대식의 냉방시설이 된 쇼핑 특매점으로 변경하여 다양한 토속 공예품과 기념품을 판매하고 있으며, 이곳은 또한 맛있는 현지음식을 판매하는 음식점으로 널리 알려진 곳이기도 하다. 센트럴 마켓 맞은편에는 금과 다이아몬드, 옥 등 기타 보석류를 적절한 가격에 판매하는 보석상들이 즐비해 있다.

다른 주요 수공예품과 기념품 상점으로는 잘란 콘레이에 있는 '콤플렉스 부다야 크라프'와 잘란 술탄 히사무딘에 있는 인포크래프 센터, 그리고 시내 중심가에 있는 '바틱 말레이시아 버하드' 상점이 있다. 이들 상점에는 정교한 은 세공품, 주석, 목재조각품, 바틱 및 송켓 등이 있다.

이외에도 세타팍(Setapak)에 있는 로얄 셀랑고 주석 공장에 방문해서 맥주 잔, 술잔, 칼붙이, 재털이, 작은 모형동상과 같은 다양한 주석제품들을 직접 구매할 수 있다.

말레이시아에서의 독특한 것을 원한다면, 페탈링 스트리트(Petaling Street)에 있는 '바겐 천국(Bargain Centre)'으로 불리는 차이나타운에 방문해도 좋을 것이다. 이곳은 시내에서 가장 번잡하고 가장 활기 넘치는 곳 중의 하나로, 밤에는 이 길의 중간은 차들이 다니지 못하도록 차단이 되어 있으며 이 전체 지역이 환한 불빛아래 번잡한 야시장으로 변하기도 한다.

또 다른 중요한 상점가들은 잘란 툰꾸 압둘라만(Jalan Tuanku Abdul Raman)에 있는데, 이 길 양쪽에는 옷, 신발, 화장품, 스포츠 용품, 가정용품, 전기 전자제품 등 다양한 상품을 파는 상점들로 가득 차 있다.

나) 잘란 부킷 빈탕 (Jalan Bukit Bintang)

쿠알라룸푸르의 '골든마일'인 잘란 부킷 빈탕은 한때는 지금의 숭아이 왕(Sungai Wang) 프라자와 'B(부킷빈탕)파크'로 유명했다. 전후시대에는 나이트클럽, 상점, 광란의 장터로 쿠알라룸푸르의 '정치스파이' 장소였다.

오늘날 이 지역에는 현대식 쇼핑센터와 상업건물들과 국제적인 수준의 호텔들이 들어서 있고 여러 종류의 상점들이 Lot 10, 숭아이 왕 프라자, BB 프라자, 스타 힐, 그리고 KL 프라자 등이 세워져 쇼핑을 한층 더 즐겁게 만들고 있다.

숭아이 왕 프라자와 BB 프라자는 잘란 부킷 빈탕과 잘란 술탄 이스마일에 놓여 있으며, BB 프라자 내에는 커다란 메트로 자야(Metro Jaya)백화점이 있는데, 이 백화점에는 옷과 악세서리, 신발, 핸드백, 향수, 장난감 등의 값비싼 제품들을 저렴한 가격에 판매되고 있으며, 이 프라자 내에 있는 다른 상점들로는 책, 컴퓨터, 철물, 전기제품, 카메라, 가구, 약품 등이 있다.

차이나타운이라 불리는 페탈링 스트리트 근처에는 코타라야(Kotaraya) 쇼핑 단지가 있는데 이곳에는 옷, 신발, 핸드백, 옷감 등을 싼 가격으로 판매하고 있다.

임비 프라자 바로 옆에 있는 숭아이 왕 프라자는 인파들로 항상 북적대는 인기 많은 쇼핑센터로 의류, 스포츠 장비, 안경제품, 신발, 핸드백, 시계를 판매하는 작은 상점들이 빽빽이 들어서 있으며, 큰 백화점으로는 팍슨 그랜드(Parkson Grand) 백화점이 있으며 이곳에는 옷, 핸드백, 화장품, 장난감, 가정용품 등을 판매하고 있다.

임비 프라자는 잘란 임비와 잘란 술탄 이스마일 교차점에 있으며, 컴퓨터와 관련된 제품을 파는 우리나라의 용산과 같은 전자 상가이다.

Lot 10은 숭아이 왕 프라자 맞은편에 위치해 있으며 육교로 연결되어 있다. 이 쇼핑센터에는 유명한 일본의 이세탄 백화점이 들어서 있는데 옷, 신발, 핸드백, 액세서리, 화장품, 가정용품, 스포츠 장비 등 중간 레벨의 제품에서 고급 제품까지 판매하고 있으며, 이 상가의 맨 꼭대기 층에는 고급 디자이너 의상실들이 들어서 있기도 하다.

잘란 라자 출란과 잘란 피 람리 사이의 교차점에 있는 더 웰드(The Weld)는 디자이너 신발 제화점, 핸드백, 안경, 화장품, 옷, 옷감, 그림 및 예술품들을 판매하는 상점들이 입주해 있다.

다) 잘란 툰꾸 압둘라만 (Jalan Tuanku Abdul Raman)

잘란 툰쿠 압둘라만 따라 있는 주요 쇼핑 지역은 잘란 당 왕이(Jalan Dang Wangi) 교차점에서부터 잘란 툰 페락(Jalan Tun Perak)까지 뻗쳐있으며 길 양쪽 따라 구건물과 신건물에 조화롭게 들어서 있다.

중국 미술점과 북경 자수점은 동양 미술, 골동품 애호가들이 꼭 가 봐야할 곳으로, 이 두 상점에는 자수 침대와 테이블 커버가 있고, 조각된 장미목 가구, 옷장, 장식장, 자기, 옥, 상아로 만든 조각품들이 있다. 동양 카페트를 다루는 상점도 이곳에서 찾을 수 있다.

잘란 툰꾸 압둘라만의 잘 알려진 다른 상점으로는 소고(Sogo) 백화점, 퍼타마(Pertama) 콤플렉스, 글롭 실크 스토어(Globe Silk Store), 캄다(Kamdar), G.S.Gill 등이 있다. 같은 도로상에 있는 캠벨(Campbell)콤플렉스는 가죽제품, 캠핑도구, 야외 활동 장비를 판매하는 상점들이 모여 있으며, 이 도로와 거의 평행 상에 있는 잘란 맛지드 인디아(Jalan Masjid India)에는 인도의 전통 복장인 사리, 옷감, 화장품 액세서리 등의 인도 제품들을 판매하는 상점들이 모여 있다.

쿠알라룸푸르의 소고 백화점은 총 8층으로 되어있으며 동남아시아에서 널리 알려진 백화점 중의 하나로 고급 제품들이 진열되어 있으며 신선한 패스트리 빵과 케익에서부터 다양한 수입 음식 및 국내 가정용품까지 모든 것이 판매되고 있다. 이 백화점 내에는 어린이들을 위한 게임과 놀이기구를 갖추어놓은 게임센터도 있다.

잘란 툰꾸 압둘 라만에 위치함 퍼타마 콤플렉스는 스포츠용품, 가죽제품, 신발, 핸드백, 시계, 보석, 기념품들이 저렴한 가격에 판매되고 있다.

라) 잘란 암팡/잘란 툰 라작(Jalan Ampang/JAlan Tun Razak)

쿠알라룸푸르의 대부분 외교관들이 모여 있는 잘란 암팡과 잘란 툰 라작 지역에는 국내 유명 메이커뿐만 아니라 해외메이커 상품을 파는 명문 쇼핑센터들이 모여 있으며 고급품들은 이곳에서 구할 수 있다.

초현대식 건물인 KLCC 수리아 쇼핑센터는 도시에서 최근의 가장 멋진 쇼핑 단지로 꼽히며, 밝은 태양의 로고에서부터 이름을 딴 수리아의 옆 건물은 현재까지 세계 최고의 건물인 페트로나스 쌍둥이 빌딩이다.

번쩍이는 수리아의 각층에는 전문 상점, 배고하점, 패션 부티끄, 디자이너 의상실, 보석상, 면세점등이 들어서 다양한 제품들을 판매하고 있다. 시티 스퀘어와 암팡 프라자 건너편에 있는 암팡 파크 쇼핑센터는 KL의 가장 초기 쇼핑센터로 사진과 관련도니 제품, 모조 액세서리, 의복 등이 주종을 이루고 있다.

호텔과 사무실, 쇼핑 콤플렉스가 함께 있는 시티 스퀘어는 현대 감각으로 쇼핑하는 사람들에게 다양한 요구를 만족시켜 주고 있다. 이 쇼핑센터는 잘란 암팡과 잘란 툰 라작 교차점에 있으며, 2백만 sp ft 내의 상가 지역에는 saldyd실, 미술 화랑, 고급 부띠끄, 여행사 등의 상점들이 들어서 있다.

이 건물 내에 있는 암팡 프라자는 디자이너 제품에서부터 일상생활 용품까지 다양한 전문상점들이 모여 있으며, 이 건물은 시티 스퀘어와 크라운 프린세스 호텔과 함께 통합된 복합단지이다.

바) 페탈링 스트리트와 잘란 반다(Petaling Str. & Jalan Bandar)

쿠알라룸푸르의 번잡한 차이나타운 중추의 상점들은 섬유, 옷, 신발, 핸드백 등을 바겐 가격으로 판매하고 있다. 이 지역은 또한 금 세공품들과 원석 보석품 등을 판매하는 보석상으로 유명하기도 하다.

네팔 무역상들은 인도와 미얀마에서 가져온 매혹적인 특유의 보석, 벽걸이, 장식, 골동품, 차 주전자들을 판매하고 있으며, 길을 꽉 메운 수레상인들은 신발, 약초, 과일, 꽃, 약품 등을 판매하고 있다. 이 유별나게 번잡한 도로는 밤이 되면 중국인 제품, 옷, 화장품에서부터 시계, 가죽제품까지 여러 종류의 제품을 파는 수레상인들로 꽉 채운 쇼핑 카니발로 변하기도 한다.

잘란 H.S Lee를 따라 잘란 쳉 록(Jalan Cheng Lock)과 만나는 교차점에 위치해 있는 S&M 프라자에는 머리핀에서부터 옷, 신발, 핸드백을 판매하는 작은 상점들로 꽉 차여 있고, 선물의 집, 음반, 서적, 장난감 등 사람들을 위한 모든 것이 이 곳에 있다.

사) 푸두(Pudu)

시내의 남쪽에 있는 아주 분주한 푸두 지역에 위치하고 있는 현대식 쇼핑센터인 푸두 프라자는 전쟁전의 상가들로 알려진 지역에 놓여 있으며, 이 곳에는 신발, 기성복에서부터 전통 약초까지 거의 모든 것들을 판매하고 있다.

쇼 퍼레이드(Shaw Parade)는 푸두의 잘란 창캇 탐비 돌라(Jalan Changkat Tamby Dollah)에 위치해 있는데, 이곳은 매일 쇼핑객들을 유혹하고 있는 곳으로, 스포츠, 카메라, 사진기, 액세서리, 비디오, 옷, 신발, 가정 장식품 등 특별품들이 저렴한 가격에 판매되고 있다.

아) 몰(The Mall)

잘란 푸트라(Jalan Putra)에 있는 몰에는 엑티브 라이프 스타일(Aktif lifestyle)백화점이 있으며, 이 곳 또한 고급 제품으로 유명한 곳이며 고급 보석, 신발, 핸드백, 시계, 안경 등을 판매한다. 골동품과 기념품 전문 매장도 있다.

자) 알파 앵글 (Alpha Angle)

시내에서 약 20분 정도 운전 거리에 있는 왕사 마주(Wangsa Maju)지역에는 알파 앵글 백화점이 있는데, 이곳에서는 옷부터 가정용품까지 잡다한 용품을 판매하고 있다.

다른 상점들은 신발, 핸드백, 의상 등 최신 용품을 판매하고 있으며 이 현대식 건물에는 여러 가지 현지 음식을 파는 음식 코너들이 들어와 있다.

차) 방사 쇼핑 센터(Bangsar Shopping Complex)

번잡한 도시에서 조금 벗어난 방사 주택지역내에 있는 이 쇼핑센터는 고급 옷감, 시계, 은, 크리스탈 제품, 신발, 핸드백, 고급가구를 판매하고 있으며, 이곳에는 영화관과 오락센터가 함께 있다.

② 페낭의 쇼핑정보

페낭에서 가장 번화한 쇼핑가는 조지타운의 페낭 거리로 페리 선착장에서 서쪽으로 들어가 남북으로 뻗어 있는 거리이다. 이곳에는 쇼핑센터와 토산물점이 밀집되어 있고, 동남 아시아에서 물가가 가장 싼 곳으로도 유명하다

③ 조호바루의 쇼핑정보

가) 펠랑귀플라자

펠랑귀 프라자는 조호 바루에서 가장 번화한 쇼핑몰로서 수공예품과 기념품, 다양한 종류의 패션의류, 액세서리, 트렌디한 구두들을 진열해 놓은 상점이 가득한 곳이다. 또한 쇼핑중 시장기를 느끼는 손님이라면, 주위에 다양한 먹을거리가 가득하다.

펠랑귀 플라자는 코즈웨이에서 차로 약 10분 정도 소요되며, 택시로나 시내버스로도 쉽게 올 수 있다.

나) 코타 라야 플라자

코타 라야 플라자는 조호 바루의 심장부에 위치하고 있고 11에이커에 달하는 넓은 호텔과 쇼핑센터의 복합 몰이다. 이 거대한 쇼핑센터의 건립은 조호주의 경제발전위원회의 주체로 발족되었고, 조호주의 경제발전에 중요한 영향을 미치는 요인으로, 또한 말레이시아 남부지역에 중요한 비즈니스 센터로 그 가치가 인정되고 있다.

다) 홀리데이 플라자

이 현대적인 복합 쇼핑센터는 조호 바루의 잘란 다토 술라이만에 위치하고 있다. 이 3층 건물에 입점해 있는 거의 대부분의 상가는 거리 방향으로 나와 있거나, 보행자 몰 방향으로 되어 있어 편리하다.

홀리데이인 플라자에는 대형 극장과 메디컬 센타, 나이트 클럽, 은행, 어린이 놀이시설, 다양한 먹거리 시설들이 입점해 있다.

④ 말라카 쇼핑정보

마코타 퍼레이드(Mahkota Parade)와 팍슨 그랜드(Parkson Grand)

타만 말라카에 있는 대규모 쇼핑센터이다. 팍슨 그랜드는 백화점이고, 마코타 퍼레이드는 쇼핑몰인데 한건물처럼 연결되어 있다. 두 곳 모두 말레이시아 곳곳에 지점이 있다. 냉방이 잘되어 있고, 구석구석 돌아다녀 보기에 최적의 장소이다.

오랑우탄 까페(Orangutan Cafe)

이름은 카페이지만 옷가게 이다. 기념품이 될 만한 좋은 티셔츠를 고를 수 있다.

가) 면세점

면세점은 쿠알라 룸푸르 국제공항(KLIA)내, 수방 술탄 압둘 아지즈 샤 공항 내, 그리고 시내에 있는 다양한 상점 내에 있고 제품들로는 화장품, 향수, 술, 담배, 초코렛, 카메라, 휴대용 라디오 카세트, 시계, 고급 만년필, 라이터, 가죽 제품 등이 있다.

⑤ 말레이시아 쇼핑관련 보도자료

말레이시아, 쇼핑관광 홍보 전담기구 설립

말레이시아 여행업계는 말레이시아를 쇼핑천국으로 홍보하려는 당국의 정책을 지지하고 있다. 말레이시아여행업협회(MATTA)는 2003년말 까지 말레이시아를 거대한 쇼핑 목적지로 정립하는데 필요한 정책과 전략을 수립하는 여러 개의 위원회 및 실무 그룹 중의 하나가 될 것이다.

현재 말레이시아 문화예술관광부(MOCAT)에서는 이 캠페인을 이끌어나갈 전담 상설기구를 구성하는 방안을 현재 모색하고 있으며 향후 두 달 내에 운영에 들어갈 수 있을 것으로 내다보고 있다.

관광전문지인 Travel Weekly지(誌)에서는 이 조직이 말레이시아관광공사의 자회사인 Pempena의 책임 하에 운영될 것으로 파악하고 있다.

한편, 말레이시아여행업협회 회장 Tunku Dato' Seri Iskandar bin Tunku Abdullah가 상품개발 실무그룹을 맡게 될 것으로 보인다.

"말레이시아여행업협회 회원들은 말레이시아의 다양한 관광목적지에서의 쇼핑을 홍보하기 위해 일련의 패키지들을 개발하게 될 것이다"라고 그는 말한다.

(자료원 : 싱가포르지사 / www.travelweeklyeast.com 2002.8.12 인용, 출처 : 한국관광공사 해외시장정보)

8) 인도(인도 관광청 : www.incredibleindia.co.kr)

① 인도의 쇼핑동향

인도의 대도시는 서양의 생활 방식을 상징하는 물품들의 정박지로 빠르게 변모해가고 있다. 인도의 신세대 젊은이들은 코카콜라, 펩시, 윔피(Wimpy's, 영국의 패스트푸드 체인점), 맥도날드 햄버거와 베스킨 라빈스 아이스크림을 주식처럼 입에 달고 다닌다.

냉동식품(어류, 육류 및 야채), 과일 통조림과 쥬스, 인스턴트 음식은 식료품점의 선반위에서 서로 자리를 다툰다. 브로콜리, 아보카도, 양상추, 샐러리나 파같이 신선하고 색다른 재료들은 소비자의 눈길을 끌기 위해 인도의 토착 음식들과 치열한 경쟁을 벌인다.

게다가, 오메가, 까르띠에, 시티즌, 라도, 보메 메르시에, 피아제, 론진 등 세계적으로 유명하다고 하는 손목시계 상표는 거의 다 인도에 들어와 있는 상태다.

유명 백화점에서는 외제 상표가 부착된 란제리, 수영복, 악세사리 등을 맘껏 구입할 수 있다. 나이키, 리복, 아이다스 등 신발 및 운동복 부문에서도 독보적인 위치를 차지하고 있는 유명 브랜드도 구매가치가 충분하다. 세계적으로 유명한 가방 제조 회사 쌤소나이트도 인도의 상점가에 둥지를 틀었고 레이밴이나 킬러 루프도 패션 안경 시장에서 우위를 차지하고 있다.

그러나 이것은 특정 상품에만 국한된 이야기가 아니다. 이동전화, 호출기, 휴대용 비디오 게임, 카메라, VCP/R, 전자 장난감(봉제 인형 및 헝겊 장난감 포함), 접시 안테나, 하이파이 오디오 장치, CD, 홈시어터 시스템, 식기 세척기, 진공청소기 등이 모두 빠른 속도로 인도의 국내 시장에 진출하였다.

최근 시행에 들어간 인도의 수입 자유화 정책에 따라 가까운 미래에 국제적인 인지도를 갖고 있는 브랜드들이 더 많이 인도에 유입될 것으로 기대된다.

② 인도의 지역별 쇼핑정보

(가) 뭄바이

국제 도시 뭄바이는 값비싼 유럽 골동품, 지역 향신료, 가전제품 및 비단 등 구색을 갖춘 다양한 상품으로 여행객의 입맛을 만족시키는 쇼핑 천국이다.

인도 의류 산업의 중심지로서 뭄바이는 모든 스타일을 제공하며 여행객들의 쇼핑예산에 꼭 맞는 도시이다. 또 이 곳은 즉석에서 합리적인 가격에 옷을 만들어주는 수많은 재단사들의 본거지이기도 하다.

패션거리는 여행자들이 반드시 들러봐야 할 명소인데 크로스 메이든과 이자드 메이든 사이의 M.G.로(路)에 위치한 이곳은 수출하고 남은 의류를 판매하는 상점가로 좋은 물건을 싸게 살 수 있는 곳이다.

한편, 인도의 "고가구"는 초르시장(벼룩시장)에 가면 구할 수 있다. 상품의 수명은 보장 할 수 없으므로 관광쇼핑객들은 자신의 운이나 눈을 믿고 열심히 흥정에 임해야 한다.

값싸고 질 좋은 상품을 사려면 아폴로 분데르와 레갈 사이의 시바지 마르그에 위치한 중앙 가내공업 특산품점이 적당하다. 오전 10시부터 오후 7시까지 영업하며 일요일은 쉰다. 한편, 오베로이와 타즈 호텔 상점가는 냉난방 시설이 완비된 상점가로 기성복, 손가방 및 귀금속류를 판매하는 부띠끄들이 흥미를 자극하는 곳이다.

재래시장에 가보지 않고는 뭄바이를 다 둘러봤다고 말할 수 없다. 주로 골동품과 고가구를 취급하는 초르 시장은 설 J. J. 로드 근처의 머튼 가에 위치해 있다. 귀금속 전문 자베리 시장, 다부 가에서 가죽 제품을 취급하는 다부 가 시장, 닥터 D. 나브로지 로/ 카르낙 로에 위치한 청과물 시장인 크로포드 시장 등도 한번쯤 둘러볼 만 하다. 시장은 보통 오전 9시부터 오후 7시까지 문을 연다.

초크 온천 근처의 대학가에는 야외 헌책방들이 군집을 이루고 있다.

주요 상점가로는 패션의 거리, 콜라바 코즈웨이, 페로제슈어 메타 로드, 커프 퍼레이드의 세계무역 비치, 비치 캔디, 반드라의 링킹 로드 등이 있다.

백화점 중에서도 비치 캔디에 있는 아마슨 백화점과 타르데오에 있는 크로스로드 백화점은 콜라바 코즈웨이의 코든 월드처럼 성장을 거듭하고 있다. 히라 파나 쇼핑센터는 의류, 장난감에서부터 시계와 가전제품까지 풍부한 선택의 기회를 제공한다.

(나) 하이데라바드

하이데라바드의 상점가에는 저마다의 독특한 분위기와 색깔이 있다. 차르미나르의 고대 유적 주변에 위치한 고대 도시에서 유명한 하이데라바드 팔찌, 수르마(천연 카잘) 및 황금빛 레이스를 사면서 진정한 하이데라바드 문화를 음미해보는 것도 좋다. 팔찌 거리로 유명한 라드 시장은 중세 시장을 연상시키는 흥미로운 곳이다.

니잠이 진주 산업을 장려하기 시작한 이후 하이데라바드는 진주 매매와 분류의 중심지로 군림해왔다.(재미있는 것은 일본에서 들여온 진주를 연마하고 등급을 매겨서 목걸이나 장신구로 만들거나 그것도 아니면 무게를 달아서 팔기도 한다는 것이다.)

차르마나르 주변에서는 예전의 왕실과 깊은 관련이 있는 비드리 제품을 찾아볼 수 있다. 이것은 납, 아연 및 주석으로 만든 흑옥색 합금에 은을 박아 넣은 공예품이다. 비드리 제품으로는 열쇠고리, 커프스단추, 꽃병, 선물 상자 등이 있다.

한편, 건 파운드리 로드에 위치한 수공예품점 리 파크시는 가내수공업의 전시장과도 같은 곳이다. 수공예품과 이카트, 견직 및 면직 포참 팔리 같은 수직물, 펜으로 채색한 전통 카람카리 섬유가 이 곳의 전시물이다.

남팔리 로드와 무카람 자히 로드에는 의류 소매상들이 밀집해 있다. 핀부터 피아노까지, 직물에서 골동품까지 일반시장에는 없는 게 없다. 철, 황동 및 구리그릇, 자수 제품, 수공예품, 사리 등 입맛에 맞게 골라 살 수 있다. 가까운 곳에 위치한 항아리 시장은 은장신구에 관심이 있는 사람이라면 그냥 지나칠 수 없는 시장이다.

또 소마지구다와 베품페트는 유명 브랜드의 의류 소매점, 디자이너 부띠끄, 실내 장식품 및 가구 시장이다. 이 두 지역은 하이데라바드의 국제적인 문화를 반영하고 있다. 또한 이곳에는 쌍둥이 도시에서 가장 규모가 큰 소매점이 3군데 있는데 쇼퍼스 스톱(Shopper's Stop), 라이프스타일(Lifestyle), 판탈롱(Pantaloons)이 바로 그것이다. 쇼핑을 하다가 잠시 쉬어 갈 수 있는 음식점들도 곳곳에 산재해 있다.

(다) 첸나이

타밀 나두의 주도 첸나이(구 마드라스)에서는 최고의 쇼핑 품목을 몇 가지 구할 수 있다. 남인도의 면사와 첸나이 및 칸치뿌람의 비단은 가히 국내 최고라 할 만하다.

'마드라스의 체크 무늬천'이 인도 면직물 중에서도 최고로 손꼽히는 칸치 면사의 동의어가 된 데는 다 이유가 있다. 첸나이에서는 이 직물을 구할 수 있는 장소는 문자 그대로 남인도 수제품의 본거지인 코옵텝스(Co-optex) 전시장으로 네타지 수바시 보세로드에 위치해 있다.

파크(Park)는 비단이 넘쳐나는 곳이고, 안나 살라리에는 주립 특산품점이 몇 군데 있는데 그중 카베리(카르나타카 특산품점), 카이랄리(께랄라 특산품점), 품뿌하르(타밀 나두 특산품점)가 최고이다.

역시 이곳에 위치한 빅토리아 기술 협회는 수녀들이 자선기금 조성을 위해 만든 자수 제품과 크로셰 리넨으로 유명하며, 어린이용 쇠사슬 자수 의류도 놓칠 수 없는 소품이다. 이곳에는 정교한 등나무 제품도 비축되어 있다.

타밀 나두의 정부 직영 특산품점 품뿌하르는 등나무 돗자리, 목제 코끼리, 목각품(가장 인기있는 제품은 가네시), 청동 인형 등을 주로 취급하는데 이 제품들은 타밀나두의 특산품이기도 하다. 이 인형등 대부분은 타밀 나두의 역사에 어린 문화적 전통을 잘 보여주는 촐라 작품을 베낀 것이다. 청동 제품은 좀 비싸기는 해도 하나하나 뚜렷한 개성을 보여주므로 충분히 소장 가치가 있다.

첸나이는 예로부터 가죽 의류 및 신발 산업의 중심지였다. 첸나이는 대부분의 제품을 서양으로 수출하므로, 이곳의 상점가는 최신 서양 디자인을 보유하고 있다. 이곳에서는 재킷, 스웨이드 가죽코트, 가방, 신발 및 각종 가죽 제품 등을 쉽게 구 할 수 있다.

스펜서 플라자는 인도 최대의 상점 및 사무실이 밀집해 있는 지역으로 넓이만 1만 제곱피트에 이른다. 이곳의 상점가는 풍부한 상품을 비치하고 있으며 국내 브랜드뿐만 아니라 세계적인 브랜드를 전시하고 있다.

(라) 께랄라

께랄라의 주도 티루바난타뿌람은 자단 조각에서부터 종이 반죽으로 만든 장식용 가면까지 모든 수공예품을 완비한 보물창고이다. 재래시장에서 소두구, 계피, 육두구 같은 싱싱한 향료를 언제든지 구할 수 있으며 질 좋은 캐슈너트는 인기 품목에 들어간다.

께랄라에서 주요 특산물은 야자 섬유로 알라푸자(알레피)가 대표적인 산지이다. 종금속 그릇은 께랄라 주의 또 다른 특산물이다. 이 제품들을 취급하는 상점가는 주로 M.G로드에 밀집해 있다.

(마) 뱅갈로르

뱅갈로르의 고급 상점가는 외국인과 지역 주민의 기호에 딱 맞는 곳이다. 비단, 수직물, 의류, 금은보석 및 향이 이곳에서 생산되므로 다른 도시와 비교해서 좀 더 싸게 물건을 구입 할 수 있다는 장점이 있다.

뱅갈로르는 대형상가가 가까운 곳에 밀접 되어 있어 쇼핑에 편리함을 더해준다. 또한 이 도시는 인도 최초로 슈퍼마켓과 대형 시장을 도입한 곳이기도 하며 시내 어디서는지 이 대형시상들을 만날 수 있다. 또 인구가 밀접 된 주거지역에서는 흥미로운 쇼핑공간을 찾아 볼 수 있다.

카르나타카 수제품 개발 공사의 '프라야다르시니' 수제품 전시관은 여러 곳에 위치해 있다. 황동 및 자단 상감 제품, 상자 공예품, 람바니 보석 등은 장식용과 선물용으로 좋다.

가) 브리게이드 로드(Brigade Road)

이곳은 특히 젊은이들이 많이 몰리는 상점가로 수많은 나이트클럽과 렉스(시내 최고의 영화관), 사이버 카페(커피를 제공하는 인터넷 카페), 볼링장, 디스코텍, 비디오 게임방, 음식점 등으로 구성되어 있다.

그 외에 대형 상점가로는 '다운 브릿지 스트리트'가 있는데 좀더 비싼 병영지에 있다.

나) 커머셜 스트리트(Commercial Street)

이곳에서는 주로 의류, 원단, 보석 및 음식을 쉽게 구입 할 수 있다. 리바이스나 피에르 가르

댕 같은 해외 디자이너 의류점에서부터 웨어하우스나 위켄더 같은 10대 위주의 캐주얼 의류점과 알렌 솔리나 루이스 필립, 반호이센 같은 남성 정장까지 이곳은 모든 연령층을 소화해내는 최고의 쇼핑공간이다.

다) 마하트마 간디 로드(M.G. Road)

'카르나타카 견직물 산업공사'(M.G. 로드에서 약간 떨어진 곳에 위치), '디팜 실크' '프라시디' 같은 사리 가게가 몰려 있는 상가지역이다. 서점도 두 군데 있는데 하나는 '강가람' 다른 하나는 '히긴 보탐'이다.

라) 레지던시 로드(Residency Road,현재 필드 마샬 C.M.카리아파 로드)

각 주를 대표하는 공예품을 판매하는 특산품점이 많이 몰려 있는 지역으로 가격은 정찰제이다. 도시철도이 종차역 가까이에 위치한 마제스틱 지역에 들러보는 것도 좋다. 교통은 좀 복잡해도 지역 주민에게 상당히 인기 있는 곳이다.

(바) 조드뿌르

인도 타르 사막의 가장자리에 위치한 조드뿌르는 특히 디자이너 가구와 서구인의 기호에 맞는 금속 제품으로 유명하다.

중앙 상가 '가스만디 시장'은 여행객들이 많이 찾는 곳이다. 그러나 쇼핑의 진수는 성벽 밖 새로운 도시의 주도를 따라 늘어선 상점가에서 찾을 수 있다.

조드뿌르의 수공예품점은 직물, 은, 장신구, 악기, 도자기, 상자, 조각 오리, 금속제품, 대리석 인형, 그림, 구리, 황동, 모조 골동품, 상아, 침대보, 벽장식, 꼭두각시, 의류, 오래된 문, 다양한 가구 등의 집산지이다. 라자스탄 특산품점과 라자스탄 공예품점 및 태양의 도시 미술품 수출상을 들러보는 것도 좋다.

또한, 우마이드 바완 궁전 로(路)와 고등법원 로의 상점이나 창고에서 고품질의 가구를 발견할 수도 있을 것이다.

조드뿌르의 특산품 반다니와 라바라야(홀치기 염색)을 비롯하여 칸막이와 날염포 등은 카프라 시장에서 쉽게 구입 할 수 있다.

고등법원 로를 따라 늘어선 상점에서 카펫을 발견하는 기쁨도 매우 크다. 낙타 신발은 모치 시장과 스테이션 로의 상점에서 구할 수 있다. 사라파 시장과 스테이션 로의 상점에서는 아름다운 은세공품을 구입 할 수 있다.

(사) 바라나시

바라나시는 인도 전통 시타르의 본거지이며 세계적인 시타르 연주자로 이름을 떨친 라비 샨카르의 고향이기도 하다. 따라서 시타르는 이 도시에서 가장 인기 있는 쇼핑 목록이 되었다. 라데이 슈암 사르마 같은 지역 공예가는 구매자의 선택에 따라 악기를 조율해 주기도 한다.

이외에도 예전에는 바나라스라고 불렸던 이 도시는 현재 아름다운 비단 문직과 예술품이라는 명칭이 더 잘 어울리는 바나라스 사리로 유명하다. 정부 직조 센터에서는 폭넓은 선택을 할 수 있다.

한편, 타테리 시장은 장식용 황동 제품이 넘쳐나는 곳이다. 바라나시는 값비싼 바도히 비단 카펫으로 유명하다. 가내공업 특산품점에서 구입 할 수 있다.

비슈와나트 거리를 비롯한 수많은 거리와 시장에는 개인물품이나 종교용품을 판매하는 크고 작은 노점상들이 여행객들을 유혹한다. 컵, 링카, 초크, 화장품, 비누류, 인형, 의류, 장식, 띠 등은 흥미로운 볼거리인 동시에 구매 욕구를 불러일으키기도 한다. 은으로 마무리된 가죽 제품은 카르나타카에서 지갑, 주머니, 손가방, 각종 벨트 같은 제품은 첸나이에서 쉽게 구입 할 수 있다.

(아) 아그라

아그라는 그 자체로 흥미로운 쇼핑 도시이다. 대리석아그라는 타즈와 백색 상감 대리석이 표현할 수 있는 모든 것이다. 이곳에는 테이블 상판, 컵 받침, 접시, 상자 및 코끼리에 보석, 준보석을 상감해 넣은 대리석 제품이 주를 이루며, 수바시 특산품점, 오스왈 특산품점 및 아크바르 인터내셔널은 특히 추천할 만한 상점들이다.

한편, 귀금속 자이뿌르가 귀금속의 중심지로 유명하다고 해서 아그라를 그냥 지나칠 수는 없다. 아그라의 귀금속은 매혹적인 무굴 시대의 디자인으로 유명하기 때문이다.

수공예품 아그라의 상점들은 광대한 수공예품으로 가득하다. 아그라는 특히 카펫, 두리, 가죽 신발, 자수, 보석 상감 제품, 직물, 백단향, 침대보 등으로 유명하며, 이러한 제품 대부분은 우따르 프라데시 수공예 궁전과 우따르 프라데시 수공예 개발 센터에서 구할 수 있다.

(자) 아메다바드

C.G.로드를 따라 늘어선 수십 개의 부티크와 선물 가게를 들러 쇼핑을 즐겨보는 것도 좋을 것이다. 낮에는 파톨라 비단, 민속의상, 은 장신구, 가구 및 수공예품을 이것저것 구경해보고 밤에는 로 가든(Law Garden, 야시장)에 들러 민속 전통 의상과 백색 금속 장신구를 구경해보면 매우 즐겁다.

한편, 좀 일찍 쇼핑을 하고 싶다면 오후 5시까지 야시장에 가면 된다. 시간이 충분하고 쇼핑할 마음의 준비가 된 여행자에게 고대 도시 다르와자인은 그야말로 더할 나위 없이 좋은 곳이다. 수공예품은 주립 특산품점인 구르자리를 찾아가면 된다.

(차) 델리

델리는 사람과 문화의 도가니라 일컬어진다. 인도 최고의 쇼핑 공간 중 몇 군데는 델리에 몰려있어 무엇을 사고 싶고 어디로 가야 할지만 잘 알고 있다면 델리는 쇼핑하기에 비교적 쉬운 도시이다.

여행객들은 카펫, 비단, 장신구, 가죽, 은제품, 수공예품, 손으로 날염한 면사 등 다양한 제품을 선택할 수 있다. 각 제품은 품질과 판매점에 따라 큰 폭의 가격 차이를 보이며 시장마다 확연히 다른 분위기를 가지고 있어 다양하고도 특별한 체험을 할 수 있다.

이 고대 도시 내에 자리 잡은 찬디 초우크는 아시아 최대의 이슬람 사원 지미 미스지드 바로 옆에 위치해있다. 100년 이상의 역사를 지닌 상점이 많고 이리저리 얽히고설킨 골목길에는 귀중한 보물이 산재해있다. 유명한 골목으로는 은제품 시장인 다리바, 향신료 시장인 카리 바올리, 장식품 시장인 카나리 시장 등이 있다.

한편, 뉴델리 최초의 상점가인 코넛 광장은 1911년 제국 내 수도의 일부로 계획되었던 곳으로 디자이너 상점에서부터 중국인 제화공까지 주로 고급품을 취급하는 곳이다.

바바 카라크 싱 마르크는 잔파트의 중앙 가내공업 특산품점과 같은 정부 주립 특산품점으로 각 지역의 수공예품을 한눈에 볼 수 있는 곳이다. 그리고 맞은편에는 티베트 악세서리 가게가 즐비하게 늘어서 있다.

오베로이 건너편에 있는 선더나가르 시장은 골동품과 은 장신구를 주로 취급하는 곳이다. 이 상점가는 라다크 산(産) 은 장신구, 준보석, 구리 및 은으로 된 예술도구 등을 선택 할 수 있는 기회를 제공한다. 선더나가르에서 그리 멀지 않은 곳에는 공예품 박물관 매점이 있는데 이 곳은 프라가티 마이단 박물관 부속 건물이다.

델리 남쪽에는 사우스 익스텐션(South Extension), 그레아터 카일라시 Ⅰ, Ⅱ, 그린 파크, 뉴 프렌드 콜로니 등의 상점들이 고급 소비자들을 유혹하고 있다. 예전에 전통 마을이었던 하우즈 카스촌과 샤뿌르 자트는 현재 상점가가 되었다. 이 상점가는 “전원적인” 분위기 속에 부띠끄, 미술관, 식당 등이 홍수를 이루고 있다. 메라울리, 키르키, 라도 사라이 같은 촌락 역시 비슷한 상점가를 이루고 있다.

특히, ‘델리 관광청’에서 조성한 공예품 시장이 바로 델리 하트이다. 이곳에서는 공예가가 직접 만든 공예품을 살 수 있다. 아쇼크 호텔 맞은편에 있는 산투슈티 상점가는 또 하나의 명소가 되었다. 공군 아내들의 모임에서 조성한 이 상점가는 의류, 가구 및 악세서리 등 선택된 수의 부띠끄만이 입점 할 수 있다.

사우스 익스텐션 근처의 DLF 안살 플라자는 델리 최대의 지붕이 있는 상점가이다. 주로 젊은 이들이 즐겨 찾는 이곳은 디자이너 상점과 음반 판매점이 주를 이루고 있다. 티셔츠, 치마, 셔츠, 재킷, 수영복 등 수출 상품을 판매하는 델리 남부의 사로지니 나가르 시장은 시장적인 쇼핑 공간으로 가격은 보통수준이다.

운동복을 찾는 쇼핑객이라면 델리로 가는 것이 좋다. 라즈파트 나가르에서는 리복 제품을 공장도 가격에 구입 할 수 있다. 아디다스와 나이키 역시 래디슨 호텔 근처에 공장이 있고 리바이스, 애로우, 알렌 솔리, 라코스테 등의 의류 전시장이 도시 전역에 퍼져 있다.

(카) 콜카타

콜카타에서 진정한 쇼핑의 즐거움은 양질의 제품을 공급하는 노점상에 있다. 그러나 최신 유행 상품이나 의류를 살 때는 아무래도 유명 브랜드나 전시장을 찾아가는 것이 좋다.

콜카타의 시상은 여행객들이 출국할 때 들고 갈 만한 장식품이나 선물로 가득 차 있다. "단트"사리는 그 유명한 발루차리 비단으로 만든 서벵골의 특산품이다. 탄투자는 서벵골 주립 수직 협동조합에서 운영하는 소매점으로 다양한 수직 제품을 판매하고 있다.

한편, 콜카타는 가죽 제품 및 신발 산지이며 장신구 또한 특산물의 하나이다. 차이니다운은 중국(수입) 상품과 중국 음식으로 유명하다. 언제나 사람들로 붐비는 신 시장에서 사리에서 장신구까지 흥미롭고 다양한 제품을 구입 할 수 있다.

(타) 자이뿌르

인도에서도 가장 인기 있는 관광지로 손꼽히는 자이뿌르는 사막 지방 라자스탄의 "분홍빛"주도이다. 쇼핑은 자이뿌르가 제공하는 커다란 기쁨이다. 성벽 도시와 그 옆에 위치한 미즈자 이스마일 마르그, 일명 M.I. 로드는 아즈메리 문 남서쪽에 있으며 상점과 공장들이 줄을 지어 여행자를 기다리고 있다.

아메르 로드는 수공예품 상점이 모여 있는 곳으로 유명하다.

가) 보석

자이뿌르는 중요한 보석 커팅 및 연마 중심지이고, 세계에서 가장 중요한 보석 생산지로 손꼽히는 곳이다. 그러나 쇼핑 시 모조 보석을 진짜라고 우기는 사람에게 속아 넘어가지 않도록 조심해야 한다. 조하리 시장과 M.I.로드를 따라 형성된 상점가를 들러보는 것도 좋을 것이다.

나) 귀금속

최고급 귀금속은 M.I로드에 있는 보석궁점과 암라팔리에서 구입할 수 있다. 이 곳에서는 수공예품, 황동 인형, 도자기, 대리석 조각, 금속 제품에서부터 목조 및 석조까지 다양한 수공예품을 선택할 수 있다.

다) 직물

자이뿌르는 독특한 홀치기염색(반다니)과 수제 면직물 및 견직물로 유명하다. 자이뿌르 외곽의 마을 두 군데는 특히 수제 직물 상가네르와 바그루 생산지로 유명한데 이 직물들을 만드는 일가를 직접 만나볼 수 있다.

라) 카펫과 양탄자

자이뿌르는 양모 카펫과 면직 두리로도 잘 알려져 있다. 몇몇 카펫 및 양탄자 상점에서는 수제 면직물과 견직물을 판매한다. 카펫 마할, 텍스타일, 마할, 차니 카펫 및 텍스타일 등이 카펫과 양탄자 전문 상점이다.

마) 청자

이 지역은 특유의 아름다운 청자로 유명하며 대부분의 수공예품점은 청자를 취급한다. 또한 자이뿌르는 대리석 조각, 종이 반죽 꼭두각시, 칠기, 크리슈나 세밀화, 침대 린넨 및 면직 퀼트로도 유명하다.

③ 인도의 대표적 특산품

가) 카펫

면과 비단으로 만든 카펫은 수세기 동안 인기 있는 수출품목 이었다. 무굴시대의 디자인 감각으로 완성된 플러시 비단 카펫은 오늘날까지 관광객에게 많은 사랑을 받는 제품이다.

인도산 수직 매듭 양탄자 두리(Durrie)와 투박한 깔개, 이슬람교 기도용 깔개 또는 라자스탄산 칼림(Kilim, 보풀 없이 평평하게 직조된 카펫) 역시 구입 할 가치가 충분하다.

가벼운 두리(바닥 깔개)에는 셀 수 없이 많은 종류가 있다. 펀잡, 하르야나, 라자스탄(양모두리),

우따르 프라데시(기하학적 무늬) 및 타밀 나두(정형화된 무늬) 지역은 카펫의 중심지이기도 하다.

양모 카펫은 15세기경 이란에서 카슈미르로 전해졌다. 이곳의 카펫은 전통적인 솔 직조법을 따랐으며 기본 디자인은 페르시아와 중앙아시아 스타일이다. 카슈미르는 남다(Namda), 훅(Hook), 가바(Gabba) 같은 바닥 깔개 산지로도 유명하다. 펠트제 모직 및 면직 남다는 방모사 사슬 수놓기 방식으로 만들어지는데 아리(Ahri)라는 훅이 이용된다. 두꺼운 황마 옷감은 완전히 자수 처리 되므로 기본 재료는 보이지 않는다.

가바는 낡은 모직 담요 위에 아플리케 처리를 한 것이다. 아그라와 암리트사르에서 생산되는 카펫은 붉은색, 상아색, 초록색 및 검은색 배경에 정교한 무늬를 이루고 있다.

라자스탄 주의 자이뿌르에서는 1제곱인치 당 80개에서 120개의 매듭이 들어가는 양질의 카펫이 생산된다. 이중 대부분은 기하학적 무늬를 자랑한다.

미르자뿌르와 바도이 역시 우수한 카펫 생산지이다. 안드라 프라데시는 1제곱인치 당 30개에서 60개의 매듭이 들어가는 기하학적 무늬의 고급 카펫을 생산한다.

사진자료 : 인도의 특산품 카펫
사진출처: www.incredibleindia.co.kr

나) 실크

급속하게 진행되는 산업화 과정 속에서도 인도의 전통적인 수직물 중심지 대부분은 끊임없이 아름다운 직물을 생산해낸다. 이제 비단은 더 이상 사리에만 국한된 재료가 아니다. 이 옷감은 야드 단위로만 판매되기도 한다.

인도의 비단은 폭넓은 소재의 패션의류를 지향하는 외국 디자이너에게 대단히 인기 있는 소재이다. 인도 정부와 소매점들은 전국 곳곳에 비단을 비축해 놓고 있다.

한편, 휘장이나 실내장식품에 사용되는 비단은 그 종류가 점점 다양해지는 추세다. 두빠따(dupatta, 어깨에 걸치는 숄), 의류, 직물, 모자, 손수건, 스카프, 도띠(dhotti, 허리에 두르는 천), 터번, 숄, 가그라(ghagra, 넓고 긴 치마) 또는 레헨가(lehenga) 같은 다양한 남녀 의류에서 퀼트, 침대보, 방석, 식탁보, 커튼까지 비단은 폭넓게 사용된다. 가장자리에 무늬를 댄 옷감은 의류, 방석 및 스카프 디자인에 종종 사용되기도 한다.

수직기는 지방 특유의 씨줄과 날줄을 만들어낸다. 예컨대, 파톨라(Patola)나 이카트(Ikat) 직물은 안드라 프라데시의 특산물이고 칸치뿌람 사리는 타밀 나두, 크레이프 드신(crepe de Chine, 중국산 비단), 조젯, 시폰 및 연성 비단은 카르나타카, 면과 비단으로 만든 전통적인 크림색 사리와 금테를 두른 사리는 께랄라가 주요 산지다.

인도의 각 지역은 가지각색의 비단을 생산하고, 그 지방 고유의 색채 및 직조법을 간직하고 있다. 반짝이는 금실에 꿴 구슬과 준보석으로 장식된 바나라스 산 예술용 사리는 긴 겉옷이나 스카프처럼 현대적인 패션감각으로 변형되기도 한다. 아삼에서 생산되는 황금색 무가 비단이나 인도 양잠 매매의 중심지 뱅갈로르에서 생산되는 아름다운 생사는 의류 제조에 더할 나위 없이 좋은 소재이다.

바라나시(구 바나라스)는 인도의 대표적인 비단 사리 생산지로, 두터운 금은 문직에 견사와 머리카락 굵기의 줄을 사용하는 것으로 유명하다. 암루 비단, 잠바르, 나브랑기(9색) 및 잠다니 등은 모두 바라나시 산 문직이다.

한편, 파톨라 비단 사리는 구자라트의 자랑이다. 이 사리는 방염 기법을 이용하여 만든다. 파톨라 사리는 두 종류로 나뉘어 지는데 하나는 수직 방염법(한 겹 이카트)을 이용한 라즈코트 파톨라, 다른 하나는 수평 방염법(두 겹 이카트)를 이용한 파탄 파톨라이다.

또한 파톨라 사리는 타오르듯 선명한 색채와 기하학적 디자인에 스며 있는 민속적인 주제로도 유명하다.

마하라슈트라 산 파이타니 비단 사리는 색채의 조화로운 대비가 특징이다. 파이타니는 보통 황금색 물방울무늬나 동전 무늬로 장식되어 있다.

마하라슈트라 주(州) 반다라 지방의 작은 마을 가네슈뿌르는 코사 비단(고치)으로 유명한데 이곳의 비단은 1871년 이후 계속해서 생산, 수출되고 있다.

마드라 프라데시 주는 찬데리, 마헤슈와리, 투사르 비단 사리로 유명하다. 찬데리 사리는 몸통 부분과 테두리 부분의 아름다운 조화와 부드러운 색감 때문에 특히나 인기가 높다. 이 사리는 뚜렷한 대조를 이루는 색깔과 동물 및 인간을 묘사한 무늬로도 유명하다.

마헤슈와리 사리는 정교한 무늬와 테두리가 특징이며 사리에 표현된 이국적인 주제와 밝은 색조는 자연의 영향을 받은 것이다.

투사르 비단 또는 코사 비단은 그 순수함과 부드러운 감촉만으로도 충분한 가치가 있으며 옅은 황금색, 짙은색, 벌꿀색, 황갈색, 담갈색, 크림색 등으로 자연스럽게 표현된다. 투사르는 아르준과 살 나무에서 양잠되는 누에고치 덕분에 다양한 종류의 비단을 자랑한다. 투사르 비단은 비하르에서도 생산된다.

오리사 산 봄카이 삼발뿌리 사리는 한 겹, 두 겹 이카트 직물로 만들어진다. 구자라트의 이카트와 대조적으로 이 사리는 무난한 색조에 휘어진 모양을 하고 있다.

서벵골의 무르시다바드는 그 유명한 발루차리 사리의 원산지이다. 발루차르 직조법은 문직을 짤 때 꼬이지 않는 견사를 사용한다. 이 사리의 '팔루'(pallu, 사리의 어깨 부분)는 세밀화 무늬를 차용하였다.

한편, 타밀 나두 주의 탄조르, 쿰바코남, 칸치뿌람 산 두꺼운 비단 사리는 넓은 테두리 장식과 뚜렷한 대비를 이루는 색조로 유명하다.

카르나타카 주의 콜레갈과 몰칼모루 산 사리는 가장자리에 앵무새 무늬가 들어가 있는 단순한 이카트 직물로 이카트는 언제나 흰색이다. 안드라 프라데시 주의 상가레디와 다르마스와람 역시 이카트 견직물이 주요 특산품이다.

사진자료 : 인도의 특산품 실크
사진출처: www.incredibleindia.co.kr

다) 인도면사

잠다니는 최고급 모슬린의 일종이다. 이 모슬린은 샤브남(밤이슬)이나 말말 카스(국왕 전용 모슬린), 아브라완(흐르는 물)처럼 그 이름도 시적이다. 잠다니를 만드는데 필요한 기본 직물은 표백과정을 거치지 않은 면사지만 디자인을 할 때는 표백한 면사를 사용해야 확실한 음영효과를 낼 수 있다.

한편, 벤카타기리는 잠다니 제조 기법에 정형화된 주제를 혼합하여 면과 금실을 반씩 섞어 만든 사리다.

카르나타카 산 이카트 사리와 안드라 프라데시 산 나라얀페트 섬유 또한 오랫동안 사랑 받아온 면직물이다. 가드왈과 와나파르티는 두꺼운 면 소재의 주요 산지로 이곳의 면사는 대부분 선명한 대조를 이루는 비단 테두리와 금박이 수놓인 팔루가 특징이다. 난데르는 비단 테두리에 금실로 엮은 양질의 면직사리로 유명하다.

반다니 원단은 보통 '홀치기염색'이라고 부르는 방염 기법을 이용하여 만들어지는데, 이 원단의 무늬는 긴 스카프(추니), 사리 및 터번 등에서 공통적으로 발견된다. 구자라트 주와 옛 번왕국 라자스탄은 이 양식을 사용한 것으로 그 명성을 떨쳐왔다.

인도 코로만델 해안의 카람카리는 인도에서도 가장 아름답기로 소문난 꽃무늬 면직물의 원산지로 무늬 표현에는 주로 솔이나 펜이 사용된다. 인도 동남부에서 생산되는 이 채색 옷감은 포르투갈인에게는 '핀타도(Pintado), 영국인에게는 "친츠(Chintz)"로 더 잘 알려져 있다.

라) 수공예품

델리, 뭄바이, 콜까타, 뱅갈로르, 첸나이 등, 인도 각주를 대표하는 대도시에서는 인도의 특산품을 정찰 가격에 판매하는 가내 수공업 특산품점을 어렵지 않게 찾아 볼 수 있다. 주로 청동, 황동, 상아, 대리석 또는 나무로 만든 공예품을 판매하는 이곳에서 여행객들은 조각상, 전등갓, 의자, 섬세한 상아 및 은세공품, 다채로운 보석이 박힌 대리석, 에나멜 제품 '쿤단(Kundan)' 또는 라자스탄의 보석 '미나카리(Meenakari), 오리사의 은과 하이데라바드의 진주를 구입 할 수 있다. 자이뿌르의 황동제품, 펨바르티의 정형화된 검은 꽃병과 단지, 아란물라의 연마된 황동 거울 등은 오늘날 디자인의 전형이 되었다.

인도를 여행하다 보면 사원과 거리를 장식한 신상과 조각상을 외면하기가 쉽지 않다. 인도에서 조각 기술이 발달한 것도 어찌 보면 당연한 일이었다. 남인도의 화강암과 청동 조각은 천년 전 촐라 시대부터 끊이지 않고 이어져 온 전통의 산물이기 때문이다. 식을 줄 모르는 인기를 자랑하는 번영의 신 가네시는 인도 각지에서 여러 가지 형상으로 표현되며, 그 재료도 일반 점토나 돌에서부터 금속까지 다양하다.

사진자료 : 인도의 수공예품 조각상
사진출처: www.incredibleindia.co.kr

대리석 조각은 대부분 북부에서 발견되며, 전형적인 수제 항아리, 접시 및 격자무늬 창에서 '풍요의 뿔'을 포착 할 수 있다. 남인도 마을의 재래시장에서는 여행객들 손길을 기다리는 사암이나 활석으로 만든 주발, 장식 판 및 상자를 쉽게 찾아 볼 수 있다.

암청색 천매암은 벵골의 산탈 파르가나 지방에서 조각가들이 주로 사용하는 재료다. 인도 예술의 영원성은 원시의 동굴벽화에서부터 M.F. 후세인에게 영향을 준 입체파 화가에까지 이르며, 인도를 구성하는 모든 색깔은 미술관이나 상점에서 그 모습을 드러낸다. 특히나 눈길을 끄는 품목은 마두바니의 민화로 인도의 여성들이 천연 안료를 사용하여 그린 풍요와 다신을 상징하는 그림을 일컫는다.

마) 도자기

도자기가 인도에서 누리는 인기는 종류와 분야를 초월한다. 실용적이고 단순하지만 묘하게 매력적인 인도의 도자기는 품위 있는 생김새를 중시한다. 가장 보편적인 점토 도자기는 다목적 쿨러(Kuller, 컵 모양의 용기)로 물이나 차를 담을 때 사용되며 기하학적 무늬와 꽃무늬로 장식된 것들도 종종 눈에 띈다.

한편, 디왈리(Diwali, 11월14일에 열리는 빛의 축제)용 램프, 두세라(Dusshera, 10월 라마신의 라바나 격퇴를 기념하는 축제)용 장난감, 산크란티(Sankranti, 1월 남인도의 수확제)용 항아리, 화려한 결혼식용 칼라시(단지)등 다채로운 축제용 도자기가 특별히 제작되기도 한다. 대부분의 도자기는 장식용으로도 쓰이며 선물용으로도 좋다. 보통 카리가리(디자인) 도자기, 재떨이, 꽃병, 찻잔,

문진, 장식용 동물인형 등의 용도로 쓰인다.

델리는 매혹적인 푸른색 염료로 점토를 채색하는 '청자'로 유명하다. 청자는 유약을 발라 고온에서 구워내기 때문에 다른 도자기보다 튼튼하다. 여기서 약간 변형된 자이뿌르 청자는 한마디로 독특하다. 웬만하면 금이 가지 않는 성질 때문에 쉽게 깨지지 않고 위생상 안전하다. 반투명 도자기도 찾아 볼 수 있는데 보통 동물과 새 그림으로 장식되어 있다. 재떨이, 꽃병, 접시받침, 작은 사발, 악세서리 함 같은 장식품들은 반죽한 흙을 극저온에서 구워낸 것들이다.

벵골 밖에서는 쉽사리 구할 수 없지만 여행자들의 흥미를 불러일으키는 것으로는 서벵골의 만사 도자기가 있다. 전면에 뱀의 여신을 그려 놓은 이 도자기는 휘어지는 부분이 두 군데로, 옛스러운 정취를 풍기는 항아리다.

마찬가지로 선더반 지역에서 주로 발견되는 다크시니라이 항아리는 입구 부분이 왕관처럼 생긴 둥근 모양의 항아리다. 서벵골의 '발레리스'는 생활 도자기 산지로 주로 가지각색의 진흙으로 만든 반수제 토기 및 유약을 바른 식기 등을 생산한다.

델리에서 차로 세 시간 거리에 위치한 우따르 프라데시의 쿠르자 역시 값싸고 튼튼한 식기 산지로 유명하다. 고온에서 구워 대량으로 생산되는 이곳 도자기 제품은 진흙 고유의 색깔을 그대로 간직하고 있어 특히 수요가 많다.

한편, 라자스탄 도자기에는 다른 도자기와 확연히 구분되는 특징이 있다. 물 항아리의 입구 부분이 좁은 이유는 물을 따를 때 흘러내리는 것을 방지하기 위한 것으로 보인다.

알와르는 종이처럼 얇은 카그지(종이) 도자기로 유명하다. 인도와 포르투갈 문화가 어우러진 고아의 오랜 전통은 언제나 독특한 멋을 내뿜는데 이것은 고아의 예술가들이 만들어내는 수공예품에 가장 잘 반영되어 있다. 고아에선 '고아 수공예품점'을 들러 볼 만 하다.

주소: Crafts Complex, Neugi Nagar, Ruade Qurem, Santa Cruz Road, Panazi./ 전화: 228157, 225328, 228151 / 팩스: 228158

타밀 나두의 흑색 도자기와 칠룸(점토 파이프) 역시 흥미로운 제품이다. 폰디세리의 코타이코라이에 가면 슬레이트에 유약을 바른 도자기를 볼 수 있는데 만지면 오렌지 껍질 같은 느낌이 난다.

바) 환경친화 쇼핑상품

뭄바이, 델리, 뱅갈로르 같은 대도시에는 환경친화 상품을 취급하는 상점들이 있다. '오로빌'(Auroville, 폰디셰리 소재)과 코노트 광장에 위치한 '인간나무' 상점은 그 좋은 예이다. 폰디셰리의 오로빌 국제 공동체는 평화와 내면적인 안정추구를 주목적으로 하며 환경친화 상품혁명에 없어서는 안 될 중요한 단체로 떠올랐다. 지구를 구하고자 하는 본능에 호소하는 것 말고도 이 단체는 숲 속에 사는 부족민들이 직접 만든 식물성 염색의류에서 천연 무알콜 향수, 유기농산물, 천연재료로 만든 가정용 장식품까지 폭넓은 손길을 뻗치고 있다.

이곳에서 종이, 도제 컵, 도제 담뱃대, 테라코타, 종이 전등갓, 직물 및 종이 반죽 장난감, 섬유, 항아리, 냄비, 접시, 이국적인 화초로 만든 포푸리 등 다양한 수제품들을 찾아 볼 수 있다.

주요쇼핑 목록은 체라푼지 언덕의 과수원에서 채집된 오렌지 벌꿀로 농밀하고 달콤한 맛으로 유명하다. 이 꿀은 카시족 여인들이 주를 이루는 마니뿌르의 관광명소 바라 시장에서 구할 수 있다.

또한 인도는 광대한 아유르베다 및 약초 화장품 시장이기도 하다. 샤나즈 약초 화장품(Shahnaz Herbals), 다부르(Dabur), 아유르(Ayur), 비오띠끄(Biotoque)등은 유명한 인도산 화장품이다. 향기요법용 제품과 향유는 천연성분을 함유하고 있으며 가격 경쟁력 또한 뛰어나다. 국내 어디에서든지 구할 수 있는 향초는 여행객들이 돈으로 살 수 있는 최고의 가치라고 해도 과언이 아니다.

사) 가죽

가죽은 인도를 방문한 외국 여행자에게 상당히 인기 있는 제품으로 그중에서도 가죽으로 만든 신발과 손가방은 매우 유명하다. 대도시에는 재킷과 장갑에서부터 여행가방과 사무용품까지 가죽 제품만을 전문적으로 취급하는 상점들이 있다. 현대적인 디자인을 원한다면 인도안의 프랑스라 일컫는 폰디셰리의 오로빌로 가보면 된다.

신발은 다양한 전통자수, 문직 및 섬유 디자인 제품이 인기를 끌고 있다. 많은 사람들이 즐겨 찾는 마하라슈트라의 실용적인 콜라뿌리 가죽 샌들은 밝은 색상이 눈에 띄는 제품이다. 자이뿌르는 전통 신발 제조에 있어 오랜 역사를 자랑하는데 이곳에서 생산되는 모자디(Mojadi)라는 이름의 두툼한 신발은 비단, 금속 자수 및 구슬 장식이 특징이다. 납결로 염색한 손가방은 벵골 산으로 대담한 곡선처리와 전통적인 주제가 두드러진 제품이다.

한편, 비카네르에서 생산되는 다소 특이한 물병 '코피(Kopi)'의 주재료는 낙타 가죽이다. 비카네르와 자이살메르는 흔히 거실 장식용으로 사용되는 말안장 및 낙타 안장 산지로 유명하다.

기하학적인 무늬의 고급 가죽 시트 '파디스(Pidis)'는 구자라트에서 생산된다. 금과 비단으로 수를 놓은 붉은 가죽은 마드야 프라데시주의 특산물로 아름다운 쿠션커버의 재료가 되기도 한다. 펀잡의 호시아르뿌르는 가지각색의 가죽으로 만든 아플리케로 유명하며 금이나 은으로 마무리된 가죽 제품은 카르나타카에서 지갑, 주머니, 손가방, 각종 벨트 같은 제품은 첸나이에서 쉽게 구입

할 수 있다.

아) 가구

인도의 가구는 특유의 민족적인 분위기 때문에 높은 평가를 받고 있다. 인도의 전통 목각사들은 조상 대대로 전해 내려온 전통 양식을 그대로 따르는 동시에 전통 공예에 생명을 불어넣는 작업을 천직으로 알고 있다.

지역 특산품 중에서도 라자스탄과 구자라트의 목공예품은 가히 최고라는 말이 아깝지 않다. 고풍스러운 외관과 정교한 솜씨는 인도의 가구가 국내에서 뿐만이 아니라 국외에서도 높은 인기를 구가하는 이유이다. 상자, 의자, 요람, 낮은 탁자, 보조 의자 같은 장식용 조각가구는 그냥 지나치기에는 아까운 제품이다. 황동을 박아 넣었든, 춤추는 인형이나 사냥하는 장면을 그려 넣었든, 가구는 그 자체로 즐거움을 선사한다.

키샹가르는 칸막이, 문, 보석함, 의자 같은 채색 마감 가구의 생산지로 유명하다. 람가르와 세카와티 지방은 벽감이나 발코니를 더 돋보이게 하는 장식용 꽃무늬 목가구의 특산지이다. 바르메르와 조드뿌르에서는 창문, 탁자, 침대, 식탁 및 의자, 탁자가 딸린 소파세트, 안락 의자, 진열장, 화장대, 칸막이, 바, 왜건 및 기타 가정용 가구 등 전국에서 가장 정교하기로 유명한 조각 가구를 생산한다.

한편, 사막 지방에 가면 백색 합금 가구를 발견할 수 있는데 금이나 은으로 도금한 이 목가구는 인도의 왕실에서 의식용으로 사용하던 것이다. 이 가구는 차츰 대중적인 아이템으로 자리 잡았고 나중에는 금이나 은 대신 백색 합금으로 대체되어 경제성을 강화하게 되었다.

일부 지역에서 많이 쓰이는 종이 반죽은 의자, 소파, 긴 의자, 진열장, 선반 등 독특하고 아름다운 가루를 만드는 라자스탄의 공예가들이 즐겨 사용하는 재료이다.

구자라트 주의 산케다는 다채로운 장난감과 목가구로 유명하다. 그 외에 구자라트가 자랑하는 목공예품으로는 촛대, 장식용 식기, 과일, 견과류 및 샐러드를 담는 나무 그릇, 정리함이 딸린 협탁, 식기, 국그릇 및 각종 날붙이 등이 있다.

자) 등나무 & 대나무

예로부터 등나무와 대나무는 생활용품으로서 이용되었으며, 특히 등나무는 다양한 스타일과 주제를 지닌 제품의 재료로 사용되는데 그 중에서도 바구니와 돗자리는 실용성이나 장식성에 있어서 최고라는 평가를 받고 있다.

트리뿌리와 벵골은 대나무 조각으로 만든 고급스러운 칸막이와 대나무 돗자리로 유명하다. 풍부한 목재를 자랑하는 아삼주는 바구니, 술병, 후카(Hukka, 물담뱃대), 악기, 바닥깔개 같은 다양하고 아름다운 제품의 원산지이다. 바로 옆에 위치한 아루나찰 프라데시 주 역시 등나무 벨트 생산에 주력하며 등나무 및 대나무 제품 제작에 뛰어난 명성을 자랑한다. 타밀 나두 주는 코라 풀 돗자리로 유명하다. 가장 아름다운 돗자리의 원산지는 께랄라 주도 같은 방식의 검은색과 흰색의 네모난 대나무 상자를 만들기도 한다. 이 제품은 선물용으로 좋다.

차) 귀금속류

인도의 각 지방에는 고유한 전통과 스타일이 존재하며, 보석의 경우도 예외는 아니다.

사진자료 : 인도의 보석
사진출처 : www.incredibleindia.co.kr

수세기 동안 가장 많은 인기를 누려온 스타일로는 오리사와 안드라 프라데시의 은 세공품, 자이뿌르의 에나멜 제품 미나카리, 니게르코일의 사원보석, 델리의 쿤단(금에 준보석 또는 보석을 박아 넣은 것)등이 있다. 인도의 대도시에는 어디에나 금 시장이 있다. 예컨대, 뭄바이의 자베리 시장을 한가로이 거닐다보면 인도 보석의 어제와 오늘을 한눈에 볼 수 있다.

다른 보석과 마찬가지로 인도의 순금과 순은 역시 대표적인 쇼핑품목이다. 그 지역 고유의 스타일을 그대로 살린 귀금속 센터는 인도에서 더 이상 희귀한 풍경이 아니다. 인도 북부에는 최고급 귀금속 산지로 유명한 자이뿌르, 쿠치, 바카네르, 무르시다바드 등이 자리 잡고 있다. 최신 유행을 따르고 싶다면 구자라트 산 은세공품 쿠치캄 팔찌나 발찌를 착용해보는 것도 좋다. 또 벼룩시장에서 '2개짜리' 미나카리 에나멜 목걸이와 화려한 보석이 박힌 팔찌, 매혹적인 색상과 디자인이 돋보이는 유리 팔찌 등을 구입하는 것도 좋을 것이다.

카) 디자이너 부띠끄

인도는 디자이너 문화가 발달한 곳이다. 실제로 인도의 몇몇 디자이너들은 파리의 유명 디자이너들과 어깨를 나란히 하고 있다. 리투 쿠마르, 로히트 발, 라비 바자즈, 수니트 베르마, 자틴 코차르, 타룬 텔리아니 등은 찾아볼 가치가 있는 이름이다.

④ 기타 인도에서의 쇼핑 팁

책과 음악 Books & Music

인도는 양질의 소설, 소형 탁자 및 대학교재를 서양보다 무려 40%나 싼 가격에 구입할 수 있는 나라다. 인도 전통 음악에 대한 카세트나 CD는 대도시에 위치한 '플래닛 M'이나 '뮤직월드'에서 쉽게 구입할 수 있다.

Shopping List

품목	도시
비단(Silks)	바라나시, 미소르, 칸치뿌람, 아삼, 카슈미르
면사(Cotton)	서벵골, 마드야 프라데시
종이반죽(Papier Mache)	카슈미르
카펫(Carpets)	카슈미르, 미르자뿌르, 바르도이, 와랑갈, 엘루루
도자기 및 석조 (Pottery & Stonecraft)	라자스탄, 비하르, 브란다반(미투라 근처) 페로자바드
귀금속(Jewellery)	라자스탄, 바라닛, 하이데라바드, 페로자바드

사진자료 : 인도에서의 쇼핑 팁(인도관광청 자료)
사진출처 : www.incredibleindia.co.kr

9) 대만(대만 관광청 : www.tourtaiwan.or.kr)

대만의 주요 쇼핑권은 대부분 북부지역에 집중되어있다. 가징 대표적인 쇼핑지역으로는 북부지역의 타이베이시를 들 수 있는데, 소고(SOGO)백화점, 신 꽝산위에 백화점(신이점과 역전점)을 비롯하여 DFS 타이베이점, 위엔치 쇼핑센터, 뉴욕뉴욕 쇼핑센터와 리징징핀 쇼핑센터, 광화시장, 지엔구어 휴일 옥시장, 라오허지에 야시장, 스린 야시장, 화시지에 야시장 등의 많은 야시장도 있다.

한편, 타오위엔현에는 타이마오 쇼핑센터와 타따쟝 국제쇼핑센터가 대표적이다.

타이페이의 주요 쇼핑지역을 살펴보면 다음과 같다.

가) 위엔치쇼핑센터 (遠企購物中心)

위엔치쇼핑센터는 타이완에서 첫째가는 유럽, 미국식 쇼핑센터이다. 이미 타이베이 유행 매니아들 사이에서 삶의 품격과 여유를 누릴 수 있는 공간으로 입소문이 난 곳이다.

대표적인 상점은 JOYCE명품점인데, 세계적으로 유명한 명품들이 모여 있는 곳으로 다양한 명품브랜드 상품을 모두 구비해 소비자에게 제공하고 있다. 그 밖에 수정예술, 유리수공예품, 향수 그리고 디자이너가 제작한 남녀의류, 보석악세사리, 피혁, 장식품까지 모두 갖추어져 있으며, 상품은 FASHION제품 및 LIFE-STYLE이 주를 이룬다.

나) 소고(SOGO)백화점(太平洋崇光百貨)

타이베이에서 가장 큰 백화점 중의 하나로써, 전문 샵들의 종류가 풍부하고 각종 브랜드를 두루 갖추고 있으며, 다양한 쇼핑환경을 제공한다. 게다가 교통도 편리하여 오랫동안 타이베이시민들로부터 가장 사랑받아온 제일의 백화점이다.

특히, 매년 연말이면 각 유명 브랜드의 특별세일이 있어 절대 놓칠 수 없는 좋은 쇼핑기회가 된다.

사진자료 : 소고(SOGO)백화점(太平洋崇光百貨)
사진출처 : www.tourtaiwan.or.kr

다) 광화백화점(光華商場)

광화백화점 부근은 컴퓨터 관련 제품으로 유명한 곳으로, 팔덕로(八德路) 전자상가의 형성은

근 10년이래로 발전되기 시작한 것이다. 원래는 유명한 고서적(古書籍) 중심지였으나 통신, 전자 산업이 발달하기 시작하면서 이 곳 주변은 타이페이에서 가장 밀집된 전자, 통신 중심지가 되었다.

라) 미시시보백화점(美市市寶百貨店)

대만 옥으로 만든 고급 병풍과 반지, 목걸이 등의 액서세리 등이 유명하며 나비와 곤충 표본, 죽제품, 서도용품 등의 공예품도 있다.(전화 : 02-596-8587)

마) 신꽝싼위에(新光三越)백화점

타이페이의 신꽝싼위에(新光三越)백화점은 신이점과 역전점이 있으며, 특히 타이베이역전점은 타이베이서부에서 가장 큰 백화점이다.

타이베이기차역과 마주보는 위치에 있으며, 타이베이교통의 중추이자 타이완북부에서 가장 높은 건축물이여서 오랫동안 타이베이시의 지표역할을 해왔다. 쇼핑 이외에도 전망대에 올라가 한눈에 타이베이시내의 전경을 감상 할 수 있는 쇼핑관광의 최적지이다.

바) DFS 타이베이점(DFS台北店)

DFS 타이베이점은 전 세계적으로 체인망을 가지고 있는 대형관광소매점이며, 타이완에서 가장 환영받는 지명도 높은 명품들이 모여 있는 곳이기도 하다. 대부분 최고급 명품, 유명디자이너 브랜드 의류, 피혁, 화장품, 향수, 중국 전통복식, 공예품, 특산식품, 찻잎, 원주민수공예품 등 다양한 제품들이 갖춰져 있다. 또한 관광객과 내국인을 대상으로 각종 할인 이벤트를 벌이기도 한다. 이곳은 타이완의 대표적인 쇼핑천국의 하나이다.

사) 세보진주점(世寶眞珠店)

천연 진주로 만든 액세서리와 피부 미용과 치료제로 개발된 진주 가루 및 화장품 등을 구입할 수 있다.(전화 : 02-732-7102)

아) 영화의 거리, 서문정(西門町, 시먼딩)

서울의 명동과 같은 번화한 거리다. 타이베이 시의 서쪽, 타이베이역의 남서쪽에 있는 약 600m의 거리를 지칭하는데, 상점가와 영화관, 유흥가 등이 밀집되어 있다. 이곳은 특히 동쪽의 상점가에 비해 더 서민적이고 학생들이 많이 모이는 편이다. 그래서인지 이곳은 영화관이 밀집되어 있는 곳으로도 유명한데, 이 때문에 영화거리라 불리기도 한다.

자) 스린 야시장(士林夜市)

한밤중까지 불을 밝히고 손님을 유혹하는 야시장에서는 다양한 할인판매를 하며 다양한 지방색이 있는 여러 종류의 전통상품, 과일, 과자 등 참신하고 재미있는 물건들을 구경 할 수 있다.

그 중에서도 스린 야시장은 타이베이시에서 가장 규모가 큰 야시장 중에 하나다. 스린 야시장의 각종 전통 먹거리가 국내외에 알려져, 수많은 관광객들이 다양한 먹거리를 즐기게 되었다. 야시장 인근에는 학교가 많아 학생들 위주의 소비 집단이 형성되었고, 가격도 일반 상점보다 저렴하다. 가구나, 의류, 악세사리, 사진현상점, 애왕용품점 등과 같은 상점들이 모여 있는 「칭런강(情人巷)」의 상점들은 학생들 뿐 아니라 외지의 고객들까지 매료시킨다.

사진자료 : 타이페이의 스린 야시장
사진출처 : www.tourtaiwan.or.kr

차) 화시지에 야시장(華西街夜市)

화시지에 야시장은 용산사 부근에 위치하고 있다. 수많은 상품들이 판매되고 있고, 국내·외 관광객들이 가장 즐겨 찾는 명소중의 하나이다. 화시지에 야시장 입구는 중국전통 건축양식으로, 붉은색 궁등을 걸어놓아 무척 특색이 있다.

화시지에 야시장은 먹거리 위주의 시장으로 산과 바다를 아우르는 가지가지 재료로 만든 음식들이 즐비하다. 특히 뱀, 자라 등을 판매하는 상점들이 있어 먹거리의 특색을 한층 높여주며, 밤이 되면 뱀을 잡거나 뱀싸움을 보여주는 공연을 하기도 한다. 이러한 다양한 모습으로 분위기는 떠들썩하며 타이완 사람들의 열정과 활기를 느끼기에 충분하다.

카) 라오허찌예 야시장(饒河街夜市)

라오허찌예 야시장은 송산구 팔덕로 4단과 무원가 거리 사이의 라오허 거리에 위치하고 있으며, 길이는 600미터 정도이다.

과거 정부가 이곳의 상가생계를 개선하기 위해 민국 1987년에 남송산교 아래 노상들을 모아 라오허 거리를 500미터 길이로 형성하여 타이베이시 제2의 관광 야시장이 되었다. 갖가지 먹거리는 없는 것이 없으며 먹거리 외에도 각종 일상잡화들도 갖추고 있고, 그밖에 민속기예공연 및 토산품 전시 판매도 한다. (전화번호:02-2276-3733 팩스:02-2766-3676)

타) 전통 재래시장 디화지에(迪化街)

디화지에는 타이완 전역에서 가장 큰 규모와 오랜 역사를 자랑하는 전통 재래시장이다. 거리양쪽에는 타이완 전역에서 올라온 여러 가지 물건들과 약재로 가득하며, 모두 상품의 신선함과 높은 질량으로 승부한다.

디화지에는 평소에도 많은 인파로 유명한 곳이지만, 특히 매년 구정 때가 되면 물건을 구입하려는 사람들로 북새통을 이룬다. 거리에 늘어선 상점들 중에는 건축된 지 이미 백년을 훌쩍 넘긴 건물들도 있는데, 이러한 건물은 그 건축물 자체가 고적이라고 할 만 하며, 전통재래시장의 풍미를 더욱 진하게 느끼게 한다.

한편, 타이페이에서는 술을 즐길 수 있는 곳이 많으며, 호프집과 클럽이 쌍성가(雙城街)에 밀집해 있어서 밤이 되면 많은 사람들이 이 곳으로 모여든다. 대부분이 생맥주 호프이며, 가벼운 식사, 안주, 음악 등이 잘 갖춰져 있다.

⑤ 까오슝의 쇼핑센터 및 야시장

오복이로(五福二路), 중산로(中山路), 중화로(中華路) 일대는 상가들이 밀집해있는 까오슝시에서 가장 번화한 상업지구이다. 대통(大統), 대립(大立), 신광삼월(新光三越), 한신(漢神) 등의 대형 백화점 외에도 각종 물건을 파는 상점들이 들어서 있으며, 밤이 되면 화려한 조명들이 장관을 이룬다.

가) 첨미상권(尖美商圈)

삼민구(三民區) 대창이로(大昌二路)에 위치해 있으며, 첨미백화점(尖美百貨)이 개장한 이래로 새로운 상권이 형성되었다. 주위에 상점들이 빽빽하게 들어서 있고 주택가 또한 사이에 모여 있다. 현재에도 빠른 속도로 성장하고 있는 곳이다.

한편, 까오슝의 대표적인 야시장은 다음과 같다.

나) 육합야시(六合夜市 : 리우허이에스)

까오슝시에서 값싼 음식을 먹으려면 야시장에 가는 것이 좋다. 그 중에서도 육합야시가 가장 유명한데, 이 곳은 기차역에서 멀지 않은 육합로(六合路) 양 옆으로 형성되어있다. 육합야시에는 대만 각종의 간식거리인 라면, 수프, 해산물 등이 있고, 또한 뱀, 도마뱀, 귀뚜라미, 천산갑 등 평소에 보기 드문 재료들이 모두 있다. 까오슝시 정부청사 앞에서 88번 버스를 타면 갈 수 있다.

다) 청년로야시(青年路夜市)

청년로의 야시장은 규모가 비교적 작은 편이다. 겨울에는 화과(火鍋 : 훠궈), 여름에는 해산물이 주를 이룬다. 가격이 저렴하면서도 일반 사람들의 입맛에 잘 맞아서 인기가 좋으며, 특히 어패왕 해산물 식당(魚霸王海産店)의 산천어 요리가 많은 사람들의 인기를 얻고 있다.

다) 기진(旗津) 해산물 시장

기진은 바다를 접하고 있어서 해산물이 매우 풍부하다. 해산물점이 몇 개인지 정확한 숫자를 알 수 없지만, 대부분 천후궁(天后宮) 앞의 기진로(旗津路)의 길 위로 늘어서 있는 것이 20여 개 정도이다.

관광객을 제외하고 자주 이 곳을 찾는 내국인이라면 나루터 부근의 수산물 시장을 간다. 비록 기진에서 떨어져 있어 교통이 불편하긴 하지만 훨씬 싼 가격의 같은 양의 해산물 요리를 먹을 수 있기 때문이다.

⑥ 타이난의 소북야시장(台南小北夜市場)

타이난시의 포장마차거리로 시 동쪽에 위치해 있다. 원래 이곳은 정부에서 관광산업으로 육성시키는 소북로관광야시장이 있는데, 포장마차로 가득한 원조 야시장은 이곳에서 좀더 북쪽으로 올라가면 있다. 이곳은 타이완에서 가장 역사가 오래된 최초의 야시장으로도 유명한데, 그래서인지 남녀노소를 가리지 않는 인파로 언제나 가득하다.

100칸 이상의 포장마차가 서문로를 따라 북쪽으로 늘어서 있는데, 이곳을 구경하고 걷는데 만 30분 정도가 소요된다. 이곳은 매주 화, 금 이틀에만 열리는데 술보다는 먹거리를 즐기는 타이완 젊은이들의 모습을 볼 수가 있다.

또 주변에 언제나 문을 여는 큰 백화점이 늘어서 있어서 다양한 먹거리 문화와 쇼핑을 동시에 즐길 수 있다.

(3) 미주지역

1) 미국(주한미국 대사관 : http://usembassy.state.gov/seoul/)

미국은 세계적인 소비국인 만큼 쇼핑품목이나 쇼핑몰에 있어서도 그 규모가 세계 제일이라고 할 만 하다. 1월, 3월, 11월에 대규모 세일이 있으며, 특산품은 별로 다양하지 않지만 우수한 실용품들이 많다. 특히, 가죽제품, 스포츠용품 및 CD나 기타 음반류가 저렴한 편이다.

미국 내 각 주와 도시의 대표적인 쇼핑지역의 정보를 살펴보면 다음과 같다.

① 아틀랜타의 쇼핑정보

아틀랜타 내의 백화점으로는 Rich's-Macy, JC Penny, Sears, Parisian 등 대형 백화점과 창고형 Shopping Mall에서 쇼핑이 가능하다. 한편, 전자제품 전문점으로는 Circuit City, Best-Buy, Hifi 등이 있다. 가구 등의 제품을 구입하려면 Room's to go, Rich's 등이 적당하고 상점의 개점시간은 월-토 : 10:00 a.m - 09:00 p.m / 일 : 11:00 a.m - 06:00 p.m 이다. 일요일은 미국 동남부주에서는 주류 판매가 금지되고 있다.

② 워싱턴 D.C의 쇼핑정보

워싱턴 D.C.에는 동네마다 많은 종류의 백화점 및 전문 스토어가 있으며, Norstrom, Lords & Taylor, Saks Fifth Avenue, Bloomingdale's, Macy's, Hecht's 등 대형 백화점이 mall을 형성하고 있어 각종 원하는 물품을 손쉽게 구입 할 수 있다.

한편, 그 외의 필요한 일상용품 등은 전문 스토어에서 구입 할 수 있고, 백화점 및 전문스토어의 운영시간은 일반적으로 09:30-21:30 까지다.

대부분의 상점에는 도난방지 장치가 설치되어 있어 값을 치르지 않은 물건을 상점 밖으로 가지고 나가면 경보장치가 울리고 shop-lifting(도둑질)의 혐의를 받을 수 있으므로 주의하여야 한다.

③ 시카고의 쇼핑정보

시카고의 면세점은 별도로 없다. 대신 백화점 및 기타 상점(가구, 전자제품 전문점 등)이 제품의 수준에 따라 다양하다. 개점시간은 10:00～18:00가 보편적이며, 요일에 따라 17:00나 20:00까지 영업하는 곳도 있다.

대표적인 쇼핑몰은 애트리엄 몰(Atrium Mall), 나인 헌드레드 미시건 숍스(900 North Michigan Shops), 오크브룩 쇼핑센터(Oakbrook Shopping Center), 올드 오차드 센터(Old Orchard

Center), 시카고 플레이스(Chicagoplace), 리버 이스트 플라자(River Eastplaza), 숍스 앳 더 마트(Shopsat the Mart), 우드필드 쇼핑센터(Woodfield Shopping Center), Water Towerplace(워터 타워 플레이스), 거니 밀스 몰(Gurnee Mills Mall) 등이 있으며 기념품점으로는 액센트 시카고(Accent Chicago), Detour Chicago(디투어 시카고), Here's Chicago(히어스 시카고), 마코모(Makomo Ltd.), Sports World(스포츠 월드), 빅 시카고 레코드("Big Chicago" Records, INC.), 밥 호쉬 갤러리(Bob Horsch Gallery, Ltd.), 시카고 트리뷴 기프트 스토어(Chicago Tribune Gift Store), 쿠키스 바이 디자인(Cookies By Design), 기프트 오브 디스팅션(Gifts of Distinction), 하우 스윗 잇 이즈(How Sweet It Is), 러브 프롬 시카고(Love From Chicago), 엔비시 타워 기프트 스토어(The NBC Tower Gift Store), 팝콘 팰러스 & 캔디 임포리엄(Popcornpalace & Candy Emporium)이 있다.

④ 뉴욕의 쇼핑정보

뉴욕의 백화점 및 기타 상점은 오전 9시(또는 10시)-오후 8시까지 영업을 하며, 월요일, 목요일에는 폐장시간을 저녁 늦게까지 연장하는 곳이 많다.

한편, 뉴욕 주는 8.625%의 판매세를 부과하고 있다.

개점시간은 통상 개점시간은 평일 10:00~20:00, 토요일 10:00~19:00, 일요일 10:00~19:00이며 뉴저지 주는 일요일의 경우 휴장, 뉴욕 주는 일요일도 영업을 한다.

한편, 대형아웃렛의 쇼핑정보를 살펴보면 Sccaucus, Woodbury 등에는 의류, 식기류 등의 수십 개의 브랜드 매장이 있는 complex가 있어 주말에 이용할 수 있다. 시내보다는 통상 30~40%가 싸지만 시내매장에서 세일을 실시하는 경우도 있으므로 가격을 서로 비교할 필요가 있다.

일상품은 K-mart, Costco, BJ's 등에서 구입 할 수 있고 책꽂이, 전구 등은 Home Depot, 중저가 전자제품은 Best Buy, Circuit City 등에서 구입 할 수 있다.

⑤ 라스베가스의 쇼핑정보

라스베가스는 가히 쇼핑의 천국이라 할만 하다. 뛰어난 소매점들을 비롯해 세계 유명 브랜드들의 의류, 액세서리들이 즐비하며 많은 몰, 아울렛, 리조트숍 등이 있어 쇼핑객의 구미에 맞는 물건을 선택 할 폭이 넓다.

시내와 호텔내의 전문점, 부띠끄, 백화점에서 모든 물품을 구입 할 수 있지만 서부식의 의류가 특히 인기가 있다. 인디언 수공의 가마, 도자기, 담요, 보석, 장식품 등 독특하고 진기한 물건들이 많다.

영업시간은 상점에 따라 다르며 모든 상점에서 STATES TAX(주세)를 7% 부과한다. 제일 큰 쇼핑스팟은 블러버드 몰로 5개의 백화점을 중심으로 부띠끄, 기프트 숍 등 140개 점포가 입점해 관광객을 유혹하고 있다.

라스베가스의 유명 대형 쇼핑몰은 아래와 같다.

(가) 벨즈 팩토리 아울렛 월드(BELZ FACTORY OUTLET WORLD)

- 주소 : 7400 Las Vegas Blvd. S. 89123
- 특징 : 147개의 상점과 2곳의 푸드코트가 마련되어 있다.

(나) 블러버드 몰(THE BOULEVARD MALL)

- 주소 : 3528 Maryland Pkwy. 89109
- 특징 : 네바다에서 가장 큰 몰로 스티립(Strip)지역, 다운타운, 컨벤션센터 등에서 매우 가깝다.

(다) 팩토리 스토어스 오브 어메리카(FACTORY STORES OF AMERICA)

- 주소 : 9155 Las Vegas Blvd., S., Ste. 200 89123-9156
- 특징 : 50여개의 공장직송 상점들이 모여 있다. 아울렛 라운지와 카지노, 메인스트리트 레스토랑도 있다.

(라) 팬터스틱 인도어 스왑 미트(FANTASTIC INDOOR SWAP MEET)

- 주소 : 1717 S. Decatur Blvd. 89102
- 특징 : 네바다에서도 큰 편인 쇼핑몰로 600여개의 상점들이 입점해 있다. 금, 토, 일 10am-6pm사이에 영업하며 주차는 무료이다.

  패션 아울렛 오브 라스베가스(FASHION OUTLET OF LAS VEGAS)

- 주소 : Primm, NV 89102
- 특징 : 네바다주와 캘리포니아주의 경계선에 위치한 아울렛으로 라스베가스 스트립지역에서 남쪽으로 36마일쯤 떨어져 있다. 104개의 상점들이 입점해 있으며 건물은 프림 밸리 호텔 카지노(Primm Valley Hotel-Casino)와 연결되어 있다.

(마) 패션 쇼 몰(FASHION SHOW MALL)

- 주소 : 3200 Las Vegas Blvd. S. 89109
- 영업시간 : 월-금 10am-9pm, 토 10am-7pm, 일 10am-6pm.
- 특징 : 스프링 마운틴의 스트립에 있는 트리쥬어 아일랜드(Treasure Island) 건너편에 위치한 패션 쇼핑몰. 니만 마커스(Neiman Marcus), 삭스 핍스 어베뉴(Saks Fifth Avenue), 메이시즈(Macy's), 딜라즈(Dillards), 로빈슨즈(Robinson's) 등 140 여개의 상점들이 입점해 있다.

(바) 포럼 숍스 앳 시저스(FORUM SHOPS AT CAESARS)

- 주소 : 3500 Las Vegas Blvd. S. 89109
- 특징 : 베르사체(Versace), 베니니(Benini), 에스카다(Escada), 엠포리오(Emporio), 알마니(Armani), 파오 슈와츠(FAO Schwarz), 플래닛 헐리우드(Planet Hollywood), 더 팜(the Palm), 볼프강 퍽스 스파고(Wolfgang Puck's Spago) 등 108여개의 전문상점과 레스토랑들이 입점해 있다.

사진자료 : Forum Shops
사진출처 : www.hanatour.com

(사) 갤러리아 앳 선셋(GALLERIA AT SUNSET)

- 주소 : 1300 W. Sunset Rd. Henderson, NV 89014
- 영업시간 : 월-토 10am - 9pm, 일 11am - 6pm
- 특징 : 인터스테이트 15번(I-15) 변에 위치. 로빈슨-메이, 제이씨페니(JC Penney), 딜라즈(Dillards), 머빈스(Mervyn's) 등 130여개의 전문점 및 레스토랑들이 입점. 스트립지역에서는 약15분정도 소요된다.

(아) 미도우즈 몰(MEADOWS MALL)

- 주소 : 4300 Meadows Ln. 89107
- 영업시간 : 주중 10am-9pm, 주말 10am-5pm
- 특징 : US 95와 밸리뷰 블러버드(Valley View Blvd.)에 위치한 쇼핑몰로 2층짜리 건물에 140여개의 상점과 레스토랑이 들어와 있다.

(자) 타워 숍(THE TOWER SHOPS)

- 주소 : Stratosphere Hotel and Casino, 2000 Las Vegas Blvd. South 89104
- 특징 : 31개의 상점과 11개의 소매점이 입점해 있다. 파리, 홍콩, 뉴욕 등의 테마 스트리트씬 지역이다.

한편, 라스베가스에서 30분정도 소요되는 곳으로 세계적으로도 유명한 PRIMM VALLEY FASHION OUTLET이 있다. 유명상표의 상품을 저렴하게 구입 할 수 있는 이곳은 Banana Republic Outlet, Burberry Factory Outlet, Gap Outlet, Guess, Polo Ralph Lauren, Versace Company Store등 다수의 상품을 판매하고 있으며 카지노, 호텔, 골프코스 등의 위락시설도 갖추고 있는 초대형 아울렛이다. 월요일부터 토요일(오전 10시-오후9시)/일요일(오전10시-오후8시) 영업하고 있으며 공휴일은 문의해야 한다.

⑥ 로스앤젤레스(L.A)의 쇼핑정보

로스앤젤레스의 상점가는 다운타운, 헐리우드 지구, 비버리 힐즈 지구, 웨스트 우드로 크게 넷으로 나눌 수 있다. 거리상으로도 꽤 떨어져 있으므로 쇼핑하러 나가기 전에 가고 싶은 상점과 장소를 조사해서 거리의 순서와 위치를 명심해 두어야 한다.

가) 다운타운 5. 6. 7번가 : 로스앤젤레스의 비즈니스 중심지이다. 호텔, 빌딩의 쇼핑 아케이드

를 중심으로 백화점, 면세품점, 회사원들을 위한 부띠끄 등이 모여 있다.

나) 오리베라가 : 멕시코 거리 그대로의 분위기가 감도는 구역이다. 멕시코 민예품, 가죽제품 등 멕시코 색채가 풍부한 물건들이 구비되어 있다.

다) 리틀 토쿄 : 우에라 코트와 재패니즈 빌리지를 중심으로 유명 브랜드 제품을 취급하는 선물용품점과 스포츠용품점이 있다. 일본어로 쇼핑이 가능하며, 그 외에 생활용품에서부터 식료품까지 일본 제품들이 무엇이든지 있다.

라) 비버리힐스 : 스타와 유명 인사가 살고 있는 고급 주택지에 가까이 있는 쇼핑 구역이다. 세계의 일류브랜드, 고급품을 갖춘 부띠끄가 즐비한 세련된 거리이다.

마) 웨스트우드 : UCLA의 학생의 거리이다. 젊은이의 패션 제품과 스포츠용품 등 학생을 대상으로 한 물건을 구비한 상점들이 모여 있다.

바) 센트리시티 : 20세기 폭스 스튜디오를 중심으로 조성된 거리이다. 쇼핑센터에는 백화점과 패션 부띠끄가 늘어서 있다.

사) 사우스 코스트 플라자 : 로스앤젤레스에 근접한 오렌지 카운티에서 최고로 주목을 모으고 있는 지역으로 코스타 메사에 있는 거대한 쇼핑타운이며 일류 브랜드의 부띠끄와 백화점이 모여 있다. 일요일에도 쇼핑 가능한 장소로서 인기가 높아지고 있다.

로스앤젤레스의 대표적인 쇼핑센터로는 Duty Free Shoppers (듀티 프리 쇼퍼스), 비버리 센터 (Beverly Center), 보나벤츄어 호텔 쇼핑 갤러리 (Bonaventure Hotel Shopping Gallery)

DFS 웨스트 (DFS West), 로스앤젤레스 마쓰자카야 (Los Angeles Matsuzakaya), 미후쿠 (Mifuku), 니맨 마커스 (Neiman Marcus), 노드스트롬 (Nordstrom), 료와 윈벨 (Ryowa Winbell), 삭스 휘프스 애비뉴 (Sak′S Fifth Avenue), 사우스 코스트 플라자 (South Coast Plaza), 스페이스 크리에이션 (Space Creation), 갤러리아 (The Galleria), 요코하마 오카다야 (Yokohama Okadaya) 등이 있다.

⑦ 캔자스시티의 쇼핑정보

캔자스시티의 쇼핑품목 중에는 특별한 민예품은 없다. 반면에 고급 가구, 가정용품 등을 많이 구경 할 수 있다. 다운타운에 미국 내 유명 백화점, 가구점 등이 밀집되어 있다. 호화 쇼핑센터들은 그 존재만으로도 관광명소의 역할을 할 만큼 멋진 것이 많으며 특히 컨트리클럽 플라자 (Country Club Plaza)는 5개의 백화점을 비롯하여 고급 수입품점 부띠끄 등의 전문점 135개 점포와 호텔이 모인 최대의 쇼핑몰. 보석점과 미술품점 등도 좋은 상점이 많고 분수와 조각, 녹음이 우거진 스페인풍의 건축으로 시의 명물이다.

베니스터 몰(Bennister Mall)과 크라운 센터(Crown Center) 등 대규모 쇼핑센터를 비롯하여 아래와 같은 크고 작은 56개의 쇼핑센터와 몰이 시내와 근교에 있다.

가) 컨트리 클럽 플라자(Country Club Plaza)

나) 타운 센터 플라자(Town Center Plaza)

다) 호손 플라자(Hawthorne Plaza)

라) 그레이트 몰 오브 그레이트 플레인스(The Great Mall of the Great Plains)

마) 인디펜던스 센터(Independence Center)

바) 메트로 노스 몰(Metro North Mall)

사) 미션 센터 몰(Mission Center Mall)

아) 오크 파크 몰(Oak Park Mall)

자) 워드 파크웨이 쇼핑센터(Ward Parkway Shopping Center)

⑧ 보스턴의 쇼핑정보

보스턴의 면세점은 Logan Airport 내 위치하고 있으며 백화점은 대부분 아침 09:00부터 저녁 09:00까지 영업한다.

Bloomingdale's(55 Boylston St., Chestnut hill Mall, Newton, 617-630-6000)

Filene's(426 Washington St., Boston, 617-357-2100)

Macy's(450 Washington St., Boston, 617-357-3000)

Neiman Marcus(5 Copley Pl., Boston, 617-536-3600)

Saks Fifth Avenue(Prudential Center, Boston, 617-262-8500)

Copley Place(100 Huntington Ave., Boston, 617-375-4400)

한편, 리베이트(Rebate) 제도를 활용 할 수 있다. 리베이트 제도란 판매 증진을 위하여 쓰이는 Promotion 행사의 하나인데, 주로 가전제품의 세일에 많이 쓰이는 행사이다. 제품 구입 후 원하는 서류와 기타 첨부물을 정해진 주소로 기일 내에 송부하면, 약속된 금액을 빠르면 2주 늦어도 한달 안에 check으로 돌려받게 되는 것이다. 미국의 주요 세일 기간에는 거의 모든 품목에 '리베이트' 형태로 세일을 하게 된다는 것을 참고 할 필요가 있다.

그러나 원하는 첨부도 많고 기일도 있기 때문에 누락 시에는 혜택을 받지 못하는 위험이 있으므로 아래 참고사항을 확인해야 한다.

가) 리베이트 영수증 확인

나) 첨부물 및 필요한 요구사항 확인

다) Due day 확인 (우편도장 날짜 확인)

라) 보내는 주소 확인

마) 구매 및 리베이트 한도 확인

한편, UPC code는 Universal Products Code의 약자로 제품 box에 붙어 있는 Bar-code로 모든 Rebate 신청에 첨부가 되는데(원본 혹은 복사본), 제품 box에 붙어 있으므로 주의해서 보관하여 첨부한다.

⑨ 로스앤젤레스의 쇼핑정보

로스앤젤레스는 Macy's, Northtrom, Bloomingdale 등 일반백화점과 고급백화점이 있으므로 물품구입에 어려움이 전혀 없다.

⑩ 휴스턴의 쇼핑정보

휴스턴은 시내 곳곳에 대규모의 Shopping Mall(보통 5개 정도의 백화점이 한 건물 내 밀집해 있음)이 자리하고 있어, 편리한 시간에 기호에 따라 다양한 상품을 쉽게 구입 할 수 있다는 상점이 있다. 대표적 Shopping Mall로는 Galleria, Memorial City, Town & Country, Sharps Town 등을 들 수 있다.

한편, 세일기간을 적절히 활용하면 저렴한 가격으로 양질의 상품을 구입 할 수 있으며, 보통 주말을 활용하여 Garage Sale이나 Factory Store에서도 쇼핑을 할 수 있다. Factory Store는 휴스턴에서 자동차로 약 1-2시간정도 거리에 위치해 있다.

대표적 Factory Store(Outlet)로는 Katy Mill Mall, San Marcos, Conro 등이 있다.

⑪ 샌프란시스코의 쇼핑정보

샌프란시스코의 주요 쇼핑장소로는 Union Square의 San Francisco Shopping Center, Pier 39, Fishermen's Wharf, Chinatown 및 Stonestown Galleria 등이 있다.

⑫ 시애틀의 쇼핑정보

시애틀에는 대형백화점 (Nordstrom, Macy's, JC Penny 등)이 많이 있으며, 백화점에 따라 가격 수준도 달라서 형편에 따라 쇼핑이 가능하다.

⑬ 내슈빌의 쇼핑정보

내슈빌에서는 컨트리 음악과 관련된 토산품과, 레코드와 테이프, 카우보이 부츠, 모자와 셔츠, 골동품 등이 인기 있는 품목이다. 이런 상품을 판매하는 전문점이 다운타운과 근교의 수많은 백화점과 쇼핑 아케이드 등을 합치면 300여점에 이른다.

다운타운에 있는 특이한 쇼핑몰 아케이드를 비롯하여 근교에는 테네시 주 최대몰인 HICKRY HOLLOW MALL이 있다.

한편, 벼룩시장은 매달 4번째 주말에 FAIRG ROUNDS에서 열린다. (단 12월에는 열리지 않는다) 가정용품, 의류에서 가구와 수집품에 이르기까지 거의 모든 종류의 물건들이 나온다. 벼룩시장이 열리는 시간은 토요일 6am-6pm, 일요일 7am-4pm이다.

⑭ 채타누가(Chattanooga)의 쇼핑정보

채타누가에서는 선물상점을 비롯하여 의류, 보석류, 골동품 등이 유명한데 대표적인 쇼핑지역을 살펴보면 다음과 같다.

가) 리버 갤러리(River Gallery)

파인아트와 공예품을 판매하는 곳으로 각종 비주얼 아트의 전시도 함께 하고 있다.

나) 웨어하우스 로우 팩토리 숍스(Warehouse Row Factory Shops)

공장직배 아울렛몰로 40여개의 유명브랜드의 상품전문점이 밀집되어 있다. 랄프로렌/폴로(Ralph Lauren/Polo), 페리 엘리스(Perry Ellis), 코치(Coach), 게스(Guess) 등이 주요 매장이다. 일반 백화점에서 판매하는 가격보다 약 25-70% 할인 판매한다. 원래는 8개의 철도 웨어 하우스 창고이었던 곳을 멋진 아울렛으로 개조한 것이다.

다) 해밀턴 플레이스(Hamilton Place)

테네시 주에서 가장 큰 몰 중 하나로 백화점을 비롯한 많은 쇼핑상점과 레스토랑들이 밀집되어 있다. 5개의 대형 백화점, 160여개의 전문상점, 극장들이 있으며 건물 밖에 위치한 해밀튼 플레이스 컴플렉스(Hamilton Place Complex)에는 8개의 레스토랑, 3개의 쇼핑센터가 마련되어 있다.

라) 노스게이트 몰(Northgate Mall)

남부의 분위기를 느낄 수 있는 엘레강스한 쇼핑몰로 3개의 대형 백화점과 100여개의 전문상점, 레스토랑 등이 입점해 있다.

마) 이스트게이트 몰(Eastgate Mall)

채타누가 최초의 쇼핑몰로 의류, 보석, 선물 등을 저렴한 가격에 구입 할 수 있다.

바) 플리 마켓 이스트릿지(Flea Market - East Ridge)

거대한 실내·외 벼룩시장으로 매주 토요일, 일요일 그리고 공휴일에 오픈 한다. 500여 소매상들이 신상품, 중고품 등을 판매한다. 7개의 레스토랑이 있다.

⑮ 아스펜(Aspen)의 쇼핑정보

아스펜은 아래와 같이 의류 및 스키용품을 판매하는 상점들이 매우 많다. 대표적으로 아스펜 크로스 컨트리 센터(Aspen Cross Country Center), 어트 마운티니어(Ute Mountaineer), 스테판 캘린 포 위민(Stefan Kaelin for Women), 스테판 캘린 프로샵(Stefan Kaelin Pro Shop), 숏 스포트(Short Sport), 사쉐 플로럴 아트 앤 기프츠(Sashae Floral Arts and Gifts), 프라이드(Pride), 포머로이 스포츠(Pomeroy Sports), 메피스토(Mephisto), 맥도너스(McDonough-s), 아스펜 스포츠(Aspen Sports), 수트 유어셀프(Suit Yourself), 스노우매스 스포츠(Snowmass Sports), 브리슬콘 마운틴 스포츠(Bristlecone Mountain Sports), 얼터너티브 에지(Alternative Edge), 콜럼바인 숍(Columbine Shop), 큐리어스 조지 컬렉터블스(Curious George Collectables), 풋루즈 앤 팬시 씽즈(Footloose and Fancy Things), 구찌 아메리카(Gucci America Inc.), 케네스 콜(Kenneth Cole), 만리코 캐쉬미어(Manrico Cashmere), 시에라 셔츠(Sierra Shirts), 컨사인먼트 오브 아스펜(Consignments of Aspen), 아스펜 다이버스(Aspen Divers, LLC), 진 테일러 스포츠(Gene Taylor Sports), 허브 오브 아스펜(Hub of Aspen), 퍼포먼스 스키(Performance Ski) 등이 있다.

⑯ 빌링스(Billings)의 쇼핑정보

몬태나의 가장 큰 도시이며, 소매상점으로 유명한 빌링스는 이 지역의 주요 상권을 형성하고 있다. 도시는 최근 몇 년간 상점들이 급격하게 증가하고 있으며 새로운 오피스빌딩, 미니 몰, 금융센터, 소매단지 등이 도심 여러 곳에서 건설되고 있다.

빌링스의 대표적인 쇼핑가를 살펴보면 다음과 같다.

가) 24번 스트리트 웨스트 & 킹 애버뉴 웨스트(24th Street West and King Avenue West)

24번가 웨스트(The 24th Street West)-킹 애버뉴(King Avenue-)-센트랄 애버뉴(Central Avenue) 상가에는 몇 개의 유명한 디스카운트 상점들이 자리하고 있다. 림록 몰(Rimrock Mall)과 넓게 퍼져있는 마켓플레이스 단지에는 타겟-T.J. 맥스 센타(the Target-TJ Maxx Center), 미니 몰과 2개의 커다란 식품점이 자리한다. 도매 디스카운트 상점들과 고급 백화점에는 의류, 스포츠용품, 서적, 가구, 자동차, 실내장식용품 등을 판매하고 있다. 패스트푸드, 이국적인 레스토랑들도 함께 자리하고 있다. 이밖에도 꽃가게, 식당가, 스파(spa)상점 등도 눈에 띈다.

나) 림록 몰(Rimrock Mall)

몬태나에서 가장 큰 몰로 93개의 상점과 2개의 영화관이 들어서 있다. 상점들은 최신 유행을 포함, 전통적인 서부 의상, 독특한 선물용품 등을 판매한다. 이밖에 서부 요리, 이탈리안 요리, 패스트푸드 등 다양한 음식등도 즐길 수 있다.

다) 브로드워터 애버뉴(Broadwater Avenue)

도로를 따라 많은 수의 소규모 상점들이 늘어서 있다. 레스토랑과 카지노들도 또한 함께 자리하고 있다. 그리고 몇 개의 새로운 소매/전문 상가단지들이 19번가와 24번가 웨스트 사이에 위치한다. 미용실, 의류상점, 포토 스튜디오, 골프 숍 등도 브로드워터 애버뉴를 따라 위치하고 있다.

라) 그랜드 애버뉴(Grand Avenue)

빌링스에서 가장 오래된 몰인 웨스트 파크 플라자(West Park Plaza)는 최근 팔려서 새로운 소유주에 의해 일부 새 단장을 계획을 진행 중이다. 이밖에 쇼핑지역으로는 그랜드 센터(Grand Center)와 에버그린 쇼핑센터(Evergreen Shopping Center) 등이 있다. 그랜드 애버뉴를 따라 자리하고 있는 상점들은 자전거에서부터 동양음식, 수공예가구에 이르기까지 다양한 물건들을 판매하고 있다. 스페셜 상점들에서는 웨스턴 의상, 악세사리, 몬태나 특산품 등을 판매한다. 최근 몇 년 사이에 그랜드 애버뉴를 따라 자리하고 있는 많은 상점들이 새롭게 개보수 작업하거나 장소를 확장하기도 했다.

마) 다운타운 빌링스(Downtown Billings)

몬태나 애버뉴(Montana Avenue)와 6번 애버뉴 노스(Sixth Avenue North) 사이의 지역과 22번가 북쪽(North 22nd Street)에서 23번가 북쪽(North 32nd Street)에 이르기까지 많은 상점들이 위치하며 또한 테크놀러지, 사무실, 정부기관 등도 이곳에 자리하고 있다. 상점에서는 패션에서 인디안 공예품, 가죽제품, 악세서리, 몬태나특산품 등에 이르는 다양한 종류의 상품 등이 판매되고 있다. 몇몇 커피하우스들은 신선하게 구운 빵, 샌드위치, 초콜릿, 패스트푸드, 맥주, 디너 등도 함께 제공하고 있다. 많은 상점들은 이 유서 깊은 지역의 기품 있는 건축물을 계속 유지하고 있다.

또한 몬태나 애버뉴(Montana Avenue)를 따라 동쪽으로 몇 블록 더 가는 곳에 히스토릭 디스트릭(Historic District)이 자리하고 있으며 더 많은 상점들을 발견 할 수 있다. 특히 이곳은 앤틱 상점, 식당가, 컴퓨터 및 기타 상점 등이 자리하고 있다.

바) 빌링스 하이츠(Billings Heights)

메트라(Metra)의 메인 스트리트 노스(Main Street north)를 따라 위치한 이 지역은 가구, 디스카운트 및 전문 상점, 쇼핑몰 등이 거리를 따라 늘어서 있다. 그리고 빌링스 북동쪽에서 하이츠까지 연결되어있다. 건축자재용품점, 서비스센터, 레스토랑, 카지노, 애견원 등이 있다. 포 시즌스 쇼핑 센터(The Four Seasons Shopping Center)도 이곳에 위치하며 이밖에 금융센터, 레스토랑 등도 영업을 하고 있다.

⑰ 덴버(Denver)의 쇼핑정보

덴버의 의류, 동제품, 인디언의 민예품, 가죽제품, 스키용품 등은 구입할 만한 쇼핑품목이다. 상점가는 다운타운의 16th St. 주변에 집중되어 있으며 신데렐라 시티를 비롯하여 멋진 쇼핑센터가 많이 있다. 상점은 17:30 까지, 월요일과 목요일은 21:00 까지 영업하며, 쇼핑센터 의 영업시간은 21:00 까지고 일요일과 공휴일은 휴업하는 상점이 많다. 덴버의 대표적인 쇼핑센터는 다음과 같다.

가) Larimer Square

올드 웨스트 마을을 재건한 구역으로 독창적인 부띠끄와 선물점이 모여 있다.

나) Guestman's Silversmith Larimer Square

이 지역의 예술가들이 만든 특이한 보석과 액세서리의 상점이다.

다) East Colfax Avenue

스키용품 상점이 특히 많은 지역이다.

라) Cinderella City Broadway & Hampden

200점포 이상의 백화점과 전문점, 레스토랑 등이 모여 있는 초대형 쇼핑몰이다.

마) Dee Dancer

흥미로운 인디안 민예품을 갖추고 있다. 위치: 1430 LARIMER .

바) Western Trading Post

흥미깊은 인디안 민예품을 갖추고 있다. 위치 31 BROADWAY .

사) Kohlberg's Antique & Indian Shop

인디안 민예품액세서리점. 위치: 429 17th St.

아) Poor Richard's and the better half Larimer Square

양질의 가죽제품 상점이다.

⑱ 몬터레이(Monterey)의 쇼핑정보

몬터레이에는 가히 쇼핑의 천국이라 할 수 있을 만큼 세계 최고수준의 쇼핑거리들이 즐비하다. 의류, 가구, 예술품을 비롯해 기념품, 자동차용품 등의 완벽한 구색을 갖춘 전문상점들과 만날 수 있다. 주요 쇼핑센터를 살펴보면 다음과 같다.

가) 퍼시픽 에치드 글래스 & 크리스탈(Pacific Etched Glass & Crystal)

크리스탈 로고 상품을 전문으로 하는 상점으로 1977년에 오픈 했다. 이 곳에서 만든 에칭(동판)글래스, 세라믹 커피 머그잔, 유리잔 등이 이 지역의 리조트, 호텔, 골프장, 박물관매점 등에서 많이 사용, 판매되고 있다.

나) 더블트리 앨버라도 스트리트 몰(DoubleTree / Alvarado Street Mall)

일반적으로 그냥 앨버라도(Alvarado Mall)이라고 불리는 이 곳은 몬터레이 다운타운의 더블트리 호텔(DoubleTree Hotel)과 인접한 곳에 위치하고 있다. 의류, 보석, 아트갤러리, 와인 및 선물가게, 레스토랑, 맥주집 등 다양한 전문상점들이 입점해 있다.

다) 델 몬트 쇼핑센터(Del Monte Shopping Center)

약 100개 이상의 전문상점들이 입주한 쇼핑몰. 광대한 주차시설을 갖춘 대형점포이다.

그 밖에도 피셔맨스 워프(Fishermans Wharf), 워프스 제너럴 스토어(The Wharf's General Store), 캐너리 로우 앤틱 몰(Cannery Row Antique Mall) 등이 있다.

⑲ 뉴 올리언즈의 쇼핑정보

뉴올리언즈의 상점들은 예술품에서 골동품, 모피, 가구에 이르기까지 모든 분야의 것을 취급하고 있다. 포이드라스와 커낼 스트리트, 다운타운에는 3개의 쇼핑몰이 있으며, 이곳들은 미 전역의 고급 백화점과도 견줄 만하다.

업타운과 프렌치쿼터에는 변덕스럽고 까다로운 고객들의 요구를 채워주기에도 충분할 정도의 전문 상점들이 몰려있다. 고가구와 오래된 수집품들을 취급하는 상점들이 프렌치 쿼터와 매거진 스트리트를 따라 6.4km에 걸쳐서 몰려있으며 외곽지역에는 최고 품질의 삼품을 갖춘 고급 몰(mall)들이 늘어서 있다.

대표적인 쇼핑지역으로 매거진 스트리트에는 수 마일에 걸쳐 늘어서 있는 Perlis, Sullivan Stained Glass Studio 등의 유명한 상점들이 있으며 주요 쇼핑몰로는 Canal Place, Lakeside Shopping Center, New Orleans Centre, Riverwalk 등, 또 백화점으로는 Macy's, Lord & Taylor, Saks Fifth Avenue, Maison Blanche 등이 있다.

⑳ 올랜도의 쇼핑정보

올랜도에는 다양한 특산품을 판매하는 상점들이 많지만 특히 여름 피서용품은 어느 상점에서나 찾을 수 있다. 수영복, 비치백, 샌들, 우산과 라키마(Rakima), 비치볼, 써프보드 등의 물품을 구하기 쉽다. 윈터 파크(Winter Park)내 상점들은 좀 더 고급스런 물품 등을 구비, 판매하고 있으며 다운타운의 처치 스트리트 스테이션 익스체인지(Church Street Station Exchange)는 다른 곳에서는 찾아볼 수 없는 특별한 선물을 발견 할 수 있는 쇼핑장소이다. 그리고 테마공원들 내에서도 저렴한 상품에서부터 고급스런 상품까지 다양하고 흥미로운 물건들을 구입 할 수 있다.

가) 디즈니 관련 상품 구입(Disney Merchandise)

도심 곳곳에 디즈니 캐릭터 상품들이 진열되어 있다. 그러나 디즈니 상품의 본거지는 단연 엡코트의 센토리엄 - The Art of Disney이다. 이곳에는 가격이 $10 정도인 회중전등에서 $5,000이나 하는 미키마우스 모양의 안락의자에 이르는 다양한 종류의 상품이 있다.

전통적인 디즈니 상품을 구입하려는 관광객은 매직킹덤 내 메인스트리트에 위치한 엠포리엄(The Emporium)에 들러보는 것이 좋다. 이곳에서는 비옷(rain ponchos : 멕시코인들이 머리위로 뒤집어쓰는 비옷), 서적, 비디오, 모자와 도날드, 구피, 라이온 킹을 포함한 디즈니 캐릭터로 장식된 수백만 종류의 상품들을 판매하고 있다.

MGM 스튜디오 지역에 있는 디즈니 스튜디오 스토어(The Disney Studio Store)에는 디즈니 마크 선글라스, 의류, 기념품들이 진열되어 있고 이런 크고 유명한 상점들 외에도 올란도의 골목골목에 있는 조그만 상점들도 구경해 볼 만하다.

나) 골동품 구입(Antiques)

위치 : Highway 441, Mount Dora

영업시간 : 대략 8am-4pm. 레닝거 앤틱센터의 골동품섹션은 8am-5pm

센트럴플로리다 지역의 마운트 도라(Mount Dora)의 쇼핑빌리지와 레닝거의 앤틱센터(Renninger's Antique Center)가 골동품을 전문적으로 판매하고 있는 곳으로 Highway 441 올란도 북서쪽 25마일/40km에 자리하고 있다. 골동품 상점들과 부티크들이 모여 있는 다운타운 비즈니스 디스트릭트의 독특한 분위기 때문에 마운트 도라는 종종 뉴잉글랜드 빌리지와 비교된다.

레닝거 앤틱센터는 115에이커에 걸쳐 퍼져 있으며 이곳 언덕 꼭대기에는 벼룩시장(flea market)이, 아래에는 골동품 마켓이 자리 잡고 있다. 주말에는 200여 상인들이 나와 있으며 특히 11월, 1월, 1월의 3번째 주말에는 약 1천 4백여 명의 상인들로 꽉 차는데 이 기간에는 입장료를 지불해야 한다. 금요일 $10, 토요일 $5, 일요일 $3 정도이다. 이때를 제외하면 입장료는 무료이다.

㉑ 포틀랜드의 쇼핑정보

포틀랜드는 정찰제가 가장 큰 특징이라 할 수 있다. 주세(States Tax)가 없으며 정찰제 쇼핑을 할 수 있는 곳으로 잘 알려져 있으며 상품의 종류가 많고 깨끗하여 보는 것만으로도 즐길 수 있다.

영업시간은 09:30(또는 10:00)~18:00로 월요일과 금요일은 21:00까지가 보통이다. 큰 쇼핑센터로는 마을 중심부에 있는 Lloyd Center나 Haden Island의 Janson Beach Center 등으로 모두 100개 상점에 가까운 백화점과 전문점이 모여 있다.

오리건 주 포틀랜드 국제공항 내에 위치한 면세점을 비롯해 포틀랜드의 대표적인 쇼핑몰은 아래와 같다.

가) 포틀랜드 새터데이 마켓(Portland Saturday market)
나) 나이키 타운(Nike Town)
다) 로이드 센터(Lloyd Center)
라) 시그너춰 임포츠(Signature Imports)
마) 스타즈 노스웨스트 앤티크 몰(Stars Northwest Antique Mall)
바) 비드 스트리트(Bead Street)
사) 벨라 루나(Bella Luna)

㉒ 필라델피아의 쇼핑정보

필라델피아의 백화점 등 영업시간은 10:00~17:30, 수요일은 밤까지 영업하는 곳이 많고 일요일은 휴업한다. 필라델피아의 골돌품은 유명하고 오래된 상점부터 고물시장까지 선택의 폭이 넓고 풍부하며 독창적이고 재미있는 수공예품도 많다. 여기에서는 주세 6%를 부과하고 있다.

필라델피아 근교에는 대규모의 쇼핑센터가 있으며 시내의 백화점과 상점가는 Market St. Chestnut St. 에 집중되어 있다. Sanson St. 의 7번가 8번가는 보석, 귀금속 디자이너 매장, 도매점, 소매점 등이 깔려 있는 보석상점 지역이다. Fourth St. 의 700개 블럭 남쪽과 Arch 근처의 Ninth St. 는 섬유거리이다. Art Gallery도 많고 봄철에는 각 지역에서 전시회가 개최된다.

기타 주요 쇼핑센터를 살펴보면 Phineas Meade Antiques, Time & Again, Samuel P. Freeman, The Italian Market. Reading Terminal, The King Of Prussia Shopping Mall, Cherry Hill Shopping Mall, New Market, Gallery 등을 들 수 있다.

㉓ 피닉스(Ohoenix)의 쇼핑정보

상점의 영업시간은 보통 10:00~17:00이고 월요일과 금요일은 21:00까지이다. 스포츠복과 카우보이 부스와 모자 등 서부식의 의상과 인디언이 만든 보석장식과 민예품도 인기가 있다. 이 지역은 쇼핑센터나 몰이 잘 발달되어 있어서 크고 작은 것을 합하여 170개 정도로 쇼핑센터나 프라자가 있다.

최대의 것은 METRO CENTER(BLACK CANYON & PEORIA AVE.)로 205점포의 백화점과 전문점이 들어있다. CHRIS-TOWN SHOPPING CENTER(15~19TH AVE. ON W. BETHANY HOME RD.)는 150점포, PARADISE VALLY MALL(NWC OF TATUM & CACTUS)는 130점포로 대규모이다. 또 스코츠델에는 테넌트수 80개의 LOS ARCOS MALL를 비롯하여 35개의 쇼핑센터가 있지만 서부 제품을 취급하는 멋있는 부띠끄와 선물상점, 인디안 보석장식품 상점 등도 갖추고 있다. 인디언의 수공예품은 박물관이나 거류지 등 관광 스포츠에서도 판매하고 있다. 주세(STATES TAX) 6.55% 를 부과한다.

㉔ 샌디에고의 쇼핑정보

샌프란시스코의 여행 목적이 쇼핑인 사람들은 유니언 스퀘어(Union Square)로 가면 된다. 샌프란시스코 최대 쇼핑지역인 유니언 스퀘어 주변에는 유명 브랜드 상점, 부띠끄, 백화점, 유명 보석상점 등이 들어서있다. 잭슨 스퀘어(Jackson Square) 쇼핑가의 두드러진 특징은 골동품 상점, 시티 라이트(City Lights) 서점 등. 또한 기라델리 스퀘어(Ghirardelli Square), 엠바카데로(Embarcadero)와 샌프란시스코 쇼핑센터 등도 흥미를 끌만한 쇼핑가다.

그 밖에 메이시(Macy's), 니먼 마커스(Neiman Marcus), 삭스 피프스 애비뉴(Saks Fifth Avenue), 놀스톰(Nordstrom), 검프스(Gump's) 등의 백화점이 있다.

㉕ 솔트레이크(Salt Lake City) 시티의 쇼핑정보

미국 최초의 백화점 ZCMI CENTER 와 엔터테이먼트의 중심이기도한 특이한 TROLLEY SQUARE 를 비롯하여 대소 합하여 36개의 쇼핑센터가 있다. 영업시간은 10:00~21:00, 토요일은 18:00까지이고 일요일은 휴업이다. 세계의 상품이 갖추어져 있지만 개척시대의 민예품, 보석장식품과 향료가 들어있는 초 등이 토산품으로서는 인기가 있다.

솔트레이크 시티의 대표적인 쇼핑센터는 아래와 같다.

가) ZCMI CENTER (ZION'S COOPERATIVE MERCANTILE INSTITUTION) MAIN & TEMPLE STS.

1868년에 브리컴 영이 창설한 미국에서 최초의 백화점으로 ZCMI 백화점을 선두로 66개의 상점과 은행이 모여 있다.

나) COTTONWOOD MALL

4835 S. HIGHLAND DR에 위치한 120점포의 테넌트를 가진 이 지역 최대의 쇼핑몰.

다) TROLLEY SQUARE

550 SOUTH 7TH EAST에 위치. 옛날의 트로리 차고에 있는 상점가로, 100개 이상의 상점과 레스토랑 등이 모여 있다.

라) CROSSROAD PLAZA

50 S. MAIN ST에 위치해 있으며 117개의 점포가 모여 있다.

마) FASHION PLAZA

STATE ST. & 6200 S에 위치해 있으며 110개의 점포가 모여 있다.

바) VALLEY FAIR MALL

3010 S. 2700 W에 위치한 90개의 점포를 가진 대형 쇼핑센터이다.

㉖ 세인트루이스(St. Louis)의 쇼핑정보

골동품으로 유명한 세인트루이스는 다운타운의 남부에 위치한 체로키 골동품상가(Cherokee Antique Row) 등을 중심으로 수많은 골동품상들이 모여 있어 수집가들을 기쁘게 한다. 여행객들은 아마 이 곳에서 희귀한 각종 골동품 및 기념품들을 만나게 될 것이다. 또한 이 곳에 모여 있는 다양한 문화와 음식을 맛보는 것도 좋은 경험이다.

한편 주요 쇼핑센터는 Union Station, Baden Shopping Center, Brentwood Promenade, Chesterfield Mall, Concord Plaza Shopping Center, Crestwood Plaza Shopping Center, Cross Keys Shopping Center, Jamestown Mall, Market Place in Ladue, Mid Rivers Mall, (St. Peters), Northland Shopping Center, Northwest Plaza, Plaza Frontenac, St. Louis Centre, St. Louis Galleria, St. Louis Market Place, St. Louis Union Station, South County Center, Warrenton Outlet Center, West County Center 등이 있다.

㉗ 하와이의 쇼핑정보(하와이 관광청 : www.gohawaii.or.kr)

하와이에서는 일반적으로 꽃, 비단, 가죽, 파인애플과 파파야, 서핑 보드와 우쿨렐레, 향 비누와 향초, 명품 초콜릿, 열대의 칩과 쿠키, 명성 있는 와인과 직접 재배한 커피, 고급 맞춤옷집과 보석 가게, 그리고 하와이에서만 재배되는 맛있는 마카다미아 땅콩 등이 쇼핑객들에게 선호되는 품목이다.

게다가 손으로 직접 만든 유리, 최상급의 그림과 조각에서부터 하와이 토속 미술가들이 직접 디자인한 너무나도 다양한 알로하셔츠, 화려한 직물과 퀼트, 하와이산 아카시아 나무로 깎은 조각품, 깃털로 된 화환 등이 대표적인 기념품이라 할 수 있다.

주요 쇼핑센터로는 와이키키 주변에 DFS Galleria Waikiki, Royal Hawaiian Shopping Center, Hilton Hawaiian Village, The Hyatt Shops 등과 알라모아나 주변의 Ala Moana Center, 기타 Aloha Tower Marketplace, Pearlridge Center, Waikele Premium Outlet, Kahala Mall, 체인점으로 Costco, Safeway, Longs Drug(일반 식품위주 구매) 등을 들 수 있다.

사진자료 : The Hyatt Shops
사진출처 : www.gohawaii.or.kr

한편, 가구전문점 Home Land와 전자전문점 Samsung, Circuit City, Radoshack이 있다. 개점시간은 업체에 따라 다르나 대체로 09:00 - 21:00까지 영업하고 있다.

㉘ 미국쇼핑관련 보도자료

가) 미국, 쇼핑에 문화가 가미된 문화 쇼핑 관광이 부가가치 높아...

쇼핑몰 개발업자인 Taubman Centers와 미국 상무성이 공동으로 실시한 연구 결과 북미를 방문하는 가장 중요한 동기가 쇼핑이지만 문화적 요소가 가미된다면 체제 일수를 늘리고 보다 많은 소비를 유발시키는데 기여 할 수 있을 것이라는 연구 결과가 발표되었다.

이번 연구는 쇼핑과 문화, 쇼핑과 문화유산 관광과의 상관관계를 조사하고자 한 것으로 동 연구에 포함된 시장은 영국, 일본, 멕시코, 독일로서 대륙을 넘어서 공통으로 참고할 만하다고 자체 평가되고 있다.

해외여행자들은 미 소매 시장에서 중요한 역할을 하는데, 쇼핑과 문화를 엮으면 보다 포괄적인 여행 경험을 제공하게 되어 국립공원, 박물관만을 방문하는 일반관광객이나 쇼핑만 하는 관광객보다 적어도 2박 이상을 추가로 체재하고, 소비액도 평균 소비액 이상이라는 결과가 나왔다.

게다가, 문화 쇼핑 관광객은 보다 많은 목적지를 방문하는 경향이 있는 것으로 파악되었다. 조사 대상국 중, 독일인은 평균 17.8일을 체재하여 일반관광객보다 6일을 더 체재하였고, 영국 방문객은 12.3일, 멕시코 방문객은 9.1일, 일본은 8.8일을 체재하였다. 이 중 독일인의 체재 기간이 가장 길어 지출액은 가장 많으나 하루 평균 소비액으로는 일본 방문객들이 가장 많은 금액을 사용한 것으로 나타났다. (일일 평균 미화 140불), 멕시코 관광객은 일일 평균 134불을 사용한 것으로 나타났다.

일본인들은 4개국 중 최초 방문자들이 대다수여서 31%의 일본인이 처음 방문했다고 답했으며 이는 영국 관광객의 22%만이 패키지여행을 구입하는데 반해, 일본인 관광객은 40%가 패키지여행을 택하기 때문인 것으로 보인다.

이 연구를 통해 쇼핑이 해외 여행객에게 있어서 최고의 활동이지만, 그래도 이들 여행객들은 방문국의 문화와 민족성(ethnicity)를 알고자 하는 욕구가 강한 것으로 밝혀졌다.

(자료원 : 토론토 지사, Travel Press, 2005.1.24일자, 출처 : 한국관광공사 해외시장정보)

나) 미국, 고유가로 인한 온라인 쇼핑 늘어나...

급격히 오른 자동차 기름값 때문에 가정에서 인터넷을 이용하여 온라인 쇼핑을 즐기는 소비자들이 많아졌다고 미 시장조사기관인 엔피디(NPD)그룹이 발표했다.

조사 결과에 따르면 쇼핑을 위해 자동차를 운행하는 거리를 최소화하기 위하여 가능한 쇼핑 품목을 따로 만들어 인터넷을 이용한 쇼핑을 하고 있다는 것이다.

감자, 양파 등의 생식료품은 직접 구매하고 식용 생수와 식용류, 캔 제품 등 무거운 제품들이나 직접 고르지 않아도 되는 제품들은 온라인으로 구입한다.

온라인 쇼핑을 즐기는 한 미국 여성은 "굳이 나가서 사지 않아도 되는 제품들은 비싼 가스 값을 길에 뿌려가면서 사러 나갈 필요가 없다" 면서 “최근에는 배송료도 무료로 해주는 사이트들이 늘어나 여러모로 훨씬 경제적이다" 라고 말했다.

온라인 쇼핑몰 소비자들은 오프라인 쇼핑보다 온라인을 선호하는 이유로 전체 조사 인원 중 69%가 쇼핑의 수월성을 들었으며 56%가 제품 선택의 다양성, 22%가 온라인 쇼핑몰 제품들의 질이 좋아진 점을 꼽았다. 또 배송서비스와 교환 서비스가 오프라인 쇼핑몰에 비해서도 결코 떨어지지 않는다 라고 대답한 수도 21%에 달했다.

NPD에 따르면 고유가 행진이 계속되면서 이러한 소비자들의 소비 패턴이 당분간 지속 될 것으로 보인다고 전했다.

(자료원 : 뉴욕 지사, 2005.10.5 미주세계일보, 출처 : 한국관광공사 해외시장정보)

2) 캐나다(캐나다 관광청 : www.travelcanada.or.kr)

캐나다는 백화점, 시네마, 기념품점, 서점, 레코드 샵 등이 모두 한 곳에 복합적으로 위치하고 있는 것이 특징이라 원스톱(one-stop)으로 쇼핑하기에 편리하다.

캐나다의 특산품으로는 인디언들의 수공예품을 비롯하여 단풍나무 잎에서 추출한 메이플 시럽, 육포(Beef Jerky)와 훈제 연어, 엘크 녹용 및 여러 가지 건강용품이 대표적이라 할 수 있다.

① 밴쿠버의 쇼핑정보

벤쿠버의 특산품은 주로 개스타운에서 판매하고 있으며, 이튼, 더 베이 등의 대형백화점에서의 쇼핑은 여행의 즐거움을 더해준다. 특산품으로는 모피, 인디언 수공예품, 스키용품, 훈제 연어, 육포, 기타 생활용품 등이 있다. Robson St. 에는 아래와 같은 쇼핑점들이 있다.

가) Aritzia (Women's Fashions) : 여성용 옷, 신발, 악세사리 등을 판매
나) BCBG Maxazria (Women's Fashions) : 세계적 브랜드 BCBG 막스마라제품
다) Esprit (Women's Fashions) : 영캐쥬얼의 대명사
라) La Senza (Women's Fashions) : 속옷판매점
마) Zara Women (Women's Fashions) : 고급스러운 여성용 정장 및 세미정장 판매
바) A/X Armani Exchange (Men's and Women's Fashions) : 아르마니 스타일의 남/녀 의류판매
바) Banana Republic (Men's and Women's Fashions) 현대적 감각의 남/녀 캐쥬얼 의류판매
사) Club Monaco (Men's and Women's Fashions) : 세계적으로 유명한 클럽 모나코 상표로 현대적인 감각이 뛰어난 의류점
아) Gap (Men's and Women's Fashions) : 남/녀 캐쥬얼 의류점
자) Guess (Men's and Women's Fashions) : 남/녀 캐쥬얼 의류점

차) 나들이 : 킹스웨이 하이파인 프라자 앞에 위치한 상점으로 7,000평방 피트의 대형 매장을 가지고 있다. 캐나다산 기념품과 시계, 여행용 가방, 건강식품 등 다양한 상품을 판매하고 있다.

카) 롯데선물센터 : 주근깨, 검버섯, 기미, 주름등을 없애는데 효과가 높은 것으로 유명한 로즈힙 오일을 구입할 수 있는 곳으로 킹스웨이에 위치하며 가전제품, 이태리 귀금속등 다양한 제품을 볼 수 있다.

타) 알더스 인터내셔날 캐나다(Allders International Canada) : 세계 유명 브랜드 제품을 판매하는 면세점으로, 양주, 담배, 스포츠용품, 가방, 화장품 등 다양한 제품을 구입 할 수 있다.

② 토론토의 쇼핑정보

토론토의 주요 쇼핑몰을 살펴보면 다음과 같다.

가) 이튼센터

캐나다의 메인 쇼핑몰 중에 하나이다. 토론토에서 가장 큰 쇼핑몰로 미국, 캐나다 유명 브랜드가 입점해있다. 지하에는 푸드코트도 있어 간단한 요기를 할 수 있다.

나) 요크빌

고급스런 유럽풍의 물건을 사기에 좋은 곳이다. 럭셔리한 부티끄들이 많이 있으며, 여기에서 고가의 명품을 취급한다.

다) 패쓰 언더그라운드 쇼핑몰

지하와 연결된 초대형 쇼핑몰이다. 그 길이가 엄청나게 길어서 길을 헤매기 쉽다. 군데군데 쇼핑몰 맵이 있으니 참고하면서 가야한다.

라) 럭스톤 박물관 기념품점

북미 원주민의 정서와 전통을 볼 수 있는 곳으로 원주민의 공예품, 포스터, 우편엽서 등 희귀한 기념품들이 많다.

마) 미도파 백화점

품목이 다양하여 우리나라 여행객들이 귀국 선물 준비하는데 적합한 곳이다. 영국산 버버리 제품, 고급 의류, 화장품과 한약재 등의 제품들이 있다.

바) 대성 백화점

각종 건강식품과 폴로 버버리, 화장품류 등 다양한 제품을 판매하는 상점이다.

③ 몬트리올의 쇼핑정보

몬트리올에는 언더그라운드 쇼핑센터가 가장 유명하다. 이 곳은 카트린느 거리와 쉐르브룩, 크레센트가 주요 쇼핑거리이다. 특히 지하통로를 연결하여 만든 언더그라운드의 쇼핑센터 등은 유명하다.

사진자료 : AILES 언더그라운드 쇼핑몰
사진출처 : www.hanatour.com

환기장치와 온도조절 장치가 완벽하게 갖추어져 있어 쾌적한 기분으로 쇼핑을 할 수 있는 생로렝거리, 생드니거리는 '패션의 일번지'로 잘 알려진 곳이다.

④ 오타와의 쇼핑정보

가) Oh Yes Ottawa

고품질 캐나다제 T-shirts , 운동모자, 어린이옷과 다양한 악세사리를 판매하는 상점으로 오타와의 Rideau 중심에 위치한다.

나) The Flag Shop

국기를 기념으로 만든 다양한 악세사리, 핀 등의 제품을 판매하는 곳이다.

⑤ 재스퍼(Jasper)의 쇼핑정보

재스퍼에서의 쇼핑은 내부 장식 뿐 아니라 외부 장식도 재스퍼만의 멋이 배어나 쇼핑하는 것도 매우 즐겁지만 생기 넘치는 거리를 걸으며 오가는 각양각색의 사람들을 구경하는 것이 흥미롭다. 주요 쇼핑몰은 다음과 같다.

가) E.A.

재스퍼에서 인디언과 에스키모의 작품을 가장 광범위하게 소장하고 있다. 동석, 비치, 대리석 등의 조각품에서는 캐나다 원주민의 정신을 느낄 수 있다.

나) 에넬바이스 선물섬

자그마한 재스퍼 시내를 걷다보면 한국어로 된 간판을 만나게 된다. 이곳은 우리 교민이 운영하는 기념품 가게로 한국인 관광객이 찾아가면 매우 친절하게 관광정보를 제공해 준다.

⑥ 밴프의 쇼핑정보

밴프에는 아름다운 자연 경관과 어우러진 독특한 쇼핑점들이 많다. 모피, 가죽, 스키장비, 인디언 수공예품등 다양한 제품을 구입 할 수 있다.

가) 럭스톤 박물관 기념품점

북미 원주민의 정서와 전통을 볼 수 있는 곳으로 원주민의 공예품, 포스터, 우편엽서 등 희귀한 기념품들이 많다.

나) 캐스케이드 플라자

토산품, 의류, 기념품, 모피 등 다양한 제품을 취급하는 곳으로 밴프 거리 중심부에 위치하고 있다.

다) 메이플리프 기념품점

한국인이 경영하고 있는 기념품점으로 밴프 중심가에 위치한다. 각종 토산품을 판매한다.

⑦ 애드먼튼의 쇼핑정보

에드먼튼에는 세계에서 가장 큰 쇼핑센터인 웨스트 에드먼튼 몰뿐만 아니라 전 도시에 20개가 넘는 쇼핑센터가 있어 쇼핑하기에 매우 좋은 조건을 갖추고 있다. West Edmonton Mall이 시 외곽에 위치해 있어 갈 시간이 없는 사람은 다운차운의 Edmonton Center를 이용 할 수 있다. 또한 에드먼튼을 비롯한 알버타의 모든 도시가 물건을 살 때 판매세가 붙지 않아 관광객들이 선물을 사는데 유리하다.

사진자료 : 앨버타의 특산물육포(Beef Jerky)
사진출처 : www.hanatour.com

⑧ 세인트존스의 쇼핑정보

세인트 존스는 민속공예품이 유명하다. 특히, 뉴펀들랜드(Newfoundland)는 민속공예품이 드문 다른 지역에 비교하면 꽤 활발한 편이다. 니트류, 동물 뼈로 만든 조각공예품, 각종 악세서리 등이 있으며 주세(Provincial Tax)가 면제되므로 경제적이다.

⑨ 빅토리아의 쇼핑정보

빅토리아는 카우틴 스웨터,로얄 앨버트 도자기, 로자스 쵸코렛, 아만 스웨터, 아가일 스웨터, 캐시미어, 셋트란드 스웨터 등이 대표적인 특산물, 토산품이다.

⑩ 퀘벡의 쇼핑정보

퀘백의 대표적인 특산품, 토산품은 단풍 당밀, 수제품(목각, 직물, 가죽 제품), 동판 제품이다. 한편 면세점은 퀘벡 공항 내에 있으며 국제선 시간에 맞추어 오픈 한다.

3) 멕시코(멕시코 관광청 : www.mexico-travel.com)

멕시코의 유명한 특산품으로는 우선 세계적인 생산 광물인 은으로 만든 다양한 제품을 들 수 있다. 뿐만 아니라 멕시코 오팔과 토파즈, 수정등도 빼놓을 수 없는 것들이다. 하지만 기념적인 토산품 종류를 원할 경우에는 직물, 가죽 등으로 만든 각종 민예품 등이 좋다.

한편, 주요 백화점을 살펴보면 다음과 같다(운영시간 : 10:00-20:00).

가) SANTA FE(멕시코시티 최대 백화점 단지)

나) LIVERPOOL(MARIANO ESCOBEDO ENTRE HORACIO YHOMERO COL. POLANCO * PALACIO DE HIERRO(DURANGO 230, COL. CONDESA TEL : 525-9000)

또한 주요 특산품점은 아래와 같다(운영시간 : 10:00-20:00) .

다) MERCADO ARTESANAL BUENAVISTA ALDAMA FRENTE FERROCARRILES : 오닉스, 가죽제품

라) MERCADO INSURGENTE CALLE LONDRES EN ZONA ROSA : 화산석 조각품, 가죽제품, 토속그림

마) MERCADO ARTESANAL DE SAN JUAN : 토속그림, 가죽 제품, 장식용 용기 - MERCADO TESANAL DE LA CIUDADE BALDERAS : 모직 및 면직류, 가죽제품, 도자기, 금은 공예품

바) MERCADO ARTESANAL DE SAN JUANCITO : 토요일만 여는 그림시장이다.

한편 멕시코에는 멕시코 대표적 풍물인 띠양기스가 있다.

"Tianguises(띠양기스)" 라는 말은 멕시코 중부 고원 지대에서 주로 쓰이는 말로 주간 인디오 시장 이라는 말로 표현 할 수 있다. 띠양기스의 특징은 대부분 상품의 진열이 규정 되어 있지 않고 자연스럽다. 일주일에 한번 자리를 이용하는 관계로 우선 점포 임대가 필요 없으며 시에서

도 그만큼 점포 장소를 다른 용도로 이용할 수 있다. 물건 가격은 도심의 대형 마켓에 비하여 비교적 싼 값이지만 잘 흥정하여야 한다.

사진자료 : 멕시코 풍물 띠양기스
사진출처 : http://kr.geocities.com

멕시코 중부 지역에서의 띠양기스는 전통적으로 인디오들에게 자유시장 같은 형태로 그들은 일주일에 하루 도시로 내려와 필요한 물건을 사거나 자신들이 가져온 물건을 시장에 내다 파는 형태로 시작되었다. 멕시코의 최초의 시장인 이 띠양기스는 과거 한국의 시골에서 5일장이나 7일장 같은 개념이다. 이 전통은 아직도 시골의 작은 마을 에서는 그 전통이 이어지고 있으나 멕시코시티 같은 대 도시 에서의 Tiaguis는 주로 외곽 지역 에서 대형 마켓보다 약간 가격이 싸고 또 가격을 흥정 할 수 있다는 매력으로 아직도 많은 서민들에게 애용되고 있다.

멕시코시티 같은 대도시에서는 구역별로 돌아가며 주기적으로 이 시장이 들어선다. 이들 Tianguis는 대체로 도심 외곽의 길을 점유하고 들어서지만 최근에는 교통량의 증가로 Tianguis가 서는 날이면 일대의 교통이 대 혼잡을 이룬다. 그러나 이곳 사람들은 오랜 전통에 익숙하여 별로 불편함을 느끼지 못하는 것 같다.

멕시코시티의 소칼로 광장 주변으로의 Tianguis 는 매일 주변의 모든 지역을 점유하여 Tianguis라기 보다는 거리의 잡상인들로 볼 수 있지만 Coyoacan 같은 곳의 Tianguis는 나름대로 주말에만 열리며 특색이 있어서 쇼핑객들이라면 돌아볼만 한 곳이다.(띠양기스 정보 : http://kr.geocities.com에서 발췌)

① 멕시코시티의 쇼핑정보

멕시코시티의 주요 쇼핑센터를 살펴보면 다음과 같다.

(가) Crafts and gifts(수공예품)

가) arzar del Sabado

토요일 오전 10시에서부터 오후2까지 열리며, 시장의 중심은 식민지 건물의 안뜰 분수대에 모인 작은 스톨(stall)들이다. 여기서는 다양한 수공예품들과 악세사리, 옷, 티파니 램프갓, 도금된 물건들, 수가 놓여진 베개, 조각품들, 초, 벽걸이, 종이꽃 등을 살 수가 있다. 쇼핑객들은 또한 마림바(Marimba) 연주자들의 음악을 들으면서 뷔페 아침식사를 즐길 수 있다.

나) Centro Artesanal de Buenavista

멕시코에서 가장 규모가 큰 수공예 시장이다.

다) Fonart

물선값이 그리 비싸지 않으며, 국가에서 운영하는 체인점이다. 모든 상품들은 수공예품이며, 점원들은 모든 품목이 어디서 만들어졌는지 알고 있다고 한다.

라) Mercado de londres

악세사리로 유명하다. 종이 반죽으로 만들어진 쟁반, 액자, 수가 놓인 숄과 조끼 등을 살 수 있다.

그 외에도 Art and Antiques, Mercado de la Ciudadela, Casa Lamm, Coloniart, Galeria Alberto Misrachi, Galeria Kin, Galeria OMR, Monte de Piedad, Oscar Roman, Plaza del Angel, La Casa del Fumador등의 수공예품점과 백화점으로는 최대의 백화점 단지인 SANTA FE를 비롯하여 Liverpool와 El Palacio de Hierro가 있다.

② 칸쿤의 쇼핑정보

상점은 대체로 9am에 열리고 7 - 8pm (월요일부터 토요일까지) 에 닫는다. (베이커리는 8am에 열리기도 하고, 어떤 가게는 10pm까지도 열려있다.) 부티크나 수공예품 가게는 아침 10시에 연다. 백화점들은 일요일에 열고, 월요일에 쉬는 데가 많다. 슈퍼마켓과 백화점을 제외한 작은 상점들은 점심시간인 2시부터 4시까지는 문을 닫는다.

물건을 살 때 현금 또는 신용카드(대체로 VISA, Master Card 사용이 가능하고, 어떤 곳에서는 American Express, Diner's Club도 가능)로 돈을 지불할 수 있는데, 지불시 15%의 IVA (Sales tax, VAT)가 붙는다. 대부분의 상점에서는 현금으로 계산하는 것이 좋다.

백화점으로는 Sanborn's 가 잘 알려져 있는데 여기서는 다양한 종류의 물건들을 구입할 수가 있다. 슈퍼마켓으로는 Aurrera, Comercial Mexicana가 유명하다. 멕시코 사람들은 아직도 전통적인 가게들인 panaderia (베이커리), tienda de abarrotes (식료품 가게), ferreteria (철물점) 등을 이용한다.

질 좋은 가죽제품을 파는 가게들로는 Leon, Guadalajara, Monterrey를 들 수 있다. 다양한 디자인의 신발, 벨트, 가방, huarache(고무 샌달) 등을 살 수가 있으며, Jalisco에서는 공예가가 equipales (나무와 가죽으로 만든 멕시코 안락의자)를 만들어 낸다.

한편 멕시코는 은제품이 유명하며, 가격도 미국이나 유럽에 비해 싸다. 925라는 표시가 되어 있는 은제품은 믿을 만한 질의 것이다. opals (오팔), jadeite (비취 휘석), lapis lazuli (청금석), obsidian (흑요석), onyx (오닉스) 등과 같은 보석도 비교적 싸게 구입 할 수 있다.

③ 바예브라보(Valle de Bravo)의 쇼핑정보

산타마리아 성당이 있는 소칼로 주변에는 작은 시장이 있으며 갖가지 멕시코의 민예품을 구경할 수 있다.

사진자료 : 멕시코 민예품 도자기류
사진출처 : http://kr.geocities.com

4) 브라질(브라질 관광청 : www.turismo.gov.br)

① 브라질리아의 쇼핑정보

상점의 영업시간은 월요일부터 금요일까지 오전 9:00 - 오후 6:00, 토요일은 오전 9:00 - 오후

1:00, 쇼핑센터의 영업시간은 월요일부터 토요일까지 오전 9:00 - 오후10:00 또는 오전 10:00 - 오후 10:00까지이다.

(가) 인디오의 민예품

브라질리아 공항과 장거리, 단거리 버스터미널에 각각 인디오 보호국 FUNAI 직영점포가 있으며 이곳에서 각종 인디오의 장식품과 생활용품 등을 구입 할 수 있다.

(나) 마노와 수정

브라질리아 근교에는 마노와 수정의 산지이며, 특히 크리스탈리나의 마을들이 유명하다. 마노와 수정 가공품은 공항의 매점이나 나시오날 호텔의 상점가에 있는 라울 보석점, 알렉산드로, 아가스턴, 로젠만, 시몬 등 유명 보석점에서 구입 할 수 있다.

(다) 히피 민예품

장거리 버스터미널과 삼권 광장의 중간에 위치해 있는 TV 탑 앞에서 주말이면 히피들의 장이 선다. 노점에서 각종 민예품, 피혁제품, 복제품 등을 판매하는데 특히 모래로 만든 무늬 있는 병 등의 모래 예술품이 진귀하다. 물건을 구입하지 않더라도 즐거운 아이쇼핑의 기회를 제공 할 것이다.

한편, 브라질리아의 대표적인 쇼핑센터와 기념품점은 아래와 같다.

가) 쇼핑센터

- Conjunto Nacional : 316-9700 (주소 : SDN Cj.A)
- Park Shopping : 362-1300 (주소 : SAI/SO Area 6580)
- Patio Brasil : 314-7438 (주소 : SCS SN)
- Brasilia Shopping : 328-2122 (주소 : SCN Qd.5 BL.A)

나) 기념품점

- Artshop Gift Store : 322-4545 (주소 : Naoum 호텔 내에 위치)
- Gemas do Brasil Store : 321-1188 (주소 : Venancio 2000, Naoum 호텔 건너편에 위치)

② 상파울로의 쇼핑정보

상파울루에도 브라질 각처의 민예품과 특산품이 매우 많다. 특히 보석류, 수공예품, 패션제품 등은 디자인과 품질의 수준이 높다. 유명점포들은 격조 높은 오래된 점포가 많은 센트로의 상업지구, 세련된 부띠끄와 우아한 고급 점포가 많은 파울리스타 대로, 아우구스타 거리 일대에 몰려 있고, 최근에는 교외에도 대규모 쇼핑센터가 늘고 있는 추세이다.

사진자료 : 상파울로의 쇼핑가
사진출처: www.ajutour.com

가) 아가스틴 아가스틴

브라질 최대의 보석상으로, 시내 고급 호텔에 지점이 있다. 이 곳에서는 브라질의 특산품인 에메랄드, 토파즈, 아쿠아마린 등 최상의 보석을 구입 할 수 있으며, 다양한 디자인의 보석을 감상할 수 있다.

주소: Praca de Republica

나) 리베르다지(Liberdade) 동양인의 거리

일본, 중국, 한국의 기념품 가게가 밀집되어 있는 곳으로 여행 중에 동양적인 기념품들을 접하면서 향수를 달랠 수 있는 곳이다. 자동차가 다니는 대로로 양적인 디자인으로 되어 있는 것이 특징이다. 도시의 남쪽에 자리 잡은 리베르다지(Liberdade) 동양인의 거리는 한국, 일본, 중국인 등 동양인들의 커다란 공동체가 형성되어 있는 곳답게 동양인 식당, 동양 보석 상점, 의류점등이 즐비하며, 일본 이민 박물관도 있다.

이곳에서는 매주 일요일마다 음식시장이 열리며 여러 가지 음식(중국, 일본, 브라질)과 수제품, 공예품 등이 거래되고 있으며, 또한 동양인들의 문화행사가 주기적으로 열리고 있다.

다) 헤프브부리까 광장 (Praca da Republica)

쎄 광장에서 도보로 15분 거리에 있는 공원으로 일요일에는 노천시장이 서며 이곳에서 토산물, 수공예품, 의복, 그림, 돌 세공품 등이 거래된다. (상파울로의 명동이라 생각 되는 곳이다.)

매주 일요일마다 열리는 노천시장은 오전 9시부터 ~ 오후 4시 까지이며, 광장의 한쪽에서는 브라질의 향토요리를 파는 노점상도 있다. 이 곳은 상파울로 시민들의 생활상을 엿볼 수 있는 곳으로 평일에는 별 매력을 느낄 수는 없지만 일요일 노천시장에서는 물건을 흥정하면서 좀더 저렴한 가격에 물건을 구입할 수 있다.

라) Flea Market(벼룩시장)

상파울루에서 가장 큰 시장으로 이곳에서는 거의 모든 물품들이 거래된다. 의류와 악세서리, 장난감, 그림, 보석, 음반 등 상파울루 사람들의 생활을 가장 가까이에서 접할 수 있는 곳으로 다양한 음식점도 있어 아이쇼핑에 지친 걸음을 쉬어 갈 수도 있다.

마) 옛날 자동차 시장 (Feira do Carro Antigo)

매주 화요일 저녁 8시에 아넴비(Anhembi)전시장에 있는 삼보드로모(Sambodromo, 삼바 경기장)에서는 옛날 자동차 시장이 열린다. 이 곳에서는 보기 드문 여러가지 옛날 자동차들이 전시되며 판매되기도 한다. 이날은 자동차에 관심이 없는 관광객들이라도 한번 가볼만한 곳이다.

옛날 자동차와 함께 근래에 생산된 멋진 자동차들도 함께 전시되기도 한다.

③ 마나우스의 쇼핑정보

마나우스에는 대표적인 중앙시장이 있다. 항구에 있는 세관건물에서 동남쪽으로 조금 내려온 곳에는 유럽에서 모든 기자재를 들여와 조립해서 만들어진 이 시장은 파리의 라할레스 시장을 모방한 것이다.

시장의 내부는 세 부분으로 나뉘어져 있는데 각각 어류, 과일, 생활필수품·민예품을 파는 곳이다. 아마존 강에서 잡힌 피라루크를 비롯한 많은 어류가 있으며, 파인애플, 파파야, 망고, 여러 종류의 야채들을 구입 할 수 있다. 민예품을 파는 곳에서는 인디오가 만든 바구니, 활 등도 볼 수 있다.

④ 살바도르의 쇼핑정보

가) 모델로 시장(Mercado Modelo)

1861년에 만들어진 이 건물은 원래는 세관으로 쓰여졌으나 지금은 259개의 조그만 상점들이 들어서 있는 토산품 시장이다. 이 곳에서는 가죽, 밀짚, 천, 나무, 레이스, 돌이나 보석, 은 등을 사용하여 만든 다양한 토산품들을 접 할 수 있다.

(4) 대양주지역

1) 호주(호주 관광청 : www.australia.com)

① 호주의 특산품

최근 원주민 예술과 공예에 관심이 높아짐에 따라 공예품점은 모든 주도와 각 지방의 중심도시에서 찾아 볼 수 있다. 공예품전에서는 주로 악기, 기구, 수공 바구니, 보석류, 원주민 공예품들을 판매한다. 타즈매니아에서는 디자이너들과 목공예가들이 만든 수공 목공예 제품들이 가장 인기가 있다.

목공예 제품들은 작은 사발에서부터 정교한 가구에 이르기까지 다양하며 사사프라나무, 은매화, 휴온 (huon), 셀러리 톱 파인 (celery top pines)으로 만들어 진다.

기타 호주의 대표적인 특산품을 살펴보면 다음과 같다.

가) 맘보

맘보는 유별나게 튀는 호주의 전형적인 서핑웨어와 스트리트웨어를 만드는 회사로 "어떤 멍텅구리라도 T 셔츠 뒤에 그림 한 장을 붙여 팔면 돈을 벌 수 있다."라는 아주 단순한 발상에서부터 시작되었다. 오늘날 맘보는 라운드티와 수영복 같은 현란한 색채 의류와, 시계와 보석 등 생활 소품들로 구성된 막강한 상품 구색을 갖추고 있다. 모든 제품이 유머러스한 독특한 호주 스타일을 대변한다.

나) 메리노 울

호주는 양의 수만큼이나 양질의 울로 유명하다. 특히 메리노는 세계 최장의 양모를 생산한다. 호주 디자이너들은 이 뛰어난 울을 이용하여 세계의 부러움을 사는 수제 스웨터와 재킷 등 고급 의류를 만든다. 이 밖에 솜털처럼 부드러운 담요와 침구류도 구입 가능하다. 구입 시 항상 품질 보증을 나타내는 'Pure New Wool' 라벨을 눈여겨 봐야 한다. 호주의 메리노 울은 빼놓지 말고

둘러봐야 할 호주 특산품. 전국 대부분 백화점과 소매점에서 구입 가능하다.

다) 빌라봉 해변 & 서핑웨어

호주의 유명한 시인 왈칭 마틸다에 등장하는 호주의 행락지의 이름을 따서 만든 빌라봉은 오랜 동안 호주인들을 위한 독특한 서프 웨어와 익스트림 스포츠 웨어를 직접 디자인하여 생산하고 있다. 유명한 서핑 대회의 스폰서를 하고 있는 빌라봉은 해변을 즐겨 찾는 호주인들의 사랑을 받고 있다. 대부분 주요 백화점과 소매점은 물론 온라인으로 구입 할 수 있다.

라) 립 컬의 비치웨어 & 서핑웨어

30년 넘게 립 컬 오스트렐리아 (Rip Curl Australia)는 해변을 사랑하는 호주 인들을 위해 화려한 색상의 서핑웨어를 생산하고 있다. 립 컬은 서프보드, 수상스키복, 보드 숏, 티셔츠를 비롯한 해변관련 의류들을 생산한다. 제품은 호주 특유의 스타일로 주요 백화점, 소매점, 인터넷에서 구입 할 수 있다.

마) 베지마이

빵에 발라먹는 베지마이 는 그 독특한 맛으로 전 세계에 널리 알려졌지만 처음 호주 슈퍼마켓의 진열대에 등장한 것은 1923년이었다. 그 이후 남녀노소를 가리지 않고 베지마이가 없는 아침식사는 상상하지 못할 정가로 되었다. “만인의 빰에 장미를 (It puts a rose in every cheek)”이라는 베지마이의 구호는 호주인들에게는 별난 이스트 맛 만큼이나 친근하다. 맛만 보던지 귀국선물로 구입하던지 상관없이 호주를 찾는 관광객들의 필수 쇼핑 목록이다. 어디서나 구입이 가능하다.

바) 아쿠브라

호주에서 ‘아쿠부라’라는 말은 모자의 대명사가 되었다. 미국의 스테트슨 모자처럼 아쿠브라는 호주 민속의 일부로 자리 잡은 것이다. 1870년대부터 만들어 온 아쿠브라 모자는 토끼털을 만지는 듯한 촉감으로 호주 오지의 필수품이 되었다. 오랜 세월 동안 수상, 대통령, 스포츠 영웅들, 유명 영화배우들이 아쿠브라를 애용하고 있다.

사) 드리자본

아쿠브라 모자처럼 드리자 본도 호주 역사의 일부가 되었다. ‘뼈처럼 건조한”이란 의미에서 그 이름이 유래되었다. 방수처리 된 구조와 유포(油布)재질로 된 드리자 본은 최고급 레인코트이다. 대부분 주요도시, 지방 중심도시, 온라인에서도 구입 할 수 있다.

아) 몰킨스 의류

오지(아웃백) 생활에 최적의 옷이라는 몰스킨은 촘촘히 짠 순면 옷감으로 두더지 모피와 비슷한 부드럽고 매끄러운 감촉을 지니고 있다. 호주 부시와 오랫동안 함께 한 몰스킨은 주로 바지와 셔츠 제품으로 목동, 양털 깎기, 양치기들이 애용하고 있으며 호주 전통의상으로 자리를 잡았다. 주요도시와 지방 중심도시 대부분에서 구입 할 수 있다.

자) 부메랑

부메랑은 지금부터 약 1만 년 전부터 만들기 시작한 고대 공예품이다. 주로 사냥이나 전쟁에서 던지는 무기로 사용하거나 땅을 파고 , 불을 피우는 도구로도 사용하고 악기처럼 연주하고 의식에 사용한다.

모양과 크기는 기능에 따라 다양하다. 던져서 돌아오는 것과 그렇지 않은 것, 사냥용과 의식용으로 나누어진다. 부메랑은 목재를 사용하여 모양을 만드는데 정확한 각과 결을 얻기 위해 가지나 나무뿌리를 고를 때 세심한 주의가 필요하다. 몸체에 섬세한 조각을 하거나 색을 칠하기도 한다.

사진자료 : 호주의 부메랑
사진출처 : www.austrlia.com

차) 보석류

한편, 호주는 여러 가지 보석류로도 유명한데, 그 중 대표적인 것들을 몇 가지 살펴보면 다음과 같다.

ㄱ) 보석과 귀금속

전통 재료와 현대 재료를 함께 사용하는 호주의 유명 보석상들은 개성 있는 디자인과 솜씨로 기억에 남을 귀금속을 만든다. 호주 대륙의 풍부한 색상과 패턴과 함께 사실적인 동식물상을 이용한 전통과 혁신이 어우러진 디자인을 선보이고 있다.

잘 알려진 보석상과 보석세공인은 앵구스 엔 구트 (Angus and Coote), 프라우즈 (Prouds), 하디 브라더스 (Hardy Brothers), 퍼시 마크, 세론 (Cerrone), 파스팔리 (Paspaley), 리니즈 (Linneys), 코스텔로스(Costellos) 등이 있다.

ㄴ) 진주

호주의 우아한 진주 산업의 뿌리는 서호주의 브룸(Broome)에 있다. 브룸의 10개 진주 농장에서 생산하는 진주는 세계 최고 품질을 자랑한다. 이런 고급 진주들은 전문보석상이나 인터넷을 통해 구입 할 수 있다.

ㄷ) 다이아몬드

서호주의 킴벌리 지역에서 생산되는 호주 아가일 다이아몬드 (Australian Argyle diamonds)는 그 휘도(밝기)와 탄성을 자아내는 색 배치로 명성이 높다. 이 광산은 세계 최대 천연 다이아몬드 광산으로 세계 다이아몬드 공급량의 1/3을 책임지고 있다. 아가일 다이아몬드는 핑크, 샴페인, 화이트로 구분되고 모두 한결같이 최고의 품질이다. 품질보증이 된 다이아몬드는 인가된 보석상에서 구입하거나 해외에서 인터넷 주문도 가능하다.

ㄹ) 오팔

전 세계 오팔 공급량의 95%가 호주산이다. 호주 원주민들이 레인보우 스톤 (Rainbow Stone)이라고도 하는 오팔은 자연이 낳은 가장 아름다운 보석으로 세계 5대 보석원석에 속한다. 뉴 사우스 웨일즈 (New South Wales)의 라이트닝 릿쥐(Lightning Ridge)는 흑오팔(흑단백석)의 주산지이며 남 호주 (South Australia)의 쿠베 피디(Coober Pedy) 광산들은 백 오팔(백단백석)의 주산지이다. 오팔과 오팔 장신구는 오팔광산에서 직접 구입하거나 주요도시의 소매점과 면세점에서 판매한다.

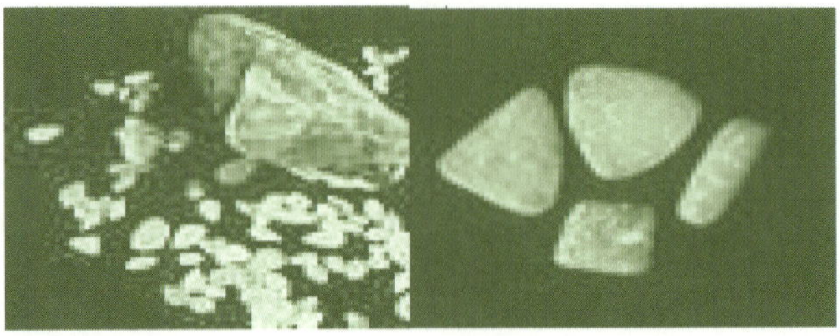

사진자료 : 호주의 대표적인 보석류, 오팔
사진출처 : www.austrlia.com

ㅁ) 사파이어

호주는 세계에서 가장 큰 보석산지를 보유한 축복의 땅으로 영롱한 청색, 녹색, 황색은 물론 이 세 가지 혼색, 금색, 오렌지색, 핑크, 담자색, 보라색의 사파이어를 생산한다. 센트랄 퀸즈랜드(Central Queensland)이 아키에(Anakie)는 세계 최고이 사파이어 산지로 인정받고 있다. 아지 대(臺)에 끼우지 않은 사파이어와 정교하게 세공한 장신구 등은 유명 보석 상점에서 구입할 수 있다.

ㅂ) 천둥의 알

지구 중심에서 형성된 천둥의 알은 녹은 화산용암과 증기가 팽창되는 기포가 아름다운 모자이크 무늬를 만들면서 탄생했다. 이 진기한 알은 저마다 독특하다. 천둥의 알은 퀸즈랜드 동남부의 마운트 헤이(Mount Hay)와 마운트 탐보린 (Mount Tamborine)에서 발견되며 현장에서 구입하거나 주요 도시의 지정 소매점에서 판매한다.

한편, 호주에는 야외 시장, 기념품 가게, 국제적인 백화점, 디자이너 부띠끄 등 다양한 상점들이 있어 쇼핑을 하기에 좋다.

② 시드니의 쇼핑정보

시드니에서의 주요 쇼핑품목은 오팔 및 기타 보석류를 비롯하여 모, 면 및 양가죽 제품과 호주 원주민 예술품 및 호주 현대 예술품, 호주 패션 제품, 헌터 밸리산 와인, 호주 특산 화장품 등이 있다.

한편 주요 쇼핑장소를 살펴보면 하이드 파크 서쪽에 있는 피트 스트리트 몰 Pitt Street Mall에는 미드 시티 센터Mid City Centre, 센터포인트 Centrepoint, 스카이가든 Skygarden, 스트랜드 아케이드 Strand Arcade, 그리고 유서 깊은 퀸 빅토리아 빌딩 Queen Victoria Building 등 시드니를 대표하는 대형 쇼핑센터와 아케이드가 밀집해 있다. 모두 규모나 역사, 화려한 건축과 실내 인테리어로 인해 관광명소에 버금가게 유명한 곳들이다.

옥스퍼드 거리 Oxford St.에는 서점과 골동품점, 패션의류, 잡화점 등 작고 독특한 상점들이 많고 더블 베이 Double Bay에는 고급스러운 중소 의류 매장이 많다. 이곳에서는 특히 젊은 디자이너들의 의욕 넘치는 패션 의류와 액세서리를 구입할 수 있다.

여행 기념품이나 선물용품을 구입하려면 쇼핑센터나 면세점, 또는 역사적인 관광명소 록스의 기념품점이나 관광 위락지구 달링 하버가 좋다.

③ 멜버른의 쇼핑정보

멜버른의 중심 비즈니스 지구는 플린더스 거리(Flinders St.), 스프링 거리(Spring St.), 퀸 거리(Queen St.)를 끼고 있는 쇼핑 지역으로, 버크 스트리트 몰에서부터 쇼핑을 시작하면 된다. 다이마루 백화점이 있는 멜버른 센트럴에 입점해 있는 멋진 쇼핑센터를 둘러보며 역사적으로 유명한 탄환 주조탑도 둘러보면 좋다. 또는 젊은 감각의 디자이너 상품들을 둘러보기 위해 Australia on Collins 와 Collins 234를 쇼핑하는 것이 좋다.

쇼핑의 재미를 느껴보려는 사람들은 콜린스 플레이스가 있는 콜린스 거리의 파리 엔드(Paris End)를 놓치지 말아야 한다.

가) 버크 스트리트 몰(Bourke Street Mall)

버크 스트리토 몰은 스완스톤 보도(Swanston Walk)와 엘리자베스 거리 사이에 위치해 있으며 화가, 노상 연예인들에게 있어 유명한 곳이다. 전문 샵들과 선물가게들이 이 몰에 균일하게 위치하며 마이어(Myer), 데이비드 존스(David Jones)와 같은 큰 백화점도 있다.

나) 멜버른 센트럴(Melbourne Central)

호주에서 가장 큰 소매 쇼핑센터로 무려 170여개의 전문 가게가 입점해 있고 호주의 첫 번째 국제 백화점인 다이마루(Daimaru) 백화점이 내부에 위치해 있다. 또 눈길을 끄는 것으로 100여 년 전에 만들어진 유리갑에 싸인 탄환 주조탑(shot tower), 한 시간마다 호주 원산의 새들과 동물들을 나타내며 울리는 회중시계가 있다.

다) 콜린스 스트리트(Collins Street)

콜린스 스트리트의 파리 엔드는 독점적인 패션 부티크로 매우 유명하다. 쿠기(Coogi)에 의한 호주 디자인 의류와 더불어 베르사체, 루이 뷔통, 페라가모 등과 같은 국제적인 메이커 상품들이 특징을 이룬다.

라) 오스트레일리아 온 콜린스(Australia On Collins)

독특한 선물, 가정용품들이 즐비하고 컨츄리 로드(Country Road), 모스치노(Moschino)와 같은 패션 부띠크도 있다.

마) 234 Collins Street Centre

Mollini, Esprit and Kookai 와 같은 메이커의 의류가 특징을 이루는 234 Collins는 젊고 국제적인 호주의 패션 중심지로 여겨진다. 휘황찬란한 인테리어, 대리석 마루, 에칭 패널작품 등이 이러한 감각을 대변해 준다.

한편, 멜버른에는 퀸 빅토리아 마켓, 세인트 킬다 마켓, 썬데이 마켓 등 노천시장을 비롯하여 도심에는 패션, 보석, 미술 공예품을 살 수 있는 부티크와 아케이드들이 시선을 사로잡는다.

특히 멜버른 센트럴에서부터 시작하여 벅스트리트 몰까지는 수백 미터 거리를 공중터널과 횡단보도로 연결하여 마이어(Myer)와 데이비드 존스(David Jones) 같은 대형 백화점들까지도 자유롭게 쇼핑을 즐길 수 있다.

멜버른 센트럴은 원추형의 현대식 건물로 멀리서도 한눈에 알아볼 수 있는데, 내부에는 200여개의 샵이 있는 복합 형태의 쇼핑몰과 예쁜 카페들로 이루어져 있다. 특히 내부 중앙에는 과거 멜버른에서 가장 높았던 건물로 쿱스 쇼트 타워가 예전의 모습 그대로 유지하고 있는 것을 볼 수 있다. 과거 '쇼트'라는 산탄총의 총알을 만드는 공장의 일부분으로 원추형의 지붕이 감싸고 있는데 이는 오래되었다고 무조건 허물지 않고 오히려 보전해서 관광상품으로 개발하는 멜버니언들의 지혜를 배울 필요가 있는 곳이다.

④ 캔버라의 쇼핑정보

캔버라 대표적인 쇼핑품목으로는 캔버라 지역의 17개 저온 와인 지역에서 생산된 고급 와인과 목각 공예품, 수공예품, 매기 쉐퍼드(Maggie Shepherd)와 크리스틴 화이트(Christine White)의 최고급 의류 등을 들 수 있다.

한편, 캔버라에는 여러 가지 쇼핑거리가 있다. 시내에 있는 캔버라 센터(Canberra Center)에는 디자이너 의류와 부쉬맨 의류, 보석, 미술품과 공예품 등 다양한 물건을 파는 상점들이 많이 있다. 우든(Woden), 벨코넨(Belconnen), 투거라농(Tuggeranong), 킹스턴(Kingston), 마누카(Manuca) 등 시내에서 가까운 근교 지역에도 백화점과 특산품 상점들이 있다.

특히 워든 쇼핑 스퀘어에는 유명백화점 데이비드 존스(David Jones)와 파머스 마켓(Farmer's Market), 브리지(The Bridge), 그레이스 브로스(Grace Bros) 등이 있으며 가끔 라이브 엔터테인먼트도 개최되어 즐거운 볼거리를 제공한다.

캔버라의 면세점으로는 Downtown Duty Free, City Duty Free, Kent Hi-Fi (전자제품 전문면세점) 이 대표적이다. 또 가구점으로는 OZ, Freedom, Frisco, Flair, Cusack's와 전자제품 전문점인 Dick Smith Electrnoics Pty Ltd, Anden Electronics, Harvey Norman 등이 있다. 이들 상점의 개점시간은 월 - 목, 토 : 오전 9시 - 오후 5시, 금 : 오전 9시 - 오후 9시 (야간 영업), 그리고 일 : 오전 11시 - 오후 4시이나 상점마다 개점시간이 일정치는 않다.

일요일은 백화점을 제외한 개인 상점은 대부분 폐점한다.(24시간 영업 Supermarket : Manuka "Coles")

2) 뉴질랜드(뉴질랜드 관광청 : www.newzealand.com/travel)

뉴질랜드 대표적 토산품으로는 양모제품(스웨터, 방석, 카페트 등), 각종 마오리 조각품, 그린스톤 악세사리, 꿀, 바누아 조개 공예품, 머드제품, 프로폴리스, 라놀린 크림 등이 있다.

가) 마누카

마누카 나무는 깨끗하고 오염되지 않은 자연 환경에서만 성장하는 천연차나무로 남태평양의 일부 국가에서만 볼 수 있는 나무이다. 이 나무에서 추출한 천연 마누카 꿀은 특이한 향과 강력한 향균 물질을 지니고 있어, 다른 일반 꿀에서는 볼 수 없는 치료성분(물질)이 존재하며 특히 소화기(위)궤양과 관련이 있는 Helicobacer Pylori(헬리코박터)균과 같은 박테리아를 성공적으로 파괴함으로서 위계통의 궤양을 앓고 있는 환자들에게 좋은 치료효과가 있다.

사진자료 : 뉴질랜드 특산품 마누카 꿀
사진자료 : www.hanatour.com

나) 머드제품

화산지역 로토루아에는 유황성분의 끓는 진흙탕을 흔히 볼 수 있는데, 이 진흙을 추출하여 독성을 제거하고 정제하여 머드 팩이나 머드파스와 같은 제품을 만든다.

다) 각종 녹용제품

뉴질랜드는 세계최대의 사슴을 양육하는 나라이며, 또한 유일하게 사슴과 관련된 대학과 연구소를 보유하고 있는 나라이다. 160만 마리의 사슴을 사육하고 있고, 경매를 통해 공동으로 녹용을 판매하는 등 정부주도의 품질관리로 가장 품질 좋은 녹용을 생산하고 있다.

사슴목장은 주로 눈 덮인 산악지형이 많은 남섬에 집중되어 있으며, 한국으로 수출되는 녹용제품은 뉴질랜드 양록업계 수출의 1/4을 차지한다고 한다.

① 오클랜드 쇼핑정보

오클랜드에는 물품을 국외로 반출하는 여행객들을 위한 면세점과 백화점 및 기타상점(가구, 전자제품 전문점등이 있다. 개점시간은 월 - 토요일 10:00-20:00, 일요일 12:00-20:00이다.

주요 쇼핑지역으로는 양 관련 제품 전문점으로 양모내의, 양모이불, 스웨터 등을 판매하는 선라이프(Sun Life)와 녹용 전문 판매점으로 저온 고지대에서 방목되는 사슴의 뿔 녹용을 파는 디어랜드(Deer Land), 커스텀스 거리와 퀸 거리를 갈고리 모양으로 잇는 2층 높이의 쇼핑몰로 현대식 건물 안에 손으로 만든 울 제품과, 뉴질랜드 원주민들의 수공예품 가게, 보석상점, 카페 등이 있으며 오클랜드에서 가장 세련된 쇼핑센터인 퀸스 아케이드(Queen's Arcade)가 있다.

한편, 오클랜드의 대표적인 시장으로 퀸거리와 교차하는 빅토리아 거리를 따라 서쪽으로 조성된 자유 시장인 빅토리아 시장이 있다. 이 시장은 오래된 벽돌 굴뚝이 상징이다. 옷, 음식, 회화품, 공예품, 기념품, 골동품 상점들과 여행사도 있으며, 약 1킬로미터까지 계속된다.

② 뉴질랜드 북섬의 쇼핑정보(Rotorua)

뉴질랜드는 초원과 남극이 가까운 서늘한 기후로 남섬에서는 양목이나 알파카, 사슴과 관련된 제품이 많이 생산되고 반면, 북섬에서는 화산활동으로 인해 지열과 관련된 상품들이 많이 나온다.

대표적인 관광쇼핑상품을 살펴보면 다음과 같다.

가) 머드상품

로토루아는 진흙열탕에서 생산된 머드 제품이 많이 생산되고 있으므로 머드팩이나 머드크림 또는 머드파스 등의 상품을 쉽게 볼 수 있으며 이러한 상품은 청정지역 뉴질랜드 로토루아의 천연 미네랄성분을 함유하고 있다.

사진자료 : 로토루아의 머드팩 크림제품
사진출처 : www.hanatour.com

나) 프로폴리스

북섬은 날씨가 따듯한 지역이어서 꿀이나 뉴질랜드의 프로폴리스 등도 유명하다. 프로폴리스란 식물이 상처가 나면 나오는 진액인 페톤치드를 벌이 물어가 벌의 타액과 섞여 효소화된 것을 말하며, 벌집에서 추출한다. 구강질환, 식중독, 아토피성 피부염, 당뇨 등 다양한 질환에 효과가 있다고 알려져 있고, 피를 맑게 하고, 항균작용이 뛰어나 소아천식, 축농증, 고혈압이나 동맥경화에 효능이 있다고 한다. 프로폴리스 원액이나 프로폴리스 목캔디, 프로폴리스 가글액 등의 프로폴리스 제품도 사볼만하다.

외국인을 대상으로 하는 웬만한 쇼핑센터에는 중국, 일본, 한국어를 할 수 있는 사람들이 배치되어 있어서 어렵지 않게 의사소통을 할 수 있다. 환율이 수시로 변동되므로 쇼핑 시는 카드로 결재하는 것이 좋다.

③ 웰링턴의 쇼핑정보

웰링턴에서는 쇼핑센터 및 전문점을 통하여 다양한 쇼핑을 할 수 있다. 한편, 일반상점은 대개 월-금요일, 09:00-17:00까지 영업하며, 최근에는 토요일 및 일요일에도 영업하는 점포가 늘어나고 있다. 쇼핑센터는 다소 차이는 있으나 월-토(일)요일까지 영업하며 목요일과 금요일은 저녁 9시까지 연장 영업하는 경우가 많다. 소비세(GST)는 12.5%다.

④ 해밀턴의 쇼핑정보

해밀턴 시는 독특한 쇼핑의 경험을 제공한다. 패션에 따르는 옷가지, 선물, 주방용품, 어린이들 위한 책과 여행정보 그리고 예술품등 모든 상품을 다 살 수 있다. 쇼핑센터는 손님을 위한 많은 상품을 제공할 뿐만 아니라, 그 주변지역의 많은 상점들이 있다. 쇼핑몰에는 다양한 음식을 먹을 수 있는 식당이 있으며, 도시중심에 있는 쇼핑센터는 일주일 내내 문을 여는 경우가 많고 조그만 상점들은 화요일이나 금요일 저녁 늦게까지 문을 연다.

대표적인 쇼핑센터는 해밀턴 남쪽 교외에 자리 잡고 있는 웨스트필드 쇼핑타운 챠트웰(Westfield shoppingtown Cartwell)로 해밀턴 중심 비즈니스 지구 외곽에 자리 잡은 유일한 쇼핑센터이다. 75개가 넘는 상점과 잘 정비된 푸드타운으로 안목 높은 소비자의 입맛에 맞춘 쇼핑지역으로 유명하다.

⑤ 기스본의 쇼핑정보

기스본에서의 쇼핑은 도매가격으로 받을 수 있다. 대부분의 상점들이 체인마켓이기 때문에 많은 가격할인을 받을 수 있다. 도시의 중심가는 수많은 부티크샵으로 아주 바쁘게 움직이고, 많은 상점과 선물가게, 서점, 카페, 레스토랑 등이 갖추어져 있다.

한편, 필(Peelstreet)과 로웰 스트리트(Lowel street) 사이에 있는 서니몰(Sunny Mall)에 알프레스코 스타일의 분위기를 느낄 수 있는 트레블 코트(Treble Court)가 있다.

⑥ 크라이스트처치(Christchurch)의 쇼핑정보

크라이스트처치에서 가장 번화한 쇼핑거리는 대성당을 중심으로 남북으로 뻗어있는 콜롬보 스트리트이다. 토산품은 시티 몰에 가면 구경을 할 수 있다.

가) 아오테아 뉴질랜드(Aotea New Zealand)

대성당 옆에 위치해 있으며 녹색간판이 눈에 띄는 곳이다. 뉴질랜드의 대표적인 선물가게로서 품목이 다양하게 구비되어 있다. 민속 공예품, 키위 쵸콜렛, 버터, 키위 와인 등 상품의 대부분이 오리지널 뉴질랜드 산으로서 니트와 같은 의류도 갖추고 있다.

나) DFS 크라이스트 처치 숍(DFS Christchurch Shop)

뉴질랜드에서 최대 규모를 자랑하는 정부 공인 면세점으로 대성당 광장 맞은편에 위치하고 있으며 총 5,000여 종 정도의 상품을 갖추고 있다. 이곳에서 구입한 물건들은 공항에서 인수받게 되어 있으며, 한국으로 직접 발송이 가능하다.

다) 하우스 오브 스카치(The House of Scotch)

대성당 광장과 빅토리아 광장 사이의 콜롬보 거리에 위치하고 있는 이곳에는 50여 종류의 스코틀랜드 산, 뉴질랜드 산 위스키와 안주로서 이용할 수 있는 치즈나 사슴고기 육포 등도 팔고 있다. 이곳에는 위스키 바도 있다.

라) 남태평양(South Pacific)

뉴질랜드의 토산품을 판매하는 곳으로 로얄제리, 양털이불 등 다양한 물품을 취급한다. 품질 좋은 양털, 전복껍질로 만든 악세사리, 전통마오리 공예품, 녹용 등 다양한 제품을 접할 수 있다.

마) 국제남극센터

각종 남극 기념품을 구입할 수 있으며 특수 방한의류도 판매한다. 또한 관광객을 위한 우편배달도 가능하다.

바) 아트센터(Art Center)

공예품, 도예품, 목공예, 그림 등 다양한 수공예품을 구입할 수 있다. 주말에는 벼룩시장이 열리고 노천카페의 낭만도 즐길 수 있다.

사) Duty Free Shop

던힐, 니나리찌, 버버리 등 세계 유명 브랜드와 토산품을 면세된 가격으로 저렴하게 구입할 수 있다.

⑦ 넬슨의 쇼핑정보

가) Bead Gallery

이 상점은 월요일부터 토요일까지 9시에서 5시까지 문을 연다. 1992년에 설립된 이 비드갤러리는 보물들을 더 보충하여 1920년에 오두막집으로 개조하였다. 뉴질랜드의 가장 잘 아려진 이

비드상점은 1996년 넬슨 시에서 이 지역 경제에 도움을 준다는 의미로서 Small Business 라는 상을 받았다. 이 상점은 8년 동안 진주개발에 노력을 기울이고 있으며, 가장 크고 독특한 진주 상점으로 부상하기위해 노력 중이다. 넬슨 시에서 5분 거리에 위치한 독특한 오두막 스타일의 상점이라 한 번쯤 들려서 과거에서부터 지금까지 발전해온 진주들을 구경해 보는 것도 좋다.

나) Art on the Street - Art and Frame Shop

이 곳에는 아주 독특한 생산품들이 많은 곳이다. 예술품이나, 종이로 만든 작품, 카드, 그림, 액자, 도자기, 보석 등 다양한 품목들을 비치해 두었다. 이 곳에서 전문적인 화가와 예술가들이 창조적 예술품에 대하여 도움을 주고 있다.

위치는 Graeme Stradling and Jude Taylor 107 High Street Motueka

⑧ 테아나우(Te Anau)의 쇼핑정보

테아나우 트래이더에서는 캠핑에 필요한 장비들을 사고판다. 피오르드랜드 국립공원을 캠핑하기위해서 필요로 하는 여러 가지 다양한 물건들이 있다. 이 도구들은 그리 비싸지도 않고 손님이 만족할 만한 가격을 제시한다. 테아나우 끝에 위치한 이 곳은 신제품을 비롯하여 중고제품도 판매하고 있다. 주로 판매되고 있는 것은 식기세트, 맥가이버 칼, 레인코트, 텐트, 가스스토브, 낚시대, 모기약, 건전지 등 산행에 필요한 것들이 대부분이다.

개점시간 : 월요일 - 금요일 9am ~ 6pm / 토요일 10am ~ 7pm / 일요일 10am ~ 5pm

⑨ 팔머스톤 노스(Palmerston North)의 쇼핑정보

팔머스톤 노스의 아름다운 광장주변에 자리잡고 있는 쇼핑센터는 이상적인 쇼핑지역이다. 이 지역은 다양한 샵에서의 쇼핑과 아름다운 광장 정원에서의 휴식을 즐길 수 있다. 브로드웨이(Broadway)가를 거닐거나, 조지 스트리트(George St.)를 따라 즐비한 카페와 부띠끄는 매우 흥미로운 쇼핑의 즐거움을 느끼게 한다. 차량이용 시 주차 빌딩이나 중앙광장에 있는 주차장을 이용하는 것이 좋다.

⑩ 뉴질랜드 공예관련 보도자료

가) 뉴질랜드, 모조장신구 수입 호조세

1~9월 40% 증가...한국산은 감소

뉴질랜드 젊은이들에게 큰 인기를 얻고 있는 모조장신구(imitation jewelry)의 수입이 금년

1~9월중 40%를 넘어서고 있는 호조세를 유지하고 있는 것으로 나타났다. 이에 따라 주요 수출국인 중국, 호주 및 태국 등의 수출도 크게는 전년 동기 대비 70%이상 증가하고 있으나 한국제품의 수출은 1.22% 감소해 시장점유율도 10% 밑으로 떨어져 상대적으로 매우 부진한 상황이다.

한국 제품의 수입 감소 혹은 판매 부진 원인을 파악해 본 결과 한국 제품들은 현지 수요가 많기도 하지만 그만큼 경쟁이 치열해서 일정 수준의 판매마진 확보에 애를 먹고 있다는 점이 가장 크게 작용하고 있는 것으로 조사됐다.

다음으로 가격 외에도 현지인들의 취향에 부합해야 하는데 이러한 노력이 부족하고 품질 면에서도 뒤지지 않아야 하는데 저가 단순 제품 위주로 유통되고 있어 중국, 태국 등에서 수입되는 제품들과 차별성도 두드러지지 않는 편이었다.

따라서 급격한 수요증가와 함께 수입도 큰 폭으로 증가하고 있는 모조장신구 수출증대를 위해서는 어느 정도의 판매마진이 보장될 수 있는 가격경쟁력이 있어야 하며 또 다른 애로사항으로 지적하고 있는 의사소통 능력 부족도 해결해야 할 대상으로 지적됐다.

오클랜드 한국무역관에서 접촉한 바이어도 현지 수요와 취향을 반영하기 위해 국내 수출업체를 접촉해도 이러한 요구사항(색상, 길이 조정 등)에 대해 반응하는 정도가 미약하고 수용하려는 의지도 강하지 않다는 점을 들고 있다.

그리고 제조업체와의 직접 거래를 원하는 경우가 많은 반면 한국 업체의 경우 소량 수출인데다 제조업체의 영세성 및 수출능력 부족 등으로 인해 무역업체가 중간에 나서는 경우가 많은 점도 이곳 업체들이 지적하는 애로사항 중의 하나였다.

(출처: www.seoulgiftshow.com/ 2004.11.29)

(5) 지중해 · 중동

1) 그리스(그리스 관광청 : www.goto.gr)

그리스는 유럽의 다른 나라들보다 비교적 저렴한 가격으로 쇼핑을 할 수 있는 국가이며, 아테네를 비롯하여 에게해의 섬에서는 수공예품이나 각종 민예품 등을 판매하는 상점들이 많다(상점에 따라 2월, 8월에 세일을 하기도 함).

그리스의 주요 쇼핑품목으로는 금 · 은 세공품을 비롯하여 모피제품과 기타 수공예품을 들 수 있다.

가) 금·은 세공품

고대 그리스를 주제로 한 세공품들이 많다. 동물이나 물고기 문양의 액세사리들과 은세공 컵이나 화병 및 동세공의 키홀더나 오프너 등이 주로 판매되는 기념품이다.

나) 모피제품

카사토리아 지방의 밍크 제봉기술과 품질은 세계적이다. 그 밖에도 기념품으로는 그리스 신화를 주제로 한 도기와 민속인형, 피혁제품 등이 있고, 식전주로 잘 알려진 우조(Ouzo)라는 술도 좋다.

다) 기타 수공예품

모직카펫이나 스웨터, 핸드백 등도 지방색이 돋보이는 기념품으로 추천할 만 하다.

① 아테네의 쇼핑정보

고대 그리스의 전통적인 수공예품 등 민예품이 다양하다. 고대 무늬의 컬러풀한 항아리나 그림접시·향토 인형·구두나 백 등 가죽제품도 싸며 그리고 금 액세서리도 있다. 또한 국토의 70%가 지형적으로 산지이기 때문에 양모제품이 풍부하여 손으로 뜬 스웨터나 가디건도 좋은 제품이 많다.

세일 기간은 2월과 8월로 이 시기에 그리스에 머무르면 관광객용이 아닌 보통 가게들을 상대로 쇼핑하도록 하는 것이 좋다.

한편 매주 일요일이면 각지에서 몰려드는 사람들로 인해 모나스티라키 광장 주변의 벼룩시장(Monastiraki Flea Market)은 붐벼댄다. 이 곳에서는 골동품부터 시작하여 트랜지스터 라디오, 서적류 등 각종 잡다한 물건들을 다 구할 수 있다. 또한 오후가 되면 거리의 악사들을 어렵지 않게 볼 수 있다. 주변에도 카페와 음식점들이 즐비하긴 하나 너무 많은 사람들이 한번에 몰리기 때문에 이 곳에서 자리를 구하기란 쉽지가 않다. 그러므로 쇼핑을 나오기 전에 반드시 식사는 든든하게 하고 나오는 것이 좋다. 게다가 아무래도 사람들이 많이 붐비는 곳이므로 소매치기를 당하지 않도록 주의하도록 한다.

한편 도시의 곳곳에 있는 KIOSK는 신문이나 잡지, 우표, 담배, 필름 등 여행자가 필요로 하는 물건을 취급한다. 아침부터 밤늦게까지 영업하기 때문에 이용에 편리하다.

또한, 아테네의 플라카 거리는 신타그마 광장과 아크로폴리스, 고대 아고라에 둘러싸인 구시가지로 좁은 골목길이 이리 저리 나 있고, 오래된 집들이 들어서 있어 독특한 분위기를 자아내는 인기 있는 관광지인데, 저녁 8시가 되면 활기를 띠기 시작하며, 타베르나에서 밤늦도록 그리스 요리와 와인을 즐길 수 있다.

사진자료 : 아테네 플라카 거리의 골동품점
사진출처: http://jyee1.netian.com

키다티네온 거리에는 타베르나가 많고, 하드리아누스 거리에는 선물가게와 귀금속점 등이 즐비하다. 물건은 상점마다 비슷한 것이 많기 때문에 가격과 품질을 비교하면서 사는 것이 현명하다.

2) 터키(터키정부 관광국 : www.home.turkey.or.jp/kr)

터키의 다양하고 풍부한 터키 민예품을 보면 사지 않을 수 없을 만큼 매력적인 것이 많다. 현대적인 것뿐만 아니라 마을이나 지방 전통공예품도 있다. 가정 내에서나 부엌에서 사용하는 실용품 외에도 터키 전통 장식품도 많이 있다.

인기 있는 상품으로는 양탄자로 가죽이나 스웨드 제품, 구리 및 청동제품, 은, 도자기, 수공예품, 자수품, 그리고 터키 명산물인 해포석 파이프, 얼룩마노 등이 토산품점에 진열되어 있다.

터키에는 스웨드와 가죽으로 만들어진 각종의류를 비롯해서 핸드백, 벨트, 신발 같은 제품들이 저렴한 가격으로 판매되고 있어 인기를 끌고 있으며 주요도시에 있는 대리점에서 양질의 가죽이나 스웨드로 만든 드레스, 바지, 의류 등을 판매하고 있다.

조금 특이한 것을 원한다면, 물담배("나르길레")도 구매할 수 있다. 또 바쿠가몬을 사서 터키 특유의 게임방법을 배워보는 것도 좋을 것이다.

쇼핑할 때 주의해야 할 점은 반드시 영수증을 보관해 두어야 한다는 것이다. 상품을 구입하거나 서비스를 받을 때, 부당한 액수를 청구당하거나 사기행위를 당한 경우, 지역경찰(Zabita,tel153) 에 연락하거나, 통산청 소비자보호국으로 팩스를 보내면 된다.

① 이스탄불의 쇼핑정보

18개의 출입구와 4천개 이상의 상점들이 들어서 있는 이스탄불의 구 시가지에 위치한 카팔르 차르쉬(Covered bazaar 혹은 그랜드 바자르)는 세계의 가장 큰 바자르 중의 하나로 터키를 방문하는 관광객들에게 아주 인기가 좋은 관광명소로도 손꼽히고 있는 곳이다. 토요일은 일찍 문을 닫으며 일요일과 종교적 휴일에는 폐점한다.

한편 이집트 바자르는 관광단지 같은 분위기가 없어 좋은 서민적인 터키시장이다. 대중적이고 소박한 시장이여서 터키 사람들의 일상생활을 느낄 수 있는 곳이다. 1663년 술탄 투르한(Turhan)이 건축가였던 무스타파 아아(Mustafa Ag)에게 명하여 지어졌다.

무스르차르쉬쉬(Misir Carsisi) 시장은 각종 향료의 유혹적인 분위기가 느껴지는 곳으로 이 곳에서는 동양 특유의 신비한 세계로 빠져드는 경험을 할 수 있다.

위에서 말한 시장들이 각종 물건들과 사람들로 항상 북적대는 대중을 위한 장소라면 타크심-니샨타쉬-쉬슬리를 연결하는 지역들은 정교한 보석류와 높은 수준의 핸드백, 신발 등의 가죽제품, 미술품 등을 파는 세련된 상점들이 밀집한 고급 쇼핑가라고 할 수 있다.

사진자료 : 이스탄불의 그랜드 바자르
사진출처 : www.hanatour.com

3) 이집트(이집트 관광청 : www.visiteypt.co.kr)

① 이집트의 쇼핑정보

이집트에서의 대표적인 특산품은 낙타가죽제품, 파피루스, 은 세공품, 가라베야, 설화석 제품 등이다. 특히, 파피루스를 구입할 경우, 가짜가 많기 때문에 주의해야 할 필요가 있다.

한편, 이집트의 장신구를 판매하는 상점은 쉽게 발견할 수 있으며, 이곳에서는 고대 이집트 문자인 히에로글리프로 이름을 새겨주는 서비스를 해주기 때문에 관광기념품으로 적당할 것이다.

이집트에서는 어디를 가나 수크(시장)라는 각종 민예품을 판매하는 상점들이 많다. 이 곳 수크에서는 여러 가지 일용품과 식료품 등을 저렴한 가격에 구입할 수 있다.

② 카이로의 쇼핑정보

가) 아케나톤 파피루스(Akhenaton Papyrus)

파피루스 줄기로 종이를 만드는 과정을 직접 볼 수 있는 파피루스 전문 샵이다. 일반적으로 파피루스에 그려지는 디자인은 고대 그리스 벽화 같은 것들이 많다.

위치는 Sphinx St. Pyramids, Gizeh이며 영업시간은 오전 10시 - 오후 10시

나) 아톤 파피루스(Aton Papyrus)

아케나톤 파피루스처럼 종이를 만드는 과정을 구경할 수 있으며, 품질이나 그림에 유의하는 것이 좋다.

위치는 Sphinx St. Pyramids, Gizeh이며 영업시간은 오전 10시 - 오후 10시

다) Shahinaz Palace

파피루스를 비롯하여 각종 선물용품이나 향수를 제조하고 직접 판매하는 샵이다. 첨가물을 쓰지 않는 것이 이집트 향수의 특징이다.

연중무휴로 영업하며 위치는 85 Sphinx St. Rd., Gizeh, 영업시간은 오전 10시 - 오후 11시

③ 알렉산드리아의 쇼핑정보

가) 윈저바자

윈저바자는 아라비아풍의 드레스나 식기 및 보석류를 판매하는 비교적 고급 상점이다. 일요일은 휴무이며, 영업시간은 오전 8시 - 오후 9시, 위치는 20 Rue al-Ghorfa, al-Tougarya.

나) 딕슨바자

딕슨바자는 알렉산드리아 최대의 선물용품 샵으로 백, 가방, 가죽모자, 쿠션 및 금·은제품 등의 이집트 특산물을 거의 다 취급하고 있다. 연중무휴로 영업하며, 개점시간은 오전 9시 - 오후 9시

위치는 12 Al0 Nasr Manshiah

다) 바브 시드라 시장

바브 시드라는 식료품을 중심으로 하는 시장으로 각종 야채와 과일을 비롯하여 밀가루, 생선, 고기, 곡물 등을 판매하는 상점들이 빽빽하다. 개점시간은 오전 9시 - 오후 9시이고 위치는 Bab Sidra St.이다.

사진자료 : 이집트의 대표적인 기념품들
사진출처 : www.visitegypt.co.kr/fun/shop.asp

한편, 이집트의 일반 수퍼마켓을 살펴보면 깨, 참기름, 두부, 야채, 육류, 생선류, 과일류 등이 풍부하며, 가격도 한국에 비해 1/2 - 1/5배 정도 저렴한 편이다. 또한 마디지역(외국인 거주지역)에 Super Market(중. 대형)이 있으므로 서양식품과 물건을 사는데 큰 지장은 없다고 한다.

기타 현지 슈퍼마켓과 재래식 시장에서 다양한 식품을 구입할 수 있으나, 재래식 시장 (아타바, 칸칼릴리 등)에서 가격표시가 없는 물품에 대해서는 가격흥정을 할 필요가 있으며 한국식품점에서는 두부, 돼지고기, 간장, 라면, 김치, 만두, 떡, 오뎅 등 일부 구입이 가능하다.

(돼지고기는 Road 9 상점에서 구입 가능)

4) 이스라엘(이스라엘 관광청 : www.israel.co.kr)

① 이스라엘의 쇼핑정보

이스라엘은 관광부에서 추천하는 기념품(보석류, 오리엔탈 양탄자류, 도자기류, 수공예품, 올리브나무를 이용한 목공예품, 가죽제품 등)에 가격표시가 되어 있어서 관광객들은 이러한 상품들을 우선적으로 안전하게 구입할 수 있다.

주 특산물로는 올리브나무를 이용한 수제품 및 자개수예품과 수공예 유리제품 및 가죽제품이 대표적이며 한국 관광객들은 주로 사해비누, 머드팩과 같은 사해제품을 구입하기도 한다.

한편, 일반적인 개점 시간을 살펴보면 이스라엘의 일반 상점들은 일-목 09:00-18:00, 금요일 09:00-14:00까지 영업을 하며(회교계 상점은 폐점) 공휴일인 토요일은 대부분의 상점이 문을 열지 않는다(기독교계 상점). 최근에는 대형 쇼핑몰을 중심으로 토요일에도 문을 여는 곳이 점차적으로 늘어나고 있는 추세다. 한편, 식료품 및 일상 생활용품 중심으로 판매하는 슈퍼마켓은 토요일에는 해가 진후인 8-9시에 개점한다(24시간 개점하는 상점들이 드물게 있음).

가) 부가가치세

이스라엘에서는 모든 상품과 서비스에 부가가치세(V.A.T)가 부과되고 있는데 각각의 표시된 가격에 이미 포함되어 있다. 부가가치세의 과세비율은 1997년 기준 17%이다.

여행객이 외국환으로 각종 상품구입 및 서비스 비용을 지불할 경우에는 부가가치세가 면제되는데, 그 대상 품목은 일반호텔 숙박비, 유스호스텔 숙박비, 휠드스쿨 숙박비, 캠핑장 숙박비, 그룹여행경비, 가이드가 포함된 차량 대여비, 렌터카 이용비, 국내선 항공료, 그룹여행 시 제공식대, 호텔 투숙객의 호텔식사비 등이다.

한편, 엘랏(Elat)은 면세도시로서 여행객에게는 부가가치세가 완전히 면제된다.

나) 외환구매 할인 및 부가가치세

이스라엘 관광부가 추천하며 지정표시가 있는 상점에서 외국화폐로 상품을 구입하는 경우 상품금액의 5%에 해당하는 금액을 할인 받을 수 있는데, 담배, 전기전자제품, 카메라 등 사진용구 등의 제품은 제외되고 있다.

부가가치세를 지불한 경우 환불을 위해서는 각 상점에서 식품구입 시 부가가치세 환불 신청서를 작성하여 투명 비닐봉투에 상품과 함께 신청서를 넣어 밀봉하고, 출국 시 공항 면세구역에 있는 「Bank Leumi VAT Refund」 창구에 제시하면, 담당관이 봉투를 개봉하여 스탬프를 날인한 후 신청서를 접수, 신청서에 명기된 주소로 부가가치금액을 송금해 준다. 이때, 일정 수수료를 계산하여 공제한다.

다) 이스라엘의 골동품 구입

이스라엘에서는, 서기 1700년 이전에 인간에 의하여 만들어진 물품은 법률에 의하여 골동품으로 규정되어 있으므로, 골동품의 국외 반출은 이스라엘 정부 문화재관리당국 국장이 서명한 허가서가 없이는 금지되어 있다.

한편, 허가절차를 거쳐 골동품을 국외로 반출한 경우에는 구입가액의 10%에 해당하는 금액이 허가 시 수출세로 부과되며, 이스라엘 문화재 관리당국은 수출을 허가함에 있어 골동품의 진품여부를 보증하지는 않는다는 것을 참고해야 한다.

(이스라엘 골동품관리당국 : The Antiquities Authority Rockefeller Museum, P.O.Box 586, 91004 Jerusalem)

② 예루살렘의 쇼핑정보

예루살렘 신시가의 벤예후나 거리와 킹조지 거리에 상점과 음식점이 모여 있다. 쇼핑의 진면목을 보기 위해선 구시가의 시장에 가보는 것이 좋다. 야포문이 다마스커스문으로 통하는 좁은 골목에는 아랍풍의 상점이 빽빽이 모여 있어 일상 생활용품에서 토산품까지 진열된 것을 볼 수 있다.

가격은 보통 부르는 값의 1/3 정도까지 깎을 수 있다고 생각하면 된다. 그러나 재래식 시장은 저렴한 가격이 장점이나 보안 관리가 용이하지 않으므로 테러의 위협이 있다는 것에 유의할 필요가 있다. 텔아비브에는 해변가에 '슈크 카르멜', 예루살렘에는 '마카네 예휴다'라는 규모가 큰 재래식 시장이 있다. 개점 시간은 대략 아침 7시에서 저녁 6-7시까지다.

구시가지의 골목에 형성돼 있는 슈크(Shuq:시장)에서는 가시 면류관까지 동원한 갖은 종교 물품들이 즐비하게 나열돼있다. 이곳에서는 신시가지 보다 훨씬 저렴한 가격에 물건을 살수 있는데 흥정만 잘 하면 원하는 물건을 싼 값에 구입할 수 있다.

반면 신시가지의 밤은 이채롭다. 버거킹과 맥도날드 등의 패스트푸드 점들이 들어서 있는 것도 그렇지만 늘어선 까페 주위 거리는 온통 젊은이들로 가득해 흥겨움이 넘쳐난다. 이 거리 가운데서 '코리아 하우스'라는 이름의 반가운 한인 식당도 만날 수 있다

③ 텔아비브의 쇼핑정보

(가) 시장

텔아비브엔 볼거리와 싼 물건을 살 수 있는 시장이 많다. 주요 시장을 몇 가지 살펴보면 다음과 같다.

가) Bezlel 시장 : King George와 Allemby 거리의 코너에 위치하며 팔라펠 가게들이 있어 가볼만하다.

나) Carmel 시장 : 음식 재료들을 판다.

다) 벼룩시장 : 자파에 있으며 중고(옷, 신발 등)물품이 있으며 수제품, 수가구, 현대가구 등을 볼 수 있다.

라) NACHLAT BINYAMIN PEDESTRIAN MALL : 다양한 바자와 춤, 판토마임, 거리예술 등을 볼 수 있다.

(나) 쇼핑센터

가) DIZENGOFF CENTER : Digengoff와 king goerge 거리에 위치하며 크고 현대적인 쇼핑센터이다. 일곱 개의 극장과 레스토랑 카페가 있다.

나) GAN HA'IR : 국제수준의 레스토랑과 상점들이 있는 새로 만들어진 쇼핑센터 중 하나이다. 패션, 보석, 카펫, 식당, 식품점, 나이트클럽 등이 있다.

다) CANION AYALON : Ramat Gan에 위치한 이 쇼핑몰은 이스라엘에서 가장 성공한 곳으로 알려져 있다. 100여개의 상점 2,150개의 무료 주차공간이 있다. 오전 9:00에 개장 오후 10:00에 폐장

라) THE NEW TEL AVIV BUS TERMINAL : 230,000 평방미터의 공간에 부문별 이스라엘에서 잘 알려진 체인점들이 있고 수천 개의 주차공간이 있다. 또한, 극장 카페, 주요 은행의 지점과 시장들이 있다.

3 유럽의 문화관광 상품사례(사진 : 한국공예문화진흥원 자료)

주석 장식품 1.

주석 장식품 2.

주석 장식품 3.

주석 장식품 4.

주석 장식품 5.

가면 장식품

책(골동품)

리차드지누리 종

에스프레소잔

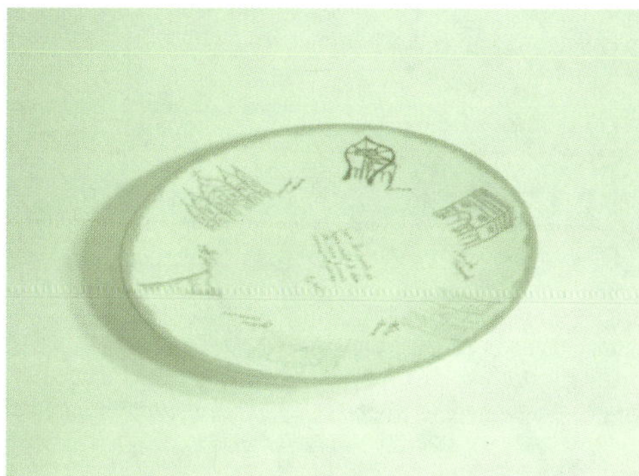

접시(파리)

가면 함(大, 小)

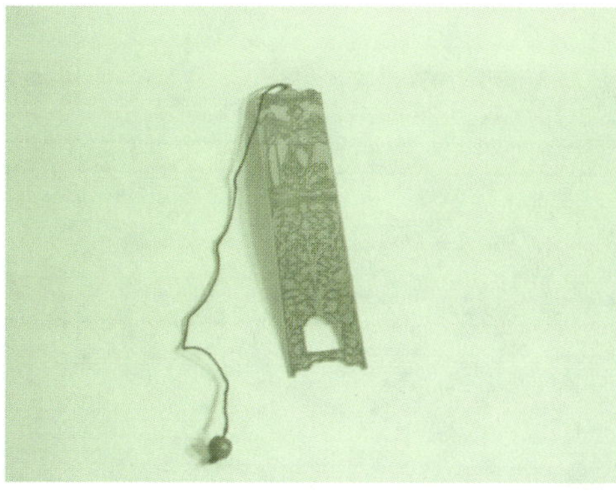

책갈피(루브르박물관)

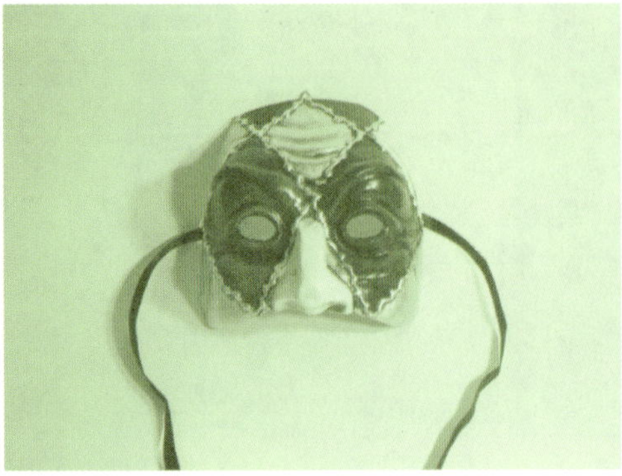

가면

베니스 유리컵

리차드지누리 도자기셋트 1.

도자기 셋트 2.

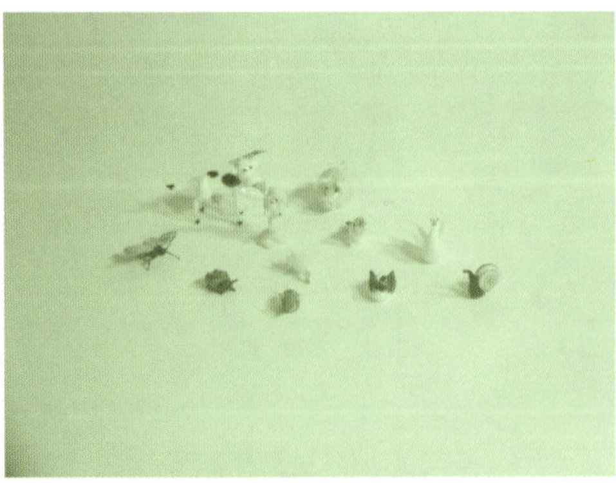

베니스유리 장식품 1.

유리장식품(동물형상) 2.

리차드지누리 벽걸이

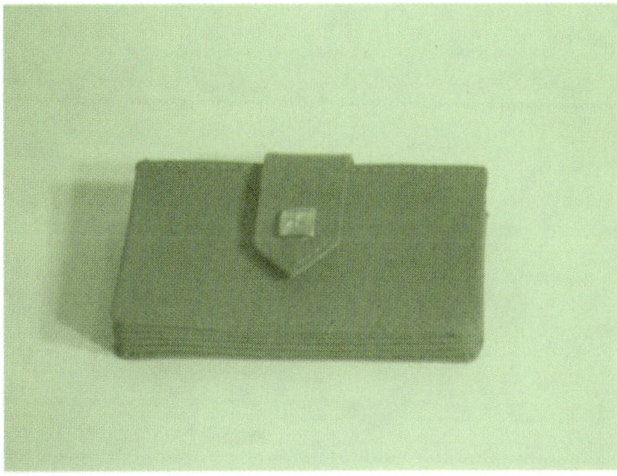

가죽지갑

리차드지누리 종

에스프레소잔

벽걸이1.

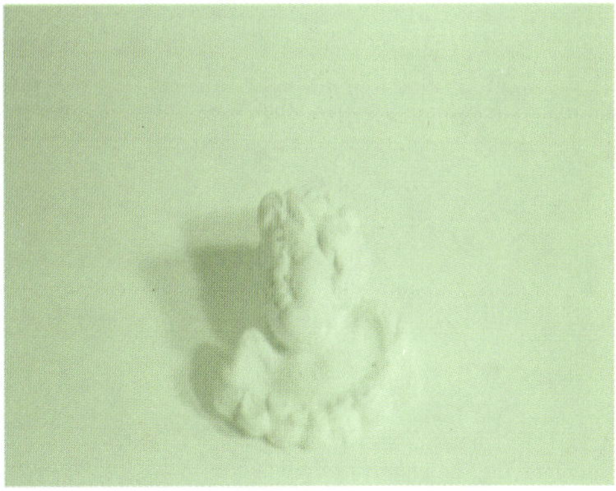

벽걸이 2.

열쇠고리

목걸이 팬던트

에스프레소잔

석고 장식품

베니스가면

벽걸이

석고장식품

손거울

화병

도자타일

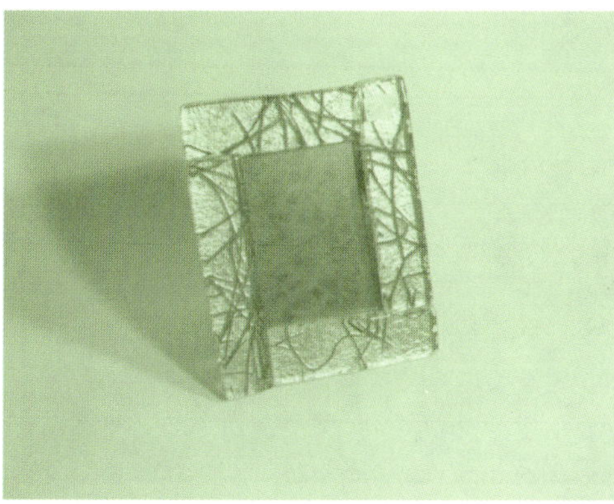

유리액자

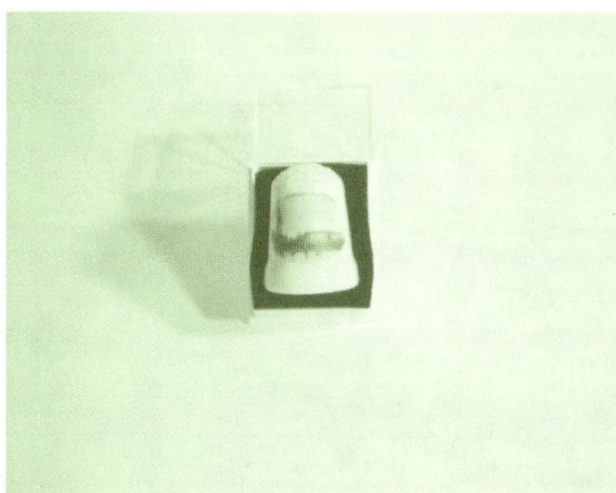

도자기골무

4 관광기념품관련 해외업체 견학 및 시장조사 사례

① 참관국가 : 이탈리아(로마/베니스/밀라노)와 프랑스(파리)

② 참관목적 : 유럽 선진국의 관광문화상품들의 면모를 파악하고 분석하여, 경쟁력 있는 우리의 관광기념품을 개발하고, 세계화에 진일보를 하기 위한 것이다.

③ 참관인원 : 총12명(주) 맘키드 크래프트

④ 참관기간 : 2003/12/14-20)

각 지역, 유적지의 특성과 문화를 최대한 살려 상품화 한 것을 알 수 있다.

예 : 이태리의 콜로세움(Colosseum/원형경기장의 모습과 투사들의 모습과 각 박물관의 벽화를 소재로 다양한 상품화)

(주 : 그림자료는 한국공예문화진흥원 홈페이지자료임)

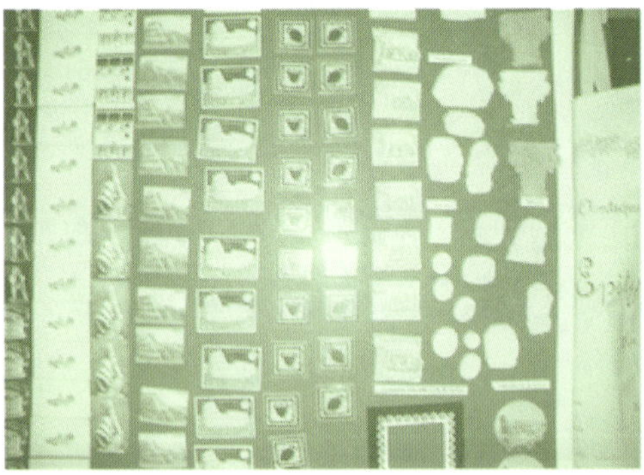

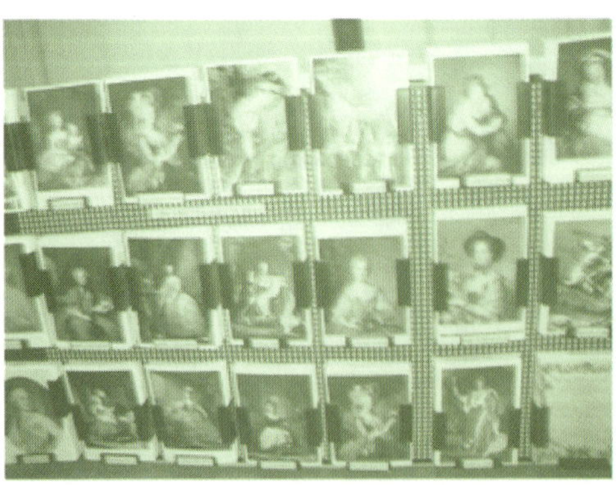

이태리 기념품 에스프레소커피세트와 (주)맘키드의 풍속화 에스프레소커피세트(한국)

5 각국의 관광기념품 지원현황

(1) 우리나라의 정부 지원현황

1) 농어촌 특산단지 지정현황

① 목적 : 농촌의 부존자원을 효율적으로 활용한 지역특산품의 전시 및 판매확대로 농어민의 소득증대와 농촌지역의 발전을 도모(농어촌발전특별조치법에 의거하여 지정)

<표 II-28> 농어촌 특산단지 지정현황(1997년 말 현재)

도 별	계	민속공예품	농수신자재	일반공산품	섬유직물	석 재
대 구	1	1	-	-	-	-
인 천	3	3	-	-	-	-
광 주	4	1	1	1	1	-
울 산	1	1	-	-	-	-
경 기	12	8	-	3	1	-
강 원	39	23	3	6	1	6
충 북	50	39	7	-	2	2
충 남	127	48	21	15	38	5
전 북	191	135	19	24	13	-
전 남	143	80	26	6	23	8
경 북	65	31	13	9	5	7
경 남	93	57	10	6	13	7
제 주	10	9	1	-	-	-
합 계	739	436	101	70	97	35

자료 : 농림부 내부자료

(2) 프랑스의 정부 지원현황

1) 관계법령

상업·가내공업 개발 및 진흥에 관한법률('96년 제정)

2) 재정지원

① 가내수공업 배우자 임신 시 가족수당 지급(13,720프랑 지급)
② 가내수공업 및 상업 보존을 위한 조정기금 지원('96~'97 상반기간 54개 사업, 3,250만 프랑 지급)
③ 국토정비개발기금(FNADT) 지원(가내수공업에 5,305만 프랑 지급)
④ 기업개발기금(FNDE) 지원(실적 미 집계)
⑤ 100개 마을 재건사업(가내수공업체 입주 및 개발지원, 공동서비스 장소 제공)
⑥ 정부, 지자체간 협정에 의한 가내수공업 재정지원제도(시골 젊은이가 수공업을 할 수 있도록 기업유치사업, 수공업 및 상업구조조정 사업 : 제11차 중제계획 예산액(12,500만 프랑))

3) 금융지원

① 금융기관의 젊은 창업자에 대한 융자 기피를 해소하기 위해 정부에서 SOFAIRS라는 재보험공사를 설립하여 금융기관이 융자해준 금액의 75% 한도 내에서 부채 미상환 부담을 완화해주는 제도 마련(자금 규모 : 72,000만 프랑)
② 금융기관이 SOFAIRS의 재보험 혜택을 받은 조건은 특혜금리, 보증금을 받지 않거나 젊은 창업자들이 제시한 한도 내에서 제한 또는 이들의 재산만으로 보증 받는 것임
③ 정부에서 수공업 회의소에 자금을 지원하여 젊은 창업주들이 창업에 필요한 제반절차, 후속조치 등 지원('95, '96년에 각 1,800만 프랑 씩 지원)

4) 세제지원

① 면제 대상 지역에 입주하는 가내수공업체에 수익세를 40만 프랑 한도 내에서 5년간 면제
② 도시면세지역에 입주, 창업, 확장 또는 경영주를 교체하는 가내 수공업체에 300프랑 한도 내에서 5년간 법인세 면제
③ 가내수공업체가 기업용 건물 건립 시 토지세(부동산세) 면세
④ 직원 50명 이하의 면세지역 입주 가내수공업체에 5년간 고용주 부담의 사회보장세, 교통비, 주거보조기금 면제

5) 기술지원

수공회의소 지원, 직업훈련 등

6) 우수공예상품의 지정·인증·표시제도

① 대　　상 : 목공업, 양탄자

② 특　　전

라벨 자체를 상품, 광고문안, 간판 등 각종 홍보물에 색인 또는 인쇄할 수 있어 홍보 효과

정부 및 지자체에서 실시하는 각종 가내공업 지원정책상 특혜 우선 부여(저리융자 등)

(3) 아일랜드의 정부 지원현황

1) 공예상품 개발 지원

Crafts Council of Ireland는 영세기업을 위하여 아일랜드 전통 디자인의 새로운 공예상품 개발을 지원한다. 지원 기업에 대해서는 전문가를 배정하여 자문을 받도록 하고, 개발된 제품의 프로토타입(prototype) 제작도 지원한다. 2002년도에는 Product & Market Development 프로그램을 통해 총 97개 업체를 대상으로 공예상품 개발 및 마케팅을 지원하였다.

Crafts Council of Ireland에서는 2001년부터 틈새시장 품목 개발지원 프로그램을 추진하면서 10개 업체를 선정, 새로운 공예상품 연구개발 및 마케팅을 집중적으로 지원하기도 하였다. 상품개발 시 전문가들의 자문을 받을 수 있도록 하고, 만들어진 상품을 Showcase Ireland 2003 전시회에 특별 전시하는 한편, Kilkenny에 있는 공예품 상설전시장에서 "Ten Times Table" 라는 주제로 특별 전시회를 열어 소매점과 소비자를 대상으로 한 홍보행사를 개최하기도 하였다. 동 지원 프로그램에 선정된 10개 업체의 공예상품들은 모두 자기나 유리로 만든 식탁용 식기류로 현대적인 디자인의 독특한 상품들 이었다

2) 국내 시장 개척 지원 사업

국내 시장 활성화를 위해 추진하고 있는 가장 큰 행사는 매년 1월에 개최하고 있는 Showcase Ireland 전시회이다. 이 전시회를 통해서 우수 공예품을 일반에 홍보할 뿐 만 아니라 국내외 바이어들과 실질적인 상담이 이루어지도록 지원한다.

2002년도 동 전시회의 개최 성과를 보면, 총 650개사가 참가하였는데 이중 공예업체는 대략 200개사였으며, 총 방문자수는 7,000여명이었고, 이 중 외국 바이어는 약 2,000명에 달했다. 전시회 기간 중 이루어진 판매량은 4억1천5백만 유로였으며, 이중 1천2백만 유로가 공예업체의 의한 판매였다.

이 외에도 국내 행사로는 2002년도에 Crafts Council of Ireland에서 지원한 전시회가

Galway, Louth, Wexford에서 개최되었으며, 총 25,650명이 이들 전시회를 방문하였다. 특히 Crafts Council of Ireland에서는 전시회를 방문하는 국내외 바이어들을 데이터베이스로 관리하면서 매년 추가 및 수정·보완하여 이 리스트를 업체들에게 제공하고 있는데 현재 대략 1,200여 개 국내외 바이어 리스트를 보유하고 있다.

3) 해외 진출 지원 사업

해외에서 개최되는 유명 공예 전문 전시회에 시장개척단을 구성 파견하고, 특정 시장진출을 위한 조사단 파견, 해외마케팅 워크샵 등을 개최하기도 한다. 일정 자격을 갖춘 회원 업체들의 해외전시회 참가도 지원하는데 최장 3년까지 소요 경비의 일부를 지원한다. 1차 년도에는 소요경비의 70%, 2차 년도에는 50%, 3차 년도에는 25%를 지원한다.

2002년에는 미국, 영국, 독일 등의 전시회를 비롯해 9개의 국제전시회를 방문하였으며, 이중 4개의 전시회에는 총 27개 업체가 직접 전시업체로 참가했다. 이 같은 국제전시회 참가는 해외시장 개척을 위한 중요한 수단으로 활용되고 있다. 특히, 미국 전시회 참가횟수가 많은 것은 아일랜드계 사람들이 많이 살고 있어 아일랜드 공예품의 집중적인 판매 대상 지역이 되고 있기 때문이다.

또한 연간 600만 명에 달하는 외국 관광객을 대상으로 한 공예품 개발에 심혈을 기울이고 있는데, 최근 고도 경제성장을 이룬 선진국 수준에 맞는 제품 고급화에 노력하고 있다. 특히 아일랜드 전통적인 켈틱 문양을 활용한 다양한 디자인 개발이 이루어지고 있다.

2002년도에는 Kilkenny에 있는 National Craft Gallery에서 10건의 전시회가 개최되었는데 총 55,000명이 관람하였다. 동 전시품들은 아일랜드 내 6개 지역에서도 순회전시회를 가졌는데, 총 관람객은 95,000 명이었다. 2003년도에도 다음과 같이 8건의 전시회가 개최될 예정이다.

① Jerwood-Textiles (3.10-5.5) : 8명의 영국 디자이너들의 직물작품 전시
② Ten Times Tables (5.9-6.10) : 10명의 아일랜드 디자이너들의 Tablewares전시
③ Irish Basket Making-Tradition Today (6.12-7.15) : 최신 디자인의 바구니제품 전시
④ Graduate Exhibition (7.18-8.4) : CCOI에서 운영하는 도예 및 보석가공 훈련과정을 수료한 졸업생들의 작품들을 전시
⑤ Ceramics-Three Plus Three (8.8-9.28) : 3명의 아일랜드 세라믹 디자이너와 3명의 영국 세라믹 디자이너의 작품을 전시
⑥ Design for All (10.2-10.19) : 장애인을 위한 건물입구 디자인 작품 전시
⑦ Collaboration (10.23-12.7) : 각 디자인 훈련기관 연수생들의 작품 전시

⑧ Irish Contemporary Glass (12.11-1.31) : 현대적인 디자인의 유리제품 전시

4) 기술훈련 지원

보석, 도자기, 금속공예 세 분야에서 정규 기술연수과정을 운영하고 있으며, 디자인 개발, 첨단 제작기술, 마케팅 노하우, 인터넷활용 기술 습득 등을 위하여 특별교육과정 및 각종 워크샵 등을 개최하고 있다.

2002년도에 Pottery Skills Course 정규과정에서 12명을 훈련시키고, 단기과정에서 29명을 훈련시켰다. Jewellery Skills Course 단기과정에서 81명을 훈련시키고, Blacksmith Skills Course 정규과정에서 6명을 훈련시켰다.

5) e-Business 지원

"Handson" 이라는 e-Business 지원 프로그램을 통하여 회원업체들이 홈페이지를 구축하고, 인터넷을 사업에 활용할 수 있도록 지원하고 있는데, 2년간에 걸쳐 단계적으로 인터넷 운영 능력을 습득할 수 있도록 도와준다. 이 프로그램에 의해 총 35개 업체가 웹사이트 구축을 지원하였으며, 7회에 걸쳐 관련 세미나를 개최하였다.

6) 공예품 전시회 개최

아일랜드에서 개최되는 공예품 관련 전시회로는 Showcase Ireland (www. showcase-ireland.com)가 있다. 동 전시회는 매년 1월에 더블린에서 개최된다. 1977년에 처음 개최된 이래, 2002년에는 650여개 공예품 제조업체가 참여하였고, 방문자 수는 10,000명이 넘는 것으로 추산되며, 이중 약 2,000명은 외국에서 온 바이어들이다.

7) 상설 공예품 전시장 운영

Crafts Council of Ireland는 2000년 12월 본부가 소재한 Kilkenny(아일랜드 동남부에 위치)에 상설공예품 전시장인 National Crafts Gallery를 설치하고, 공예품의 홍보 및 상품개발을 위한 정보 교환의 장으로 활용하고 있다. 전시되는 공예품은 매주 바뀌며, 특정 주제 또는 특정 품목을 위한 특별 전시회를 개최하기도 한다.

8) 우수공예품인증제도 시행

아일랜드 우수공예품인증제도(Quality Mark Award)는 1998년부터 공예상품 수준의 향상, 공

예산업 발전 및 우수상품 개발 장려를 위한 목적으로 Crafts Council of Ireland의 주관 아래 도입·시행되었으나, 실행과정에서 부정적인 측면이 나타남에 따라 2000년 9월부터 제도에 대한 외부전문가들에 의한 재평가 작업에 착수하였으며, 재평가 연구보고서 건의에 따라 기존 품질 인증제도를 2002 년말로 중단하고, 현재 새로운 인증제도에 대해 검토하는 단계에 있으나 아직 최종적인 결론에는 이르지 못한 상태다. 새로운 제도의 추진방향은 Council of Ireland의 기존 업체지원 프로그램과 품질인증시스템(Quality Accreditation System)을 통합하여 운영하는 방향으로 고려되고 있다.

기존 품질인증제도에서 나타난 문제점은 다음과 같다.

① 기존 제도 하에서는 인증마크를 개별 품목이 아닌 업체에게 주었는데, 인증을 받은 업체의 상품 중에 우수한 제품도 있으나 품질이 현격히 떨어지는 상품도 있어 품질인증마크의 신뢰성에 문제가 발생하였음. 따라서 실질적으로 바이어들이 공예품을 구입할 때 품질인증마크를 받았는지 여부를 중요하게 생각하지 않고 있어 제도의 유효성이 크지 못한 것으로 나타났음.

② 한번 품질인증마크를 획득하면 계속해서 사용할 수가 있어 마크를 획득한 이후에는 상품개발 노력을 등한시 하는 경향이 나타남.

③ 심사과정에서 심사위원과 신청업체간의 충분한 의사소통 기회가 없으며, 심사결과가 신청업체에게 피드백 되지 않아 신청업체로서는 어떤 점이 문제이고, 어떻게 개선하면 다음에 심사에 합격할 수 있는지에 대한 정보를 획득하기 어려움.

이 같은 문제점들로 인해 공예품 품질인증 제도를 새롭게 수정하기로 하였으며, 새로운 제도에서 주안점을 두고 있는 사항은 다음과 같다.

④ 품질인증제도와 신상품 개발을 결합하는 방안으로, 신상품을 개발하고자하는 여러 지원업체들 중에서 1차 선정 업체를 선정한 후, Crafts Council of Ireland에서 디자인개발부터 신상품 생산까지를 일괄 지원한 후, 신상품 완성 후 최종 심사에서 합격한 공예상품에 대해 품질인증마크를 부여함.

⑤ 일정한 자격을 갖춘 업체만 품질인증마크를 신청할 수 있도록 신청 기준을 보다 엄격하게 정함.

⑥ 심사기준을 제품의 디자인보다는 기능성에 중점을 두어 제품이 고유의 기능을 수행하는데 적합하게 제작되었을 경우에 품질인증마크를 부여함.

⑦ 품질인증마크를 영구히 부여하는 것이 아니라 유효기간을 두어 일정기간 동안만 사용하고, 기간이 경과한 후에는 다시 신청하여 검사를 받도록 하여 업체들이 끊임없이 품질향상을

위해 노력하도록 유인함.

⑧ 심사 결과를 신청업체에게 반드시 피드백 하여 심사 탈락 후에 포기하지 않고 품질인증마크를 받기위해 부단히 노력할 수 있도록 유도함.

이외에도 공예품 품질인증제도와는 별도로 Exellence Awards제도가 있는데, 이는 공예품의 특성을 세 부문(Art awards, Design awards, Heritage awards)으로 나누어 각 부문에서 매년 뛰어난 상품을 선정하여 수상하는 제도이다. 동 제도는 계획이 구체화되고 있는 단계로 아직 시행되지 있지는 않지만 잠정적으로 내년부터 시행될 예정이다.

(4) 이탈리아의 정부 지원현황

1) 관계법령

수공업 산업진흥에 관한 법률

2) 재정지원

① 수출지원 금융 : ABI 프라임 레이트로 공예품을 18개월간 수출금융을 제공하며 금액 제한 없음.

② 부채상환제도 : 단기성 채무를 이탈리아 국가채무보증기구인 CONFIDI의 보증 하에 BI 프라임 레이트−0.25 기본 금리에 준하는 고정 또는 변동 이자율의 5년 장기성 부채로 전환해주는 제도.

③ 신 설비 구입 및 개조자금 지원제도

신 설비 구입이나 개조자금을 협동조합소속 인가 또는 개별회사 인가에 따라 Lit 2천~4억 6천만 범위 내에서 자금을 지원해주는 제도이며, 상환기간은 기존회사일 경우 7년, 신설회사일 경우 10년으로써 금리는 22.5% 정규 금리에서 65% 수준까지의 범위

3) 우수공예상품 지정·인증제도

① 내용 : 인증을 받고자 하는 수공업 및 공예상품 종류별로 공예가협회 산하 품목별지사에 지정(인증) 신청을 하면 산하지사의 심사결과를 바탕으로 공예가협회에서 우수상품 인증 부여.

② 자격요건 : 별도 자격 요건은 없으며, 개인, 기업 모두 해당

(5) 일본의 정부 지원현황

일본의 경우, 관계법령인 전통적 공예품산업 진흥에 관한법률을 1974년에 제정하고부터 본격적으로 지원정책을 펴나가기 시작했다.

1) 보조금에 의한 조성제도

① 후계자의 확보·육성 및 수요개척 등을 위한 보조

전통공예품산업의 중추적인 역할을 수행해 갈 후계자의 확보·육성 및 수요개척 등을 위해 제조협동조합 등이 수행하는 후계자육성사업 및 수요개척 등의 사업(기술·기법의 기록수집·보존, 원재료확보대책, 수요개척, 의장개발)으로 법률 제4조에 의해 인정을 받은 진흥계획에 의거 수행하는 사업, 제조협동조합 등과 판매 협동조합 등이 공동으로 수행하는 공동수요개척 등 사업(공동수요개척, 신상품공동 개발)으로 법률 제6조의 규정에 의해 인정을 받은 공동진흥계획에 의거 수행하는 사업, 지원사업을 실시하고자 하는 자가 수행하는 인재육성·교류지원사업으로 법률 제8조의 규정에 의해 인정을 받은 지원계획에 의거 수행하는 사업에 대해 보조금을 교부(다만, 지방공공단체가 국가와 동일한 금액을 부담)

② 傳産會館 및 지역 전통적 공예품산업 인재육성·교류지원 센터의 건설비 보조

오랜 역사를 거쳐 축적된 기술을 보존하고 후계자에게 기술의 계승이 원활하게 이뤄질 수 있도록 지방공공단체 또는 공익법인이 설치한 자료보존 및 후계자의 기술연수 등을 위한 시설(傳産會館)의 건설비, 시설비로서 보조금을 교부. 또한 종사자의 후계자 확보·육성, 소비자 등과의 교류추진을 수행할 수 있도록 지원사업을 실시하는 자가 설치하는 시설의 건설비, 시설비로서 보조금을 교부

③ 전통적 공예품산업진흥협회의 사업에 대한 보조

전통적 공예품산업의 진흥을 도모하기 위해 전통적 공예품산업진흥협회의 운영 및 전통적 공예품산업의 인재확보육성사업, 수요개척사업, 전국전통공예품센터사업, 전통공예품의 영상화추진사업에 대해 보조

2) 정부계 금융기관으로부터의 특별융자제도

진흥계획에 따라 사업을 수행하는 자, 공동진흥계획에 의해 사업을 수행하는 자, 활용계획에

의해 사업을 수행하는 자에 대해 작업환경시설, 토지, 건물, 기타 시설 등을 취득하기 위해 필요한 설비자금 등을 국민금융공고 및 중소기업금융공고에 의해 특별융자를 실시

3) 고도화 융자

① 진흥계획 등 傳産法의 인정을 받은 계획에 의거 사업을 실시하는 경우에는 중소기업사업단의 고도화 융자에 의한 우대조치

② 구체적으로 구조개선 등 고도화사업으로 일본경제의 환경변화에 지속적으로 대응해 중소기업구조의 고도화, 근대화 및 경영기반의 강화를 꾀하기 위해 중소기업 근대화촉진법, 하청중소기업진흥법 등의 운용을 추진하고 있으나, 이러한 법률에 근거 국가의 승인 또는 인정을 받아 실시하는 고도화사업에 대해서는 일반의 고도화사업보다도 유리한 조건으로 조성하고, 이 가운데 전통 공예품산업의 진흥에 관한법률의 인정을 받은 진흥계획, 공동진흥계획 또는 활용계획에 기초해 실시하는 사업이 포함

③ 전통공예품의 고부가가치화를 도모하기 위해 중소기업자가 합병 또는 공동출자에 의해 신회사를 설립할 경우에 있어서 전통 공예품산업의 진흥에 관한법률 제7조 제1항의 인정을 받은 계획에 기초해 합병 또는 공동출자에 의해 회사를 설립해 전통공예품의 활용사업을 수행하는 경우에 대해서는 우대조치

4) 산업기반정비기금으로부터의 출자

활용계획에 의거 전통공예품 또는 기술·기법을 활용한 신제품개발 또는 제조를 행하는 전통공예품산업의 사업자에 의한 특정회사에 대해서 산업기반정비기금의 출자

5) 세제상의 우대 조치

① 진흥계획 및 공동진흥계획에 관한 지방세의 특별조치

제조협동조합 등이 법률의 규정에 의해 인정을 받은 진흥계획 및 공동진흥계획에 기초해 설치하는 공동시설에 대해 사업소세 비과세

② 활용계획에 관계된 시험연구소세

광공업기술연구조합등에 대한 지출금의 특별상각제도 : 조합원이 조합의 시험연구에 필요한 기계장치 취득 등을 위한 비용으로서 부과금을 지출한 경우 그 부과금액에 대해 임의상각이 가능

시험연구비 액수가 증가한 경우의 세제공제제도 : 조합원이 시험연구를 위한 비용에 충당하기

위해 부과금을 조합에 지출한 경우 증가한 금액의 20% 상당액을 소득세 또는 법인세에서 세액공제가 가능(세액의 10%가 한도)

광공업기술연구조합 등의 소득계산 특별제도 : 조합이 부과금에 의해 시험연구용으로 고정자산을 취득, 제작하는 경우 부과금상당분만 감액해 감액분을 손금 계상함으로써 소득이 없었던 것으로 처리 가능

고도화융자에 관계된 세제 : 법률의 규정에 의해 인정을 받은 활용계획 및 지원계획에 기초한 사업으로 중소기업사업단의 융자를 받아 취득한 부동산에 대해서는 부동산취득세 및 고정자산세의 과세표준 특례조치에 걸 맞는 특별토지보유세의 비과세조치를 받을 수 있음

6) 중소기업신용보험의 적용

<표Ⅱ-29> 소득기업신용보험의 세부내역(한국공예문화진흥원 자료)

전통공예품 관련	전통공예품제조사업자, 제조협동조합 또는 특정회사로 통상산업대신의 인정을 받은 활용계획에 의해 전통공예품 활용사업을 실시하는 자	전통공예품산업의 진흥에관한법률(제1974년 법률 제57호)	ㅇ 전통공예품 등 활용사업 자금 ㅇ 보통 · 무담보 · 특별소액에 대해 한도액 별도 설정	80%	보통 : 0.41% (어음할인 및 당좌대월특수 0.35%) 무담보 : 0.29% (어음할인 및 당좌대월특수 0.25%) 특별소액 : 0.19% (어음할인 및 당좌대월특수 0.15%)
전통공예품 지원관련	전통공예품산업의진흥을 지원하는 공익법인으로 통상산업대신의 인정을 받아 지원계획에 의거 전통공예품산업의 진흥을 지원하는 사업을 실시하는 자		ㅇ 전통공예품 산업 진흥지원사업자금 ㅇ 보통 : 2억엔 ㅇ 무담보 : 3,500만엔	보통 70% 무담보 80%	보통 : 0.57% (어음할인 및 당좌대월특수 0.51%) 무담보 : 0.43% (어음할인 및 당좌대월특수 0.39%)
지역전통예능등관련	기본계획에 의거 실시되는 특정사업 가운데 통상산업성령에 정해진 사업을 수행하는 자로서 市町村長의 인정을 받은 중소기업자	지방전통예능등을 활용한 행사의 실시에 의한 관광 및 특정지역상공업의 진흥에관한법률(1992년 법률 제88호)	ㅇ 지역전통예능 등 활용사업자금 ㅇ 보통 · 무담보 · 특별소액에 대해 한도액 별도 설정	80%	보통 : 0.41% (어음할인 및 당좌대월특수 0.35%) 무담보 : 0.29% (어음할인 및 당좌대월특수 0.25%) 특별소액 : 0.19% (어음할인 및 당좌대월특수 0.15%)

활용계획에 의거 사업을 수행하는 경우에는 보험특례조치(보통보험, 무담보보험 및 특별소액보험에 대해서 보험료율 인하)의 적용이 가능. 또한 지원계획에 의거 사업을 수행하는 공익법인은 중소기업자로 인정

7) 지역전통예능활용대책사업(지역중소기업진흥대책비 등 보조금)

① 목적 : 지역고유의 자원인 지역전통예능을 활용해 풍성함을 창출함으로써 특정지역상공업을 진흥하고 지역사회에 윤택함을 부여하고 전통예능에 관련된 용품·용구 등에 대한 이해를 한층 촉진하는 것으로 목적으로 함.

② 보조사업의 내용

(가) 심포지엄의 개최 : 지역전통예능이나 용품, 용구, 의상 특산품 등에 대해 전문가를 초빙, 심포지엄 및 강연회 등을 개최

(나) 진시회 개최사업 : 전국 각 시익의 선통예능 실연, 전통예능의 체험교실, 전통예능에 관련된 용품·용구·의상, 특산품의 전시

(다) 실시주체기관명 : (재)지역전통예능활용센터(법률상 지원사업실시기관으로 지정)

(라) 예산조치 : 보조율 6/10 (1995/6년도 540만 엔)

상기 준비금으로 취득한 공동시설에 대해서는 특별 상각이 가능

(마) 사업소세의 비과세(고도화융자관련세제)

(바) 산업기간정비기금에 의한 출자 : 상한 자본금의 15%

8) 우수공예상품 표시제도 유무 및 우대사항

① 통상산업대신은 전통적 공예품산업심의회의 의견의 청취해 공예품으로서 다음의 요건을 충족시키는 것을 전통공예품으로 지정

(가) 주로 일상생활용으로 공급되는 것

(나) 제품의 제조과정 주요부분이 수공업적인 것

(다) 전통적인 기술 또는 기법에 의해 제조되는 것

(라) 전통적으로 사용돼 온 원재료가 주된 원재료로 사용돼 제조된 것

(바) 일정지역에 있어서 적지 않은 사람이 그 제조를 행하고 또는 그 제조에 종사하고 있는 것

② 전항의 규정에 의한 전통적 공예품의 지정은 당해전통공예품의 제조에 관계된 전통적인 기술 또는 기법 및 전통적으로 사용돼 온 원재료로 전통공예품을 제조하는 지역을 지정, 행

하는 것으로 함

③ 사업협동조합, 협동조합연합회, 상공조합, 기타 부령으로 정한 법인에서 공예품을 제조하는 사업자를 직접 또는 간접의 구성원으로 하는 것은 해당공예품이 전통공예품으로서 지정될 수 있도록 都道府縣지사를 경유해 통상산업대신에 신청 가능

9) 지정(인정) 절차 및 자격요건

일본의 경우 전산법에 의거 통산성장관에 의해 지정을 받은 「傳統的工藝品」을 소비자 등에 대한 표시 또는 PR 하고 있음. 전통마크표시사업은 관련협회가 담당하고 있는데, 전통공예품을 일반인이 한눈에 알아볼 수 있도록 「전통마크」라는 통일마크를 사용하고 있음. 전통마크표시사업은 紙사업, 마크사업 및 소재표시사업으로 대분됨.

① 지정기관

전통공예품 지정기관 : 通商産業省 傳統的工藝品産業室

② 지정인정절차

(가) 전통증지

전통적 공예품 지정 → 협회와 증지사용계약체결 → 공예품별증지의 경우 협회와 증지양식검토 → 진흥계획 인정 → 발행신청서를 통해 협회에 증지발주, 증지대금송금 → 증지발행

(나) 전통마크

전통마크의 의장권, 상표권은 협회가 보유하고 있으므로 사용할 경우에는 필히 사전에 협회가 정한 양식에 의해 신청, 승인을 획득해야 함. 신청 시 사용하는 선전매체나 형식이 상이할 경우 건별로 신청

③ 자격요건

(가) 전통증지

통산성장관이 지정한 전통공예품의 진흥계획 및 작성주체인 협동조합 등으로 진흥계획 가운데 표시사업실시규정, 검사기준 등을 정해 통산성 장관의 인정을 받는 것이 필요. 대상제품으로는 통산장관의 인정을 받은 진흥계획의 검사기준 등에 의거 협동조합 등이 실시하는 검사에 합격한 제품에 한함.

가) 표시내용

- 「通産大臣指定傳統的工藝品」 문자
- 傳統的工藝品名
- 組合名

(나) 전통마크

전통증지사업을 원활하게 실시하기 위해 전통마크의 PR을 목적으로 각종 전시회 등의 포스터, 신문광고, 입간판 등이나 조합기관지 등에 전통마크를 사용하고 있으며, 전통증지와 동일한 마크를 사용하고 있는데 만일 사용방법에 오차가 있으면 소비자에게 혼동을 유발시켜 증지사업 자체에 악영향을 미치기 때문에 특히 그 사용방법에 대해 주의를 요함.

제3장

국내 관광기념품 소비자현황

제1절 외래 방문객 국내쇼핑 실태

Chapter 3

제 1 절 외래 방문객 국내쇼핑 실태

International Tourism Shopping Management

1 여행사 패키지를 이용하지 않는 방문객분석

한국관광공사의 2004년도 외래 관광객 실태조사에 의하면, 개별여행 방문객의 '총지출경비'는 US$1,275였다.

세부 항목별로 살펴보면, '숙박비'가 US$480으로 가장 많았고, '쇼핑비'는 US$325, '식음료비'는 US$226, '교통비'는 US$107 등으로 나타났다.

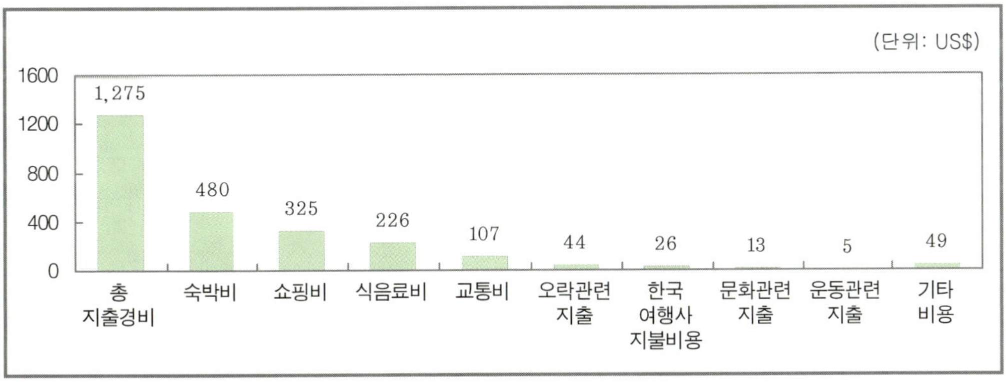

그림 Ⅲ-1 개별여행 방문객의 지출경비

자료 : 한국관광공사, 2004년도 외래 관광객 실태조사

개별여행의 '총지출경비'는 1월(US$1,411), 12월(US$1,440)에 많았고, 8월(US$1,138), 10월(US$1,165) 외래객이 상대적으로 적었다.

세부 내역별로 살펴보면, '숙박비'는 2월(US$531), 4월(US$520), 6월(US$578), 12월(US$524)에, '쇼핑비'는 1월(US$359), 12월(US$402)에 많은 것으로 나타났다.

<표 III-1> 월별 개별여행 지출경비 (단위: US$)

	사례수	총경비	숙박비	식음료비	교통비	한국여행사 지불비	문화관련 지출	운동관련 지출	오락관련 지출	쇼핑비	기타 비용
전체	(6,247)	1,275	480	226	107	26	13	5	44	325	49
1월	(386)	1,411	495	239	131	36	16	7	99	359	31
2월	(381)	1,352	531	252	136	27	15	6	62	292	30
3월	(485)	1,312	494	214	128	33	13	8	43	344	36
4월	(493)	1,314	520	274	117	33	17	5	22	299	27
5월	(531)	1,229	463	192	98	30	13	8	32	337	57
6월	(533)	1,339	578	235	88	22	15	10	51	275	66
7월	(542)	1,255	437	227	107	23	13	2	63	322	62
8월	(540)	1,138	389	206	86	38	13	2	27	347	31
9월	(555)	1,223	458	230	105	14	10	4	29	319	53
10월	(684)	1,165	444	210	101	11	9	2	44	283	63
11월	(589)	1,237	470	204	89	15	12	3	45	334	66
12월	(529)	1,440	524	251	123	35	17	2	36	402	49

자료 : 한국관광공사, 2004년도 외래 관광객 실태조사

한편, 거주국별로 살펴보면, 러시아(US$1,581), 미국(US$1,410), 중국(US$1,400) 거주자의 '총지출경비'가 많고, 일본(US$1,033), 대만(US$1,010), 홍콩(US$1,149) 거주자의 '총지출경비'가 상대적으로 적었다. 러시아(숙박비: US$363, 쇼핑비: US$751)를 제외한 호주(각각 US$564, US$211), 미국(각각 US$613, US$269), 영국(각각 US$608, US$186), 독일(US$709, US$200), 프랑스(각각 US$617, US$222) 등 구미주 거주자는 아시아 거주자에 비해 상대적으로 '숙박비'가 많고, '쇼핑비'는 적은 것으로 나타났다.

<표 Ⅲ-2> 거주국 별 개별여행 지출경비 (단위: US$)

	사례수	총경비	숙박비	식음료비	교통비	한국여행사 지불비	문화관련 지출	운동관련 지출	오락관련 지출	쇼핑비	기타 비용
전 체	(6,247)	1,275	480	226	107	26	13	5	44	325	49
일 본	(2,188)	1,033	332	167	93	24	7	3	61	290	55
중 국	(735)	1,400	455	210	89	42	17	4	62	477	44
홍 콩	(125)	1,149	492	219	109	21	9	6	36	243	14
싱가폴	(62)	1,288	563	252	117	13	8	4	14	277	39
대 만	(158)	1,010	374	164	67	51	12	5	43	265	29
호 주	(93)	1,239	564	246	87	33	17	3	21	211	56
태 국	(103)	1,305	340	242	136	46	8	30	82	390	29
미 국	(866)	1,410	613	277	153	16	17	3	25	269	38
캐나다	(132)	1,224	474	293	119	18	20	6	24	231	39
영 국	(113)	1,311	608	273	130	9	13	5	30	186	58
독 일	(113)	1,381	709	281	98	12	21	5	10	200	46
프랑스	(63)	1,307	617	260	115	7	17	4	23	222	42
러시아	(237)	1,581	363	195	82	14	38	13	57	751	70
기 다	(1,256)	1,515	659	295	117	28	14	6	25	317	53

자료 : 한국관광공사, 2004년도 외래 관광객 실태조사

연령별로 '총지출경비'는 50대(US$1,380)와 40대(US$1,329)가 많았고, 20세 이하(US$993)와 20대(US$1,212)는 상대적으로 적은 것으로 나타났다. 20세 이하는 '숙박비'(US$239)와 '식음료비'(US$172) 지출은 다른 연령층에 비해 적은 반면, '쇼핑비'(US$302) 지출은 큰 차이를 보이지 않았다.

방한 목적별 총지출경비는 친구/친지 방문(US$1,098) 목적 외래객이 다른 목적 외래객들에 비해 상대적으로 적었다. 세부 항목별로 사업/전문활동 목적 외래객은 '숙박비'(US$591)가 많고, '쇼핑비'(US$269)는 적은 반면, 여가/위락/휴가, 친구/친지 방문 목적 외래객은 '쇼핑비'(각각 US$410, US$410)가 많고, '숙박비'(각각 US$353, US$215)는 적은 것으로 나타났다.

<표 Ⅲ-3> 연령별/방한 목적별 개별여행 지출경비 (단위: US$)

		사례수	총경비	숙박비	식음료비	교통비	한국 여행사 지불비	문화 관련 지출	운동 관련 지출	오락 관련 지출	쇼핑비	기타 비용
전 체		(6,247)	1,275	480	226	107	26	13	5	44	325	49
연령별	15-20세	(198)	993	239	172	100	22	21	3	34	302	99
	21-30세	(1,527)	1,212	428	232	99	34	18	9	50	314	29
	31-40세	(1,869)	1,260	493	212	100	22	13	5	37	331	48
	41-50세	(1,444)	1,329	539	235	122	20	9	3	38	316	47
	51-60세	(904)	1,380	506	242	115	27	8	2	66	341	73
	61세이상	(305)	1,302	472	229	104	29	19	2	28	352	67
방한 목적별	여가/위락/휴가	(1,494)	1,278	353	207	96	48	18	7	82	410	58
	친구/친지방문	(699)	1,098	215	217	122	19	20	4	42	410	50
	사업/전문활동	(3,714)	1,301	591	237	109	15	9	4	30	269	37
	건강 및 치료	(11)	2,193	640	233	185	146	4	0	0	647	339
	종교 및 순례	(64)	1,153	238	112	167	33	30	0	25	196	351
	기 타	(265)	1,366	406	235	92	52	24	8	46	417	87

자료 : 한국관광공사, 2004년도 외래 관광객 실태조사

2 여행사 패키지를 이용하는 방문객 분석

Package/Air-tel Package 여행 외래객의 '총지출경비'는 US$1,281였고, 이중 절반 가량이 '패키지 상품비'(US$608)인 것으로 나타났다. 그 다음으로 '쇼핑비'가 US$439로 많았으며, '식음료비'(US$86), '오락 관련 지출'(US$41), '한국 여행사 지불 비용'(US$35) 등은 지출액 비중이 적었다.

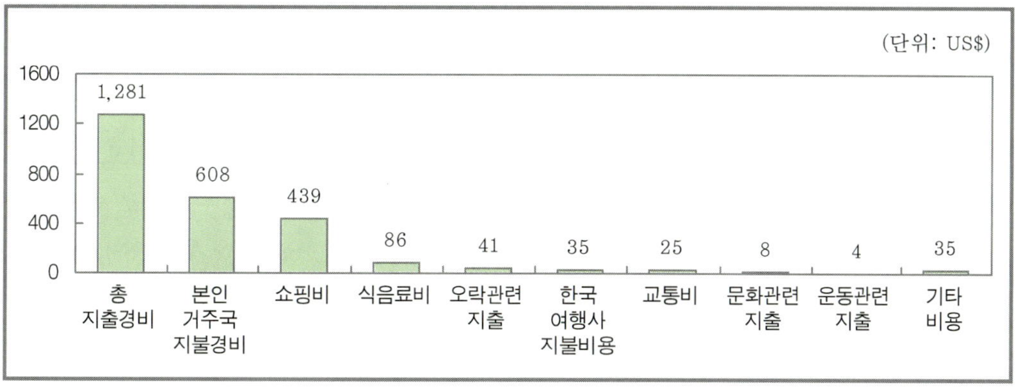

그림 III-2 Package/Air-tel Package 여행 방문객의 지출경비

자료 : 한국관광공사, 2004년도 외래 관광객 실태조사
주 : 패키지 상품비에는 개별여행자의 지출액에는 포함되지 않은 거주국 여행사의 수수료, 국제항공료 등이 포함

<표 III-4> 월별 Package/Air-tel Package 여행 지출경비 (단위: US$)

	사례수	총경비	패키지 상품비	식음료비	교통비	한국여행사 지불비	문화관련 지출	운동관련 지출	오락관련 지출	쇼핑비	기타 비용
전 체	(3,809)	1,281	608	86	25	35	8	4	41	439	35
1월	(346)	1,314	623	93	43	41	15	15	44	396	43
2월	(320)	1,187	483	122	36	55	11	6	48	401	24
3월	(285)	1,031	453	90	35	40	6	1	31	360	16
4월	(284)	1,440	714	116	21	43	6	2	65	452	21
5월	(288)	1,271	523	103	34	38	9	2	32	476	53
6월	(319)	1,330	682	89	21	45	6	4	37	378	69
7월	(334)	1,227	555	76	24	28	12	3	41	450	37
8월	(366)	1,486	848	75	12	24	9	0	55	439	23
9월	(285)	1,243	626	51	12	20	4	2	47	434	46
10월	(311)	1,168	603	65	30	26	7	1	24	393	19
11월	(313)	1,165	546	63	14	23	2	0	21	471	25
12월	(357)	1,436	593	87	22	42	4	6	42	593	47

자료 : 한국관광공사, 2004년도 외래 관광객 실태조사
주 : 패키지 상품비에는 개별여행자의 지출액에는 포함되지 않은 거주국 여행사의 수수료, 국제항공료 등이 포함됨.

4월(US$1,440), 8월(US$1,486), 12월(US$1,436)에 '총지출경비'가 많은 가운데, 4월(US$714)과 8월(US$848)은 '패키지 상품비'가, 12월(US$593)은 '쇼핑비'가 특히 많았다.

반면 2월(US$1,187), 3월(US$1,031), 10월(US$1,168), 11월(US$1,165) 외래객의 '총지출경비'는 적었는데, 2월(US$483)은 '패키지 상품비'가, 10월(US$393)은 '쇼핑비'가 적었고, 3월(각각 US$453, US$360) 외래객은 '패키지 상품비'와 '쇼핑비' 모두 상대적으로 적은 것으로 나타났다.

거주국별로 살펴보면, 프랑스(US$2,234), 러시아(US$2,041), 캐나다(US$1,933), 독일(US$1,873), 미국(US$1,793), 영국(US$1,749), 호주(US$1,549) 등 구미주 거주자의 '총지출경비'가 상대적으로 많았고, 아시아 거주자 중에서는 싱가폴(US$1,668) 거주자의 '총지출경비'가 많았다. 대부분의 국가가 '패키지 상품비'가 많았으며, '쇼핑비'는 러시아(US$817), 싱가폴(US$530) 등에서 많은 것으로 나타났다.

<표 Ⅲ-5> 거주국별 Package/Air-tel Package 여행 지출경비 (단위: US$)

	사례수	총경비	패키지 상품비	식음료비	교통비	한국여행사 지불비	문화관련 지출	운동관련 지출	오락관련 지출	쇼핑비	기타 비용
전 체	(3,809)	1,281	608	86	25	35	8	4	41	439	35
일 본	(2,263)	1,184	534	82	21	33	3	2	46	428	35
중 국	(408)	1,276	550	84	25	35	19	10	51	469	31
홍 콩	(159)	1,328	624	82	16	52	6	15	42	448	43
싱가폴	(93)	1,668	934	74	17	47	5	2	18	530	40
대 만	(397)	1,119	551	38	15	22	5	3	26	438	21
호 주	(13)	1,549	1,036	183	37	23	15	1	15	226	13
태 국	(84)	1,250	523	79	65	57	3	15	8	485	14
미 국	(66)	1,793	1,033	191	83	76	22	6	46	277	61
캐나다	(9)	1,933	1,288	247	76	2	15	2	10	190	103
영 국	(8)	1,749	1,212	138	31	71	19	12	35	216	15
독 일	(12)	1,873	1,393	145	40	30	3	0	2	164	96
프랑스	(12)	2,234	1,379	397	140	0	2	0	13	269	34
러시아	(49)	2,041	819	153	39	57	32	1	27	817	97
기 타	(239)	1,877	1,095	139	58	43	29	3	23	443	44

자료 : 한국관광공사, 2004년도 외래 관광객 실태조사

주 : 패키지 상품비에는 개별여행자의 지출액에는 포함되지 않은 거주국 여행사의 수수료, 국제항공료 등이 포함됨.

연령별로 40대(US$1,477), 30대(US$1,422), 50대(US$1,416)의 '총지출경비'가 많았고, 20세 이하(US$982), 20대(US$1,074)의 '총지출경비'가 적었다.

방문목적별로 친구/친지 방문(US$1,512), 사업/전문활동(US$1,478) 목적 외래객의 '총지출경비'가 많았다. 한편 여가/위락/휴가 목적 외래객은 '패키지 상품비'(US$580)가 상대적으로 적고, '쇼핑비'(US$457)가 많은 편이었다.

<표 Ⅲ-6> 연령별/여행목적별 Package/Air-tel Package 여행 지출경비 (단위: US$)

		사례수	총경비	패키지 상품비	식음료비	교통비	한국 여행사 지불비	문화 관련 지출	운동 관련 지출	오락 관련 지출	쇼핑비	기타 비용
전 체		(3,809)	1,281	608	86	25	35	8	4	41	439	35
연령별	15-20세	(211)	982	538	39	26	37	8	2	15	301	16
	21-30세	(1,294)	1,074	510	73	19	34	10	5	30	366	28
	31-40세	(884)	1,422	663	97	31	24	9	3	56	502	37
	41-50세	(656)	1,477	703	104	28	51	5	3	47	485	51
	51-60세	(517)	1,416	634	107	32	39	7	3	48	504	42
	61세이상	(246)	1,309	678	59	17	34	4	5	32	451	29
방한목적별	여가/위락/휴가	(2,969)	1,245	580	73	18	34	7	4	45	457	27
	친구/친지방문	(84)	1,512	863	136	31	17	6	4	34	384	37
	사업/전문활동	(583)	1,478	709	145	57	44	12	3	28	396	84
	건강 및 치료	(0)	90	40	0	0	0	0	10	10	30	0
	종교 및 순례	(46)	907	620	47	30	27	1	0	6	153	22
	기 타	(127)	1,199	623	95	49	38	16	0	18	350	11

자료 : 한국관광공사, 2004년도 외래 관광객 실태조사

주 : 패키지 상품비에는 개별여행자의 지출액에는 포함되지 않은 거주국 여행사의 수수료, 국제항공료 등이 포함됨.

3 국내 쇼핑에 대한 방문객들의 변화

쇼핑 품목은 '식료품'(51.9%)을 가장 많이 구입한 것으로 나타났고, 다음으로 '의류' (37.3%), '김치'(34.5%), '액세사리'(26.1%), '향수·화장품'(25.4%), '담배'(21.6%), '인삼·한약재'(20.7%), '술'(19.1%)의 순이었다.

2002년, 2003년에 비해 '식료품'(45.9%→ 41.2%→ 51.9%), '액세사리'(22.8%→ 23.5%→ 26.1%), '향수/화장품'(22.7%→ 23.4%→ 25.4%)이 증가하였고, '의류'(42.8%→ 41.7%→ 37.3%), '피혁제품'(21.1%→ 17.0%→ 15.6%)은 감소하였다.

<표 Ⅲ-7> 연도별 쇼핑품목 (단위: %)

	2004년	2003년	2002년
식료품	51.9	41.2	45.9
의류	37.3	41.7	42.8
김치	34.5	34.0	39.6
액세사리	26.1	23.5	22.8
향수, 화장품	25.4	23.4	22.7
담배	21.6	21.8	21.6
인삼, 한약재	20.7	23.4	20.5
술	19.1	18.9	15.9
전통 민예품	15.9	15.9	16.3
피혁제품	15.6	17.0	21.1
신발류	14.4	18.2	18.5
인형, 장난감, 게임기	13.2	15.2	14.0
서적, 잡지, 문구류	10.4	10.7	9.9
보석류	9.8	10.1	9.6
전자, 전기제품	7.7	8.2	5.1
자기, 도자기	6.6	8.2	8.9
실크, 섬유류	6.2	7.0	6.3
시계	6.0	9.8	7.7
기타	9.8	11.4	7.1

자료 : 한국관광공사, 2004년도 외래 관광객 실태조사

매월 '식료품'을 가장 많이 구입한 것으로 나타난 가운데, 다른 달에 비해 1월은 '인삼・한약재'(30.0%), '술'(23.8%)을, 7월은 '전통 민예품'(21.0%), 8월은 '의류'(44.4%), 10월은 '향수・화장품'(31.6%)을 상대적으로 많이 구입한 것으로 나타났다.

<표 III-8> 월별 쇼핑품목 (단위: %)

	사례수	식료품	의류	김치	액세사리	향수, 화장품	담배	인삼, 한약재	술	전통 민예품	피혁 제품	신발류	인형, 장난감, 게임기
전체	(8,759)	51.9	37.3	34.5	26.1	25.4	21.6	20.7	19.1	15.9	15.6	14.4	13.2
1월	(667)	51.2	36.4	31.0	29.6	24.6	23.0	30.0	23.8	16.7	15.6	14.5	18.5
2월	(604)	52.1	33.7	38.5	24.9	24.5	24.8	19.7	18.7	18.8	18.4	14.1	13.5
3월	(669)	50.3	36.1	37.3	26.0	23.1	24.4	17.5	22.1	10.9	14.1	15.9	12.4
4월	(693)	47.9	33.5	30.4	25.6	24.8	22.7	23.4	19.1	17.8	14.7	11.6	13.3
5월	(733)	49.4	36.3	34.6	23.9	22.5	21.9	23.4	17.1	18.5	16.3	15.0	14.5
6월	(725)	54.0	38.4	37.4	25.1	23.5	22.3	21.4	21.8	14.0	15.3	15.8	11.2
7월	(753)	52.8	37.1	31.7	28.6	21.4	17.3	18.8	15.3	21.0	16.4	15.5	12.0
8월	(817)	55.2	44.4	38.5	30.4	28.0	18.0	21.3	21.8	19.7	13.1	18.9	12.3
9월	(749)	48.5	37.2	30.6	25.5	27.9	19.2	20.4	18.9	13.5	13.4	10.4	9.0
10월	(819)	54.6	40.4	34.2	23.0	31.6	21.1	15.7	18.9	11.7	16.6	16.4	12.9
11월	(758)	50.4	36.2	32.3	24.3	28.8	23.9	18.3	17.9	13.5	17.3	11.5	15.7
12월	(773)	55.2	36.1	37.6	26.4	23.0	22.0	19.3	14.9	15.0	16.6	12.7	13.6

자료 : 한국관광공사, 2004년도 외래 관광객 실태조사

쇼핑한 장소로는 '공항면세점'이 56.4%로 가장 높았고, '백화점'이 42.1%로 다음이었다. 그 외 '동대문 시장'은 28.3%, '시내 면세점'은 27.4%, '남대문시장'은 27.2%, '이태원시장'은 14.4%였나.

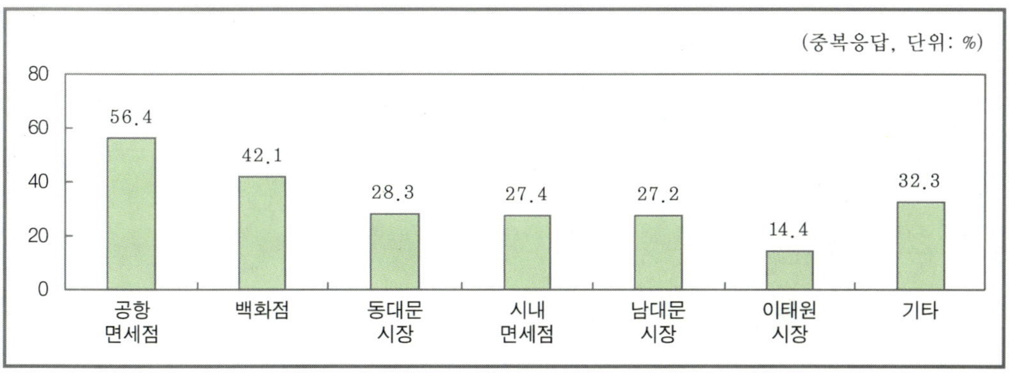

그림 III-3 쇼핑 장소

자료 : 한국관광공사, 2004년도 외래 관광객 실태조사

한편, 2002년, 2003년에 비해 '공항면세점'(51.4%→ 52.4%→ 56.4%)은 증가하였고, '동대문시장' (30.9%→ 32.1%→ 28.3%)과 '남대문시장'(34.0%→ 30.5%→ 27.2%)은 감소하였다.

<표 Ⅲ-9> 연도별 쇼핑장소(한국관광공사, 2004) (단위: %)

	2004년	2003년	2002년
공항면세점	56.4	52.4	51.4
백화점	42.1	42.5	41.9
동대문시장	28.3	32.1	30.9
시내면세점	27.4	26.3	36.4
남대문시장	27.2	30.5	34.0
이태원시장	14.4	16.0	16.2
기타	32.3	24.1	25.9

4 국내 쇼핑에 대한 만족도 분석

2004년도 방한 외래객은 '쇼핑 시설'(65.2%), '쇼핑 서비스'(62.6%), '상품의 질'(62.3%)에 대해 60% 이상이 만족하는 것으로 나타난 반면, '상품 가격'은 53.5%로 상대적으로 낮은 만족도를 보였다.

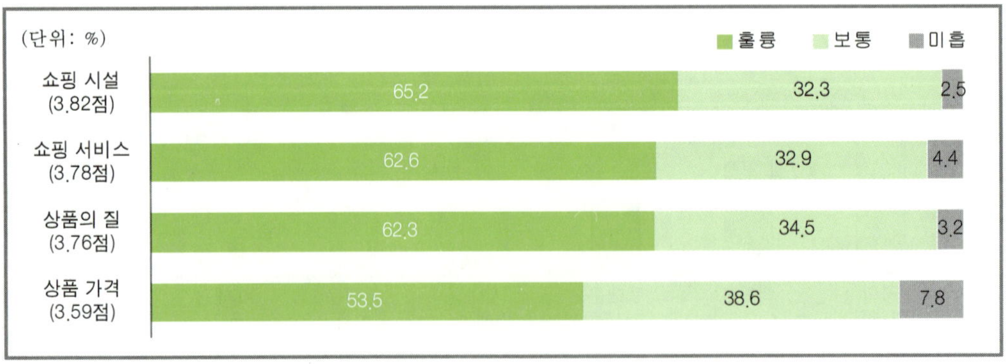

그림 Ⅲ-4 한국여행에 대한 평가 - 쇼핑

자료 : 한국관광공사, 2004년도 외래 관광객 실태조사

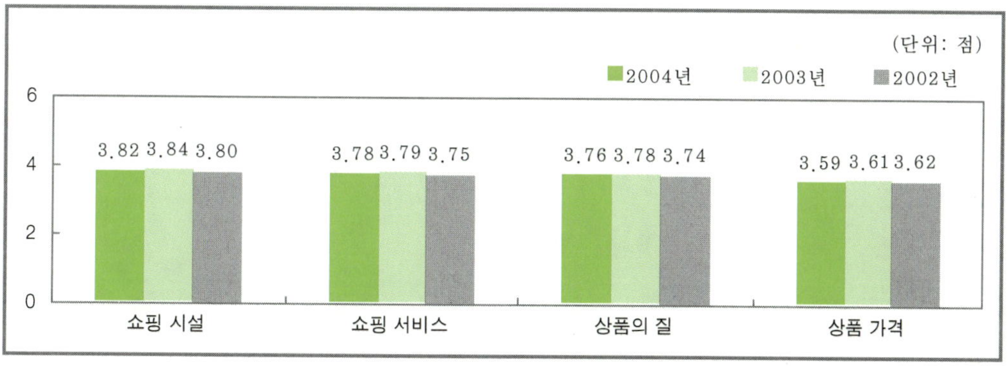

그림 Ⅲ-5 연도별 한국여행에 대한 평가 - 쇼핑

자료 : 한국관광공사, 2004년도 외래 관광객 실태조사

2002년과 2003년에 비해 쇼핑 관련 항목에 대한 만족도는 큰 차이를 보이지 않았다.(쇼핑 시설: 3.80점→ 3.84점→ 3.82점, 쇼핑 서비스: 3.75점→ 3.79점→ 3.78점, 상품의 질: 3.74점→ 3.78점→ 3.76점, 상품 가격: 3.62점→ 3.61점→ 3.59점) 한편, 다른 달에 비해 1월(3.70점), 3월(3.69점), 6월(3.68점)에 쇼핑 관련 만족도가 상대적으로 낮았다.

<표 Ⅲ-10> 월별 한국여행에 대한 평가 - 쇼핑 (단위: 점)

	쇼핑 시설(n=8,988)	쇼핑 서비스(n=8,982)	상품의 질(n=8,976)	상품 가격(n=8,908)	전체
전 체	3.82	3.78	3.76	3.59	3.74
1월	3.77	3.75	3.78	3.50	3.70
2월	3.86	3.76	3.79	3.58	3.75
3월	3.78	3.71	3.69	3.56	3.69
4월	3.85	3.81	3.77	3.66	3.77
5월	3.86	3.75	3.80	3.62	3.76
6월	3.75	3.72	3.72	3.53	3.68
7월	3.83	3.78	3.77	3.62	3.75
8월	3.82	3.83	3.77	3.61	3.76
9월	3.81	3.83	3.79	3.58	3.75
10월	3.83	3.74	3.75	3.61	3.73
11월	3.85	3.79	3.74	3.63	3.75
12월	3.84	3.82	3.77	3.60	3.76

자료 : 한국관광공사, 2004년도 외래 관광객 실태조사

주 : 각 항목별 평균 점수는 전체 사례(10,056명)에서 각각 결측치(missing)를 제외하고 측정한 것이므로 항목별로 사례수가 다를 수 있음.

제4장

우리나라의 지역 대표 쇼핑품목

Chapter 4 제1절 대표적인 지역 특산품

International Tourism Shopping Management

각 지방단체들은 적극적으로 그들의 지역 특산품이나 기념품을 소개, 홍보하고 있다. 지역의 특성과 환경을 반영하는 특산품은 곧 그 지역의 얼굴이기도 하다.

다음은 각 지역별 대표적인 특산품이다.

1 전라도

(1) 담양 죽세공품

담양은 기후와 토질이 대나무 생육에 알맞아 전국에서 죽림면적이 가장 많은 지역으로 이곳에서 자란 대나무로 만든 담양죽제품은 재질이 단단하여 무겁고 표면이 매끄러워 대나무 제품으로는 전국은 물론 전 세계적으로 단연 으뜸이다.

(2) 보성의 녹차

보성지방의 녹차는 지리적 특산품으로 농림부에서 그 품질을 보증하고 국제적으로 산업재산권 보호에 관한 표시협약에 의한 원산지 명칭의 개념으로 보호받고 있다.

(3) 완도의 해산물

완도는 김, 미역, 다시마, 멸치 등 해산물로 유명하다.

(4) 진도의 구기자

진도의 구기자는 한방 약제로도 쓰이고 있으며, 구기자차, 구기자술, 구기자 된장과 고추장 등 여러 종류로 상품화 되어 있다.

(5) 강진 청자

전라남도 강진은 우리나라의 대표적인 청자의 산지이며, 특히 대구면 일대는 1963년 국가사적 제68호로 지정되었다. 강진은 우리나라에서 유일한 청자박물관이 있으며, 매년 청자문화제를 개최하고 있다.

그 밖에도 고흥의 유자, 고창의 복분자, 여수의 단감, 구례의 지리산 고로쇠약수 및 산수유, 나주 배, 영광 굴비, 강진의 토하젓, 한과 및 전주의 한지, 순창의 고추장 등이 대표적이다.

2 경상도

경상도지역은 함양의 옻, 언양의 자수정, 진주의 장생도라지, 통영의 멸치, 봉화의 송이, 영주 풍기 인삼, 경주 빵 등이 유명하며, 대표적인 공예품으로는 통영을 중심으로 발달하여 공예조합의 모태가 된 나전칠기 제품과 누비, 경주의 토기와 목공예품, 그리고 김해 지역의 도자기 등이 있다. 또한 특산품을 연계한 축제는 다음과 같다.

그림Ⅳ-1　경상북도의 대표적인 특산물과 축제

(그림자료 : 경상북도 도청홈페이지)

3 충청도

충청도지역의 대표적인 특산품에는 먼저 충남 아산의 표고버섯, 천안의 광덕호도, 학화 호도과자, 병천 (아우내)순대, 성환 개구리참외, 입장 거봉포도가 있으며 연기 복숭아, 계룡산 물엿, 금산 인삼, 논산 딸기, 보령의 남포벼루 및 보령산 천연머드화장품, 홍성의 광천 토굴새우젓, 당진의 바지락, 예산 사과 및 옹기제품, 서천의 한산세모시와 단감 및 공작선(부채), 부여의 백마강 수박, 청양의 고추와 구기자, 공주 정안밤, 서산의 간월포 어리굴젓과 오이, 태안의 대하, 논산의 가시오가피와 양촌 곶감이 대표적이며 충북지역의 보은 표고버섯, 충주 사과, 제천의 사과와 약초, 옥천의 포도, 괴산의 청결고추, 보은의 대추 및 송이버섯, 진철 쌀, 음성의 고추 등이 유명하다. 그 중에서 몇 가지를 살펴보면 다음과 같다.

(1) 천안의 호도

천안의 명물인 호도로 만든 호도과자는 현재 여러 곳에서 생산되지만 충남의 향토지적재산으로 지정되어 있는 것은 심복순씨의 학화호도과자와 천안시 광덕면 일대의 천안광덕호도가 대표적인 상품이다.

(2) 금산 인삼

금산의 대표적인 특산품은 인삼으로 금산에는 인삼종합전시관에서 다양한 인삼제품(인삼주, 인삼한과, 인삼달걀 등)을 전시, 판매하며 금산의 특산품인 인삼을 소재로 한 금산인삼축제가 매년 성공적으로 열리고 있다.

(3) 보령 천연머드화장품

머드화장품 원료(진흙)는 외국에서의 전량 수입에 의존하고 있어 매년 막대한 외화를 낭비하고 있었다. 그러나 국내 최초로 국내산 진흙으로 화장품을 개발하였고 보령하면 '머드'로 모든 사람들이 알 정도로 유명한 특산품이 되었다. 보령산 바다진흙은 원적외선이 다량 방출되고 미네랄, 게르마늄, 알루미늄(벤토나이트)등 인체에 유익한 물질이 다량 함유되어 있어 피부 보호 및 피부 미용 등에 효과가 있다.

(4) 괴산의 청결고추

충북 괴산의 대표적인 특산품으로 괴산에는 고추마을과 농원, 직판장 및 고추박물관과 축제가 열리고 있다.

4 강원도

강원도의 특산품으로는 황기, 고랭지 여름배추, 영지버섯, 삼지구엽초, 철원 오대쌀, 양구쌀, 향어, 조롱박공예, 춘천의 대표적인 보석인 춘천옥, 원주 옻칠공예품, 영월의 청결고추가루, 삼척장뇌, 속초 동충하초, 철원의 궁중맷돌을 비롯하여 횡성의 태기산 더덕, 주루목, 황태, 오징어 등이 유명하다. 특히 강원도의 대표적인 산물인 감자는 메밀막국수나 안흥 찐빵과 함께 강원도의 대표적인 음식으로 자리 잡고 있다.

(1) 춘천옥

춘천지역의 대표적인 보석인 춘천옥은 일반 생활용품 뿐만 아니라 목걸이, 반지, 팔찌, 귀걸이와 옥도장 및 각종 공예품으로 상품화 되어있으며 춘천시에 있는 강원공예협동조합 전시판매장에서 전시 판매되고 있다.

(2) 옻칠공예

강원도의 대표적인 옻칠공예품은 원주시에 있는 특산품 판매장에서 판매하고 있다.

(3) 궁중맷돌

강원도의 대표적 공예품 중 하나인 궁중맷돌은 철원군에 있는 부흥석재 및 특산품 판매장에서 구입할 수 있다.

5 경기도

김포, 여주, 이천 등 우리나라 쌀의 본거지라고 할 수 있는 경기도에는 쌀 이외에도 이천과 여주의 대표적 도자기 제품, 세계제일의 당도를 자랑하는 화성의 송산포도 및 연천 포도, 가평의 잣과 사과, 안성의 맞춤배, 안성 맞춤전통옹기, 병 안에 배를 재배한 연천의 병배가 대표적 특산품이라고 할 수 있다.

6 제주도

우리나라 관광을 대표할 수 있는 제주도는 제주의 특유한 노동복인 갈옷, 선인장, 감귤, 한라봉, 유채, 파인애플, 백년초, 고등어, 갈치, 옥돔, 제주산 흑돼지, 표고버섯, 돌하루방 등이 대표적인 특산품이며 그 중에서 몇 가지를 살펴보면 다음과 같다.

(1) 갈옷(갈중이)

감즙으로 염색한 옷을 말하며, 제주도의 고유의상으로 그 종류에 따라 갈등지게, 갈적삼, 갈잠뱅이, 갈중이 등으로 불기도 한다. 갈옷의 장점은 옷감이 빳빳하므로 세탁한 후 풀을 먹이거나 다림질을 하는 등 잔손질이 필요 없어 농어민들이 작업복이나 일상복으로 입었다. 통기성이 좋고 열선노율이 낮아 여름에는 시원하며 습기에 강해 땀을 흘려도 옷감이 몸에 달라붙지 않고 감즙이 방부제 역할을 하기 때문에 땀에 옷감이 상하지 않는다는 장점이 있다. 제주도의 대표적인 공산품으로 갈옷뿐만 아니라 여권주머니, 가방, 모자 등으로 다양하게 관광객들에게 판매되고 있다.

(2) 제주감귤

제주의 감귤은 제주의 지리적 위치 상 다른 지역의 귤보다도 당도가 높은 특산품으로 많은 농원에서 감귤재배를 하고 있으며, 온라인, 오프라인으로 많이 판매되고 있는 대표적 특산품이다.

(3) 하루방

제주도 민속자료 제2호인 하루방은 수호신적 기능과 주술 종교적 기능, 위치표식기능을 가지고 있었으며 현재는 제주도를 대표하는 상징물이기도 하다. 하루방을 소재로 한 관광 기념품들은 열쇠고리에서부터 향수에 이르기까지 매우 다양하며 예로부터 물을 담았던 물허벅과 함께 석공예품들이 많이 개발되어 판매되고 있다.

7 울릉도

천혜의 청정자원을 가지고 있는 울릉도의 특산품으로는 오징어, 호박엿, 산나물, 울릉약소, 돌미역과 돌김 등이 대표적이며, 그 중에서 몇 가지를 살펴보면 다음과 같다.

(1) 오징어

울릉도의 지역 특산품으로서 대표적인 오징어는 차별화를 위하여 오징어 다리 부분에 가는 대나무를 가로질러 넣고 거기에 울릉도산(등록 제 467호)표시가 되어 있어 다른 지역 생산 제품과 차별화되어 있어 식별이 용이하며 다리사이에 탱깃대를 사용함으로써 건조되지 않은 다리부위를 빨리 건조시키고 다리사이의 미생물오염을 최대한 억제 할 수 있다는 장점을 가지고 있다.

(2) 호박엿

울릉도를 대표하는 호박엿은 당도가 높고 육질이 두꺼운 울릉도산 호박을 30% 첨가하여 만들며 치아에 달라붙지 않고 담백하며 상품의 종류도 호박 가락엿, 호박판엿, 호박잼, 호박조청, 호박젤리 등으로 다양하여 어린이나 신세대, 노인층까지 즐겨먹는 특산품이다.

(3) 울릉약소

울릉약소는 섬바디(일명 돼지풀)를 먹고 생육하는데, 섬바디는 울릉도에서만 서식하는 목초로서 연중 울릉도 전역에 자생하는데 줄기를 쪼개어 보면 우유 같은 하얀 진액이 흘러나와 일명 풀에서 나는 우유라고도 하며 한우가 제일 좋아하는 목초로 울릉도의 약소가 유명하게 된 이유다.

Chapter 4

제2절 대표적인 지역 특산주

International Tourism Shopping Management

(1) 김천 과하주

김천의 과하주는 경상북도 무형문화재 제11호로 1987.5.13 지정되었으며 기능보유자는 송재성(宋在星)씨이다.

(2) 경주 신라주

신라의 신하나 장졸들이 우리 역사상 가장 충군애국 했던 것과 큰일을 할 때 마다 포석정에서 한잔의 신라주에 서로가 입을 댐으로써 맺어진 일체화를 다짐한다는 문헌상의 기록을 바탕으로 경주에서는 1997년부터 경주 신라주를 개발하게 되었다.

(3) 안동 소주

경북 안동의 안동소주는 경북 무형문화재 12호인 동시에 기능보유자인 조옥화씨가 전통식품명인 20호로 지정되어 그 명성을 더하고 있는 안동지방의 대표적인 특산주이다.

(4) 김포 문배주

문배주는 클린턴, 예친 등 국빈 접대용으로 유명하며 누룩, 좁쌀, 수수로 빚은 증류주이다. 그 향이 문배나무 과실과 같다고 하여 붙여진 문배주는 중요 무형문화재 제86호로 지정되었으며 원래 고향은 평양이지만 김포지역의 특산주로 잘 알려져 있다.

현재 문배주 대표이사를 맡고 있는 이기춘씨가 선대의 비법을 전수받아 4대째 술을 만들고 있다. 엷은 황갈색을 띠며 문배향이 강하다. 알코올 함량은 40%이다.

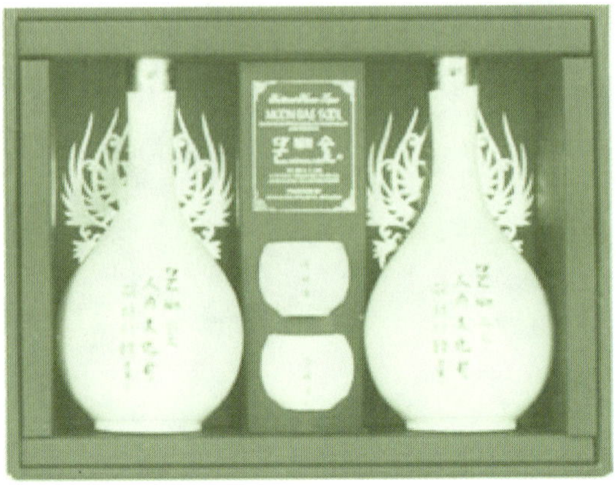

(5) 전주 이강주

1987년 전북 무형문화재 제6호로서 조선시대 3대 명주에 속하는 이강주는 전주를 대표하는 특산주이다.

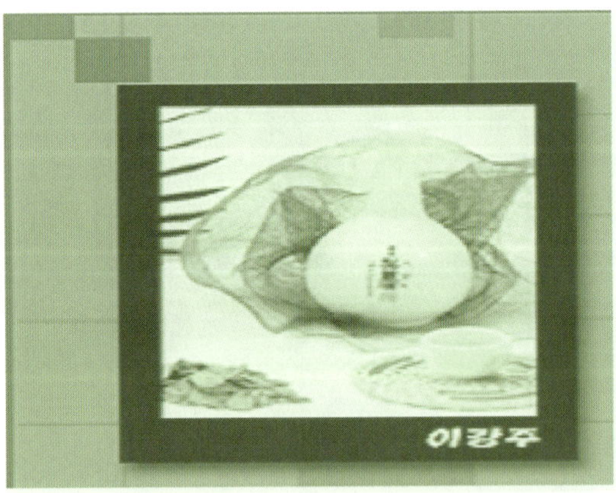

(6) 고창 선운산 복분자주

선운산의 명물인 복분자술은 부녀자들이 깊은 산중에서 공해를 모르고 자생한 복분자 열매를 6-9월께 채취하여 만든 술이다.

(7) 홍천 옥선주

강원도 홍천의 특산주인 옥선주는 혈액순환에 좋아 약용으로 쓰였다고 한다. 현재 홍천군청에서는 옥선영농조합법인(옥선민속주조)이나 www.oksun.co.kr을 통한 판매망을 구축하고 있다.

(8) 서천 소곡주

소곡주는 세모시와 함께 대표적인 충남 서천의 특산물로 무형 문화재 제3호로 지정되었다. 옛날 백제 왕실에서 즐겨마셨고 백제가 멸망 후 백제유민들이 주류성에서 나라를 잃은 슬픔을 달래기 위해 소곡주를 빚어 마셨다고 전해지는 술로 전통술중 가장 오래된 술이다.

(9) 진도 홍주

전남 진도의 특산주인 진도 홍주는 조선 세조 때에 경상도 절도사 허종(許琮)의 부인 청주한씨가 홍주의 양조비법을 알고 있어 후손들에게 전하였다고 한다.

진도홍주의 제조비법은 진도의 양천 허씨 문중에서 대대로 전해져 계승 보전되었다고 하며 1994년 전남 무형문화재로 지정되었다.

한편, 한국관광공사에 등록되어 있는 민속주(양조장)는 모두 27개소이다.

제5장

우리나라의 관광쇼핑지역 고찰

제1절 국내 관광쇼핑지역

Chapter 5

제 1 절 국내 관광쇼핑지역

International Tourism Shopping Management

2006년 현재 한국관광공사에 등록되어 있는 우리나라 주요 쇼핑지역은 면세점 19개소를 비롯하여 관광기념품점 28개소, 백화점 및 할인매장 76개소, 장터 320개소, 전문/재래시장 146개소, 공예/공방 108개소, 민속주 27개소 등이다.

1 동대문 지역(동대문 패션타운 관광특구)

2002년 정부에서 관광특구로 지정한 '동대문패션타운 관광특구'는 전통 재래시장과 현대식 쇼핑몰이 혼재된 세계 최대규모의 패션관련 산업 집적지로써, 3만 여개의 점포에서 원스톱 시스템으로 기획·생산·판매하는 첨단의류 및 고품질 장신구는 전국의류시장과 세계 각국을 대상으로 저렴하게 공급하고 있으며, 24시간 도·소매 쇼핑이 가능하여 연간 250만 명이 넘는 외국인 관광객이 즐겨 찾는 세계적 패션의 중심지이다.

2005년 10월 역사적인 청계천 복원공사가 완료되어 더욱 쾌적하고 아름다운 환경조성으로 생동감과 매력이 넘치는 도심 속의 쇼핑·관광명소로 부상하고 있다.

총 3만여 개의 점포가 집적되어 있는 동대문시장은 전국을 대상으로 하는 중앙 의류도매산지로 국내 의류시장의 30% 이상을, 서울지역 의류시장의 50% 가까이를 차지하고 있는 패션산업의 요지이다.

동대문시장의 연간매출액은 10조원이 넘고 있으며, 외국인 의류구매 규모는 연간 40억 달러 정도로 이는 우리나라의 노트북 수출액을 능가하는 대단한 수치이다.

특히 우리나라를 찾는 외국인 관광객 중 50%이상이 동대문시장을 즐겨 찾고 있으며, 동대문

시장 외화매입실적은 30억 달러를 상회하고 있는 것으로 조사되고 있다.

사업체 기초 통계자료에 의하면 동대문 관광특구지역에만 4만여 사업체에 10 여만명 이상이 종사하고 있는 것으로 나타나고 있다. 이는 서울시 전체의류 제조업체중 13% 이상으로 1위를 차지하고 있다. 이와 같이 동대문시장이 차지하고 있는 경제 파급효과는 서울뿐 아니라 우리나라 전체에 미치는 영향은 매우 크다.

한편, 동대문 패션 특구는 매년 봄·가을, 상인과 고객들이 함께 하는 '동대문 패션 페스티벌'이 개최되고 있다. 복합 쇼핑몰(두타, 밀리오레, 헬로에이피엠, 청대문)에서는 동대문 유망 패션디자이너 패션쇼와 함께 인기가수 공연을 비롯한 다양한 문화행사로 거리의 시민들에게 즐거움을 제공하고 있다.

동대문 시장은 세계 최대 규모의 패션 도매시장답게 밤에도 수십만 명의 인파로 붐빈다. 불야성을 이루는 찬란한 불빛과 현란한 춤과 음악이 함께 어우러지며, 30 여개의 대형상가들이 저마다 펼치는 생동감 넘치는 독특한 이벤트행사는 패션의 대표도시임을 느끼게 한다.

〈표 V-1〉 동대문 관광특구 현황

관광 특구 면적	586,000㎡
상가수	26개 - 야간 도매상가 (pm9~am7) : 13개 - 24시간 영업상가 : 13개
점포수	31,500개
주요품목	의류, 잡화, 장신구, 생필품 등
시장종사자	상인포함 약 15만명/1일 유동인구 : 100만명
연간 외국인 관광객수	250만명/1일 총매출액 : 약 500억원
주차장	약 8,000대 주차가능
대중교통 이용편리	지하철 - 1, 2, 4, 5, 6호선 시내버스 - 18개 노선 운행

표 자료 : 동대문 관광특구(www.dft.co.kr/ko/dong/introduce.htm)

동대문에는 대형 쇼핑몰뿐만 아니라 크고 작은 시장들이 즐비하게 들어서 있다. 대표적인 쇼핑몰과 관광명소는 다음과 같다.

1 . 흥인지문(동대문)	2. 신평화시장	3. 테크노상가
4 . 이대동대문병원	5. 남평화시장	6. 청평화시장
7 . 동대문종합시장	8. 흥인스타덤	9. 축구장
10 . 베스트웨스턴호텔	11. 덕운상가	12. 야구장

13 . 동대문신발도매상가
14. 제일평화시장
15. Team204
16 . 평화시장
17. 광희패션몰
18. 골든타운
19 . 동화시장
20. Area6
21. apM
22 . 프레야타운
23. 동평화시장
24. 디자이너클럽
25 . 두산타워
26. 아트프라자
27. 누존
28. 밀리오레
29. 혜양엘리시움
30. 올레오
31. hello apM
32. 통일상가

한편, 동대문 관광특구에는 환전소를 비롯하여 관광안내소와 쇼핑객들의 편의를 위해 구매안내소를 운영하고 있다.

(1) 동대문 외국인 구매안내소

한국무역협회가 국제적인 패션의류메카로 부상하고 있는 동대문시장의 수출활성화를 위하여 1999년 6월에 설치한 구매안내소는 동대문시장을 세계적으로 널리 홍보하고 이곳을 방문한 외국 바이어들이 한국무역협회와 외국인구매안내소의 공신력을 믿고 편리하고 효율적으로 비즈니스를 할 수 있도록 지원하고 있으며, 주요 기능은 다음과 같다.

① 내 · 외국인 구매, 거래알선서비스
② 운송업체를 통한 외국인 구매물품 운송대행 서비스
③ 외국인에 대한 시장안내, 정보제공
④ 내 · 외국인에 대한 수출상담 서비스
⑤ 내 · 외국인을 위한 통역 서비스
⑥ 외국인을 위한 비즈니스센터 운영
⑦ 외국인 인터넷정보검색 지원
⑧ 동대문시장 대내외 홍보

앞으로 재래시장 현대화사업으로 추진 중인 리모델링을 통하여 고객들의 편의시설을 더욱 확충해 나가고, 청계천과 동대문시장이 함께 연상되도록 대대적이고 집중적인 홍보 및 광고 활동을 강화해나가는 등, 동대문시장이 관광자원화 될 수 있도록 노력해야 한다.

특히, 동대문 관광특구 숙원사업으로 강력히 추진 중인 “청계천에서 동대문운동장역까지 지하통로 개설”사업이 시행되면 현재 큰길을 사이에 두고 단절돼 있는 도매상권과 소매상권이 하나로 통일되어 상권 활성화에 크게 기여함은 물론, 청계천에서 을지로 지하상가를 통해 시청까지도 워킹과 쇼핑이 가능하게 되어 동대문시장이 세계적 관광명소로 발전해 나갈 수 있을 것으로 본다.(자료 : 동대문 관광특구, www.dft.co.kr/ko/dong/introduce.htm)

사진자료 : 대형 쇼핑몰 밀리오레
사진출처 : www.dft.co.kr/ko/dong/

2 남대문 지역

(1) 남대문 시장의 쇼핑정보

서울시 중구 남창동 일대 20,000 여평 대지위에 자리 잡은 남대문시장은 약 10,172개의 점포가 의류 외 1,700여 종의 제품을 취급하고 있으며 약 50,000 여명이 삶의 터전으로 삼고 영업을 하고 있는 시장이다. 전국 각지의 소매상인과 일반시민이 매일 첫 새벽부터 북새통을 이루고 있으며, 외국인이 반드시 둘러보는 주요 관광코스이기도 하다.

동대문이 유명하듯 남대문 시장 또한 그에 뒤지지 않는 인기를 누리고 있다. 남대문 시장은 싸고 좋은 질로 많은 사람을 끌어 모으고 있으며 삶의 활기를 느낄 수 있는 곳이다.

한편, 남대문 시장의 현황을 살펴보면 다음과 같다.

〈표 V-2〉 남대문 시장의 규모

대지면적	약 20,000평
점포수	10,172 개 점포
취급 품목	의류 외 1,700 여종
시장 종사자수	상인포함 약 50,000 여명
1일 출입 고객수	약 30~40만
1일 시장 출입 차량대수	약 1,700여 대
1일 반출·입 물동량	약 3,500여 톤

표 자료 : 남대문시장 홈페이지(www.enamdaemun.com/)

〈표 V-3〉 업종별 점포현황

의류	액세서리	식품잡화	일용잡화	농수산물	수입품	주방용품	주류음료	공예품	피혁제품	기타
6,194	1,590	397	365	362	461	122	103	155	105	318

표 자료 : 남대문시장 홈페이지(www.enamdaemun.com/)

1) 도 · 소매 복합시장 남대문시장의 오픈시간

① 23:00시 - 익일 16:00에 닫는 품목 - 아동복, 숙녀복, 남성기성복 등의 의류상가

② 05:00~06:00시 - 당일 16:00~18:00에 닫는 품목 - 농수산물, 일용잡화, 액세서리, 수입상품

③ 08:00시에 열어서 18:30분에 닫는 품목 - 주방용품, 민속공예, 피혁제품 등

2) 남대문시장 출입 소매 상인수 (서울시 근교 및 전국 일원)

① 새벽시간: 6,000명 ~ 7,000 여명

② 낮 시 간: 2,000명 ~ 3,000 여명

3) 일반 고객 출입수

00:00 ~ 20:00 까지 매일 30~40만 명

사진자료 : 남대문 도깨비 상가
사진출처 : 남대문시장 홈페이지(www.enamdaemun.com/)

〈표 V-4〉 지역 국가별 외국인 남대문 시장방문 현황

국적별	1일 출입자	선호상품	비 고
일 본	400 ~ 500 여명	송이버섯, 김, 인삼, 의류	
미 국	100 ~ 150 여명	의류, 민예품, 토산품	
중 국	300 ~ 400 여명	의류, 토산품, 표고버섯	대만인 포함
홍 콩	50 ~ 80 여명	의류, 민예품, 토산품	
러시아	50 ~ 70 여명	의류, 액세서리	
동남아 지역	200 ~ 300 여명	의류, 액세서리, 토산품	
중남미 지역	100 ~ 150 여명	의류, 액세서리, 민예품, 토산품	
중동 지역	350 ~ 400 여명	의류, 액세서리	
국내거주외국인	300 ~ 500 여명	의류, 잡화, 생활용품	

표 자료 : 남대문시장 홈페이지(www.enamdaemun.com/)

3 이태원지역

이태원 상가는 무역거래법시행령 제1조에 의하여 '76년부터 외국인에 대하여 영세율을 적용하고 있다.

이태원을 방문하는 다양한 국적의 외국인들이 점점 늘어가고 있고, 음식, 골동품, 전통상품, 이색클럽과 Bar들, 그리고 목욕업 등을 중심으로 새로운 글로벌 상품들이 계속 등장 하고 있으며, 가로 환경조성 등 관광특구로서의 이미지를 구축하려는 민관의 노력이 지속되고 있어, "다양한 세계문화 교류의 장소"이자 "문화의 이색지대"로서 지속적으로 발전하고 있다.

이태원에서의 주요 쇼핑품목으로는 의류, 가방, 피혁제품을 비롯하여 고가구, 공예품 및 귀금속과 악세사리 등을 들 수 있다.

이태원은 서울을 처음 방문하는 외국인들이 쇼핑, 관광, 숙박, 정보수집 등을 원스톱(one-stop)으로 서비스를 받는 '외국인 관광의 대표적인 명소'이자, 세계의 다국적 다 민족적, 다정체성의 문화적 정서가 수용되고 교감되는 '퓨전 문화지역'으로서의 이미지를 구축해 나가려는 노력을 하고 있다.

사진자료 : 헤밀턴 쇼핑센터
사진출처 : www.itaewon.go.kr

한편, 이태원 관광특구의 현황을 살펴보면 다음과 같다.

① 관광특구 지정일 : '97. 9. 29. (서울시 최초)

② 이태원관광특구 범위 : 이태원로 입구 ~ 한남2동 동사무소 간 1.4km

③ 면적 : 375,000 ㎡ (113,437평)

④ 업소현황 : 쇼핑, 상가시설 등 2,181개소 (이태원관광특구연합회 추산자료)

⑤ 지역특성 : 외국인 관광객을 위한 쇼핑업소 및 유흥업소 밀집지역

〈표 V-5〉 이태원 관광특구 업소현황

	관광업소	쇼핑상점	식품위생업소	환전상
총 2,181개소	39개소	1,514개소	546개소	15개소
	기념품 11 여행사 8 전문유흥주점 7 호텔 4 외국인전용매장9	의류 763 피혁제품 270 가방 150 신발양화 110 보석, 악세사리 93 스포츠용품 50 양복 50 민속가구 15 기타 13	[식품접객업소] 일반음식 334 휴게음식 34 외국전문음식 12 일반주점 82 외국인전문주점 17 [공중위생업소] 미용 17 숙박 13 세탁 11 목욕탕 8 이용 7 게임장 5 맛사지 6	환전상 15

표 자료 : 이태원관광특구연합회 조사 자료, 출처 : www.itaewon.go.kr

한편, 서울시에서 한국갤럽조사 연구소에 의뢰한 외국인 관광객 설문조사 결과 외국인 관광객들은 서울 여행에서 '이태원' (46.7%)을 가장 많이 찾는 것으로 나타났으며, '고궁' (45.9%), '명동' (45.9%), '박물관, 기념관, 미술관' (40.3%), 등도 주로 찾는 관광장소인 것으로 나타났다. 그 외 관광지로는 '놀이공원' (26.5%), '한강' (19.6%), '인사동' (14.9%) 등이 있었다.

게다가 서울여행 중 쇼핑을 위해 방문한 곳으로 이태원은 면세점 (51.5%), 동대문시장 (46.4%), 남대문시장 (45.3%), 백화점 (43.9%)에 이어 38.1%가 찾는 것으로 나타남. 이후 명동 (35.5%), 인사동 (12.2%)으로 나타났다. (자료 : www.itaewon.go.kr)

4 명동지역

명동지역은 대형백화점, 고급양장점, 양화점, 의상실, 각종사무실 등 고급 쇼핑센터 및 전문점들이 밀집되어 내국인은 물론 외국인들의 쇼핑관광지로 각광을 받고 있으며, 또한 이곳은 유행의 최첨단의 지역이기도 해서 평일에도 젊은이들의 발길이 끊이지 않고 있다.

명동상가에서는 명동이 세계제일의 쇼핑관광지라는 이미지 부여 및 명동상가의 상품을 널리 홍보하고, 내·외국인 등 보다 많은 고객유치를 위하여 상인과 시민이 같이 어울릴 수 있는 기회를 마련하고자 명동축제행사가 1982년부터 봄·가을 연 2회에 걸쳐 성황리에 열리고 있다. (자료 : 한국관광협회 중앙회 자료실)

5 우편주문 판매

우편주문 판매는 (재)체성회가 관리대행하며 전국 3,000 여개 우체국에서 취급하고 있다.

〈표 V-6〉 우편주문 판매현황('98) (단위 : 억원)

취급품목수	종류	판매금액
593	1,712	355

자료 : 한국공예협동조합연합회, 내부 참고자료(참고자료 9606-1)

〈표 V-7〉 우편주문 판매품목

품명	농산품	수산품	수공예품	공산품	축산품	계
품목수	358	174	40	18	3	593
종류	910	488	205	79	30	1,712
특산품 사례	고추/과일	건어물	목기/칠기	귀금속	홍삼제품	

자료 : 한국공예협동조합연합회, 내부 참고자료(참고자료 9606-1)
※ '99년 8월부터는 858품목 2,433종류로 확대되었음.

6 문화관광부 관련 문화상품 판매장

〈표 V-8〉 문화관광부 관련 판매장 현황 (한국공예협동조합연합회 자료)

기 관 명	설치연도	규모(㎡)	운영주체
국립중앙박물관			
- 본 관(2)	'86	140.7	(사)문공회
- 휴게소(1)	'88	235.9	민간업자
경주박물관	'85	38	상조회, 민간업자
청주박물관	'87	9.75	민간업자
김해박물관	'98	26.5	상조회
광주박물관	'80	13.8	상조회
공주박물관	'80	21.08	민간업자
전주박물관	'90	16.41	상조회
진주박물관	'93	34.86	상조회
부여박물관	'93	25.3	상조회
대구박물관	'94	33	민간업자
문화재청			
창 덕 궁(2)			
- 정 문 밖	'79	66	(사)문공회
- 경 내	'96	19	(사)문공회
경 복 궁(2)			
- 향원정 앞		276.5	민간업자
- 경회루 앞		9.72	민간업자
덕수궁 궁중유물전시관	'94	12.8	문화재보호재단
현 충 사	'98	6.6	민간업자
세종유적관리소	'89	6.6	상조회
해양유물전시관	'96	12.2	민간업자
문화재보호재단(3)			
- 한국의 집	'87	16.5	문화재보호재단
- 전통공예관(한옥마을)	'98	122	문화재보호재단
- 삼성동 전수회관	'97	208	무형문화재기능보존협회
국립현대미술관	'86	305.9	민간업자
국립민속박물관	'92	84.5	민간업자
국립국악원	'96	26	(사)국악진흥회
국립중앙극장	'97	9.54	민간업자
예술의전당	'93	21.6	민간업자
정동극장	'98	3	민간업자

7 공예품 전시판매장

공예품 전시 판매장의 총 매장 수는 12개(서울 1, 지방 11)이며 참여업체 360개 정도이다.

〈표 V-9〉 공예품 전시판매장 현황

조합명	설치 연도	규모 (평)	참 여 업체수	연간매출액 (천만원)	지원단체	지원내용
서 울	93	85	45	320	서 울 시	ㅇ매장 무상제공 ㅇ시설비 등 약 9천만 원
부산시	93	30	5	20	부산동구청	ㅇ임대보증금 3천만 원
광주 · 전남	85	90	60	100	전라남도	ㅇ임대보증금 2억1천만 원
	92	142	60	200	광주광역시	ㅇ임대보증금 5억5천만 원
대구 · 경북	83	10	11	23	대구광역시	ㅇ임대보증금 2천만 원
대 전	84	30	10	360	대전광역시	ㅇ매장 무상제공
	95	17	12	20	조 합	ㅇ조합자체자금
충 남	93	35	44	30	충청남도	ㅇ매장 무상제공
경 남	94	132	35	20	경상남도 통영시	ㅇ임대보증금 3천만 원
	87	10	10	10	경상남도	ㅇ경상비 1천만 원
강 원	91	50	25	220	강 원 도	ㅇ매장 무상제공
제 주	95	60	43	50	제 주 도	ㅇ임대료 및 시설비 1억원

자료 : 한국공예협동조합연합회, 내부 참고자료(참고자료 9606-1)

8 전자상거래

인터넷을 통한 전자상거래는 주로 외국에 대한 선물용품 구입자를 대상으로 영업활동을 하였으나, '99.7월 우체국 전자쇼핑몰의 개설로 시장이 국내 고객까지 확대될 전망이다.

〈표 V-10〉 전자상거래 현황

업 체 명	개설년도	취급품목	초기투자비용	연간 매출
인터솔루션(쇼핑몰명 : 코리삽)	1997	8품목 100여 종	2천2백만	1천만
사람과 문화	1998	72개 종	3천만	1천만
우체국 전자쇼핑몰	199.7월	593품목 1,712개 종	7억	-

자료 : 한국공예협동조합연합회, 내부 참고자료(참고자료 9606-1)

9 농촌특산품 전시판매장

농어촌 특산품 전시판매장은 농어촌발전특별조치법에 의거 설치되었다.

〈표 V-11〉 농촌 특산품 전시판매장 (1998년 6월 현재) (단위 : 백만 원)

지역 \ 내역	소 재 지	사업기관	선정 연도	개장 연도	규모(건평)	사업비
서 울	서초구 서초동 1316-7	농 협	1984	1984. 2	434평	3,287
대 구	동구 검사동 1005-4	대구시	1995	1997. 2	295평	1,655
강 원	홍천군 북방면 소매곡리 23-2	홍천군	1993	1998. 2	380평	1,401
	인제군 인제면 상동리 224	인제군	1994	1997. 9	385평	2,648
	고성군 토성면 봉토산리 31-1	고성군	1995	1998. 5	343평	1,000
	평창군 도암면 차항리 29-5	평창군	1997	1999. 6	250평	1,000
충 북	청주시 상당구 율량동 877	충북도	1993	1995. 9	401평	1,000
충 남	대전광역시 서구 둔산동 999	충남도	1992	1995. 5	407평	1,470
전 북	전주시 완산구 효자동 650-3	전북도	1992	1993.12	302평	1,203
	남원시 산내면 장항리 209-3	남원시	1997	1998.10	315평	1,000
	진안군 진안읍 군하리 산17	진안군	1998	1998.12	300평	1,000
전 남	광주광역시 동구 대의동 50-26	전남도	1989	1990. 2	227평	467
	함평군 월야면 월야리 759-20	함평군	1996	1998. 6	207평	753
경 남	창원시 팔용동 6-30	경남도	1992	1994. 5	310평	1,191
제 주	제주시 이도2동 390	제주도	1995	1998. 6	200평	1,000

자료 : 한국공예협동조합연합회, 내부 참고자료(참고자료 9606-1)

10 외국인대상 토산품 판매장

(1) 보세판매장(면세점)

〈표 V-12〉 전국의 면세점 현황

구분		소재지	주요품목
출국장 매점	1. 파라다이스 면세점	대구국제공항	유명 수입상품, 관광기념품, 토산품 등
	2. 롯데 인천공항 면세점	인천국제공항	유명 수입상품, 관광기념품, 토산품 등
	3. 김해공항 면세점	김해국제공항(부산 강서구)	향수, 화장품, 시계, 악세사리, 양주, 담배, 의류, 토산품, 피혁 등
	4. 롯데 제주공항 면세점	제주국제공항(제주시)	유명 수입상품, 관광기념품, 토산품 등
	5. 부산항 국제여객선터미널 면세점	부산페리부두(부산 중구)	향수, 화장품, 시계, 악세사리, 양주, 담배, 의류, 토산품 등
	6. 인천항 국제여객선터미널 면세점	인천페리부두(인천 중구)	홍삼, 화장품, 시계, 양주, 담배, 카메라 등
시내 면세매점	1. 호텔롯데 면세점	서울 소공동 1	유명수입상품, 관광기념품, 토산품 등
	2. 롯데월드 면세점	서울 잠실동 40-1	외국수입상품, 한국 토산품 등
	3. 동화면세점	서울 세종로 1가 211-1	부띠끄, 주요향수/화장품, 주요브랜드, 토산품 등
	4. SKM 면세점	서울 강남구	수입상품, 관광상품, 한국상품 등
	5. 서울 신라 면세점	서울 장충동 2가 202	면세품
	6. 롯데호텔로비 면세점	서울중구	유명수입상품, 관광기념품, 토산품 등
	7. 쉐라톤 워커힐호텔 면세점	서울 광장동 산22	명품보석, 화장품, 의류, 한국의 토산품 등
	8. 파라다이스 면세점 부산본점	부산 중동 1128-78	유명 수입상품, 관광기념품, 토산품 등
	9. 롯데부산면세점	부산 부전동 503-15	유명 수입상품, 관광기념품, 토산품 등
	10. JDC면세점	제주도 제주시	향수, 화장품, 시계, 악세사리, 양주, 담배, 의류, 토산품 등
	11. Duty Free Korea 면세점	인천 중구	양주, 담배, 부띠끄, 전자제품, 피혁, 의류, 인삼, 국산품 등
	12. 제주 신라 면세점	제주 이도1동 1690-8	해외 유명브랜드 수입상품 및 관광기념품 등
	13. 롯데 제주 면세점	서귀포 색달동 3039-3	유명수입상품, 관광기념품, 토산품 등
총계	19개소(출국장 6개소, 시내면세점 13개소)		

자료 : 한국관광공사 여행안내 쇼핑목록보기(www.visitkorea.or.kr/ya/sp)

관세법 의하여 특허 보세구역 내에 설치하며, 외래 관광객과 출국 내국인을 대상으로 한다. 부가가치세, 특소세, 관세 등을 면세한다. 대상품목은 수입상품, 모피, 보석류 등 보세가공품, 국산제품 등이다.

〈표 V-13〉 운영현황

구분 / 연도	업체수	외국인 이용객(명)	판매실적(천$)
1997년	21	1,501,634	956,925
1998.1~3월	20	461,488	202,146

자료 : 한국공예협동조합연합회, 내부 참고자료(참고자료 9606-1)

(2) 외국인 전용 면세판매장

외국인 전용 면세판매장은 특별소비세법에 의하여 설치하며, 주한외교관, 외국인 관광객, 외국공관원을 대상으로 특별소비세가 면세된다.

〈표 V-14〉 운영현황

구분 / 연도	업체수	외국인 이용객(명)	판매실적(천$)
'97 연간	478	433	45
'98.1~3	183	157	26

자료 : 한국공예협동조합연합회, 내부 참고자료(참고자료 9606-1)

출국내국인 면세점 구매한도 및 휴대품 면세범위에 관한 보도자료(관광공사)

- □ 관세청에서는 해외 여행하는 내국인의 쇼핑 편의를 제고하고자 내국인이 면세점에서 면세품을 구매할 수 있는 한도를 현행 미화 2,000불에서 미화 3,000불로 상향조정하여 2006.1.1부터 시행한다.
- □ 그러나, 해외여행에서 입국할 때 휴대하는 물품에 대하여는 현행과 다름없이 미화 400불까지만 면세가 가능한 점에 유의하여야 한다.

□ 참고로, 모든 해외여행자는 입국하는 때 반드시 <세관휴대품신고서>를 작성하여 세관직원에게 제출하여야 하며, 면세범위(미화 400불 이하, 주류1병, 담배 1보루, 향수 2온스)를 초과하는 물품은 세금을 납부하여야 한다.

□ 만약, 면세범위를 초과하는 물품을 신고하지 아니하는 경우에는 당해 물품에 대한 세금에 가산세 30%가 추가로 부과되거나 관세법 위반으로 불이익을 받을 수 있다.

〈표 V-15〉 외국인 전용 면세판매장 현황

일련번호	소 재 지	상 호	업 종	지정일자
1	서울 종로구 세종로 211-1	(주)동화면세점	소매(귀금속)	'85.12.27
2	서울 중구 소공동 1	(주)호텔롯데	소매(귀금속, 자양강장품)	'82. 1. 1
3	서울 중구 장충동 2가 202	(주)호텔신라	소매(귀금속, 자양강장품)	'87. 1.26
4	서울 송파구 잠실동 40-1	(주)호텔롯데월드	소매(홍삼)	'89. 1.10

자료 : 한국공예협동조합연합회, 내부 참고자료(참고자료 9606-1)

(3) 사후면세 판매장

조세감면규제법에 의거 설치, 외국인 관광객이 면세사업체에서 세금포함 가격으로 물건을 구입 후 공항에서 출국확인 시 세금을 환급, 부가가치세, 특별소비세가 면세된다.

〈표 V-16〉 사후면세 판매장 현황('99.5.31 현재, 한국공예협동조합연합회 자료)

일련번호	소 재 지	상 호	업 종	지정일자
1	서울시 중구 소공동 1	롯데쇼핑(주)	소매, 백화점	'86. 4.28
2	서울시 중구 남대문로 2가 123	미도파백화점(주)	소매, 백화점	'86. 6.30
3	서울시 중구 충무로 1가 52-5	신세계백화점(주)	소매, 백화점	'86. 5.21
4	서울시 중구 명동2가 33-12	금강화제화(주)	소매, 양화	'86.12.27
5	서울시 강남구 압구정동 42-9	금강(주) 현대백화점	소매, 백화점	'86. 9.20
6	서울시 서초구 반포동 398-2	(주)뉴코아	소매, 백화점	'86. 8.10
7	서울시 영등포구 영등포동 434-5	신세계(주) 영등포	소매, 백화점	'86. 5.31
8	서울시 성북구 길음동 25-2	신세계(주) 미아리	소매, 백화점	'88. 9. 8
9	서울시 중구 봉래동 7	(주)도원기업	소매, 토산품	'92.11. 1
10	서울시 중구 태평로 2가 150	(주)삼성물산 삼성프라자 태평로점	소매, 백화점	'98. 2.26

일련번호	소 재 지	상 호	업 종	지정일자
11	서울시 용산구 한남동 747-7	(주)까르띠에 하얏트점	소매, 지갑	'98.11.18
12	서울시 중구 명동 2가 31-1	삼성물산(주) 유투존 백화점	소매, 백화점	'98.11. 6
13	서울시 중구 충무로 1가 23-10	삼성물산(주) 충무로 프라자	소매, 기성복	'99. 2.12
14	서울시 중구 충무로 1가 22-4	삼성물산(주) 충무로 아스트라	소매, 기성복	'99. 2.12
15	서울시 중구 명동 2가 50-15	삼성물산(주) 명동직매장	소매, 기성복	'99. 2.12
16	서울시 중구 충무로 2가 65-5	제일모직(주) 명동빈폴	소매, 의류	'99. 3.15
17	서울시 중구 충무로 2가 24-3	제익모직(주) 충무로 하티스트	소매, 기성복	'99. 3.18
18	서울시 중구 충무로 1가 23-17	제일모직(주) 명동엠비오	소매, 기성복	'99. 3.18
19	서울시 중구 충무로 1가 52-5	삼성물산(주) 신세계 직매장	소매, 기성복	'99. 4.28
20	서울시 중구 충무로 1가 24-4	코오롱상사(주) 충무로직영점	소매, 기성복	'99. 6. 2
21	서울시 중구 소공동 1	(주)까르띠에롯데	도소매, 시계	'98.12.30
22	서울시 중구 소공동 1	(주)삼성물산롯데	소매, 기성복	'99. 5.25
23	서울시 중구 소공동 1	(주)비브이케이롯데	소매, 시계	'99. 4. 1
24	서울시 강남구 압구정동 429	금상개발산업(주)	소매, 백화점	'98.10.23
25	서울시 강남구 압구정동 515 갤러리아	(주)까르띠에	소매, 귀금속	'98.12.16
26	서울시 강남구 압구정동 429 현대백화점	(주)까르띠에	소매, 귀금속	'98.12.16
27	서울시 강남구 압구정동 515	(주)한화유통갤러리아 동관	소매, 백화점	'99. 3.22
28	서울시 강남구 압구정동 494	(주)한화유통갤러리아 서관	소매, 백화점	'99. 3.22
29	서울시 강남구 압구정동 515	에르메스코리아(유)	소매, 의류	'99. 4.12
30	서울시 강남구 압구정동 429	삼성물산(주) 현대직매장	소매, 의류	'99. 5. 3
31	서울시 강남구 압구정동 515	루비이통코리아(주) 갤러리아	소매, 잡화	'99 .5 .6
32	서울시 광진구 광장동 산21	(주)에스케이엠 워커힐면세점	소매, 면세품	'92. 2. 1
33	서울시 송파구 잠실동 10(종합운동장내)	오 륜	소매, 기념품	'96. 4.13
34	서울시 송파구 잠실동 40-1	(주)까르띠에	소매, 보석	'98.12.18
35	서울시 송파구 잠실동 40-1	(주)호텔롯데월드	소매, 면세품	'88. 8.20
36	서울시 송파구 잠실동 40	롯데쇼핑(주) 잠실	소매, 홍삼외	'98. 4.30
37	경기도 광주군 광주읍 송정리 153	두산유리(주) 광주공장	제조, 유리제품	'88. 5.12
38	경기도 성남시 분당구 수내동 14	롯데쇼핑(주) 분당점	소매, 백화점	'99. 4. 8
39	대전시 중구 선화동 3-4	(주)동양백화점	소매, 백화점	'88.11. 3
40	광주시 서구 광천동 49-1	(주)광주신세계백화점	소매, 백화점	'95. 8.17
41	광주시 동구 대인동 7-1	롯데쇼핑(주) 광주점	소매, 백화점	'98. 8.11
42	경북 경주시 신평동 370	(주)파라다이스 남문 경주	소매, 면세품	'89. 2. 1
43	부산시 중구 중앙동 4가 22	아뮤타코리아	도소매, 수출업	'98. 9.15
44	부산시 동구 범일동 62-5	금강개발산업(주) 현대백화점	소매, 백화점	'99. 5.29

일련번호	소 재 지	상 호	업 종	지정일자
45	부산시 동구 범일동 62-5	삼성물산(주) 부산현대 직매장	소매, 기성복	'99. 5.29
46	부산시 동구 범일동 62-5	루이비통코리아(주) 부산매장	소매, 가방	'99. 5.29
47	부산시 동구 범일동 62-5	제일모직(주) 부산현대백화점	소매, 기성복	'99. 5.29
48	부산시 부산진구 부전동 503-15	롯데쇼핑(주) 부산점	소매, 백화점	'98. 4.13
49	부산시 부산진구 부전동 503-15	삼성물산(주) 롯데부산직매장	소매, 기성복	'99. 5.12
50	제주도 서귀포시 색달동 3039-3	루이비통제주매장	소매, 잡화	'99. 3.29
51	부산시 중구 창선동 2가 46-1	제일모직(주) 창신프라자	소매, 의류	'99. 5.30
52	부산시 중구 남포동 6가 85	(주)미화당	소매, 백화점	'98. 9.11

11 관광기념품점

2006년 현재 한국관광공사에 등록이 되어 있는 관광기념품점의 수는 모두 28개소이고 다음과 같다.

〈표 V-17〉 관광기념품점 현황

1	이승복기념관휴게소	관광기념품점	계방산 일대 토산품 및 기념품	강원 평창군
2	평화의댐 안보관 휴게실	관광기념품점	기념품	강원 화천군
3	원조가평잣집	관광기념품점	잣	경기 가평군
4	에버랜드 기념품판매장	관광기념품점	캐릭터 상품 및 기념품 매장, 필름·카메라매장, 생활용품	경기 용인시
5	한국도요	관광기념품점	도자기	경기 이천시
6	경도관광기념품점	관광기념품점	토산품	경북 경주시
7	신라민예사	관광기념품점	민예품	경북 경주시
8	봉화태백산특산물직판장	관광기념품점	농산물, 잡곡류	경북 봉화군
9	한국관광명품점 안동점	관광기념품점	관광기념품	경북 안동시
10	한국관광명품점 포항점	관광기념품점		경북 포항시
11	한국민속식품	관광기념품점	식품류(김치,젓갈,인삼,쵸코렐,한과,건어물,해산물), 민예품	부산 강서구
12	앤	관광기념품점	자수정,가방,인삼,T셔츠,란제리,스카프,김치,악세사리,민예품 등	부산 중구
13	조수정 한지 그림 갤러리	관광기념품점	스카프, 넥타이, 쿠션, 손수건, 핸드백 등	서울 강남구
14	새마을관광식품	관광기념품점	김치, 돌김	서울 강서구

15	서아통상	관광기념품점	토산품, 인삼제품	서울 마포구
16	한국관광명품점	관광기념품점	관광기념품(칠기, 자수 공예품 및 도자기 등)	서울 종로구
17	강화토산품판매장	관광기념품점	화문석, 화방석, 꽃삼합, 접자리 벼게, 자동차시트	인천 강화군
18	고창 전통자수 전시 판매장	관광기념품점	전통자수, 전통공예품, 특산품, 선물용품	전북 고창군
20	남곡 민속 도자기	관광기념품점	도자기	전북 김제시
21	남원시 농특산물 전시판매장	관광기념품점	남원 특산품	전북 남원시
22	장암전통문화예술촌	관광기념품점	벼루(Inkstone)	전북 장수군
23	전주공예품전시판매관	관광기념품점	합죽선,태극선,목공예품,석공예품,왕골가방,칠기상,제기,돗자리	전북 전주시
24	전북인삼농협	관광기념품점	수삼, 건삼, 표고, 더덕, 산나물 등	전북 진안군
25	한림공원(다화원 휴게소)	관광기념품점	한림공원기념품, 제주토산품, 캐릭터상품, 필름, 생활용품	제주 북제주군
26	한림공원(쌍용각 휴게소)	관광기념품점	한림공원 기념품, 제주토산품, 캐릭터 상품, 필름, 생활용품	제주 북제주군
27	(주)한국기념품백화점	관광기념품점	토산품	제주 제주시
28	풍산백화점	관광기념품점	자수정 가공・판매, 일반 기념품	제주 제주시

표 출처 : 한국관광공사 홈페이지 〈여행안내〉 쇼핑

선물 에티켓

선물은 주는 사람이 아닌 받는 사람을 고려해서 준비해야 하는데 이렇게 하기 위해서는 나라와 문화에 따라서 금기시하는 선물 및 관련 정보를 알아야 할 것이다.

다음은 주요국가의 주의해야할 선물관련 정보이다.

1. 중국 - 죽음과 관련된 짚신과 괘종시계. 괘종시계라는 단어에는 장례식이란 뜻이 내포되어 있다. 또, 흰색, 검은색, 파란색이 많이 들어간 물건도 금물이다.

중국인들은 선물을 받기 전에 세 번 정도 거절을 하는데 거절을 한다고 그만두는 것이 아니라 계속 받기를 권해야 하고 현금을 줄 때는 축의금과 선물은 짝수로, 부의금은 홀수의 금액으로 주어야 한다는 것을 참고로 하자.

2. 일본 - 우리나라와 마찬가지로 죽음을 상징하는 흰색, 4와 관련된 선물은 좋지 않다.
3. 독일 - 포장한 꽃을 좋아하지 않고 특히 꽃은 짝수가 아닌 홀수 개로 선물한다. 또한 비즈니스 때문에 독일을 방문할 때는 값비싼 선물은 뇌물로 취급되므로 주의해야 한다.
4. 프랑스 - 빨간 장미는 구애를 뜻하기 때문에 아무에게나 선물하면 안 된다. 그리고 우리나라에서는 어버이날 감사의 의미로 선물하는 카네이션은 장례식용으로 불길한 꽃이라 생각할 수도 있다.

한편, 프랑스 사람들은 향수에 대해 너무 잘 알고, 기호품이기 때문에 선물용으로는 적당하지 않고 프랑스 사람에게 와인을 선물하는 것은 한국 사람에게 소주를 선물하는 것과 같다는 것도 잊지 않아야 한다.

5. 미국 - 죽음을 의미하는 백합은 좋지 않다.
6. 러시아 - 러시아 사람들은 선물 받는 것을 좋아하기 때문에 특별히 금기하는 물건은 없고 가능한 한 많은 기회를 만들어 자주 선물한다. 적당한 품목으로는 향수, 라이터, 명함, 계산기 등이 있다.
7. 브라질, 아르헨티나 - 인간관계의 단절을 뜻하는 칼은 피한다. 특히, 아르헨티나는 수입한 술에는 세금이 많이 붙기 때문에 스카치나 프랑스산 샴페인을 선물하면 적당하다.
8. 이집트 - 선물 받는 것을 무척 좋아하고 보석류 등의 화려한 것을 선호한다. 또한 일부 상류층은 인삼의 우수성을 알기 때문에 인삼을 선물해도 좋을 것이다. 그리고 선물을 주거나 받을 때는 반드시 오른손을 사용해야 한다는 것이다.

9. 말레이시아 - 장난감 강아지, 개 그림이 들어간 것은 피하자. 왜냐하면 개를 부정한 것으로 여기기 때문입니다.

출처 : 서비스매너연구소(www.manners.co.kr)

제6장

관광쇼핑 마케팅 지원

Chapter 6

제1절 국내 주요 문화관광 상품전

International Tourism Shopping Management

〈표 VI-1〉 국내 주요 문화관광 상품전

행 사 명	주 관	시기(주기)	장 소	행사내용
전국관광 기념품 공모전	한국관광공사 (문화부후원)	매년 9월경	COEX 1층 태평양관	ㅇ 공모전 입상작품 전시 ㅇ 시·도 우수 관광기념품 전시판매장 및 한국관광정보관 운영 ㅇ 무형문화재 공연, 전통공예품 제작 시연 및 판매 ㅇ 세계각국 유명 관광기념품 전시 ※ 서울국제 선물용품·장신구 박람회와 동시개최
서울문화상품전	서울시 (문화부후원)	매년 10월경	중소기업 여의도 종합전시장 제1전시장	ㅇ 우수문화상품 및 업체 공모·시상
서울국제선물용품·장신구 박람회	한국공예협동조합연합회	매년 9월경	COEX 1층 태평양관	ㅇ 국내외 업체 출품전시 ㅇ 해외바이어 상담·계약 등
'99 청주국제공예 비엔날레	청주시 (문화부후원)	'99.9.3~ 10.31	청주예술의전당, 청주실내체육관	ㅇ 국내 및 국제공모전 ㅇ 국내외 초청 작가전 ㅇ 공예제작 시연 등
전국공예품 대전	중소기업 진흥공단	매년 9-10월경	청주예술의전당, 청주 실내체육관	ㅇ 전시회
한국전승공예대전	한국문화재 보호재단	매년 10월-12월경	서울중요무형문화재 전수회관	ㅇ 공예품 공모전, 전시회 등
전통공예 명품전	한국무형문화재 기능보존협회	매년 12월경	미 정	ㅇ 전시회(회원위주)
대한민국미술대전 (공예부문)	한국미술협회	매년 8월경	국립현대미술관	ㅇ 작품심사발표

자료 : 한국공예협동조합연합회 홈페이지

Chapter 6 제2절 세계 주요 공예 엑스포현황

1 세계 주요국가 전시회·박람회 현황

(1) 프랑스(1999년 기준)

1) Bijorhca(보석, 시계, 모조장신구, 모드악세사리 전시회)

- 시　　기 : '99.1월, 9월(각 3일간)
- 장　　소 : Paris Expo Porte De Versailles
- 주　　최 : Group Miller Freeman
- 전시규모 : 11,186㎡
- 입장객수 : 내국인 15,706명, 외국인 2,367명
- 참가업체수 : 국내 513, 외국 91

2) Museum Expressions(Objects & Gifts Derived From Artistic And Cultural Heritage : 예술 및 문화상품 전시회)

- 시　　기 : '99.1.9~11
- 장　　소 : Paris Carroussel Du Louvre
- 주　　최 : Darex-Museum Expressions

3) Paris Selection Deco(Decoration for The Home : 실내장식품 전시회)

- 시　　기 : '99.1.14~18
- 장　　소 : Paris Expo Porte De Versailles
- 주　　최 : Cosp

4) Bisou(선물, 기념품, 장식품 전시회)

- 시 기 : '99.1.30~2.1
- 장 소 : Nice Palais Des Expositions
- 주 최 : Orgexpo-Smac Productions

(2) 벨기에(1999년 기준)

1) EUROPACADO(GIFT & HOME DECORATION FAIR : 선물용품 박람회)

- 주 기 : 연 2회
- 장 소 : Parc des Expositions de Bruxells
- 주 최 : Foire International de Bruxelles
- 전시규모 : 11,185㎡
- 입장객수 : 23,000명
- 참가업체수 : 240내외(국내 130, 외국 110)
- 성 격 : 외국업체들은 자국의 전통공예제품 판매

2) Autumn Trade Fair(리에즈 추계 소비재 박람회)

- 주 기 : 연 1회
- 장 소 : Halles des Foires de Liege
- 주 최 : Foire International de Liege
- 전시규모 : 15,000㎡
- 입장객수 : 90,000명
- 참가업체수 : 180내외(국내 120, 외국 60)

(3) 스위스(1999년 기준)

1) Art 30

- 시 기 : '99.6.16~21
- 장 소 : Messe Basel
- 참가업체 : 263(외국 220)

- 전시품목 : 20세기 현대예술품

2) CREAKIV

- 시　　기 : '99.3.18~21
- 장　　소 : Messe Zurich
- 참가업체 : 206(외국 11)
- 전시품목 : 각종 공예품

3) KAM

- 시　　기 : '99.2.9~14
- 장　　소 : Messe Zurich
- 참가업체 : 60(외국 15)
- 전시품목 : 골동품, 예술품, 공예품

4) ORNARIS

- 시　　기 : '99.1.17~20
- 장　　소 : Messe Zurich
- 참가업체 : 507(외국 70)
- 전시품목 : 각종 공예품

(4) 영국(1999년 기준)

1) ISF - International Spring Fair

- 시　　기 : 매년 2월경
- 장　　소 : NEC, Birmingham
- 주　　최 : Trade Promotion Services LTD.,
- 전시품목 : 선물용품, 공예품
- 성　　격 : 영국 최대의 관련 전문 전시회로 전시업체 4,000 여개사, 입장인원 90,000 여명 (15~20%가 외국인)

2) International Autumn Fair

- 시 기 : 매년 9월경
- 장 소 : NEC, Birmingham
- 주 최 : Trade Promotion Services LTD.,
- 전시품목 : 선물용품, 공예품
- 성 격 : 영국 최대 전문 전시회중 하나

(5) 독일(1999년 기준)

1) TENDENCE(프랑크푸르트 추계 소비재 박람회)

- 시 기 : 매년 8월말~9월초
- 장 소 : 프랑크푸르트 상설전시장
- 규 모 : 약 300,000㎡
- 참가규모('98) : 87개국 4,919개사

2) MARKTFUER KUNST UND HANDWORK IN HANNOVER

- 시 기 : '99.6.19~20
- 주 최 : 하노버 문화홍보남낭국
- 성 격 : 모든 공예품 전시 및 전문가를 통한 우수제품 선정

(6) 이탈리아(1999년 기준)

1) ROMA INTERNATIONAL FAIR(로마 종합박람회)

- 시 기 : 매년
- 장 소 : FIERA DI ROMA
- 전시규모 : 25,000㎡
- 입장객수 및 참가규모 : 10,000명, 500업체
- 성 격 : 공예품, 관광용품, 소비재 및 일부 산업재로 출품되는 로마유일의 박람회로 행사 성격이 강함

2) INTERNATIONAL HANICRAFT FAIR

- 시　　기 : 매년 상반기
- 장　　소 : FORTEZZA DA BASSO
- 주　　최 : SOGESESPA
- 전시규모 : 40,000㎡
- 입장객수 : 200,000 여명
- 참가규모('98) : 676(국내 449, 외국 227)
- 성　　격 : 공예품 전반을 전시하는 박람회 성격으로 일부 제품은 판매도 가능

이태리 공예 관련 보도자료

다시 주목받는 이태리의 명품 유리공예

아름다운 컬러와 환상적인 형태로 유명한 빈티지 이태리 유리공예품이 1990년대 말이래 최근 다시 세간의 관심을 끌고 있으며 그에 따라 가격도 크게 오르고 있다.

많은 수집가들에게 사랑받는 Murano 유리공예품은 대부분의 관광객들이 이태리 기념품점에서 구입하는 것과는 크게 차이가 있다. 재떨이나 작은 그릇 같은 기념품들은 대표적인 경매 사이트 eBay 같은 곳에서도 10달러 안팎에서 구매가 가능하다.

Murano 지방의 모래는 소디움 함량이 높다. 따라서 유리를 만들 때 굳는 속도가 더 느리고, 공예가들이 섭씨 1,400도의 용광로에서 녹여 꺼낸 유리 덩어리를 예술작품으로 승화시킬 시간이 그만큼 더 있는 셈이다. 그래서 Murano에서는 유리공예품을 만드는데 세공을 비롯한 각종 예술기법이 발달했다.

19세기 베니치아 유리공예품을 전문적으로 취급하는 뉴욕의 Gardner & Barr의 Sheldon Barr에 의하면 돌고래, 공룡, 여러 가지 바다 생물 등 동물모양 공예품이 가장 높이 칭송되고 가격도 그만큼 높다고 한다.

가격대가 낮은 작품들도 있다. 특히 1950년대 큰 인기를 끌었던 Murano 유리 서진(書鎭)은 보통 100달러에서 150달러 정도에 낙찰된다. 그중 특히 더 정교하고 독특한 제품은 300달러까지도 가격이 올라간다. 수출용으로 만들어진 대부분의 Fratelli Toso 서진은 복잡한 문양과 다양한 컬러가 특징이다.

오는 10월 17일 뉴욕에서 개최될 유리공예품 전시회에서는 최초로 120개 이상의 베니치아 유리 공예품들이 한자리에 모여 유럽 르네상스 시대의 유리공예를 한눈에 볼 수 있는 기회가 될 것으로 기대된다.

출처 : Reuters

작성자 : 한국무역협회 무역 연구소 2004. 8.4.

(7) 일본(1999년 기준)

1) 동경 인터내셔널 기프트 쇼

- 시　　기 : 매년 2월, 9월
- 장　　소 : 동경 빅사이트
- 주　　최 : 비즈니스 가이드사
- 입장객수 : 약 170,000명
- 참가업체 : 약 1,600개사

2) 오사카 인터내셔널 기프트 쇼

- 시　　기 : 매년 2월, 9월
- 장　　소 : 인텍스 오사카
- 주　　최 : 비즈니스 가이드사
- 입장객수 : 약 50,000명(초청자에 한함)
- 참가업체 : 약 180개사

우리 정부의 우수문화관광상품의 해외전시·판매 벤치마킹을 위한 해외출장 사례

공예산업기반조성을 위한 해외마케팅 전략수립
우수문화관광상품의 해외전시·판매 전략

□ 목 적

o 미국공예청에서 주관하는 볼티모어 크래프트 쇼 박람회에 참관함으로써 한국공예 현실에 바람직한 방법 모색 및 벤치마킹

o 미국 유명 관광도시의 공예박물관 및 미술관과 공예 숍을 집중 조사함으로써 각국의 선호상품 조사 후 개발모델 조사 및 트렌드 파악으로써 우리문화 상품의 개발방향 제시

□ 기 간 : 2005년 2월 25일 ~ 3월 4일(7박 8일)

□ 방문국 (도시): 미국 (뉴욕, 볼티모어, 헬레나, 샌프란시스코 등)

□ 주 제 : 해외공예박람회 참관, 우수문화관광상품의 해외전시·판매 전략
(박람회, 공예관련 기관, 미술관 및 박물관 공예샾 문화관광상품)

□ 연수인원 : 연구전문가 5명, 관련부처 5명 (문화관광부 1명, 재정경제부 1명, 기획예산처 1명, 감사원 1명, 중소기업청 1명), 지자체 3~5명, 중소기업협동조합 1명, KOTRA 1명, 한국공예문화진흥원 1명, 관광공사 1명, 관광명품점 1명, 한국문화관광정책연구원 1명 - 20명 내외

□ 연수방법 : 공예전문가(교수, 연구원 등) 동반, 외국 박람회 및 공예현장 체험연수

□ 비 용 : 소속기관부담

□ 주최/ 주관 : 문화관광부 / (재)한국공예문화진흥원

□ 주요일정(안)

o 볼티모어 크래프트 쇼 참관 (3일) -미국공예청(American crafts council)주관하는 공예박람회

o 뉴욕American crafts council 방문(1일)

o 공예, 문화관광상품 관련 박물관 및 미술관방문(1일)-소호, 메트로폴리탄 뮤지엄, 뉴욕 모마

o Archie bray Foundation 방문 (버몬트주 헬레나)(1일)

-옛 벽돌공장을 도예작가들의 작업공간, 교육공간, 전시공간으로 운영

-매년 전세계의 도예작가들 신청과정을 거쳐 선정(작업공간 지원)

o 샌프란시스코 bay area 방문(공예가들의 현실 파악)(1일)

-미국 현대공예의 발생지, 버클리지역의 공방탐방(출처 : 문화관광부 정보공개)

"쇼핑의 과학"

1) 고객의 행동에 관한 모든 것 → 인간이 어떻게 쇼핑을 하는가
2) 복합학문 = 인지학 (소매환경과 상호 작용하는 고객들에 대한 연구)+행동심리학
3) "쇼핑의 과학" 범주
- 가장 멀리 떨어져 있는 주차장에서 쇼핑의 중심이 되는 매장에 이르기까지
- 매장의 각종 진열대 외에 카운터와 테이블의 상품 진열
- 각종 간판, 광고판, 팜플렛, 안내표지와 컴퓨터 처리된 상호 정보 장치
- 입구와 출구, 창문과 벽, 엘리베이터와 에스컬레이터, 계단과 경사로, 금전 출납원 라인, 카운터라인, 휴게실 라인, 각종 통로

(2) "쇼핑의 과학" 학문 등장 배경
1) 신 고객창출 비율에 앞선 소매업 시장의 급속한 성장
2) 과다한 상품 정보로 인한 광고에 대한 소비자의 신뢰성 감소
3) 브랜드 충성도의 변화
4) 구매 결정에 있어서의 매장 역할 증가

(3) "쇼핑의 과학"의 학문적 특성
1) 현실을 기반으로 한 학문 : 생생히 살아 숨쉬는 학문
2) 관찰과 분석에 의한 학문
- 조사도구 : 인터뷰, 스틸카메라와 디지털 카메라 같은 첨단 장비를 이용한 조사, 추적자의 현장조사에서 작성하는 추적 용지
3) 우연한 발견이 이루어지는 학문
- 부딪침 효과 (butt-brush effect) - 손님들은 뒤쪽에서 누군가와 부딪치거나 접촉하는 것을 몹시 꺼린다.

(4) "쇼핑의 과학"의 목적 : 소매환경의 개선, 소비자에게 최고의 쇼핑 환경을 제공하는 것

자료원 : cafe.daum.net/CSRM 교육게시판 글, 출처 : 국제매너센터(www.mannercenter.co.kr)

〈표 VI-2〉 국외 주요 관광공예 엑스포현황(한국공예문화진흥원 자료)

행사명	국가/도시	기간	특징	비고
S.O.F.A	미국/ 뉴욕/ 시카고	3-6월(뉴욕) 10월(시카고)	· 공식명칭 : The International Exposition of Sculpture Object & Functional Art · 공예작품 위주로 전시 · 판매 · 주 참여업체는 각 국의 유명 공예 화랑 · 한국은 '가인로(화랑)'에서 2회 참여 www.sofaexpo.com	고가 작품위주로 유통 됨
Ambiente	독일/ 프랑크푸르트	매년 2월경	· 공식명칭 : Ambiente International Frankfurter Messe · 국제 소비재 박람회 · 이 박람회를 통해 발표된 새로운 디자인들은 다음해의 세계의 디자인 흐름을 바꾸고 선도하는 역할을 함 · Art & Craft 전시관이 별도 구성되어 수공예 작품들이 판매됨 www.1.ambiente-Frankfurt.de	· 디자인 성격이 강한 상품 구성 · 입장료 - 1day : 19유로 - 박람회 기간 중 : 45유로 · 참여업체 : 4,887개 (반은 독일, 나머지는 외국업체)
Inhorgenta	독일/ 인호르겐타	2월경	· 7개관에서 독자적인 특성을 가진 작품 전시 · 유명 금속 기자재, 설비 전시 · 세계의 유명 금속공예교육기관 홍보(학교, 학원 등) · 약 77개국의 3만여 명 바이어 참여 www.inhorgenta.com	· 금속공예전문 박람회
Chelsea Crafts Fair	영국/첼시	매년 10월경	· 현대 공예디자인과 실용적인 디자인 작품들이 전시 · 판매됨 · 전문바이어, 큐레이터, 콜렉터가 모이는 행사(심포지움 행사) · 영국 상류층 주거지역 첼시의 공예 전문 페어 · 영국 공예청 주관 행사 · 세계의 유명작가 참여	· 입장료 - 1day : 7유로
이따미 공예축제	일본/이따미		· 이따미 지역의 공예전문행사	· 비엔나레 형식 : 2년에 한 번 개최
Salone Internazionale del Mobile International Furniture Exhibition	이태리/ 밀라노	매년 4월경	· 이태리 밀라노 가구, 조명, 인테리어 박람회 · 가구, 부엌가구, 사무용가구, 침실 가구, 조명, 인테리어 등 · 침대, 장식장, 거실가구, 테이블, 의자, 정원용 가구 등 각종 가구류 소품, 액세서리, 가구 원 부자재 등 http://www.cosmit.it	· 전시규모 : 200개국, 1,300업체 206,108명 참관예상

Chapter 6

제3절 국내 주요 명품점 운영

International Tourism Shopping Management

1 한국관광명품점

인사동에 위치한 한국관광명품점은 200평 규모의 1층과 2층으로 구성되어 있으며, 문화관광부가 투자하고 한국관광협회중앙회(회장: 정운식)가 위탁관리 하는 만큼 입점기준도 엄격하다.

각종 공모전에서 장려상 이상 받은 400 여업체 중 서류심사를 통해 1차에서 4차까지 심사를 거친 업체가 입점 되어 있다.

정부의 수도하에 생산자가 직접 입점하여 고객에게 직접 판매함으로써 국내에서 가장 저렴하게 쇼핑을 즐길 수 있으며, 엄격한 품질관리로 고품질, 고품격의 상품을 제공하고 있다.

외래관광객은 물론 외국 출장 시 한국의 멋이 가득 담긴 뜻 깊은 선물을 구입하기에 최적의 상소이며, 또한 명품점은 사후 면세점이어서 내국인 이용도 가능할 뿐 아니라 외국인의 경우 출국 시 부가가치세를 환급 받을 수 있다.

우리나라는 지속적인 관광쇼핑산업의 발전을 위해서는 이러한 정부지원을 받는 관광명품점이나 쇼핑몰이 더욱 확충되어질 필요가 있다.

사진자료 : 한국관광공사 홈페이지

2 관광공사 내 관광상품 매장

(1) 한류상품코너

* 한국의 스타, 드라마, 영화 등과 관련한 한류상품코너
* 운영시간 : 09:00 ~ 18:00(월-토)
* 휴 무 일 : 일요일 · 공휴일
* 전 화 : 02-753-4472

사진출처 : 한국공예협동조합연합회, 내부 참고자료(참고자료 9606-1)

(2) 관광기념품코너

* 전국관광기념품공모전 입상작 전시 판매코너(2002년 5월17일 오픈)
* 운영시간 : 09:00 ~ 18:00(월-토)
* 휴 무 일 : 일요일 · 공휴일

사진출처 : 한국공예협동조합연합회, 내부 참고자료(참고자료 9606-1)

3 서울관광상품관(인사동)

* 목　　적: 서울시 우수관광기념품 공모전을 통하여 입상한 작품의 홍보 및 판로지원 등 마케팅 강화
서울시 방문 해외관광객에게 우리나라 문화 관광상품 소개를 통한 국가 이미지 제고

* 판매관명: 인사동 『서울 우수관광기념품 전시판매관』(서울시 종로구 북인사동 소재)

* 입점자격: 서울 우수관광기념품 공모전 입상업체

* 입점품목: 전통 문화관광상품, 전통 공예품, 선물용품, 기념품, 장신구, Hi-Seoul 상품

* 운영시간: 오전 10시 ~ 오후 10시(연중무휴)

* 규　　모: 10평

* 문 의 처: 전화 02)3210-0328 팩스 02)3210-0329

서울 우수관광기념품 전시판매관 내부

서울 우수관광기념품 전시판매관 외관

사진출처 : 서울산업통상진흥원(www.sba.seoul.kr)

Chapter 6

제4절 한류관련 관광쇼핑상품 개발

International Tourism Shopping Management

최근 한류(韓流)는 초기의 우려와는 달리 일시적인 현상으로 끝나기 보다는 지속적으로 이어지고 있는 추세다.

한류의 중심점이라 할 수 있는 일본 내의 한류(韓流 ハンリュウ)는 2000년에 개봉되었던 한국영화 "쉬리"를 계기로 조금씩 일기 시작해서, 드라마 "겨울연가"(2003, NHK) 및 주연배우 "욘사마"의 인기로 본격 확산되었다.

이러한 한류 붐은 드라마 DVD와 OST 등 관련 상품 구입 및 팬 미팅 행사 참여, 한국어 공부, 로케지 투어 리피터 현상을 가지고 왔다.

"한류"가 일본 내 '최고 히트상품', '2004 올해의 단어' 등으로 선정되어 일본 경제 활성화에도 기여했다는 점은 그 누구도 부정할 수 없을 것이다.

한편, 한류라는 단어를 가장 먼저 만들어 낸 중국의 경우를 살펴보면, 먼저 김치를 예로 들 수 있다.

2003년 사스 예방에 효과적이라는 보도 이후 김치에 대한 관심이 크게 증가되어 북경 까르푸 1호점의 경우, '동원김치' 판매량이 사스 창궐전인 3월에는 하루에 15봉지(500g) 정도에서, 4~5월에는 70여 봉지, 6월부터는 150여 봉지로 크게 증가 (중국의 조선족과 한국인들은 김치를 직접 만들거나 식당구매를 선호, 매장판매는 주로 한족을 통해 이루어짐)했다는 것을 알 수 있다.

홍콩과 대만의 경우도 대장금의 열풍 이후로 우리나라 음식에 대한 관심이 크게 증가했음을 볼 수 있다.

2004년 관광공사가 실시한 한류관광상품 관련 인식 조사에 따르면(1,501명 대상) 한국 방문 혹은 재방문의 희망 주목적은 드라마나 영화 촬영지를 답사하는 것이 44.9%에 반해, 쇼핑은 5.1%에 그쳤다는 사실에서 우리는 한류라는 현상을 관광과 문화 그리고 쇼핑까지 모두 연계할 수 있는 복합적인 상품을 만드는 것이 절실하다는 점을 깨닫게 된다.

또한 한국에서 구입하고 싶은 상품을 묻는 조사에서는 전통기념품이 64.3%, 실용의류 48.2%, 악세사리 43.3%, 인삼 41.6%, 가방/지갑은 30.4%, 운동화 30.0%, 고급 의류 27.9%, 구두 26.1%, 귀금속 20.9%, 기타 4.6% 로 나타났다.

위의 조사를 통해 각국의 쇼핑관련 시사점을 살펴보면 다음과 같다.

① 중국 : 한국관광 시 희망하는 관광활동으로 제시된 자연경관 감상과 한국음식 시식, 전통기념품 및 의류, 액세서리, 인삼 등의 구입이라는 쇼핑의 측면을 강화한 프로그램의 다양화를 모색해야 할 것이다.

② 대만 : 대만의 경우 영화 촬영지답사와 쇼핑(166명 대상, 각각 36.7% 8.4%)이 비교적 높게 나타나 답사를 연계한 관광상품의 개발과 더불어 관광기념품, 의류나 인삼 등의 쇼핑 패키지의 개발이 필요하다고 사료된다.

③ 홍콩 : 홍콩의 경우도 자연경관과 쇼핑, 레져 스포츠 활동을 연계한 다양한 패키지 상품의 개발이 필요하다.

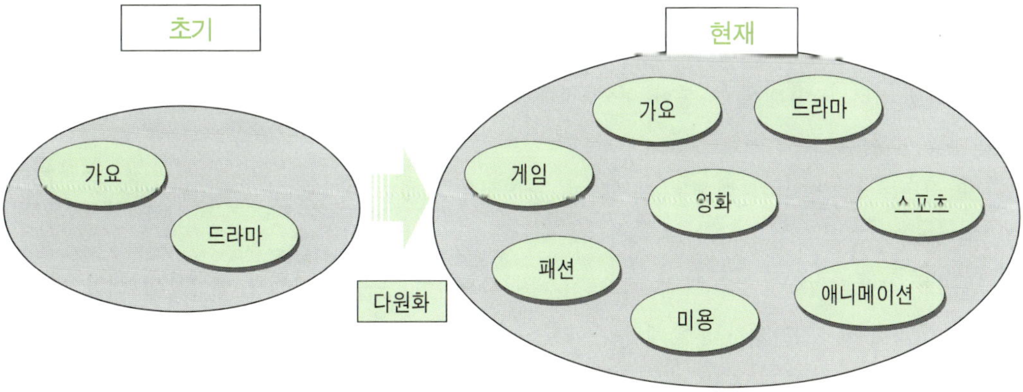

〈그림 Ⅴ -1〉 한류장르의 다양화 방안

출처 : 조성욱, 한류관광세미나, 2004

1 인천공항면세점 한류관

관광공사 인천공항면세점은 최근 아시아에서 큰 인기를 얻고 있는 한류열풍을 이어가기 위해 인천국제공항 46번 게이트 맞은편에 한류관을 설치 운영하고 있다.

한류관에는 겨울연가, 대장금 등 한국인기드라마 감상과 한류스타를 배경으로 기념사진을 촬영할 수 있는 포토존이 마련되어 있다.

〈한류관 안내〉

* 위 치 : 인천국제공항 46번 게이트 맞은편 한류테마매장 내(K14)
* 운영시간 : 07:00~21:30 (연중무휴)
* 최급품목 : 한류기념품, 주류, 담배, 홍삼, 패션, 전자제품 등
* 문의전화 : 한국관광공사 인천공항면세점 한류관(032-743-2143,5)

2 한류관련 보도자료

1) 일본 내 '겨울연가(冬のソナタ)' 기념우표 예약판매 개시

일본 (주)패밀리 마트는 겨울 연가 기념우표를 독점 발행하여 판매하기로 했다. 우표 판매는 무선 인터넷(인터넷, 휴대폰)을 통한 예약 판매를 원칙으로 하며, 한 시트(80엔×10장)당 2,940엔에 판매될 예정이다.

우표 시트는 총 2종류가 발행될 예정이며, 남이섬을 비롯한 겨울연가 로케지와 배용준, 최지우 등 드라마 주인공을 주요 내용으로 한다.

겨울연가 우표는 1월 15일 판매 예약 접수를 시작하여, 3월 17일부터 예약분에 대한 발매를 시작한다. (자료원: 도쿄 지사, (주)패밀리 마트 www.famima.com, 출처: 한국관광공사 자료실)

2) ANA Sales, 이조 백자 탐방 상품 출시

최근 한국 관광에 대한 관광과 수요에 맞춰 ANA 세일즈는 하네다-서울(김포공항)을 이용하는 여행상품을 4-6월간 판매키로 했다.

일명 "About the Two Countries"라 불리는 이 상품은 기존의 하네다-김포 아침 운항을 이용해 5박 혹은 6박하는 상품으로, 경주, 부산 등 도자기 마을을 탐방, 일본으로 건너간 조선시대 백자의 역사적 루트를 따라 가게 된다.

도자기 마을 탐방 후 JR 규슈가 운행하는 쾌속선 비틀을 이용, 하카다 항에 도착해 규슈를 여행하는 일정이며, 상품가격은 5일 코스가 148,000엔에서 208,000엔이다.

ANA Sales는 양국 탐방 코스 말고도 "Morning Seoul", 겨울연가 촬영지를 방문하는 "Yu-yu Seoul" 등 한국만을 방문하는 상품도 출시했다. 최근 한류 붐으로 2004 회계연도에 하네다-김포 노선을 이용한 승객수(하네다-인천 전세기 포함)는 크게 급증해 전년 동기대비 70% 가까이 증가했다.

(자료원: TJI Online, http://www.tji.tjnet.co.jp, 출처: 한국관광공사 자료실)

3 김치관련 상품개발

김치는 누가 뭐라해도 우리나라 제 1의 특산품일 것이다. 얼마 전까지만 해도 일본의 '기무치'와의 브랜드 전쟁이 과열되었지만 이제는 정부와 각 지자체에서도 김치의 막대한 경제적 효과의 인식과 더불어 세계로 수출할 수 있는 여러 가지 마케팅 방안을 마련하고 있는 중이다.

김치캐릭터

그림출처: 박일재, 조선대학교, 2001 한국디자인포름 6호

김치는 사스를 예방하는 건강식품으로 유명세를 타면서 일본을 비롯해 미주와 유럽에서도 인기품목이 됐다. 얼마 전 한 신문에 유럽에서 성공을 거둔 김치마케팅에 대한 이야기가 실렸다. 마늘과 고추 냄새 때문에 서양인들로부터 혐오식품으로 꼽히던 김치가 최근 유럽의 백화점에서 식료품 품목 중 판매신장률 3위를 기록하는 등 놀라운 판매고를 보이고 있다는 내용이다.

기사에 따르면 한국관광공사 프랑크푸르트 지사(지사장 : 최갑열)는 지난해 10월부터 진행 중인 `한국주간행사'에서 김치를 소개한 후 곧바로 프랑크푸르트의 유력 신문에 `한국으로부터 온 비타민 폭탄' `아직도 김치를 모르느냐'는 문구의 광고를 게재해 김치 열풍을 본궤도에 진입시켰다고 한다. 지난해 사스가 창궐하면서 `김치가 사스 예방에 상당한 효과가 있다'는 소문을 마케팅에 연결시킨 것이다. 세계적인 웰빙 욕구를 감안해 김치의 맛과 영양, 다이어트 효과 등을 강조한 것이 주효했다.

그러나 김치의 경우 수출은 어려운 특성이 있다. 까다로운 통관기준과 통관기간 때문에 김치의 상품성을 유지하기가 쉽지 않다. 따라서 이를 해결하기 위한 연구와 마케팅이 따라야 한다. 서구인들이 가장 싫어하던 날생선을 이용한 스시가 일본의 대대적인 마케팅으로 7~8년 만에 서구인들 사이에 최고의 음식으로 자리 잡은 것을 타산지석으로 삼아야 한다. 국내기업들이 현지에 김치공장을 세워 시장공략에 나선다면 김치 열풍은 거대한 한류흐름으로 자리 잡을 수 있을 것이다.(출처 : 김석종, 한류관광세미나, 2004)

한편, 김치를 비롯하여 각 지역의 고유한 문화를 알리는 상품을 판매하기 위해서 각 지자체들마다 여러 가지 홍보 전략을 전개하고 있다. 물론 이러한 지역의 문화관광 상품은 관광객들이나 쇼핑객들에게 구매의욕을 불러일으킬 수 있는 확실한 동기가 되어야 할 것이다.

지역특산물 브랜드

그림출처 : 박일재, 조선대학교, 한국디자인포름 6호, 2001.

(1) 주요 국가별 김치 관세율

1) 한국

HS-CODE	품 명	기 본	한·칠레FTA 협정세율	북한
2005.90.1000	김 치	20%	13.3%	-

2) 일본

HS-CODE	품 명	기본	WTO협정	특혜
2005.90.292	기타 채소(조제/무가당/기밀용기)	12.8%	12%	9.6%
2005.90.299	기타 채소(조제/무가당/기타)	9.6%	9%	-

3) 중국

HS-CODE	품 명	우대	기본	협정
2005.9090	식초를 사용하지 않고 조제한 기타채소 및 여러 가지 원료로 만든 채소(김치, 단무지)	25%	70%	-

※ 우리나라는 중국과 관세협정('94.9월)을 체결하여 현재 우대세율을 적용받음

4) 미국

HS-CODE	품 명	기본	특혜
2005.90.9700	other(기타채소)	14.9%	-
2005.90.5590	other(기타채소)	11.2%	-

(2) 김치의 수출현황

〈표 Ⅵ-3〉 2004년 김치수출실적 (단위 : 톤, 천불)

순위	구 분	2002	2003		2004		증감률	
			물 량	금 액	물 량	금 액	물 량	금 액
	합 계	79,318	33,064	93,195	34,827	102,726	5.3	10.2
1	일 본	74,126	30,584	87,169	32,428	96,911	6.0	11.2
2	미 국	1,909	753	2,039	515	1,196	△31.7	△41.4
3	대 만	969	446	951	446	968	0.2	1.8
4	홍 콩	394	215	540	253	665	17.9	23.1
5	뉴질랜드	95	146	321	155	440	6.3	36.9
6	캐 나 다	168	133	289	115	258	△12.9	△10.8
7	북마나리아	399	166	270	186	307	11.7	13.7
8	괌	119	88	225	89	263	0.9	17.0
9	영 국	186	84	220	71	187	△15.7	△15.4
10	중 국	42	69	188	25	63	△63.8	△66.4
11	러 시 아	79	71	169	36	77	△48.6	△54.1
12	네덜란드	101	58	142	59	180	1.4	27.3
13	싱가포르	127	46	136	205	205	7.2	50.6
14	미크로네시아	165	45	108	62	165	37.5	52.8
15	인도네시아	81	40	106	12	32	△69.8	△69.8
16	말 타	-	25	79	0	0	0	0
17	필 리 핀	14	16	48	6	19	△63.0	△61.8
18	프 랑 스	51	15	46	17	55	18.2	19.8
19	쿠웨이트	14	27	39	48	84	76.5	113.1
20	기 타	279	37	110	99	651	167.6	491.8

표 출처 : 농수산물유통공사 국내정보

(3) 김치관련 정보사이트

현재 우리나라에는 200 여종 이상의 김치가 있고, 김치의 종주국답게 김치 박물관도 여러 곳에 있다. 주요 박물관을 몇 가지 소개하면 다음과 같다.

① 풀무원 김치박물관(www.kimchimuseum.co.kr) : 한국의 대표적인 전통음식인 김치의 문화를 조사, 연구하고 이를 내·외국인에게 홍보하고자 1986년 서울시 중구 필동에 설립된 김치박물관은 우리 전통 음식문화의 바른 계승 발전에 뜻을 둔 주식회사 풀무원에 의해 10

년 이상 운영되어 오며 확장, 발전을 거듭하였다가 1988년에는 서울 올림픽을 맞이하여 더욱 많은 내·외국인에게 김치 문화를 알리고자 서울시 강남구 삼성동에 소재한 코엑스 내로 이전하여 발전을 거듭하였고 2000년에는 제3차 ASEM Convention center로 확장, 이전했다.

② 한경 김치박물관(www.hkm99.co.kr : 경기 화성시 동탄면 장지리 97)

③ 용인 김치박물관(한국 김치관 : 경기 용인시 모현면 능원리 137-11)

1) 김치관련 사이트

- 김치 이야기 (http://www.kimchi.or.kr)
- 미스타 김치 (http://www.mymrkimchi.com)
- 정보화마을 (http://jeokkal.invil.org)
- 푸드 타임캡슐 (http://joy2food.com)
- 풀무원 김치 박물관 (http://www.kimchimuseum.co.kr)
- 한경 김치박물관 (http://www.hkm99.co.kr)
- 한국김치 (http://www.kimchi.or.kr)
- 한국김치, 절임식품공업협동조합 (http://kimchiworld.or.kr/cooperative/intro.asp)

2) 김치의 원·부재료

- 괴산청결고추 (http://www.ksgochu.com)
- 도울농산 (http://www.edoul.co.kr)
- 바다마을 (http://badamaeul.com)
- 송암고추농장 (http://www.charmgochu.com)
- 순창 전통민속고추장 영농조합 (http://www.kochujang.co.kr/)
- 청결음성고추 (http://www.gochu.co.kr)
- 영양고추 (http://www.yygochu.co.kr)
- 영월동강고추 (http://www.powergochu.com)

3) 김치보관용기

- 가나다 포장용기 백화점 (http://www.bottleshop.co.kr/)
- 두산테크팩 (http://www.doosanpack.co.kr/)

- 명성산업 (http://www.mswoodcase.com/)
- 명진 포리텍 (http://www.myongjin.com/product1.html)
- Pack shop (http://ww.packshop.co.kr/)
- IDPRO 포장용기 (http://www.idpro.co.kr/site_kr/products/gaooze-pet.htm)

4) 김치의 판매

- 김치 (http://www.kimchi.co.kr/)
- 김치시티 (http://www.kimchicity.co.kr/)
- 김치1124 (http://www.kimchi1124.co.kr)
- 고향맛 김치 (http://www.ajinfood.co.kr)
- 그린캐더링 (http://www.kimchicodex.com/)
- 대지김치 (http://www.djkimchi.com)
- 동원양반김치 (http://www.yangbankimchi.co.kr)
- 보성녹차김치 (http://www.greenteakimchi.com)
- 서로통상 (http://www.allstarcafe.co.kr/)
- 엄마손김치 (http://www.226-0982.com)
- 일품김치 (http://ilpumkimchi.co.kr)
- 우리김치 (http://www.woorikimchi.org)
- 유창김치 (http://www.kimchizip.com)
- 종가집 김치 (www.zongga.com)
- 태백산 김치 (http://www.ekimchi.net)
- 토속 김치 (http://tosokfood.com/bemarket/site_root/)

5) 기 타

- 기상청 (http://www.kma.go.kr)
- 국립농산물품질관리원 (http://www.naqs.go.kr)
- 국세청 (http://www.nts.go.kr)
- 농림부 (http://www.maf.go.kr)
- 농산물 유통공사 (http://www.afmc.co.kr)
- 농업과학기술원 (http://www.niast.go.kr/minwon/minwonTelephone.asp)

- 농협 (http://www.nonghyup.com)
- 대한민국법률정보 (http://www.lawkorea.com)
- 문화관광부 (http://www.mct.go.kr)
- 보건복지부 (http://www.mohw.go.kr)
- 식품의약품안전청 (http://www.kfda.go.kr)
- 식품저널 (http://www.foodnews.co.kr)
- 중소기업협동조합중앙회 (http://www.kfsb.or.kr)
- 특허청 (http://www.kipo.go.kr)
- 한국관광공사 (http://www.visitkorea.or.kr)
- 한국식품 공업협회 (http://www.kfia.or.kr)
- 한국식품개발연구원 (http://www.kfri.re.kr)

사이트 출처 : http://cafe.daum.net/cavefarm

4 인삼 관련 상품개발

우리나라는 인삼경작에 알맞은 사계절의 기후조건과 북위 36도에서 38도에 위치할 뿐 아니라 인삼재배에 적합한 토양을 가지고 있어 세계적으로 가장 우수한 인삼을 생산하고 있다.

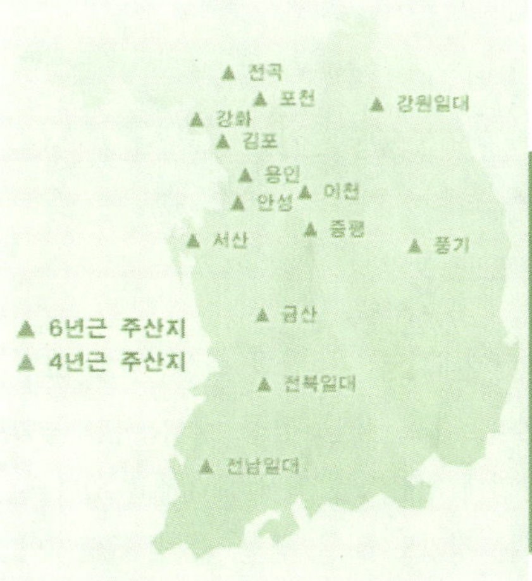

자료출처 : 한국인삼공사, www.kgcshop.or.kr

〈표 VI-4〉 국가별 인삼분류현황

국 가	인 삼 분 류
홍 콩	○ 자유무역항으로 별도의 등록이나 허가 필요 없음(무관세)
대 만	○ 홍삼(뿌리삼)과 인삼성분 100%인 분말형태, 타브렛 형태 제품은 약품으로 분류되나 별도의 등록은 필요 없음 ○ 기타제품은 식품으로 분류되어 등록이 필요 없음
일 본	○ 의약품으로 등록을 원할 경우 모든 인삼제품을 의약품으로 등록 할 수는 있으나 '제약회사로 GMP시설 보유업체'만이 등록가능 ○ 따라서 뿌리삼 포함 대부분 인삼제품을 식품으로 분류하여 지정 분석기관의 성분분석표만 제출하면 수출하는데 제한이 없음
미 국	○ 별도의 등록이나 허가가 필요하지 않음 (일반식품으로 분류) - 최초 수출시 성분분석결과, 라벨링 등에 문제가 없어야 함
베트남	○ '03. 7월부터 뿌리삼 포함 인삼 제품류 모두 등록하여야 수출 가능 - 중국이나 독일처럼 등록이 까다롭지 않고, 비용도 크지 않음
중 국	○ 뿌리삼은 의약품으로 분류되어 의약품등록을 하여야 함 ○ 가공품은 식품으로 분류되어 보건식품등록을 하여야 함
프랑스	○ 인삼근, 인삼캡슐, 인삼젤리는 의약품으로 분류되고, 인삼분말, 엑기스, 인삼차, 인삼크림, 쥬스 등은 건강보조식품으로 분류되나 일반적인 수입허가를 받으면 수출가능
독 일	○ 뿌리삼, 인삼가공품 모두 의약품으로 분류되어 등록을 하여야함 - 연방보건성(BGA) 허가 필요
태 국	○ 뿌리삼 포함 인삼제품류는 태국 FDA에 등록후 수입허가를 받아야만 수출 가능
폴란드	○ 의약품으로 분류(뿌리삼, 가공제품)되어 등록 필요
러시아	○ 의약품 또는 식품으로 분류 - 러시아 의약품 관리기관의 성분 분석결과 성분함량에 따라 의약품 또는 식품으로 분류 ○ 의약품으로 분류될 경우 의약품 등록을 하여야 함
이탈리아	○ 건강식품으로 분류되며 일반적인 수입허가를 받으면 수출가능
인도네시아	○ 뿌리삼, 가공제품 모두 인도네시아 보건부의 검역을 받고, 수입허가 승인을 받아야만 수출가능
스페인	○ 의약품으로 분류되나 건강식품으로도 판매 - 사전 품질검사에서 이상이 없었음을 증명하는 의약품등록번호나 식품등록번호가 있어야 수출가능

표 자료 : 농수산물유통공사 가공수출팀(www.insammall.org)

고려인삼으로 유명한 우리나라의 인삼의 재배지역은 홍삼과 백삼산지로 크게 분류 될 수 있는데 6년근 원료의 주산지는 강화, 포천, 전곡, 김포, 용인, 안성, 충남 서산 등이나 근래에는 휴전선 일대 청정 유휴지와 백령도, 전남 해남일대 신산지를 개척해 나가고 있다.

반면 4년근 이하의 백삼 원료의 주산지는 경기도 일원, 금산, 풍기, 진안지역 등이다.

우리나라의 경우 인삼제품은 주로 수삼, 백삼, 태극삼, 엑기스류, 분말/캡슐류, 인삼차류, 음료류, 기타 가공품 등으로 판매가 되고 있다.

한편, 인삼류 수출시 국가에 따라서 의약품 및 건강식품으로 분류되어 까다로운 등록절차를 거쳐야 하는 경우도 있어, 수출시 해당국가의 인삼의 분류현황 등을 참고하여야 한다.

주요 국가별 인삼분류현황을 살펴보면 아래 〈표 Ⅵ-4〉와 같다.

우리나라 인삼의 2004년 수출동향은 다음 표와 같다.

〈표 Ⅵ-5〉 인삼의 2004년 수출동향

품 목	2002 수출실적	2003		2004		증 감 률(%)	
		물 량	금 액	물 량	금 액	물 량	금 액
계	55,036	1,949	66,643	2,168	89,160	11.2	33.8
홍 삼	8,886	96	22,177	202	40,882	109.7	84.3
백 삼	4,971	29	2,591	22	2,594	△24.0	0.1
백 삼 정	13,873	73	13,988	64	14,053	△12.2	0.5
백삼제품	8,199	549	8,356	554	9,978	0.9	19.4
홍삼제품	12,726	208	11,289	294	13,788	41.3	22.1
음료 등 기타	6,381	994	8,242	1,032	7,865	3.8	△4.6

표 출처 : 농수산물유통공사 국내정보

한편, 우리나라와 인사제품 판매에 있어 경쟁국가라 할 수 있는 중국 및 일본의 인삼현황을 살펴보면 다음과 같다. (자료 : 농수산물유통공사)

(1) 일본의 인삼동향

1) 일본의 수급동향

○ 04년 소비량은 846톤이며, 자국내 생산은 02년 이후 거의 없으며 전량 수입으로 공급

○ 인삼 소비량 및 자국내 생산 감소 추세

- (02) 소비 882톤, 생산 16톤 → (03) 930톤(5%↑), - → (04) 846톤(9%↓), -

○ 주요 소비계층은 50대 이후 중장년층으로 고급 건강제품으로 주로 구매

- 엑기스 제품이 가장 인기가 높고 인삼차, 드링크, 캡슐의 순으로 소비

2) 수입, 유통현황

○ 전체 수입물량의 98%이상이 중국산이며 한국산 비중은 1%수준임

- 총 수 - 총 수입량 : (02) 876톤 → (03) 938톤 → (04) 854톤
- 국가별 수입현황(비중)
· (03) : (중국) 924톤(98.5%) → (한국) 13톤(1.4%) → (미국, 북한, 대만등) 1톤(0.1%)
· (04) : (중국) 842톤(98.6%) → (한국) 11톤(1.3%) → (미국, 북한, 대만등) 1톤(0.1%)

○ 원료삼은 대부분 저가의 중국산이 차지하고 드링크를 제외한 인삼제품의 70% 수준을 한국산이 차지

- 중국산은 전칠(田七)인삼으로, 한국삼은 고려인삼으로 유통

(2) 중국의 인삼동향(한국산 유통 · 소비실태)

1) 한국산 평가

○ 한국산 고려삼의 효능에 대한 평가는 매우 높으나 가격이 현지 산에 비해 몇 배에서 10배 이상 비싸며 승열 작용에 대한 인식을 가지고 있음.

○ 한국산 인삼은 중국의 고소득층에게 많은 인기가 있으나 가격이 일반인의 소비 능력에 비해 비싸 선물용 등 특별한 경우에 구입하고 있음.

○ 중국산의 품질이 크게 향상된 것으로 평가되고 있으나 한국산은 중국산에 비해 최고 10여배가 고가이며 외관 및 포장에서 우수함.

2) 한국산 유통 및 소비

○ 한국산은 그동안 정상적인 수입체계가 구축되지 않아 유통망 구축이 확고하게 되어 있지 않은 상황으로 유통망 구축에 많은 비용과 시간이 필요함.

○ 한국산 인삼은 정식 수출된 제품이외에도 밀거래로 유입된 제품이 남방 대도시의 집산시장으로 유입되어 실수요자에게 판매되고 있음.

○ 백화점, 약점 등의 소매점에서는 한국산은 캔포장 뿌리삼이 대부분이며 제품류는 찾기 어려우며 위조품, 유사품의 유통이 많음.

○ 한국산 인삼은 중국의 특정 소비계층을 대상으로 판매되며 가격이 중국산에 비해 10배 이상 고가인 까닭에 대중화되기는 어려운 품목임.

○ 한국산은 주로 동인당이나 고급 백화점에서 판매되며 선물용으로 판매되는 경우가 대부분이며 지역적으로는 남방지역에서 한국인삼을 선호함.

○ 중국 남방지역에서 유통되는 한국산 홍삼제품은 대부분 홍콩으로부터 여행객 등에 의해 반

입된 것이며 고가로 인한 위조품도 범람하고 있음.

○ 한국산 인삼은 고소득층과 고령층의 경우 효능이 탁월하다는 인식을 가지고 있으나, 일반인의 경우 고가로 인하여 병후회복 등의 특별한 경우에만 구입함.

(자료 : 유통공사, 2005)

3) 김치·인삼 관련 상품 보도자료

* 한국산 김치&인삼, 해외 '인기 폭발' *

'대장금 열풍'이 몰고 온 한국산 농산물 열기

한국의 주 농산품인 인삼과 김치의 수출은 양극분화 현상을 보이고 있다. 얼마 전 중국산 저가 인삼의 유입으로 한국 인삼 수출은 대폭 하락되는 추세를 보였다. 하지만 최근 인기드라마 '대장금'의 방송으로 고급 보건식품인 한국 인삼 수출은 다시금 회복이 나타났다.

반면 김치 수출은 기생충의 영향을 받아 수출액이 2년 연속 1억 달러에 달하고자 하는 목표에 큰 영향을 미쳤다.

한국 농림부와 농산품 유통회사는 4일 "올 1월 ~10월 한국 인삼 수출액은 6천6백만 달러로 동기 대비 16% 증가했다"고 소개했다. 또한 "이중 베트남(952.3%), 중국 홍콩(26.7%), 타이완(23%) 등 동남아 지역의 수출은 대폭 증가됐다"고 밝혔다.

농산품 유통회사 책임자는 "올 들어 한국 드라마 대장금이 동남아에서 절찬리 방송되고 한류 열풍을 일으켰으며 이는 한국 인삼 수출에 큰 영향을 미쳤다"고 밝혔다.

김치 수출 상황은 오히려 반대다. 지난해 김치 수출액이 1억 달러를 돌파해 올해 수출액 목표가 1억 달러 이상이 됐다. 하지만 기생충 사건으로 인해 올해 목표에 도달할 가능성이 적을 것으로 보인다. (자료출처 : 농수산물유통공사, 인삼뉴스, 인민일보, 2005. 12. 7)

5 농수산물 인증관리현황

1) 한국 전통식품 품질인증

그림자료 : 한국 전통식품 품질인증마크
그림출처 : 농수산물유통공사, www.at.or.kr

우리 농수산물을 사용하여 전통적인 제조방법으로 우리 옛 맛을 재현한 식품임을 정부가 그 품질을 인증하고 부여하는 마크로서 그 모양은 물레방아를 형상화 한 것이다.

2) 친환경 농수산물 품질인증제도

그림자료 : 친환경 농수산물 품질인증제도
그림출처 : 농수산물유통공사, www.at.or.kr

친환경농수산물에 대한 품질관리제도를 국제기준에 부합시켜 나가기 위하여 농수산물품질관리법의 "품질인증제도"와 환경농업육성법의 "표시신고제도"를 일원화한 친환경농산물 표시인증제도를 2001. 7. 1부터 시행했다.

6 민속탈 관련 상품개발

하회탈로 유명한 우리나라의 민속탈은 그 종류가 상당히 많다. 탈은 그 자체가 훌륭한 조형미술품 일뿐 아니라 여러 가지의 상징성을 지닌 역사적 유물이라고 할 수 있다.

이런 민속탈을 주제로 한 가장 한국적인 상품을 지속적으로 개발하고 홍보하여 우리나라의 대표적인 문화관광상품으로 자리매김 할 필요가 있다고 사료된다.

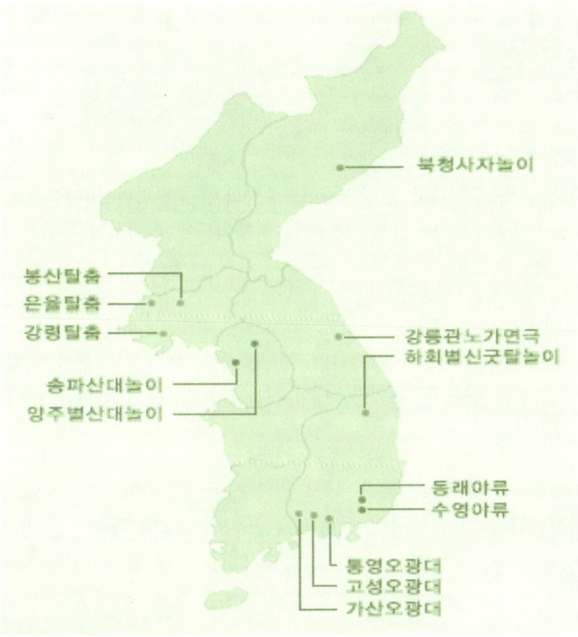

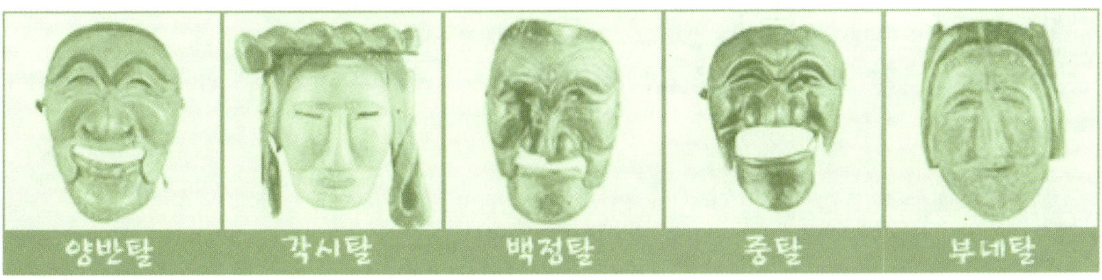

그림자료 : 한국 탈의 분포도(상), 대표적인 하회탈(하)
그림출처 : 안동하회마을 하회동 탈 박물관, www.tal.or.kr

Chapter 6 제5절 국내주요 관광상품권 개발

International Tourism Shopping Management

1 국민관광상품권

TRUST
KOREATRVELS

국민관광상품권은 신뢰가 있습니다.
문화관광부가 후원하고 한국관광협회중앙회가 주관하며 하나은행이 판매 및 자금정산을 대행하는 상품권으로 타 상품권에 비해 발행의도에 신뢰성이 높습니다.

VARIETY
KOREATRVELS

국민관광상품권은 다양한 가맹점과 함께 합니다.
· 쇼핑, 외식, 레제 그리고 관광까지...
단순히 쇼핑에만 머물지 않습니다. 호텔, 콘도, 여행사는 물론 백화점, 할인마트, 면세점, 패밀리레스토랑, 골프장, 스키장, 테마파크, 렌트카 등 대한민국 어디서나 쓸 수 있는 편리한 상품권입니다.

FOR HOLIDAY
KOREATRVELS

Well-being 을 추구하는 현대인들을 위한 상품권 입니다.
점차 확대되어 가는 기업체의 주 5일 근무와 나날이 관심이 높아져 가는 삶이 질에 발맞춰 여행이나 외식, 가족모임, 쇼핑 등의 즐거움을 함께 할 수 있는 다목적 상품권입니다.

FOR SOCIAL
KOREATRVELS

국민관광상품권은 사회공헌활동에도 관심을 쏟고 있습니다.
국민관광상품권으로 발생하는 수익금의 일부를 사회에 환원하고 있습니다.
평소 관광하기 어려운 계층에게 여행의 기회를 제공함으로써 주변의 어려운 이웃과 여행의 즐거움을 함께 합니다.

FOR CORP
KOREATRVELS

국민관광상품권은 여러 법인/단체에서 다양한 용도로 사용되고 있습니다.
법인기업체에서 명절선물, 고객사은행사, 직원성과급, 각종프로모션 및 이벤트 경품으로 국민관광상품권을 이용하고 계시며 한번 이용하신 기업체에서는 잊지 않고 다시 찾는 상품권입니다.

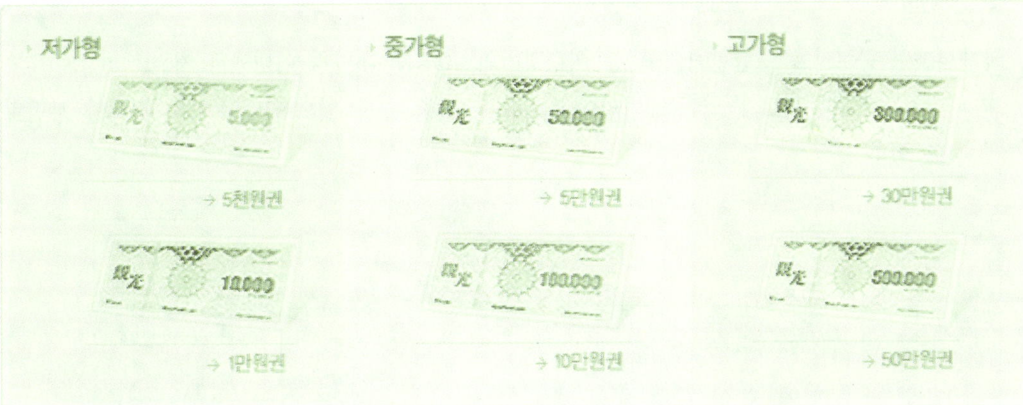

자료 : 한국관광협회중앙회 홈페이지

2 여행바우처

'여행바우처' 란 중소기업체 근로자들에게 여행경비의 일부를 국가가 지원해 주므로써 국내관광수요를 확대시키고 국내관광을 활성화하며 지역균형발전 및 근로자들의 관광의 기회를 확대함으로써 복지향상을 위하여 마련된 제도다.

자료 : 한국관광협회중앙회 홈페이지

지원형태

국가 40% (근로자를 포함한 1가족 총 여행경비의 40%를 15만원 이내에서 지원)

※ 나머지 60%는 근로자 및 중소기업이 나누어 부담할 수도 있으며, 근로자가 전체를 부담할 수도 있다.

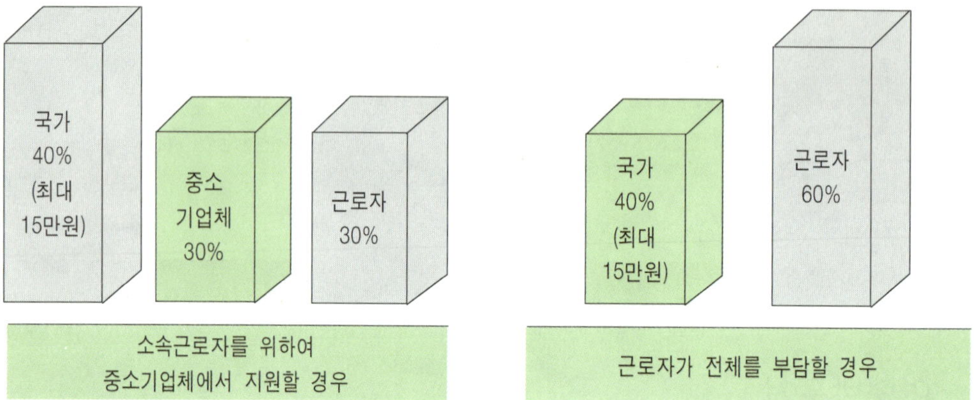

자료 : 한국관광협회중앙회 홈페이지

3 한국관광카드(Korea Travel Card)

한국관광카드(Korea Travel Card)는 다기능 선불형 전자상품권으로 연령제한 없이 누구나 사용할 수 있다.

내국인과 외국인의 국내여행 시 카드의 기능이 아래와 같이 조금 다른데, 그 내용을 살펴보면 다음과 같다.

1) 한국인을 위한 카드

2) 해외관광객을 위한 카드

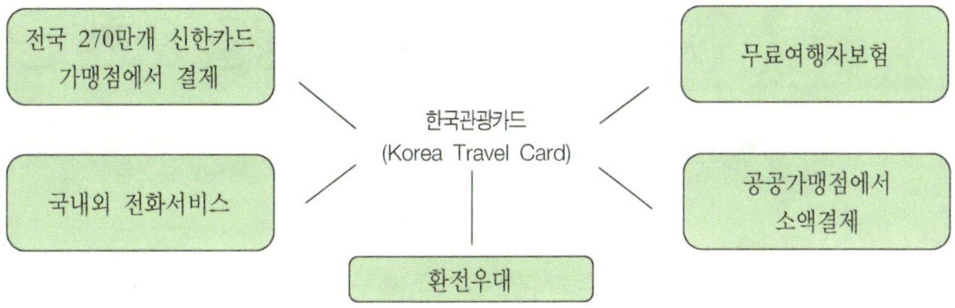

자료 : 한국관광공사 홈페이지

Chapter 6 제6절 관광쇼핑육성을 위한 전략방안

International Tourism Shopping Management

우리나라는 관광쇼핑의 육성을 위해 부단한 노력을 해오고 있다. 무분별한 관광상품의 도용을 막고, 지역 특수성을 살린 관광기념품을 지원하고자 행정자치부에서는 1지역 1명품 육성규정을 발표하는 반면, 중앙정부 뿐만 아니라 각 지자체에서도 공예산업을 중심으로 한 육성제도를 구체화시키고 있다.

그러나 아직도 우리정부가 관광활동 중 큰 비율을 차지하고 있는 쇼핑산업의 활성화를 위해 노력해야 할 사항들은 여러 곳에 산재해있다고 사료된다.

관광쇼핑산업의 현실을 감안할 때 무엇보다 고려해야할 몇 가지 사안들을 살펴보면 다음과 같이 열거할 수 있을 것이다.

첫째, 우리나라의 관광상품의 질을 유지하고, 관련사업을 활성화시키기 위해 관광명품에 대한 인증관리를 더욱 강화시킬 필요가 있다.

둘째, 지역문화와 디자인의 중요성을 인식하고, 각 지역의 문화에 맞는 관광상품 개발이 이루어져야 할 것이다.

셋째, 차별화된 기념품의 디자인 및 포장디자인 개발이 시급하다. 그 지역을 대표하거나 그 나라의 문화를 대표할 만한 디자인의 개발(예를 들어 김치 등)은 앞으로도 꾸준히 이루어져야할 중요한 과제일 것이다.

넷째, 쇼핑센터를 더욱 확충한다. 현재 우리가 가지고 있는 쇼핑센터는 대도시를 중심으로 몰려있는 실태다. 지방의 중소도시나 관광객들의 유입이 기대되는 곳에 크고 작은 쇼핑센터를 확충할 필요가 있다.

다섯째, 최근 들어 더욱 부각되고 있는 한류문화 쇼핑상품을 지속적으로 개발한다. 현재 한류열풍이 계속되고 있는 주요 국가를 대상으로 보다 공격적이고 지속 가능한 문화관광상품의 개발과 마케팅이 이루어져야 한다.

여섯째, 정부의 적극적이고 미래 지향적인 행정적, 재정적 지원이 더욱 확대되어야 할 것이다.

일곱째, 코리아그랜드세일 캠페인의 지속적인 홍보를 통해 우리나라의 쇼핑기회를 더욱 확충한다.

마지막으로 국내뿐만 아니라 해외 쇼핑객들의 보호를 위한 정책적 방안을 구체적으로 마련하여 쇼핑에 있어 불만의 요소를 제거하고 소비자들에게 양질의 상품을 제공해야 할 것이다.

〈표 VI-6〉 한국관광공사의 관광부문 인증제도 및 시상내역(자료: 한국관광공사 홈페이지)

주최	주관	시상	인증	목적	시상분야	종류 및 상금	행사 시기	최초 시행연도	후원사
관광공사 경향신문	관광공사	아름다운 관광 한국을 만드는 10인		- 관광산업에 대한 범국민적 인식제고 및 수용태세 개선 (관광의 날 포상과 차별화)	관광시설 친철 및 서비스 관광공로	대상 1명-2백만원 우수상 2명-2백만원 장려상 6명-2백만원 특별상 1명-2백만원	12월	1999년 (2002년 -명칭변경)	없음
관광공사		친절한 택시기사 선정		- 국제적 대형행사 대비 외래 관광객 수용태세 및 택시 문화 개선필요성 - 외래 관광객의 불편사항 지적에 따른 서비스 개선	친절한 택시기사	문관부장관(2명)- 50만원 공사사장(6명)-50만원	12월	2001년	별첨
문화관광부		관광기념품 공모전	인증 (마크 등록)	- 우수 관광 기념품 개발 장려 - 관광기념품 집중개발 및 육성 - 쇼핑관광활성화 및 외화수입증대	창작아이디어상품 일반상품	대통령, 국무총리, 문관부장관, 공사사장, 후원업체상	9월	1997년	별첨
문화관광부		주제가있는 관광자원개발		- 주제가 있는 관광자원 개발사업 지속발굴	계획・추진중인 분야 -생태, 역사, 문화, 체험	문관부장관(1), 공사사장(9) - 예산지원	3월	2002년	없음
관광공사		깨끗한식당	인증	- 국내식당 문화 개선 (식당수준향상)	-서비스 및 청결도		연중	'00 ~'05	
관광공사		깨끗한여관	인증	- 외래 관광객 투숙가능 국내 숙박시설 발굴, 서비스 개선	-서비스 및 청결도		연중	'03 ~	
문화관광부		지자체 관광 분야홈페이지 평가		- 내나라 먼저보기 캠페인 내실화를 위한 지자체 관광정보 제공 기능활성화	-우수 컨텐츠	문관부장관(4), 공사사장(6)	11월	2002	중앙일보

부 록

1. 중앙정부 및 지자체의 공예관련 산업육성제도 현황
2. 향토 산업의 개념과 상품개발사례
3. 『2002 문화산업백서』 주요 내용
4. 현행관광기념품 심사기준
5. 세계 주요국가 관광공사/관광청/관광국 등의 사이트 URL

1. 중앙정부 및 지자체의 공예관련 산업육성제도 현황(자료: 청주시)

(1) 중앙정부의 관련산업 육성제도 현황

1) 행정자치부(『1지역 1명품』 육성)

○ 명품에는 특수작물, 농수작물 가공식품, 공예품 등 그 대상범위가 넓으므로 여기서는 공예 관련 내용 중심으로 기술하고자 함.

□ 목적

○ 지역별 특성에 맞는 『1지역 1명품』을 선정, 중점 육성하여 품질향상 등 경쟁력을 제고하고 농가소득 증대와 지역경제 활성화에 기여함을 목적으로 함.

□ 대상사업 등

○ 지역의 특성·역사성이 있거나 소득증대 기여도가 높은 품목, 또는 대내외 판매전망이 밝은 품목으로 함.

○ 고유상표 획득 도는 명성 있는 상품으로 지역의 대표상품이 될 수 있는 사업은 다음 각호와 같음.

- 생산시설 현대화, 포장개발, 품실개선 등 상품싱 제고를 위한 다음 각목의 시업
  - ·선과·포장·가공, 용기규격화, 기술개발 등 시설의 현대화
  - ·고유상표, 포장디자인, 품질인증제 등 상품의 특성화·고급화
  - ·저온저장고, 직판장, 공동판매장 등 유통시설의 확충
- 지역부존자원을 이용한 임가공단지 조선을 위한 다음 각목의 사업
  - ·칠기, 유기, 도자기, 전통가구 등 공예업
  - ·모시, 삼베, 한지 등 전통제조업

□ 사업비

○ 명품육성을 위한 사업비는 중앙의 국비와 시·도 또는 시·군·구의 지방비 및 사업주체의 자부담하며, 사업비의 지원비율과 사업주체의 부담비율은 명품사업 지원결정시 대상사업별로 정함.

□ 사업선정·심의

○ 사업선정의 심의요건은 다음 각호와 같음.

- 지역명품으로 개발육성이 가능한 사업
- 『상품의 질』 등의 면에서 경쟁력이 있고 소득효과가 큰 사업
- 다수 주민의 수혜가 있고 유능한 지도자가 있는 사업
- 비교적 단기간 내에 가시적 성과를 기대할 수 있는 사업 등

□ 협의회 구성

○ 『1지역 1명품』 사업의 육성지원을 위해 시·도에 「명품사업추진위원회」를 시·군·구에 「명품사업추진협의회」를 구성·운영함.

- 시·도 「명품사업추진위원회」 기능 : 명품지정 및 지원대상 사업 심의 결정
- 시·군·구 「명품사업추진협의회」 기능 : 명품선정 및 사업계획심의, 명품사업진흥을 위한 협의, 애로사항 해결, 기술지도, 정보제공, 판로개척, 자금지원 등

□ 사업추진

○ 사업은 주민주도형으로 추진하고 당해 시장·군수·구청장은 명품사업에 대한 전반적인 지도감독과 함께 명품사업을 이끌어 갈 젊고 유능한 지도자를 발굴, 교육훈련을 실시함.

○ 지방자치단체별로 기술·경영지도반」을 구성하여 명품단지에 생산기술향상과 경영합리화를 위한 기술·경영 지도를 정기적으로 실시함.

○ 상품의 고부가가치화와 이미지 제고를 위해 고유상표, 포장·용기개발 등 상품성 제고사업을 확대 추진하고, 시장·군수·구청장 책임 하에 품질인증제를 실시함.

○ 당해 시장·군수·구청장은 명품사업체를 협동출하 조직으로 육성하여 산지유통을 주도토록 하고 이들에 대한 유통교육을 정기적으로 실시함.

○ 당해 지방자치단체에서는 지역의 명품을 공동 출하할 수 있도록 대도시 등에 직·공판장을 개설하고 각종 물산전과 이벤트사업 참가지원, 으뜸산품 전시·판매 등 직거래 체제를 확립하여 새로운 수요창출과 판로확대를 위한 시장개척 및 홍보활동을 전개함.

□ 업무추진 현황

○ 명품지정품목 : 전국 151개 시·군·구 151개 품목(농·특산물 138개, 민·공예품 13개)

○ 지원방식 및 재원조달방법 : 해당업체에 자금융자(2년 거치 3년 상환 연 2%), 행자부와 시·도가 동일 비율로 기금 조성

○ 사업추진실적

- 1993~1995년 : 자금보조(1,814억)
- 1996~1998년 : 융자지원(행자부 60억, 시·도 60억)
- 1996~1998년 : 매년 40억

- 1999년 :70억 지원

2) 문화관광부

① 문화산업비전 21 수립

□ 문화의 상품화 · 상품의 문화화를 위한 붐 조성

○ '한국문화상품 100선' 선정 및 판로지원(정부조달품목제도 활용)

○ '문화이미지 상품 베스트 10' 선정(관계전문가로 위원회 구성)

- 상품의 문화화 촉진을 위한 '대한민국 문화상품 대상' 신설

○ 지역특화 문화상품개발 유성지원(통영, 전주, 원주 등)

○ 태권도 · 김치 등 한국 상징 10대 CI 몰 활용 캐릭터상품 개발 · 수출

□ 무형문화재 작품, 박물관 소장품 등 전통문화 응용상품 개발

○ 기초 디자인 및 개발비 지원

○ 2000 새로운 예술의 해, 2001 한국방문의 해, 2002 월드컵 등 국제행사대비 한국문화상품 개발

○ 나전칠기, 도자기, 한지 등을 수출전략상품화

□ 재원소요 총괄

단위 : 억원

분야 / 연도	구 분	1999	2000	2001	2002	2003	계
문화상품 (캐릭터, 패션디자인, 전통문화·공예산업)	공공자금	6	72	610	616	429	1,733
	민 자	12	31	36	40	44	163
	계	18	103	646	656	473	1,896

주 : 소요예산은 매년 예산 편성 시 예산 당국과 협의 확정

□ 문화상품 제작 · 판매공간 확충(2000~2003)

○ 폐(廢)동사무소 등을 활용, 지역특화 공예공방 설치 지원

○ 공예문화상품 전자상거래 및 종합 유통관 설립 · 운영

○ 지역별 문화상품 판매장터 및 판매종합센터 개설

② 전국 관광기념품 공모전 개최 (2000년 공모 기준)

○ 개최목적 : 2001년 한국방문의 해, 2002년 월드컵 · 아시아 경기대회 등 대형 국제관광이벤

트를 대비하여, 우리 문화의 특색을 살린 국제경쟁력 있는 관광기념품을 육성·발굴

○ 응모대상

- 국내·외 관광객을 대상으로 판매할 목적으로 제작된 기념품
- 우리나라의 전통문화와 향토성, 상품성을 겸비한 기념품
- 주문·대량생산이 가능한 신규개발 또는 기존 관광기념품

○ 응모부문 : 민예품·공예품, 공산품, 가공식품

○ 응모자격 : 관광기념품 제작업체 또는 생산설비를 갖추고 실제로 기념품 제작업을 종사하는 개인

○ 전시회개최

- 제3회 전국관광기념품공모전 입상제품 전시
- 시·도 우수 관광기념품 판매관 및 시·도 개발 특화상품 전시관 운영
- 북한관광기념품 전시판매관 운영
- 무형문화재 공방 및 전시판매장 운영
- 한국관광정보전시관 운영

○ 입상특전

- 우수관광기념품 육성자금 융자(예선 및 본선 동상 이상)
- 제품 포장디자인 개발 지원(본선 장려상 이상)
- "한국관광명품" 인증마크 사용권 부여(본선 장려상 이상)
- 공모전 입상제품 홍보 및 판로 확대 지원
- "한국방문의 해" 관련 특별상 입상작은 디자인 개발, 홍보, 판매 등 특별지원

3) 농림부(농어촌 특산단지)

○ 목적 : 농촌의 부존자원을 활용하고, 농촌의 지역특산품 생산단지를 조성하여 농어민 소득 증대 및 농촌지역 발전을 도모

○ 세부 추진방향

- 지역부존자원을 활용한 품목으로 향토성과 지명도가 높고 지역의 얼이 담긴 지역특산품을 지정·육성
- 고부가가치 제품을 생산할 수 있는 특산단지를 육성, 농외고용 및 소득증대를 도모
- 특산단지 제품의 전시판매를 위한 매장을 제공하고, 마지막으로 특산단지 제품의 시장정보 제공 및 품질행상을 위한 단지 간 공조활동을 도모

○ 사업내용 : 특산단지 지정업자에게 개발비 · 시설비 · 운영비 및 판매장 설치지원

○ 지원내용

- 개발비 · 시설비 · 운영비 등 총사업비의 70% 국고융자(단 사업내용에 따라 차등지원)
- 전시판매장 설치지원 : 전국매장 15개소(국고 50%, 지방비 50% 부담 설치)

○ 특산단지 지원조건

	지원조건	내 용
시설비	3년 거치 7년 균분상환, 연리 5%	시설자동화 및 사업장 신축 등
개발비	3년 거치 7년 균분상환, 연리 5%	금형제작, 제품 및 포장디자인 개발 등
운영비	2년 거치 3년 균분상환, 연리 8%	원료구입 등

○ 지원실적

단위 : 백만 원

	1992~1995	1996	1997	1998	1999
지원액(국고)	6,495	3,325	2,600	7,900	5,600

자료 : 문화관광부, 「자료로 보는 문화상품」, 2000.

□ 근거법령

○ 농어촌발전특별조치법

- 제29조 (농어촌특산품생산단지의 육성) : 시장 · 군수는 농어촌의 부존자원과 유휴노동력을 효율적으로 활용하기 위하여 농어촌특산품생산단지(이하 "특산단지"라 한다.)를 육성할 수 있음.
- 제 27조 (생산제품의 판매지원) : 국가 및 지방자치단체는 농공단지 또는 제 29조의 규정에 의한 농어촌특산품생산단지에서 생산된 제품의 판매를 촉진하기 위하여 당해 제품생산자와 국가 · 지방자치단체 · 공공단체 또는 정부투자기관과의 수의계약을 확대하고 수출의 지원 및 계열화의 촉진 등 필요한 조치를 할 수 있음.

○ 특산단지의 지정 대상품목 및 지정현황

- 특산단지 지정 대상품목에는 민속공예, 농수산자재, 섬유직물, 석재분야 등이 있음. 민속공예품 중 죽제품, 목공예, 석공예, 도자기공예, 한지, 패각가공, 완초가공 등이 포함됨.

4) 한국산업 인력공단(노동부)

① 기능 장려사업

○ 국민에게 기능습득을 장려하고 기능의 향상을 촉진하는 동시에 기능인이 긍지와 자부심을 가지고 맡은 분야에 정진하도록 하며, 기능인의 경제적·사회적 지위 향상을 도모하기 위한 사업임.

□ 명장 등 선정포상

○ 목적 : 기능인을 우대하고 선정 포상함으로써 기능인이 긍지와 자부심을 가지고 맡은 분야에 계속 정진할 수 있도록 유도하여 국가산업발전에 기여코자 함.

○ 방침

- 최고수준의 기능보유자와 기능인력 양성에 공이 많은 지도자 발굴
- 포상 기능인 우대와 타사의 모범이 된 대·중소기업별 우수사업체 발굴·포상
- 공정한 심사를 위한 심사기구 구성 (기능장려 공적심사위원회)
- 포상자(업체)에 대한 사회적 우대강화 및 각종 특전부여

○ 명장 추천자격 : 장인정신이 투철하고 그 분야의 최고의 기능을 가진 자로서 산업현장에 장기간 종사함으로써 기술발전에 크게 공헌한 자 또는 맡은 분야에서 부가가치를 창출하여 생산성 향상에 기여한 자 또는 맡은 분야에서 부가가치를 창출하여 생산성 향상에 기여한 자

- 기능수준 및 품성이 다른 기능인의 귀감이 되는 자
- 작업공정의 개선이나 품질향상을 통하여 생산성 제고에 공이 있는 자

○ 선정분야 및 직종

- 16개 분야(가구제작, 금속공예, 목공예, 도자기공예, 석공예, 귀금속가공, 보석가공, 보석감정, 패세공·칠기, 조화공예, 인장공예, 자수, 가구도장, 금속도자, 광고도장, 표구 등)

□ 민족고유기능 전승자 선정지원

○ 목적 : 민족전통의 고유기능 보유자에 대하여 기능전승자금을 지원함으로써 기능을 계승·발전시키며, 기능보유자들의 사기를 진작시키는데 있음

○ 대상자 : 노동부장관이 정한 분야에서 20년 이상 생산현장에 종사하고 있는 자

○ 선정종목 : 매년 초 새로운 종목선정

- 2000년 기능전승자 선정 종목 : 천연염색(홍염·청염·감물염), 조화공예(지화·상화·설경), 완초공예, 장구제작, 떡살제작, 가마솥주조, 은장도제작, 인장주조, 참빗제작, 백골제작, 체(말총)제작, 인형(전통복식)제작, 화각공예, 벼루제작, 수레제작

○ 지원내용

- 선정 후 5년 이내, 선정 익년도부터 매월 80만원 이내 지원
- 기능전승자 및 계승자에게 작품 전시기회 부여
- 기능전승자가 계승자 이외의 다수를 대상으로 기능전승교육을 원하는 경우 교육장소 임차비용 지원
- 기능전승자와 계승자가 작품발표회를 개최할 경우 개최장소 임차비용 지원
- 수익성 있는 기능의 상품화 지원

② 공예관련 국가기술자격제도 운영

○ 현재 16개 공예분야에 국가기술자격검증이 있음.

5) 중소기업청

① 민속공예품 품질인증제도 운영

○ 목적 : 중소기업진흥 및 제품구매 촉진에 관한 법률 제40조 및 동법 시행령 제45조의 규정에 의거 민속공예품의 전승유지 및 품질향상을 도모하고 판로촉진을 지원하기 위하여 민속공예품 품질인증실시에 필요한 사항을 정함을 목적으로 함.

○ 인증대상품목 : 인증대상품목은 <표 1>과 같음.

○ 인증제품의 지원

- 중소기업 구조개선자금 및 지방중소기업육성자금지원
- 디자인 및 기술지도 대상업체 선정
- 전국공예품경진대회 심사
- 판로 및 홍보지원
- 기타 중소기업청 및 지방중소기업청장이 실시하는 사업
- 경영안정자금 지원 시 우대
- 구매 및 전시판매시 우대

〈표 1〉 민속공예품 품질인증대상 품목

구 분	품 목
섬유공예품	인형, 수예품, 민속의장, 매듭, 실크백제품, 자수 등 기타 섬유공예품
목공예품	목각공예(인물상, 동물상, 용기, 장신구), 가구공예(고전가구, 화각공예)등 기타 목공예품
칠공예품	나전칠기, 건칠공예품(화병류, 함류, 상류, 쟁반, 용기류 등)등 기타 칠공예품
도자공예품	토기, 토룡, 민속도자기(청자, 분청, 백자), 공업도자기제품(노벨티)등 기타 도자공예품
석공예품	석각제품(화병, 용기, 석등, 동물상, 장식용구 등) 벼루 등 기타 석공예품
보석공예품	옥, 산호, 수정, 장신구, 양식진주제품등 기타 보석 공예품
금속공예품	금, 은, 동, 합금제품, 칠보제품, 모조 장신구류 등 기타 금속공예품
초자공예품	유리세공품, 구슬백, 인조진주등 기타 초자공예품
죽세공예품	죽세공품, 부채(합죽선, 태극선)등 기타 죽세공예품
초경공예품	인초, 완초, 옥피, 수세미, 맥간, 갈리, 갈포, 완초벽지, 저마제품등 기타 초경공예품
피혁공예품	우피, 양피, 뱀피, 장어피, 인조피제품등 기타 피혁공예품
종이공예품	한지, 지공예품, 조화, 지등, 지우산등 기타 종이 공예품
기타공예품	휘장, 우모, 수각, 패각, 부착화(보석, 콜크, 석화), 수실, 인쇄물, 서화, 판화, 박제품, 수지, 박제, 석고, 기념품류등 기타공예품

② 전국공예품대전 개최

○ 출품 대상품목

- 전통적 공예기능에 의한 제품 및 향토성이 있는 창의적인 개발상품

○ 공예품의 신제품개발 및 상품화 추진

- 시·도지사는 필요한 경우 출품자를 위한 자금, 기술 및 디자인 부문 등의 종합 지원체제를 관계 전문기관의 협조를 통한 강구하여야 함.
- 한국산업 디자인 진흥원은 시·도지사 및 출품자로부터 제품개발을 위한 디자인 지도요청이 있을 때에는 적극 협조하여야 함.

○ 입상자 지원

6) 문화재청

□ 중요무형문화재 보전전승제도 개선

○ 중요무형문화재 전승제도 개선

- 지정종목 및 보유자 확대, 명예보유자 인정 등

○ 생계곤란 기·예능 보유자 특별지원(40여명)

○ 무형문화재 전승 교육시설 확충

- 전승지별 전수교육관 건립지원 (6개소) 등

□ 무형문화재의 관광상품화 추진

○ 무형문화재 관광상품화 협의회 운영 활성화

- 전통문화상품 개발·보급 확대

○ 전통공예품 상설 전시판매장 확충

- 한국의 집, 면세점 등 외국인 관광코스 중심

○ 무형문화재 공연·전시의 정례화·상설화

- 한국의 집(음식), 남산골 한옥마을(생활문화), 전수회관(공연·전시) 등

□ 중요무형문화재 전시·공연 확대

○ 중요무형문화재 보유자 작품전 개최

□ 전통생활문화 보급

○ 전통 생활공예 모음전

- 전통기법 응용 생활공예품 전시·판매

○ 청소년 전통문화체험교실 운영

- 전통혼례, 전통예절, 전통다례, 생활도자기 만들기 등

7) 산업디자인진흥원

① 디자인혁신상품 개발지원

○ 지원대상 : 중소기업기본법 제2조의 규정에 의한 중소기업과 관련단체 독점규제 및 공정거래에 관한 법률 제14조의 규정에 의한 30대 대규모 기업집단 소속회사를 제외한 대기업(신청일자 기준), 농·수·축산·임업 생산자 단체

〈표2〉 우선 지원대상

· 10대 수출유망 디자인품목 제조기업 (①가전제품 ②컴퓨터·정보통신기기 ③섬유·신발류 ④레저·스포츠용품 ⑤생활용품 ⑥문구·사무용품 ⑦조명장치 ⑧자동차 주변기기 ⑨주방용품 ⑩의료기기)
· 공예품 및 문화·관광상품(월드컵 상품 포함)을 제조하는 기업
· 벤처기업 육성에 관한 특별조치법에 의한 벤처기업
· 기술이전 촉진법에 의한 특허기술의 사업화 기업
· 중소기업 수출지원센터의 설치 및 운영에 관한 규정에서 정한 수출기업
· 중소기업지원 관련기관이 추천한 유망 중소기업

○ 지원내용 : 제품디자인, 포장디자인 및 시각디자인. 단, 시각디자인은 수출활동에 필요한 홈페이지 및 카타로그 제작, 제품자체의 브랜드 개발에 한함.

○ 분야별 지원한도 및 기술료 징수

- 총 개발비의 2/3범위 내에서 다음 한도에서 지원함.

지원분야	제품디자인	포장디자인	시각디자인
지원한도	30백만 원	10백만 원	5백만 원

- 2개 분야 이상의 통합지원 시 총 지원한도 지원금액이 많은 분야의 한도를 초과하지 못함.
- 개발과제가 성공으로 평가 시 지원금의 30%를 기술료로 징수함

○ 주관기관의 자격요건

- 산업디자인 진흥법 제9조의 규정에 의한 산업디자인 전문회사
- 고등교육법에 의한 학교(산학프로젝트의 한하며 특성화대학 우대)

○ 지원규모 및 지원기간 : 121억원/2000. 12. 31까지 (자금소진 시 조기 종료)

② 상품화자금지원

○ 산업발전법 제25조 및 산업기술개발융자사업 운용요령(산업자원부 고시)에 의거 디자인 개발 완료 후 자금력이 취약하여 상품화에 어려움을 겪고 있는 기업을 대상으로 시제품개발 융자금을 지원

○ 지원규모 : 200억원

○ 신청대상

- 산업디자인개발사업에 참여하여 디자인 제품을 개발하고자 하는 업체
- 산업디자인 진흥법 제9조의 규정에 의한 산업디자인 전문회사
- 디자인제품을 개발하고자 하는 업체

○ 융자조건

- 대출금리 : 년 8.25 %(시중실세금리변동에 따라 연동가능)
  기술담보 융자금의 경우 : 년 8.95%
- 융자기간 : 8년 (3년 거치 5년 분할 상환)
  기술담보 융자금의 경우 : 5년 (2년 거치 3년 분할 상환)
- 업체별 지원한도 : 10억원까지
- 융자비율(융자신청금액) : 소요자금의 80% 이내
- 자금의 지원범위 : 연구인력 인건비, 교육연수비, 주・보조재료비(금형제작비등), 시험 검사

비, 기술지도비, 기자재구입비등

- 대출방법 : 자체담보, 보증기금활용, 기술담보 (특허권, 실용신안권, 프로그램 저작권)

③ 연구・개발지원

□ 지역발전지원사업

○ 사업내용

- 지역 특화 상품 개발
  - · 지역문화상품, 관광상품 개발
  - · 지역 특화상품의 공동브랜드 및 고유 캐릭터 개발

(2) 지자체의 육성제도 현황

1) 충청북도

① 법적・행정적 지원제도

○ 지원근거법 : 충청북도 우수공예기능인 및 업체시정관리 등에 관한 규정

○ 우수기능인 및 업체의 자격 : 충청북도 공예품경진대회 및 전국공예품경진대회에서 입상경력이 있거나 지정 필요가 있다고 인정되는 자 또는 업체

○ 우수기능인 및 업제에 대한 특선

- "우수기능인 및 업체 증서"의 교부 및 활용
- 제품생산 및 판매촉진
- 예산・기술지원 등

② 재정・금융・세제 지원제도

○ 재정지원제도

- 사업별 예산지원 현황

단위: 백만원

사 업 명	1995	1996	1997	1998	계
공예품 경진대회	1	1	1	1	4
우수공예기능인 및 업체지정	7.2	3.6	1.5	-	12.3
방곡도예촌 옹기공원 및 연구시설 조성	-	-	-		12
계	8.2	4.6	2.5	13	28.3

○ 기타 공예품 육성관련 주요사업
- 방곡도예촌 옹기공원 및 연구시설 조성
- '99 국제공예비엔날레 개최

③ 우수 공예상품의 발굴 및 지정 · 인증 · 표시제도
○ 우수 공예상품 표시제도 : 민속공예품 품질인증제도, 충청북도 우수공예 기능인 및 업체지정관리 제도
□ 민속공예품 품질인증제도
○ 자격요건 : 충북지역 소재 중소기업이 생산하는 민속공예품과 지방중소기업청장이 지정한 품목
○ 우대사항
- 중소기업구조개선자금 및 지방중소기업육성자금 지원
- 디자인 및 기술지도 대상업체 선정
- 전국 공예품경진대회 심사
- 판로 및 홍보지원
- 기타 중소기업청 및 지방중소기업청장이 실시하는 사업 등
□ 충청북도 우수공예기능인 및 업체지정
○ 자격요건 : 당해연도 충청북도(우수상) 및 전국(장려상) 공예품경진대회에 입상경력이 있거나 기타 도지사가 필요하다고 인정하는 자 또는 업체
○ 우대사항
- "우수기능인 및 업체 증서" 교부 및 활용
- 제품생산 및 판매촉진
- 1개업체당 연간 300만원씩 3년간 지원(예산범위 내에서)

④ 전시 · 판매
□ 방곡도예원
○ 면적 및 참여업체 : 40평(전시판매장), 10개사
○ 부대시설
- 전시판매장 건물 : 총 134평(작업장 : 20평, 가마 : 27평, 사무실 : 18평, 관리소 : 19평)
- 옹기공원 : 1,360평

○ 지원기관 및 지원내용 : 설립비 지원

- 방곡도예원 : 충청북도 4억 2천만 원, 단양군 3억원 지원
- 옹기공원 연수시설조성 : 충청북도 1억 2천만 원, 단양군 1억 5천만 원 지원

□ 기타

○ 청주백화점에서 공예품 판매장으로 운영되는 공예마당이 있음.

○ 청주종합무역센터와 충청북도 중소기업지원센터 내에 공예품 전시장 설치

2) 서울특별시

① 법적·행정적 지원제도

○ 공예상품과 관련된 특별한 법적·행정적 지원제도는 없으며, 서울특별시 중소기업육성기금 설치 및 운용조례시행규칙에서 다른 분야와 마찬가지로 일반 중소기업 지원정책의 틀 안에서 지원

② 재정·금융·세제 지원

○ 지원근거법 : 서울특별시 중소기업육성기금 설치 및 운용조례시행규칙

□ 운전자금의 관리·운용

○ 지원대상 : 운전자금 지원대상에는 서울입지특성에 적합한 유망산업으로서 우수전통공예산업이 포함되고 있음.

○ 대상업체 평가기준 : 사업안정성, 시장성, 경쟁력, 개발(운용)능력 및 기술 수준

○ 대출조건

대여금리	대출한도액	대출금리	대출조건
연 7.2%	3억원 이내	연 8%	1년 거치 3년 균등분할상환

○ 운전자금 대출규모

- 최근년도 재무제표상의 연간 매출액의 1/4범위 또는 최근 3개월분 과세 표준 증명원상의 매출액 범위
- 위자료를 체출 치 못하는 업체는 3천만 원 이내

○ 은행자금 : 시장은 필요시 서울특별시 금고와 협의, 중소기업육성에 필요한 자금을 운용할 수 있음

□ 시설자금의 관리·운용

○ 시설자금으로 운용되는 기금은 구조개선자금과 구조조정자금으로 나누어 계리·운용함

○ 시설자금 융자대상 산정기준

- 구조조정사업 : 우수전통공예산업 포함
- 지원대상기업 : 국가 또는 지방자치단체 주관 공예품경진대회에 1회 이상 입상경력이 있는 공예품 생산업체
- 지원내용 : 시설자금 및 이와 직결된 운전자금

○ 대출조건

- 대출금리 : 연 8.5%, 자금의 대여금리 : 연 7.7%

3) 전라북도

① 법적·행정적 지원제도

○ 지원 근거법 : 전라북도 공예품 및 산업디자인개발 육성조례

○ 사업내용 : 전통공예품 개발을 위한 용역 실시, 경진대회 개최, 전통공예품 우수업체 육성

○ 지원육성

- 재정지원 : 전통공예품 발굴 계승발전을 위한 사업자금·시설현대화 자금 및 운영자금, 기타 공예품 개발에 필요한 자금
- 기술지원 : 전문기술요원의 생산업체 순회기술지도 및 집합기술지도·위촉 지도자 순회기술지도·우시기능 보유자의 인간문화재 지원육성 등
- 판로개척 : 국내외 판로개척 지원을 위해 유관기관/전시·판매/시장정보 등

② 재정·금융·세제 지원제도

○ 재정지원 내역

- 특산품 전시판매장 건립비용 지원
- 향후 전시판매장 건립비용 지원계획
- 한지 전통 고유기술 개발비 지원
- 무형문화재 보유자 보상금 지급

③ 전시·판매

○ 대단위 공예품 전시·판매장

- 전주 : 전주 특산품 전시판매장, 전주 죽세공예 전시판매장 등 2곳
- 남원 : 남원 목공예 특산품 전시판매장, 남원시 특산품 전시판매장 등 2곳
- 기타 : 완주군 특산품 판매장, 김제 도자기 판매장, 남원시 소재 목각 등 특산품 소형매장 산재

4) 대전광역시

① 법적·행정적 지원제도

○ 지원근거법 : 대전광역시 관광공예품 및 산업디자인 개발 육성에 관한 조례

○ 지원내용

- 생산업체의 시설 근대화 및 집단화 사업지원
- 경영 및 기술지원
- 생산 장려금의 지원 및 융자알선
- 디자인 개발비 보조
- 기능보유자 보호 육성에 필요한 경비
- 국내외 업체동향 및 정보제공
- 기능공 인력수급 및 훈련
- 기타 필요한 사항

② 재정·금융·세제 지원제도

○ 1997년 대전광역시 우수공예품 지정 시 한시적으로 관광공예품 개발보조금 4억원 지원

○ 대전공예품 전시판매장 무상지원

○ 공예품경진대회 연 1회 실시

○ 홍보용 공예품 카탈로그 매 2년 1회 제작

③ 우수 공예상품의 지정·인증 표시제도

○ 대전의 상징을 나타낼 수 있는 상품으로 대전지역 생산업체를 대상으로 하며, 우수관광공예품심의위원회 심의로 우수작품 선정

④ 전시·판매

○ 전시·판매공간 : 대전광역시 공예품 전시판매장

- 규모 및 참가업체수 : 총 32평, 9개사
- 대전광역시의 지원내용 : 공예품 전시 판매장 무상지원

5) 광주광역시 및 전라남도

① 법적 · 행정적 지원제도

○ 지원근거법 : 광주광역시 전시판매장 설치 운영조례, 전라남도는 없음.

② 재정 · 금융 · 세제 지원제도

○ 금융지원제도(광주광역시)

- 전국공예품대전 광주예선대회 출품자에 대한 공예산업육성 개발비 보조(2,400만원)
- 우수공예산업육성 개발지원비(5천만 원)

○ 기타지원제도

- 광주광역시 : 전국공예품대전 광주예선대회 입상자 시상 및 운영비(각 8백만 원 및 575만 원), 전국공예품대전 참가시 전시관운영비(1,200만원), 공예품 전시판매장 운영(전시장 임대료 : 4억원) 등
- 전라남도 : 전국공예품대전 전남 예선대회 입상자 시상(200만원), 공예품 전시판매장 운영(전시장 임대료 : 4억원)

③ 우수공예품의 발굴 및 지정 · 인증 표시제도

○ 지원근거법 : 중소기업진흥 및 제품구매 촉진에 관한 법률 제 40조에 의거

○ 우대사항

- 품질 및 디자인 합격제품에 대해 지방청장명의의 인증표식 부착
- 품질고도화 지원
- 기타 : 중소기업 구조개선자금 및 지방중소기업육성자금 지원시 우대, 지자체의 경영안정자금 지원시 우대, 판로 및 홍보지원 등

6) 경상남도

① 법적 · 행정적 지원제도

○ 지원근거법 : 중소기업진흥 및 제품구매촉진에 관한 법률 및 시행령

② 재정 · 금융 · 세제 지원제도

○ 공예업체를 위한 특별한 금융지원제도 및 세제지원제도는 없는 실정임.

□ 재정지원제도

○ 우수공예품 개발장려비 지원

- 지원금액 : 업체당 300만원(총 1억 8천만 원으로 도예산 20%, 시 · 군예산 80%로 구성)
- 지원대상 선정기준 : 전국 및 도 대회 우수입상자 우선지원, 상품화와 제품의 지속적인 생산 가능성 등
- 개발장려비 지원조건 : 도 공예품 경진대회 출품

○ 경상남도 공예협동조합 운영비 지원 : 연간 4,600만원

③ 기타 공예품 육성관련 주요사업

- 도 공예품 경진대회 개최
- 공예품 개발 지도위원 위촉 및 기술지도
- 공예품 홍보 인터넷 홈페이지 개설
- 한 · 일 7개 시 · 도 · 현간 전통공예 교류 촉신
- 공공기관의 공예품 구매 촉진
- 통영 나전칠기 축제 개최
- 김해 도자기 축제 개최

④ 우수 공예상품의 지정 · 인증표시제도

○ 우수 공예상품 표시제도 : 경남 추천상품(QC) 제도

⑤ 전시 · 판매

○ 경남 공예품 전시판매장

- 지원내역 : 경상남도 도금고인 제일은행 창원지점 2층 일부를 무상으로 임대 사용, 시설 · 장치비 1억원 지원

○ 경남 공예협동조합 전시판매장(통영시)

- 판매상품의 종류 : 나전칠기(70%) 및 기타 도자기 · 목공예품 등(30%) 각종 공예 · 특산품

○ 통영 특산물 전시판매장

- 판매상품의 종류 : 나전칠기(70%) 및 기타 도자기 · 목공예품 등(30%) 각종 공예 · 특산품

7) 강원도

① 법적·행정적 지원제도

○ 지원근거법 : 강원도 예규 제700호 강원 관광고유상품 관리지침

② 재정·세제 지원제도

○ 재정지원제도

- 강원 관광고유상표관리지침에 의거 관련제품의 상품권 출원비 지원
- 강원도 공예품대전 상금지원

○ 세제지원제도 : 강원도 공예협동조합을 통한 지원

- 강원도 향토공예관을 강원도공예협동조합에 무료임차(판매상품 매출액의 10%를 수수료로 징수)
- 협동조합 회원사의 기술·신용보증 및 금융혜택을 받을 수 있도록 3천만 원 미만의 대해 보증

③ 공예품 육성관련 주요사업

- 강원도관광기념품 고유상표 부여
- 강원도공예품대전 개최 및 전국공예품대전 출품 지원
- 강원관광기념품전 개최
- 인터넷 가상공예품 전시관 게재 등

④ 전시·판매

○ 강원관광기념품 상설 판매전시장 지정

- 지정대상 : 18개 업체(호텔 1, 콘도 11, 농·특산물 판매장 5, 기타 1)

○ 강원도 공예품 전시판매장

○ 강원관광기념품 큰 장터 개설

8) 대구광역시

① 법적·행정적 지원제도

○ 지원근거법 : 대구광역시 관광공예품 및 산업디자인 개발육성 관한 조례 12조

○ 지원내용

- 생산업체의 시설근대화 및 집단화사업 지원
- 경영 및 기술지원
- 개발 및 생산 장려금의 지원 또는 융자알선
- 디자인 개발비 보조
- 기능보유자 보호 육성에 필요한 경비
- 국내의 업체동향 및 정보 제공

② 재정·금융·세제 지원제도

□ 재정지원제도

○ 생산 장려금 지원

- 업체당 평균 지원액(1997) : 500~760만원
- 지원범위
  - ·시설투자사업 및 이와 직결된 운전자금
  - ·원자재 구입비 및 전통기술 개발에 따른 비용
  - ·인건비, 도안비, 공구 및 재료구입비 등

○ 경진대회 입상업체에 대한 운전자금 지원

- 지원근거 : 지역균형개발 및 지방중소기업 육성에 관한 법률시행령 제51조 제4항
- 융자이율 : 대구시 중소기업 구조조정자금 이율
- 기간 : 3년 이내(1년 거치 2년 균등 분할상환)
- 융자한도 : 3,000만원 이내

③ 공예품 육성관련 주요사업

- 공예품 경진대회 및 산업 디자인 전람회 개최

④ 전시·판매

○ 전시장 : 대구광역시 관광공예품 전시장이 있으며, 운영주체는 대구·경북 공예협동조합임.

○ 판매장 : 대구광역시 중구 남일동

- 면적 및 참여 업체수 : 7평, 대구지역 공예업체 20개사
- 지원내용 : 대구광역시는 임대료 2천만원, 대구·경북 목공예 협동조합은 연간 관리비 254 만원 상당지원

9) 부산광역시

○ 구체적인 관계법령은 없으며, 실질적인 법적·행정적 지원제도 및 재정·금융·세제 지원제도도 없음.

○ 공예품 육성관련 주요사업

- 지방공예품 경진대회 및 전시회 개최
- 공예품개발 장려금 지급 : 최근 3년간 각종대회 입상실적을 기준으로 배점을 부여하여 차등지원하며, 지원금액은 2,090만원임.

2. 향토 산업의 개념과 상품개발사례(자료: 한국지적재산관리재단)

「지역사회」라 함은 '한 지역의 일정한 범위 안에서 지연에 따라 자연적으로 이루어진 생활공동체'를 의미하는 용어로서 향토 산업의 정체성을 논의하기 위해서는 지역사회의 개념에 대한 이해가 필수적이다.

향토 산업에서 의미하는 지역사회는 '일정한 땅의 구역이나 땅의 경계'를 나타내는 단순한 지리적·행정구역을 의미하는 「지역」이 아니라 일정한 지역사회와 해당지역의 구체적·지리적 공간과의 관계에서 형성된 특별한 정서가 내포된 개념이기 때문이다. 다시 말해 「지역사회」란 단순한 지리적 의미의 「지역」개념 외에, 공통의 이해관계, 친밀성, 지리적 근접성, 사회적 상호작용 또는 이러한 요소들의 다양한 조합에 의해 연결된 사람들 간의 비공식적 관계 또는 연계망을 의미하는 개념인 것이다.

기존의 각 중앙부처에서 추진해온 지역발전관계법에서는 지역 내의 여러 가지 다양한 요소가 배제되었거나(공단 및 외부기업유치 등) 고려되었더라도 극히 미미하거나 주변요소로 취급되어 지리적·행정구역의 의미가 강조된 「지역」개념을 중심으로 수행되어 진 경우가 많았다. 그러나 향토 산업은 지역의 내발적인 다양한 요소로 연결된 지역민들 간의 비공식적 관계라는 특별한 특성이 내포된 「지역사회」를 근간으로 하기 때문에, 기존의 것과는 차별된다. 여기서 일정한 지역사회를 이루는 지리적 공간은 교통과 통신이 발달되지 않은 산업화 이전에 사람들이 하루 만에 서로 정보와 물자를 교류할 수 있는 1일 생활권내의 거리 내지 범위를 의미한다.

오늘날의 행정단위로서는 시·군 단위가 그 기초적 단위라고 볼 수 있으나, 향토자원의 특성에 따라 남도김치축제(전라남도), 한국김치(한국), 고려인삼 및 고려청자 등 광역지방자치 단체나 국가단위가 되는 경우도 있다.

「특성 있는 향토자원」이라 함은 일정한 지역사회내의 내재된 유·무형의 특성 있는 지역자원 내지 전통자원을 의미한다. 여기서 특성 있는 지역자원이라 함은 기후, 토양, 위치 등 지역의 물리적 요소에 의해 나타나는 차별적인 특성(이하 지역성이라 함)을 지닌 것을 말하며, 특성 있는 전통자원이라 함은 일정한 지역사회내의 생활과정을 통해 토착, 계승되어 온 독특한 생활양식이나 관습 등에 내재되어 있는 특성(이하 전통성이라 함)을 지닌 것을 말한다.

지역성은 산지나 산출물처럼 지리적 특성에 기인한 공간적 개념이며, 전통성은 전통지식, 전통 고유문화, 기술 등처럼 오랜 시간을 거쳐서 형성된 시간적 개념으로, 양자간에는 지역적 특성 즉 지역성으로 인하여 전통성이 각 지역에 다르게 형성되는 요인이 되기도 하나 편의상 나누어서 설명하며, 양자개념을 포괄하여 향토성이라고 부르기도 한다. 여기서 유·무형의 향토자원이라 함은 물질적 결과물에 향토성이 체화되어 있는 유형의 자원과 물질적 자원의 형태변화를 수반하지 않는 범위 내에서 이루어진 무형의 자원을 의미하며, 유형의 향토자원은 의식주의 생활, 놀이 및 여가생활, 토종동식물, 유전자원 등이며 무형의 향토자원은 전통지식, 전래풍속, 전설, 민요, 지역축제 등 사람에 체화되어 있는 것과 자연생태환경 등을 말한다.

한편 향토자원이란 일정한 지역사회에서 향토적 특성과 산업 상 이용가능성이 있는 유무형의 자원을 의미하는 것으로서, 향토적 특성이란 지역성과 전통성을 뜻하는데 지역성은 기후, 토양, 위치 등 지역의 물리적 요소에 의해 나타나는 차별적인 특성을 말하며, 전통성은 일정한 지역사회내의 생활과정을 통해 토착, 계승되어 온 독특한 생활양식이나 관습 등에 내재되어 있는 특성을 말합니다.

돌산 갓 김치 등 지역특색을 살린 김치 상품들, 문배주, 토종 동식물, 유전자원, 두견주 등의 전통주, 한산모시, 옻칠, 전통염료, 한방기기, 전통도자기, 전래풍속이나 민간설화, 민요, 지역축제 등이 향토 자원이 예가 된다.

[그림 1] 에서 각 좌표를 보면 우선 A의 돌산 갓 김치와 관련된 산업은 한반도 내에서도 타 지역과 차별성이 분명하며 오래전부터 사용되어져 온 것이므로 향토 산업이라 할 수 있다.

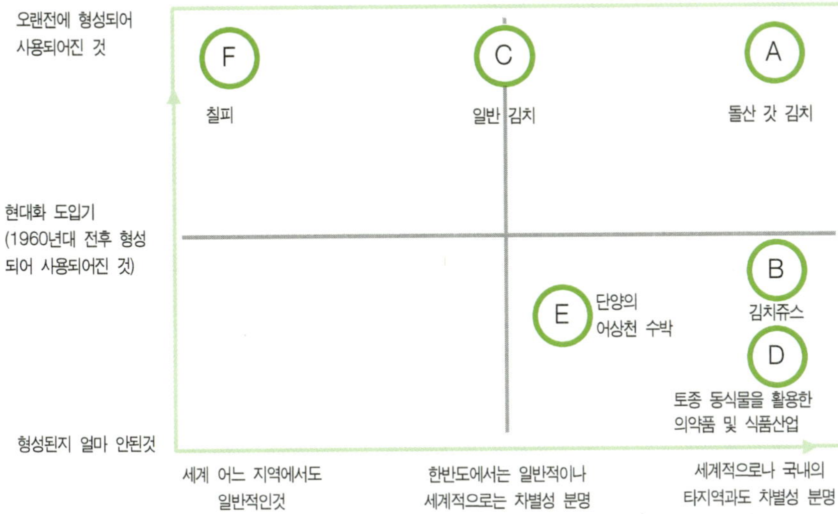

[그림 1] 향토 산업의 구별좌표

그림출처 : 한국지적재산관리재단 홈페이지(www.kipf.or.kr)

한편, B의 김치쥬스의 경우는 제조된 지 한 세대가 되지는 않았지만 세계적으로 차별성(고유성)이 있어 향토 산업의 한 예가 될 수 있겠다.

C의 김치의 경우는 한반도내에 고루 분포하여 한국인이면 누구나 어느 정도 만들 수 있지만 오래전부터 형성되어 활용되어진 것이므로 향토 산업이다.

D의 토종 동식물을 활용한 의약품 및 식품산업의 경우는 그 산출물이 생성된 지 얼마 안 되는 것이지만, 한반도내에서 오랫동안 생태적 과정을 거쳐 형성된 산물을 활용하였기 때문에 향토 산업이라 할 수 있다.

E의 단양어상천수박의 경우를 보면, 수박은 전 세계적으로도 재배 가능하지만, 어상천(단양) 수박의 경우는 어상천 특유의 자연적 환경(석회암 지역의 특성)을 활용하여 생산하기 때문에 향토 산업이라 할 수 있다.

F의 칠피 산업의 경우는 기존 피혁제조공정에 옻칠을 가미시킨 경우로써 산출물은 가죽제품으로 분류되어 한반도 뿐만 아니라 어느 지역에도 존재하지만, 오래전 우리 선조가 사용한 옻칠이 가미되어 있기 때문에 향토 산업이라 할 수 있다.

1) 함양군 옻 산업화 사례

① 사업추진 배경

우리나라는 옻나무 자생지 중 하나이며 특히, 함양군 마천면은 우리나라 옻나무 자생지중 한 곳이다. 함양군 마천면은 임야가 대부분인 지역인 마천면 지역 주민 소득원 중 4번째가 옻나무 관련한 사업이 차지하고 있으며 옻은 고부가가치 상품의 소재로서 가치가 있다.

그러나 현재 마천면 주민의 옻 활용 상품은 대부분이 옻칠(화칠)과 옻피나 옻순에 그치고 있는 실정이다.

옻은 친환경사업의 소재로, 손쉽게 국제 경쟁력을 갖출 수 있는 분야이며 적용범위가 넓어 효용성이 높은 소재로 알려져 있다.

② 사업추진 방향

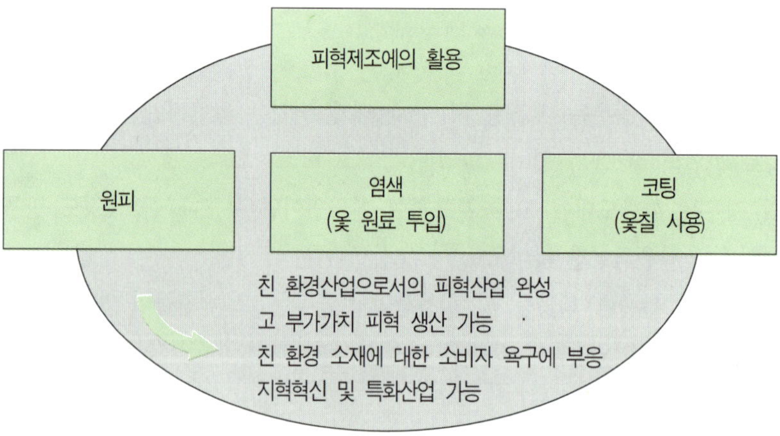

[그림 2] 사업의 추진방향결정

그림출처 : 한국지적재산관리재단 홈페이지(www.kipf.or.kr)

게다가 옛 선조들의 옻 활용방안 탐색나무는 물론이고 가죽, 종이, 삼베, 모시, 명주와 같은 천뿐만 아니라 금속 도기 등에도 활용했다는 기록이 있으며 실질적으로 목공예뿐만 아니라 칠피 공예가가 활동하고 있기도 하다.

실질적인 상품은 찾아볼 수 없으나 크리스찬 디오르 등이 옻으로 염색한 천을 이용하여 의류를 만들었다는 기록이 있다.

③ 향후 발전방향

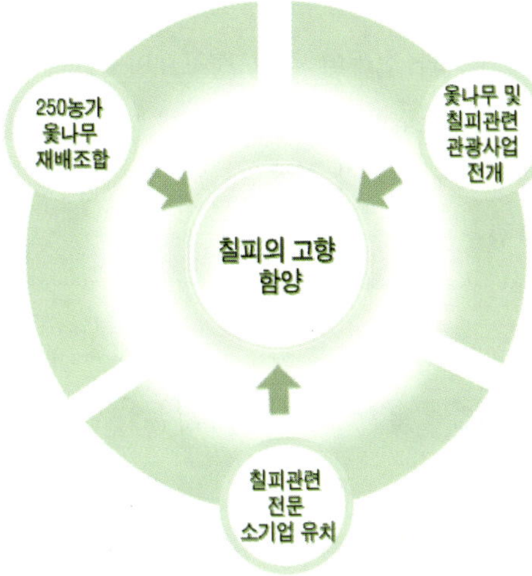

[그림 2] 향후 발전방향

그림출처 : 한국지적재산관리재단 홈페이지(www.kipf.or.kr)

2) 보성녹차 산업화 사례

① 사입추진 배경

1970년대 근대화 사업의 일환으로 녹차 재배가 본격화되기 시작하였다. 그러나 보성은 타 지역(하동)녹차에 비해 낮은 평가를 받으며 경쟁력이 낮았던 것이 사실이다.

대기업 정책변화에 따른 원료공급 및 OEM 지위 불안정과 중국에 대한 녹차 시장 개방에 따른 대응책 필요 경쟁력을 확보하는 방안 중 하나로 지리적 표시제 도입 필요성이 대두되고 있다.

② 사업(제도)추진 효과

- 재배농가 및 재배면적, 생산량 증가
- '00 재배면적 425ha, 농가수 158호, 생산량 650M/T
- '01 재배면적 461ha, 농가수 170호, 생산량 690M/T
- '02 재배면적 518ha, 농가수 220호, 생산량 960M/T
- 지리적 표시제 등록 후 녹차의 판매가격이 25~50%상승
- 유휴 노동력 흡수

- 관광수입의 급증으로 보성 재정의 11% 충당

③ 시사점

- 녹차생산 농민의 일관된 노력과 협동이 주된 성공요인
- 지역이미지를 최대한 활용한 전략을 수립하였음
- 녹차찌꺼기를 활용한 관광객에 먹거리 제공
- 저비용의 적절한 전략수립
- 본 재단의 중재자적 역할 수행

그림출처 : 한국지적재산관리재단 홈페이지(www.kipf.or.kr)

3. 『2002 문화산업백서』 주요 내용(자료: 한국관광공사)

□ 공예/문화관광상품

(1) 정책현황

21세기 문화의 세기에는 문화적 '이미지'가 중요시되는 시대로서, 현 시대에 걸맞은 새로운 한국의 이미지 창출이 요구된다. 이에 우리 고유의 문화와 전통을 바탕으로 한 문화관광상품의 개발, 보급을 통하여 외래관광객의 관광기념품 구매에 따른 경제적 부가가치 창출과 더불어 우리나라를 상징하는 국가이미지의 개선 역시 절실하게 요구받고 있는 시점에 이르렀다.

2000년도 이전까지만 하더라도 우리나라에는 국가를 대표할 만한 공예전문기관 또는 단체가 전무한 실정이었으며, 있다하더라도 전통공예에 치중되어 공예산업의 기반이 전혀 없었다고 해도 과언이 아니었다. 영국이나 미국 등 선진국은 국가기관인 공예청(Craft Council)을 두고, 이를 구심점으로 공예작가 육성과 세계시장 개척을 위한 다양한 마케팅정책을 추진하고 있는 실정에 비추어 볼 때 우리나라도 공예를 중심으로 한 관광기념품 분야에 전략적 육성 지원이 시급한 실정이다.

이에 따라 국민의 정부 출범과 함께 정부에서는 캐릭터, 게임, 공예 등 문화부문도 국가를 상징하는 하나의 전략산업으로 집중 육성할 필요성이 있음을 인식하고, 이에 따라 우리나라의 공예산업을 주도해 나가기 위해 문화관광부내에 '문화관광부와 그 소속기관직제(대통령령 제16342, 1999년 5월 24일)'를 개정하여 '문화상품과'를 신설한 바 있다. 또한 2000년 4월 1일에는 정부는 우리나라의 대표적인 공예단체인 '한국공예문화진흥원'을 재단법인 형태로 설립하여 문화상품과의 지도·감독을 받도록 하였다.

그러나 문화산업국 문화상품개발과와 관광국의 관광상품개발 업무가 중복된다는 점을 감안하여 유사업무를 통합 추진하여 시너지 효과 극대화해야 한다는 방침을 세우고 '문화관광부와 그 소속기관직제 개정(대통령령 제 17525호 2002년 3월 2일)' 및 시행규칙(문화관광부령 제60호, 2002

년 3월 9일)을 개정하여 2002년 3월 11일자로 문화산업국 '문화상품과(문화콘텐츠진흥과)'업무 중 공예문화상품 관련 업무를 관광국 '관광개발과'로 이관해 일원화하였다. 관광개발과에서는 공예, 문화관광상품 개발과 관련해 '문화 토산품, 도자기, 전통공예품 등 문화관광상품의 개발, 육성 및 유통에 관한 사항', ' 우수 전통 공예품 등의 지정 표시제도 운영' 등의 업무를 담당하고 있다.

관광개발과의 공예, 문화관광상품 개발 지원을 위한 정책의 초점은 기반시설 및 인프라 구축 지원, 공모전 및 업체에 대한 자금 융자 지원, 유통기반 확충 및 해외진출 지원에 맞춰지고 있다. 좀 더 구체적으로 지원 내용을 살펴보면 다음과 같다.

(2) 지원정책의 내용

1) 기반시설 및 인프라구축

① 공예문화종합센터 구축

우리나라의 공예문화산업 육성을 위해 설립하여 운영중인 한국공예문화진흥원에서는 공예문화종합센터를 설치하여 홈페이지 운영은 물론 공예업계에 대한 정보 제공, 유통·교육 상담 등을 통해 공예산업진흥을 위한 종합적인 시책을 펴고 있다.

〈표 1-1〉 공예문화종합센터 업무 내용

정보센터	유통센터	상담/지원 시스템
- 공예기초정립	- OEM 개발	- 저작권법 상담
- 홈페이지 보완 및 수정	- 전략 문화상품 디자인 개발	- 문화상품 정보 제공 및 상담
- on/off-line 서비스(자료실)	- Brand 개발 활성화	- 마케팅 교육 실시
- 작가 D/B 입체적소개	- 해외시장 진출(유통망확대)	- 공예작가 직·간접 지원
- 유관단체와의 연계정보	- 공예작가 및 업체 지원	- 세미나(포럼)을 통한 지원
- 세미나(학술회의)시행	- 국제박람회, Fair 참가	- 인증마크 법적 제도장치 마련
- 자료의 D/B 및 디지털화	- 지역특화문화상품 개발	- 홍보팀 구성
- 공예문화상품 정보 제공	- 공예문화의 저변 확대	- 광고지원

〈표 1-2〉 공예문화상품 제작·유통기반 확충현황

(2002. 8월 말 기준)

구 분		규 모	주요시설	사업비(백만원)		
				계	국비	지방비
공예공방	광주 북구 ('00)	- 지상3층/지하1층 - 부 지: 746.49㎡ - 연면적:1,164.96㎡	- 1층: 전시장, 사무실 - 2층: 탱화·채상반 등 - 3층: 교육장	300	150	150
	강원 원주 ('00)	- 지상2층 - 부 지:151.74㎡ - 연면적:254.12㎡	- 1층: 전시·판매장 - 2층: 한지 체험실 등	300	150	150
	전북 장수 ('01)	- 부 지:9,039㎡ - 연면적:1,251㎡	- 공방, 전시판매장 - 다목적실 - 향토자료관	300	150	150
	전남 보성 ('01)	- 부 지:6,464㎡ - 연면적:880㎡	- 공방, 전시판매장 - 다목적실 - 정보자료실	600	300	300
	경남 산청 ('01)	- 부 지:4,134.9㎡ - 연면적:990㎡	- 전시판매장 - 시연장, 작업실 - 숙박시설	300	150	150
	강원 춘천 ('02)	- 지하 1층, 지상1층 - 부 지:1,519㎡	- 인형공방 - 인형아카데미 - 전시실, Shop, 까페	800	400	400
전시판매장	충북 청주 ('00)	-지상5층/지하1층 -부 지:660.5㎡ -연면적:1,968.78㎡	- 1층: 공예전문화랑 등 - 2층: 상설전시장 - 3층: 기획전시실 - 4층: 공예교실 등 - 5층: 사무실	2,701	500	2,201
	전북 전주 ('00)	-부 지:1,726.5㎡ -연면적:267.3㎡	- 전시판매장 - 제작관	800	400	400
	경남 통영 ('00)	-지상1층 -부 지: 4,064㎡ -연면적: 923㎡	- 전시판매장 - 시연장 - 홍보관	600	300	300
	경북 안동 ('01)	-연면적:660㎡	- 전시판매장 - 체험장	1,600	500	1,100
	부산 ('01)	-연면적:369.6㎡	- 전시판매장 - 상담자료실	800	400	400

② 지역공방 설치 등 유통·제작기반 확충

지역 특성을 반영한 공예상품 제작, 공간 및 전시 판매장 확충을 통해 지방소재 공예업계의 생산력 제고와 판로개척을 위하여 폐교 및 폐동사무소 등 지역의 유휴공간을 활용해 지역특성을 살린 공예문화관광상품의 체계적인 제작공간 및 전시판매장 조성사업을 추진하고 있다. 2000년도 총 47억(국고 15억, 지방비 32억), 2001년도 36억(국고 15억, 지방비 21억), 2002년도 8억(국고 4억, 지방비 4억)을 투입해 지역공방과 전시판매장 설치사업을 지원하였다.

2) 우수 문화관광상품 개발

① 전국관광기념품공모전

〈표 1-3〉 전국관광기념품공모전 개최 현황

구분	제1회(1998)	제2회(1999)	제3회(2000)	제4회(2001)	제5회(2002)
개최기간	9. 25 - 29	9. 9 - 13	9. 2 - 5	9.24 - 27	9.6 - 6.9
장소	COEX 대서양관	COEX 태평양관	COEX 인도양관	COEX 대서양관	COEX 인도양관
전시면적	30평	780평	1,320평	1,520평	1,320평
관람인원	독립전시회 미개최	24,280명	28,120명	17,942명	16,659명
판매금액	5,630,000원	60,662,900원	51,683,100원	33,640,900원	62,987,000원
최고상	문화관광부장관상	대통령상	대통령상	대통령상	대통령상
총 상금	1,900만원 (대상:600만원)	3,900만원 (대상:1,000만원)	3,900만원 (대상:1,000만원)	3,900만원 (대상:1,000만원)	4,000만원 (대상:1,000만원)
입상 제품	121개 제품(대상1, 금상1, 은상2, 동상3, 장려상14, 입선100)	200개 제품(대상1, 금상2, 은상2, 동상2, 장려상14, 특선50, 입선125)	100개 제품(대상1, 금상2, 은상2, 동상2, 장려상14, 특선25, 입선50)	102개 제품(대상1, 금상2, 은상2, 동상2, 장려상14, 특선26, 입선51)	102개 제품(대상1, 금상2, 은상2, 동상2, 장려상14, 특선26, 입선51)
출품 수	540종 7,030점	518종 7,713점	757종 9,283점	583종 8,391점	587종 5,705점
주요 일정	-대회공고: 6.10 -제품접수: 8.10-14 -본선심사: 8.26 -입상작발표: 9.10 -시상식: 9.25 -전시회: 9.25-29	-대회공고: 6.15 -제품접수: 8.16-20 -본선심사: 8.26 -입상작발표: 9.1 -시상식: 9.9 -전시회: 9.9-13	-대회공고: 4.7 -작품접수: 7.10-13 -본선심사: 7.21 -입상작발표: 8.1 -시상식: 9.2 -전시회: 9.2-5	-대회공고: 3.13 -제품접수: 7.10-13 -본선심사: 7.24 -입상작발표: 8.1 -시상식: 9.24 -전시회: 9.24-27	-대회공고: 3.13 -제품접수: 7.10-13 -본선심사: 7.25 -입상작발표: 8.1 -시상식: 9.6 -전시회: 9.6-9
예산	- 97백만원	- 352백만원	- 620백만원	- 610백만원	- 710백만원
기타	'98한국관광정보축전부대행사로 개최	제15회 선물용품 장신구박람회와 병행 개최	북한관광기념품전(현대아산)개최	세계관광 기념품전시(25개국 17,509점)	-

전국관광기념품공모전은 전통공예품, 지역토산품 등 우리의 문화적 특색을 바탕으로한 관광기념품을 경쟁력 있는 세계적인 관광명품으로 개발하여 국가이미지 제고와 관광수지 개선을 목적으로 1998년부터 실시해온 사업으로서, 올해(2002년)로 5해째를 맞이하고 있다.

이 공모전은 그동안 문화산업국(문화상품과)에서 지역특화 문화상품 공모전과 관광국(관광개발과)에서 관광상품 공모전으로 각각 실시해오던 사업을 공예업무의 일원화를 계기로 2002년부터는 전국관광상품 공모전으로 통합하여 실시함으로서, 예산 및 인력운영에 있어 내실을 기할 수 있게 되었다.

이 행사는 전국규모의 행사로 많은 인력 및 예산이 소요되고 지역예선을 거쳐야 하는 등 행사규모가 확대됨에 따라 문화관광부가 경비를 지원하고 한국관광공사에서 실질적인 사업을 주관하고 있다.

② 우수문화상품 개발

우리 고유의 문화적 가치를 담은 경쟁력 있고 고부가가치화 할 수 있는 우수관광기념품 개발을 촉진하기 위하여 16개 지방자치단체로 하여금 지역별 특성을 살린 '지역특화문화상품'을 개발하도록 하고 있으며 이 사업에는 국가와 지방자치단체, 민간이 공동 투자를 하고 있다. 2000년도 총 31억(국고 11억, 지방비 12억, 민간 8억), 2001년도 28억(국고 9억, 지방비 9억, 민간 10억)을 투자하여 연간 약 300여종씩 개발하고 있다.

이밖에 전국관광기념품 공모전 입상업체를 대상으로 연리 3%, 2년 거치 3년 상환 조건의 개발자금(관광개발기금)을 지원하고 있다. '99년도 128개 입상업체 39억원, 2000년도에 83개 업체 20억원을 융자하여 각각 330여종과 310여종을 개발하였으며, 2001년도 87개 업체 29억원을 융자하여 상품 개발 중에 있다.

3) 유통기반 확충 및 해외진출 지원

① 한국관광명품관 개설 운영

문화를 바탕으로 하는 관광기념품 육성계획의 일환으로 우리나라의 대표적 무형문화재, 명장, 관광기념품관련 업체 및 생산자의 수익증진과 개발의지를 제고하기 위해 전문 관광기념품 판매관을 개설 운영하고 있다.

이 명품관은 한국관광협회에서 운영하고 있으며 운영형태는 상품생산자 직판 또는 위탁판매형식으로 하고 있다.

〈표 1-4〉 한국 관광명품점 운영현황

(2002년 8월말 기준)

구 분	개관일	위 치(장소)	매장면적	개설비용	입점업체
명 동 점	'99. 9.17	구 에스콰이어매장	288평(3층)	6,448백만 원	94개(직영30, 위탁64)
인사동점	'01.12.20	구 이조토산품점	40평	479백만 원	33개(직영1, 위탁32)
관훈동점	'02. 1.24	인사아트프라자	17평	150백만 원	5개(직영 5)

② 공모전 입상제품 전용 전시·판매장 설치운영

전국관광기념품공모전에서 우수상품으로 입상한 제품을 대상으로 한국관광공사 지하 1층에 약 20평 규모의 전용 전시·판매장을 설치(2002년 5월 17일)하여 민속인형, 한지공예, 전통 민속주 등 20여종 200여점을 상설 전시·판매하고 있다.

③ 2002 Korea Super Expo 참가

우리 관광기념품의 해외 진출을 위하여 우리나라의 KOTRA와 일본 아사히신문, NHK가 공동 주최하고, 산업자원부와 일본 경제산업성이 후원하는 2002 Korea Super Expo행사에 (2002. 6. 19. - 6. 23./ 일본 치바현 마쿠하리 멧세 7, 8호관) 한국관광기념품 공모전 수상업체가 처음으로 해외 전시회에 참가하여 큰 성과를 거둔바 있다.

(3) 전망과 과제

지금까지의 공예 등 문화관광상품 진흥을 위한 정부지원이 단순히 상품 개발지원이나, 일회적인 전시행사에 집중되어왔다는 지적이 있는 것도 사실이다. 그러나 2000년부터는 상품개발 뿐 아니라 유통에도 관심을 기울여 일부 성과를 거두고 있기도 하다. 앞으로 정부는 더 나아가 상품개발 뿐만 아니라, 유통시장 활성화와 해외시장 개척에도 집중적인 지원을 할 예정이다.

참고: 문화관광부, 「자료로 보는 문화상품」, 2000.월간 크래프트, 2002년 7월, pp. 22~25, 45~65

4. 현행관광기념품 심사기준(자료: 서태양, 문화관광론)

한국의 전통미 또는 지역의 향토성을 적절히 표현하고, 독창성이 있으며, 대량생산이 가능하여 국내·외 관광객의 수요를 충족할 수 있고, 품질이 우수하고, 실용적이어서 상품가치가 높은 작품을 수상작으로 결정하되, 다음의 기준에 의거 심사한다.

고려 우선순위	내 용	배 점
대표성	향토성(원부자재 포함 10), 상징성(10), 역사성(10)	30
상품화 가능성	실용성(10), 양산가능성(10), 가격(10), 품질(10)	40
디자인	제품디자인(10), 포장디자인(10), 홍보물디자인(10)	30
계		100

표 자료 : 서태양, 문화관광론 p.106.

한편, 수상작품의 경우 관광상품화의 실현을 위해, 연구·제작에 경제적·제도적 지원과 구체적이고 지속적인 판매지원방안이 고려되어야 한다.

다음은 현행 입상작의 특전사항이다.

① 판로개척 및 홍보지원: 한국관광공사 직영 출국장면세점 입점 추천, 문화관광부 산하기관·단체에서 기념상품 구매 시 우선 구매토록 협조 요청, 관광·문화 관련 전시회 개최 시 입상작 홍보 및 판매, 입상작 작품집 배포(16개 시·도, 유관기관·단체, 수상자, 심사위원 등)

② 제품지도 및 포장디자인 개발지원: 한국산업디자인 진흥원을 통하여 상품성 진단, 제품지도 및 포장디자인 개발지원

③ 관광기념품 육성자금 지원 : 1999년 상반기 관광진흥 개발기금 융자

그 밖에 수상제품의 경우 생산현장을 관광코스 개발과 연계하여 전시·판매가 가능하도록 하는 방안검토와 월드컵 개최도시의 경우 관광기념품 공모전과의 연계도 고려해야 할 필요가 있다.

5. 세계 주요국가 관광공사/관광청/관광국 등의 사이트 URL

1. 유럽

그리이스관광청 http://www.gnto.gr/
네덜란드관광국 http://www.visitholland.com/
노르웨이관광청 http://www.visitnorway.com/
덴마크관광청 http://www.dt.dk/
독일관광청 http://www.germany-tourism.de/
러시아관광청 http://www.russia-travel.com/
루마니아관광청 http://www.turism.ro/
룩셈부르크관광청 http://www.luxembourg-ville.lu/
리투아니아 http://www.tourism.lt/
모나코관광청 http://www.monaco-tourism.com/
벨기에관광청 http://www.visitbelgium.com/
북아일랜드 http://www.northern-ireland.com/
비엔나관광청 http://info.wien.at/
스웨덴관광청 http://www.visit-sweden.com/
스위스관광청(한글) http://www.myswitzerland.co.kr/
스칸디나비아반도관광청 http://www.goscandinavia.com/
스톡홀름관광청 http://www.stockholmtown.com/
스코틀랜드관광청 http://www.visitscotland.com/update/
스페인관광청(한글) http://www.spaintour.com/korean/kspain.html
http://www.tourspain.es/
슬로바키아관광청 http://www.sacr.sk/
슬로베니아관광청 http://www.slovenia-tourism.si/

아이슬랜드관광청 http://www.icelandtravel.is/

아일랜드관광청 http://www.ireland.travel.ie/home/

안도라관광청 http://www.turisme.ad/

에스토니아관광청 http://tourism.ee/

영국관광청(통합페이지) http://www.travelengland.org.uk/

웨일즈관광청 http://www.tourism.wales.gov.uk/

이탈리아관광청 http://www.enit.it/uk/

잉글랜드관광청 http://www.visitbritain.com/

오스트리아관광청(한글) http://www.austria.or.kr/kotour.htm
http://www.austria-tourism.at/

지브롤터관광청 http://www.gibraltar.gi/

체코관광청 http://www.visitczechia.cz/

크로아티아관광청 http://www.htz.hr/

터키관광청 http://www.turizm.gov.tr/

포르투칼관광청 http://www.portugal.org/tourism/

폴란드관광청 http://www.polandtour.org/

프랑스관광청 http://www.maison-de-la-france.com/

핀란드관광청 http://www.travel.fi/

헝가리관광청 http://www.hungarytourism.hu

2. 아시아 & 중동

네팔관광청 http://www.hitechvalley.com/welcomenepal/index.htm

대만관광청 http://www.tbroc.gov.tw/

라오스관광청 http://www.visit-laos.com/

레바논관광청 http://www.lebanon-tourism.gov.lb/

마카오관광청 http://www.macautourism.gov.mo/

말레이시아관광청 http://www.mtpb.co.kr/

몰디브관광청 http://www.visitmaldives.com/intro.html

몽골관광청 http://www.mongoliatourism.gov.mn/

미얀마관광청(한글) http://www.myanmartour.net/

바레인관광청 http://www.bahraintourism.com/
베트남관광청 http://www.vietnamtourism.com/
부탄관광청 http://www.kingdomofbhutan.com/
브루나이정부홈페이지 관광정보 http://www.brunei.gov.bn/about_brunei/tourism.htm
사우디아라비아관광청 http://www.saudiembassy.net/
스리랑카관광청 http://www.lanka.net/ctb/
시리아관광청 http://www.syriatourism.org/
싱가폴관광청(한글) http://www.newasia-singapore.or.kr/index.htm
http://www.stb.com.sg/
아랍에미리트관광청 http://dubaitourism.co.ae/
아제르바이잔미국대사관 관광정보 http://www.azembassy.com/azerbaijan/browse.htm
요르단관광청 http://www.tourism.com.jo/
이란관광청 http://www.itto.org/
이스라엘관광청(한글) http://www.israel.co.kr/
http://www.goisrael.com/
이집트관광청 http://www.touregypt.net/
인도관광청 http://www.tourindia.com/
인도네시아관광청 http://tourismindonesia.com/
일본관광청(한글) http://www.jnto.go.jp/korean/
중국관광청 http://www.cnta.com/
캄보디아관광청(한글) http://www.cambodiatourism.co.kr/
캄보디아관광청(한글) http://www.cambodia-web.net/camtourist/
키프로스관광청 http://www.cyprustourism.org/
태국관광청(한글) http://www.tatsel.or.kr/
http://www.tat.or.th/
터키관광청 http://www.turizm.gov.tr/
터키쉬 키프로스관광청 http://www.trncwashdc.org/c000.html
티벳관광청 http://www.tibet-tour.com/
파키스탄관광청 http://www.tourism.gov.pk/
팔레스타인관광청 http://www.visit-palestine.com/

필리핀관광청 http://www.tourism.gov.ph/
홍콩관광진흥청(한글) http://www.discoverhongkong.com/kor/

3. 미주

과테말라관광청 http://www.guatemala.travel.com.gt/
괌관광청(한글) http://www.welcometoguam.co.kr/
그레나다관광청 http://www.grenada.org/
도미니카공화국관광청 http://www.dominicana.com.do/
도미니카관광청 http://www.dominica.dm/tourism.htm
라스베가스관광청 http://www.lasvegasfreedom.co.kr/
마르티니크관광청 http://www.touristmartinique.com/
멕시코관광청 http://www.mexico-travel.com/
바하마관광청 http://www.bahamas.com/
버뮤다관광청 http://www.bermudatourism.org/
버진아일랜드(미국령)관광청 http://www.usvi.net/
버진아일랜드(영국령)관광청 http://www.bviwelcome.com/
브라질관광청 http://www.embratur.gov.br/
수리남관광청 http://www.parbo.com/tourism/
아르헨티나관광청 http://www.sectur.gov.ar/
아이티관광청 http://www.haititourisme.com/
앵커리지관광국(한글) http://www.anchorage-alaska.co.kr/
자메이카관광청 http://www.jamaicatravel.com/
칠레관광청 http://www.segegob.cl/
캐나다관광청(한글) http://www.travelcanada.or.kr/
http://www.travelcanada.ca/travelcanada/index.cfm
캘리포니아관광청 http://www.visitcalifornia.com/
코스타리카관광청 http://www.tourism-costarica.com/
트리니다드토바고관광청 http://www.visittnt.com/
파나마관광청 http://www.ipat.gob.pa/
페루관광청 http://www.mitinci.gob.pe/

포클랜드관광청 http://www.tourism.org.fk/
하와이관광청(한글) http://www.alohakorea.com/
http://www.hawaii.gov/tourism/

4. 대양주

뉴질랜드관광청 http://newzealand.com/
북마리아나관광청(한글) http://www.visit-marianas.co.kr/
솔로몬군도관광청 http://www.commerce.gov.sb/
타히티관광청 http://www.tahiti-tourisme.com/
통가(프렌치폴리네시아)관광청 http://www.vacations.tvb.gov.to/
피지관광청 http://www.fijifvb.gov.fj/
호주관광청(한글) http://www.eaustralia.or.kr/
http://www.aussie.net.au

5. 아프리카

가나관광청 http://www.africaonline.com.gh/Tourism/
감비아관광청 http://www.thegambia-touristoff.co.uk
기니관광청 http://www.mirinet.net.gn/ont/
남아프리카공화국관광청 http://www.southafrica.net/
모로코관광청 http://www.tourism-in-morocco.com/
모리셔스관광청 http://www.mauritius.net/
모잠비크정부홈페이지관광정보 http://www.mozambique.mz/turismo/eindex.htm
세네갈관광청 http://www.senegal-tourism.com/
수단외무부홈페이지 http://www.sudmer.com/
이디오피아관광청 http://www.ethiopianembassy.org/
잠비아관광청 http://www.zambiatourism.com/travel/
케냐관광청 http://www.kenyaweb.com/
탄자니아관광청 http://www.tanzania-web.com/
튀니지관광청 http://www.tourismtunisia.com/

참고문헌

국내문헌

1. 고종원, 「한국관광기념품의 국제경쟁력 제고에 관한 연구」, 경희대학교 박사학위논문, 2001.
2. 고종원, 세계관광, 대왕사, 2003.
3. 고호석, 강인원, 관광기념품의 경쟁력 제고방안에 관한 연구, 문화관광연구, 제4권 제2호, 2002.
4. 권유홍 외, 주제공원 방문자의 특성에 따른 기념품 구매행동의 차이, 관광레저연구, 제15권 제1호, 2003.
5. 김 철, 고종원, 방한 국제관광객의 관광기념품 선호도에 관한 연구, 통상연구, 제5권 제1호, 2001.
6. 김 철, 박명찬, 관광무역론, 두남, 1999.
7. 김경호, 제주지역 관광토산품업의 과제, 논문집 제 11집, 인문사회과학 편, 제주대학, 1979.
8. 김범국 외, 제주도 관광토산품개발과 농어가 소득증대와의 연계에 관한 연구, 관광학연구, 1989.
9. 김석종, 한류관광세미나, 2004.
10.. 김세리, 관광기념품 선택속성과 만족감의 상관성분석, 관광경영학연구, 제14호, 2002.2.
11. 김용구, 「쇼핑관광상품의 마케팅전략에 관한 연구」, 경희대학교 경영대학원 석사학위논문, 2000.
12. 김운섭, 관광사업론, 동화문화사, 1975.
13. 김은영, 「일본인 관광객의 쇼핑관광 구매행동에 관한 연구」, 세종대학교 대학원 석사학위논문, 2003.
14. 김천중・임화순, 관광상품론, 1999.
15. 김철규, 「쇼핑관광상품의 마케팅전략에 관한 연구」, 경희대대학원 석사학위논문, 2000.
16. 김한식, 국제 관광무역상품 선택에 관한 연구, 국제관광무역학회, 2005.
17. 김홍범, 우리나라 쇼핑관광의 활성화 방안에 관한 연구, 호텔관광연구, 2000.
18. 문화관광부, 문화산업통계실태조사, 1999.

19. 박명찬, 국제관광무역의 개념고찰, 국제관광무역학회, 2002.
20. 박일재, 지방화 시대의 지역문화 특산품 패키지 표면디자인에 관한 연구, 2001, 한국디자인포럼6호.
21. 박종연, 「한국 관광기념품 산업의 진흥방안에 관한 연구」, 한양대학교 석사학위논문, 1987.
22. 박종호, 선종갑, 관광산업 발전방안 연구, 관광호텔경영연구, 2002.
23. 서정태, 방한(In bound) 관광상품 수익성 제고방안, 관광정책학연구, 제6권 제2호 2001.
24. 서철현 외, 외래관광객이 관광기념품으로 구매한 의류상품 속성에 관한 연구, 관광경영학연구 2002.10.
25. 서태양, 문화관광론, 대왕사, 1999.
26. 서태양, 주선희, 내·외국인 관광객의 기념품 구매속성에 재 구매의사에 미치는 영향에 관한 연구, 관광연구, 제17권 제1호, 2002.
27. 손대현, 관광토산품의 진흥정책 방향, 관광학연구 제21권 제2호 1998.
28. 심옥화, 「재래시장의 쇼핑관광 지원정책 방안에 관한 연구」, 한양대학교 대학원 석사학위논문, 2004.
29. 엄서호, 장인정, 관광기념품 소비가치가 충동구매행동에 미치는 영향, 관광학연구, 제24권 제2호, 2000.
30. 이기철, 토산품의 세계화, EU연구, 제14호, 2003.
31. 이미숙, 강원도 관광공예품 개발실태와 육성방안에 관한 연구, 지역개발연구, 제10권 2002.
32. 이상언, 임범종, 일본관광객의 관광보석상품 구매성향, 관광연구저널, 제16권 제1호, 2002.
33. 이태희, 관광상품기획론, 백산, 2000.
34. 장희정, 관광동기가 관광기념품 구매의도에 미치는 영향에 관한 연구, 문화관광연구, 제4권 제1호, 2002.
35. 장희정, 유진이, 관광기념품 특성이 구매의도에 미치는 영향, 관광레저연구, 2002.
36. 정경아, 「우리나라 관광기념품의 경쟁력 제고방안에 관한 연구」, 광주대 산업대학원, 석사학위논문, 2003.
37. 정덕분, 「관광기념품 구매속성에 관한 연구」, 경기대 관광전문대학원, 석사학위논문, 2003.
38. 정삼철, 지역쇼핑관광상품 개발의 활성화 방안, 충북개발연구원, 1999.
39. 조성욱, 한류관광세미나, 2004.
40. 최승담, 관광기념품 선호도 및 개발 활성화 전략, 관광연구논총 제12호, 2000.
41. 최승이, 이미혜, 관광상품론, 대왕사, 2001.

42. 추원교, 올림픽 기념품으로서 관광민예품 개발에 관한 연구, 관광학연구, 1983.
43. 한국관광공사, 2004년도 외래 관광객 실태조사.
44. 한국관광공사, 전국 향토특산물 실태조사, 1987.
45. 한국관광저널, 관광기념품 개발에 전문가 육성하자, 1999.
46. 허갑중, 관광기념품 개발 활성화 방안 연구, 한국관광연구원, 2001.
47. 허갑중, 관광토산품 국제경쟁력방안, 한국관광연구원, 1997.
48. 허갑중, 쇼핑관광의 활성화 방안, 한국관광연구원, 1999.
49. 허갑중, 쇼핑관광의 활성화 전략, 한국관광공사, 1998.
50. 황문건, 인터넷을 이용한 공예품 유통활성화 방안, 한국공예학회, 2002.
51. Gift서울, 월간 기프트 서울, 2004.
52. KOTRA, 2005 한류국가의 한국문화상품 지적재산권 피해현황 및 대응방안.

2. 국외문헌

1. Craft, Council, Annual Reports(1994-2000)
2. Kim, S. ; Littrell, M.A. , Souvenir buying intentions for self versus others, Annals of tourism research, v.28 no.3, 2001.
3. Law, R. ; Au, N., Relationship modeling in tourism shopping: a decision rules induction approach, Tourism management, v.21 no.3, 2000.
4. The CODA Survey: The Impact of Crafts on the National Economy, 2001.
5. Turner, L.W. ; Reisinger, Y, Shopping satisfaction for domestic tourists , Journal of retailing and consumer services, v.8 no.1, 2001.
6. U.S. Economic Census, 1997.
7. Yuksel, A., Shopping experience evaluation: a case of domestic and international visitors, Tourism management, v.25 no.6, 2004.

3. 관련 인터넷 사이트

각국의 관광청 홈페이지(교재 본문과 부록에 수록)

1. 강원도 도청홈페이지(http://www. provin.gangwon.kr)
2. 경기관광공사 홈페이지(http://www.kto.or.kr)
3. 경기도청 홈페이지(http://www.gg.go.kr)

4. 경기방문의 해 홈페이지(http://www.visit2005.com)
5. 경상남도 도청홈페이지(http://www.gsnd.net)
6. 경상북도 도청홈페이지(http://www.gyeongbuk.go.kr)
7. 남대문시장 홈페이지(www.enamdaemun.com)
8. 농수산물유통공사 홈페이지(www.at.or.kr)
9. 대한무역투자진흥공사(http://www.kotra.or.kr)
10. 동대문 관광특구 홈페이지(www.dft.co.kr/ko/dong/introduce.htm)
11. 메트로센터 홈페이지(www.metro-centre.co.uk)
12. 문화관광부 홈페이지(http://www.mct.go.kr)
13. 미국공예연합: American Craft Council홈페이지(www.craftcouncil.org)
14. 봉 마르쉐 백화점 홈페이지(www.lebonmarche.fr)
15. 서비스매너 연구소 홈페이지(www.manners.co.kr)
16. 서울산업통상진흥원 홈페이지(http://sipro.seoul.kr)
17. 서울산업통상진흥원 홈페이지(www.sba.seoul.kr)
18. 울릉도 군청홈페이지(http://www.ulleung.go.kr)
19. 이태원 관광특구 연합회 홈페이지(www.itaewon.go.kr)
20. 전국관광기념품공모전 홈페이지(http://www.esouvenirkorea.com)
21. 전라남도 도청홈페이지(http://www.jeonnam.go.kr)
22. 전라북도 도청홈페이지(http://www.jeonbuk.go.kr)
23. 제주도 도청홈페이지(http://www.jeju.go.kr)
24. 충청남도 도청홈페이지(http://www.chungnam.net)
25. 충청북도 도청홈페이지(http://www.cb21.net)
26. 탈 박물관 홈페이지(www.tal.or.kr)
27. 폭스타운 홈페이지(www.foxtown.ch)
28. 풀무원 김치박물관 홈페이지(www.kimchimuseum.co.kr)
29. 하나투어 홈페이지(www.hanatour.com)
30. 한국공예문화진흥원 홈페이지(http://www.kcpf.or.kr)
31. 한국공예협동조합연합회(http://www.kohand.or.kr)
32. 한국관광공사 홈페이지(http://www.knto.or.kr, http://www.etourkorea.com, http://www.visitkorea.or.kr)
33. 한국관광명품점 홈페이지(http://www.souvenir.or.kr)

34. 한국관광협회중앙회 홈페이지(http://www.koreatravel.or.kr)
35. 한국인삼공사 홈페이지(www.kgcshop.or.kr)
36. 향토지적재산관리재단(http://www.kipf.or.kr)
37. ATA홈페이지(www.aidtoartisans.org)
38. HIA 홈페이지(www.handmadeinamerica.org.)
39. www.parisinfo.fr
40. cafe.daum.net/bevex
41. cafe.daum.net/cavefarm
42. dandeliontour.com.ne.kr
43. danpa.chosun.com
44. horizontal.feriavalencia.com
45. http://jyeel.netian.com
46. http://kr.geocities.com
47. http://kr.yahoo.com
48. http://www.empas.com.
49. http://wwww.naver.com.
50. www.ajutour.com
51. www.barcelonaturisme.com
52. www.eurobijoux.org
53. www.holland.com/kr
54. www.illumkort.dk
55. www.paperda.com
56. www.thruguide.com
57. www.visitcopenhagen.com
58. www.visitoslo.com

찾아보기

(ㄱ)

(ㄴ)

(ㄷ)

(ㅁ)

(ㅂ)

(ㅅ)

(ㅇ)

저자 소개

서태양: 경기대학교 관광경영과 졸업
경희대학교 관광경영학과 졸업(경영학 석사)
인하대학교 대학원 졸업(경영학 박사)
Texas A & M University 객원교수
대한관광경영학회장
동국대학교 관광대학장 역임
현재, 동국대학원 관광대학 교수

저서: 관광자원론(기문사, 1989), 관광자원론(대왕사, 1994)
여가론(대왕사, 1995 공저), 관광학원론(법문사, 1996)
문화관광론(대왕사, 1996), 생태관광(기문사, 2002공역)

논문: 관광지 포지션에 관한 연구(박사학위 논문) 외 30여편

방송 및 매스컴 활동: KBS 특강 외 방송 22회, 신문 칼럼 34회
잡지 기고 12회

수상 및 표창: 국무총리 표창 2회, 경상북도 문화상, 관광진흥유공자표창(경북)

고종원: 인하대학교 불어불문학과 졸업
경희대학교 관광경영학과 졸업 (경영학석사)
경희대학교 대학원 졸업 (경영학박사)
천지항공여행사 해외여행부 과장
계명여행사 해외여행부 부서장
이스라엘 Ophir Tours 서울사무소장
랜드오퍼레이터 오네뜨투어스 대표
CHA(Certified Hotel Administrator) - AHLA
한국호텔경영학회 상임이사, 한국관광정보학회 총무이사
국제관광무역학회 기획이사 및 편집부위원장
한국관광서비스학회 편집이사, 한국관광산업학회 이사
대원과학대학 여행정보서비스과 학과장 역임
현재, 안양과학대학 관광외국어학부 호텔관광전공 교수

저서: 여행업경영실무론 (대왕사, 2001 공저), 국외여행인솔자업무론 (대왕사, 2002 공저)
세계관광 (대왕사, 2003), 투어오퍼레이터업무론 (현학사, 2004)
관광프랑스어 (백산출판사, 2004 공저), 최신관광법규 (현학사, 2005 공저)

논문: 한국관광기념품의 국제경쟁력 제고에 관한 연구
(박사학위 논문)외 다수

부숙진: 세종대학교 관광경영학과 졸업
경희대학교 관광정책학과 졸업(행정학 석사)
동국대학교 대학원 박사과정수료(관광경영전공)
신라호텔 여신부서 근무
경문대학, 대원과학대학 출강
한서전문학교 관광과 학과장 역임
현재, 한국관광무역학회 편집위원
관광서비스학회 이사

한국관광정보학회 정회원
(주)투어넷 시스템 해외수배부서 부장
세명대학교 관광호텔학부 겸임교수

저서: New Convention Industry(SLI컨벤션 아카데미, 2003 공저)
최신 관광법규(현학사, 2005 공저)
국제 관광쇼핑경영론(대원과학대학 주문식교재, 2005 공저)
세계화시대의 에티켓과 마인드(대왕사, 2006 공저)

논문: 서울지역의 컨벤션 마케팅 전략에 관한 연구(석사학위 논문)
E-Business 마케팅전략방안(국제관광무역학회, 2003) 외 다수

국제관광쇼핑론

●**발행일**

2006년 3월 2일 초판 인쇄

2006년 3월 15일 초판 발행

●**저 자**

서태양, 고종원, 부숙진

●**발행인**

한 인 환

●**발행처**

도서출판 **기 문 사**

서울시 동대문구 용두2동 730-4번지 홍신빌딩 3층

전 화 : 02) 2265-7214, 922-8662~8663

팩 스 : 02) 922-8772

등 록 : 1978. 8. 9. NO. 6-0637

KIMOONSA

〈정가 : 19,000원〉

ISBN : 89-7723-273-2 93980

homepage : www.kimoonsa.co.kr

e-mail : book@kimoonsa.co.kr